LE SIGNE DES DERNIERS JOURS

Ce signe est-il universellement visible pour cette génération ?

Ce que révèlent les faits surprenants de l'histoire face aux allégations concernant notre époque.

POUR QUAND ?

PAR CARL OLOF JONSSON ET WOLFGANG HERBST

LE « SIGNE »
DES DERNIERS JOURS
POUR QUAND ?

CARL OLOF JONSSON
WOLFGANG HERBST

Sauf indication, les citations des Écritures dans ce livre proviennent de la *Bible en Français Courant*.

Les abréviations des autres traductions Bibliques citées sont :

JB *La Bible de Jérusalem*
BDS *La Bible du Semeur*
TOB *La Traduction œcuménique de la Bible*
BFC *La Bible en Français Courant*
LIENART *La Bible du Cardinal Liénart*
LSG *Louis Segond*
KUEN *Parole Vivante Transcription de Kuen*
NW *la Traduction du monde nouveau*

Faites attention… ne vous laissez pas égarer ; car plusieurs viendront en mon nom et vous diront : « Le Messie, c'est moi ! » et encore : « Le temps est venu ! L'heure est arrivée ! » Ne suivez pas ces gens !

Paroles de Jésus-Christ contenues en Luc 21 :8,

KUEN

Table des matières

- Préface..7
1. Notre 20ᵉ siècle – Le Temps de la Fin ?................................14
   - 1914 – le Début des Derniers Jours ?................................14
   - Quel signe Jésus a-t-il vraiment donné ?...........................16
   - Est-il nécessaire de faire un examen consciencieux du prétendu « signe » ?.....22
2. *La famine – Est-elle pire Aujourd'hui ?*...............................25
   - Combien de gens souffrent réellement de malnutrition aujourd'hui ?..............26
   - Famine et malnutrition – deux choses différentes................27
   - L'ampleur de la famine et de la malnutrition aujourd'hui......28
   - « La plus grande famine de toute l'histoire » – avant ou après 1914 ?............30
   - L'étude sur les pénuries et les famines.............................32
   - La Chine, « le pays de la famine »...................................33
   - Les Famines en Inde..39
   - L'histoire de la famine en Europe....................................42
   - Les famines dans les autres parties du monde..................47
   - La malnutrition et la mortalité infantile par le passé et aujourd'hui...............52
   - Une famine à venir est-elle inévitable ?............................56
3. Tremblements de terre et Faits Historiques..........................61
   - L'Enregistrement de l'activité sismique............................62
   - Qu'est-ce qu' « un grand » tremblement de terre ?...........64
   - Des Tentatives visant à Cacher les Preuves.....................68
   - Comment « prouver » par des statistiques.......................77
   - Comment « faire la preuve » avec des citations...............84
   - Une nouvelle « preuve » avancée...................................90
   - Les tremblements de terre à la lumière de l'histoire..........93
   - 1914 a-t-il apporté un réel changement ?........................107
4. Pestes – passées et présentes..113
   - La signification du mot « peste »....................................116
   - Les historiens et les pestes..118
   - Les pestes au cours de la période romaine.....................119
   - La fin du Moyen Âge, époque de la peste noire..............122
   - Années 1500-1800 : l'ère de la syphilis et de la variole...128
   - Dix-neuvième siècle : époque du choléra, de la rougeole et de la scarlatine – et l'heure du changement..131
   - La grippe – la dernière grande peste..............................134
   - Le tueur le plus rapide ?..137
   - Le tueur le plus répandu ?...138
   - Les pestes ont-elles augmenté au cours de ce siècle ?....140
5. Quelques faits remarquables sur les guerres.......................152
   - Jésus a-t-il prédit la Première Guerre mondiale ?...........154
   - La première guerre mondiale a-t-elle marqué le tournant de l'histoire ?........156
   - La guerre de 1914—1918 a-t-elle soudainement ôté « la paix sur la terre » ?.159
   - La première « guerre mondiale » ?.................................165
   - La première « guerre totale » ?......................................169
   - À quel point « la Grande Guerre » a-t-elle été "formidable"?..................170
   - Les morts de la Première Guerre mondiale comparés à ceux d'avant 1914....172
   - Notre siècle est-il le plus belliqueux de l'histoire ?..........179
   - Il est certainement approprié de se demander : Quelle est la vérité ?...........180

- La guerre joue-t-elle aujourd'hui un rôle plus important et plus destructeur dans la vie humaine que par le passé ?...................181

6 Le mépris de la loi observable de nos jours est-il sans précédent ?...........187
- L'industrialisation, l'urbanisation et le crime................189
- La présente « vague de crimes »..............191
- Les rapports uniformisés sur la criminalité du FBI..............194
- Le Crime dans la perspective historique................198
- Le témoignage d'études à long terme : les États-Unis...............200
- Le témoignage des études à long terme : le cas de la France...............202
- L'impact de la Loi de « Tuchman »................206

7 Le Mythe du « Signe Composite »................211
- Le syndrome des fléaux................213
- Une génération unique ?................214
- Le quatorzième siècle, un « miroir lointain »................215
- Le temps de la guerre................216
- Le temps de la famine................218
- Le temps de pestilence................219
- Le temps des tremblements de terre................220
- Le temps de la criminalité et le temps de la peur................222
- Le témoignage de la « bombe démographique »................224
- La courbe de population commune................226
- Les possibilités face aux réalités................230

8 « Quel Sera le Signe de Ton Avènement ? »................233
- D'autres « non-signes » dont il faut être conscient................239
- Tribulations des Disciples................245
- « La bonne nouvelle doit d'abord être proclamée à toutes les nations »................246
- La destruction de Jérusalem................248
- La visibilité de la parousie................250
- « Le signe du Fils de l'homme »................254
- Les « derniers jours » – quels sont-ils ?................259
- Le vrai signe et sa signification................263

9 ANNEXE A................268
- Correspondance avec des Sismologues................268

10 ANNEXE B................269
- "Venue" ou "Présence" – Que révèlent les faits ?................269
- "Parousia" dans les traductions de la Bible................271
- « Parousia » dans les premières versions du Nouveau Testament................273
- L'utilisation technique de la parousie................275
- Le prétendu soutien des spécialistes................278
- Que montre le contexte biblique ?................280

11 ANNEXE C................286
- Qui est le cavalier sur le cheval blanc ?................286

12 REMERCIEMENTS................292

Préface

> **Que de guerres étrangères et intestines ! que de pestes ! que de famines !... que de tremblements de terre ont épouvanté le siècle !**
> – Tertulien, dans *Ad Nationes.* Écrit en 197 après J.-C.

LA VENUE de Jésus-Christ sur terre et la promesse de son retour ont suscité de grandes espérances dans le cœur des hommes. Au cours des dix-neuf siècles qui suivirent il n'y eut que peu d'attentes qui se soient avérées valables et solidement fondées sur les Écritures ou sur des faits.

Une caractéristique commune à chaque génération semble avoir été la conviction que son époque était unique. Bien que conscient des épreuves et des calamités qui furent le lot commun des gens à toute époque, ils conclurent pourtant que leur époque était la pire – que les troubles et les dangers menaient rapidement vers la calamité la plus extrême qui soit et pourrait mettre fin au monde.

Nous entendons souvent l'expression, « le bon vieux temps. » La nostalgie rend le passé meilleur et le présent pire. Cette attitude nous rappelle l'avertissement Biblique, « ne dit pas : Comment se fait-il que les temps anciens aient été meilleurs que ceux-ci ? Ce n'est pas la sagesse qui te fait te poser cette question » Ecclésiaste 7 :10, TOB.

Commentant ce texte, un chercheur dit ceci :

> **La supposition est une réflexion insensée concernant la providence de Dieu dans ce monde... On est tellement étranger aux temps passé et un juge si incompétent du présent, qu'on ne peut s'attendre à une réponse satisfaisante dans la recherche et par conséquent nous 'ne cherchons pas judicieusement.'**[1]

Peut-être parce que nous sommes tellement 'étranger au passé' que nous interprétons facilement dans les événements et les circonstances de notre époque une distinction et un caractère exceptionnel qui

---

1 *Matthew Henry's Commentary* sur Ecclésiaste 7 :10.

n'existe pas vraiment.

Dans les esprits de nombreuses personnes croyantes se trouve la conviction que la guerre finale d'Armageddon et la venue de Christ Jésus pour le jugement final devraient se produire à leur époque. C'est dur pour une personne d'admettre qu'un événement d'une telle importance ne puisse se produire de son vivant. On s'oppose intérieurement à la pensée de les manquer et de ne pas connaître un 'rendez-vous personnel avec l'histoire,' en particulier avec l'histoire divine. C'est sans doute pourquoi les livres qui alimentent et stimulent ces attentes connaissent souvent une grande popularité. Par exemple, le livre de Hal Lindsey, qui a atteint un tirage de plus de 18 millions d'exemplaires dans un certain nombre de langues. Les gens veulent évidemment croire que leur époque est unique et particulièrement choisie dans la prophétie Biblique.

Pourtant, l'histoire montre que génération après génération, on accorda de grands espoirs à certaines dates ou à des prédictions pour ne connaître finalement que déception, beaucoup n'apportant que perte, amertume et désillusion lorsque leurs attentes manquèrent de se concrétiser.

A l'opposé d'une telle attitude, la Bible expose la simple réalité des choses se rapportant à la vie humaine en général, disant :

> **Ce qui est arrivé arrivera encore. Ce qui a été fait se fera encore. Rien de nouveau se produit ici-bas. S'il y a quelque chose dont nous disons : « Voilà du neuf ! », en réalité cela avait déjà existé bien longtemps avant nous. Mais nous oublions ce qui est arrivé à nos ancêtres. Les hommes qui viendront après nous ne laisserons pas non plus de souvenir à ceux qui leur succéderont. – Ecclésiaste 1 :9-11, *BFC*.**

Si à l'Âge des ténèbres, au Moyen Âge, à l'Âge de la Découverte, à l'Âge de l'Industrialisation, à l'Époque du nucléaire et de l'Ère spatiale, les événements sont essentiellement des répétitions, des variations, des élaborations ou des prolongements du passé et de la vie sur la terre, le cours général de l'humanité, la nature humaine elle-même et ses relations se poursuivent presque de la même façon que par le passé. Ce qui semble considérable, même surprenant pour une génération ne l'est pas pour la suivante et figure rarement dans les pensées quotidiennes ou les inquiétudes des gens vivants ces temps paraissant être les derniers. Aussi spectaculaire que puisse être un atterrissage sur la lune, aujourd'hui combien de personnes se souvient du nom du premier homme qui mit les pieds sur la lune ? Le passé s'évanouit pour des pensées humaines plongées dans le présent et s'accrochant à l'avenir.

Les Écritures en réalité, montre que le seul changement véritable survient lors de la révélation du Fils de Dieu, qui seul peut rendre toutes choses vraiment nouvelles.

Si nous devons tirer une seule leçon de l'histoire, il n'en existe pas de plus importante que l'imprudence du « calcul de date » pour la fin. L'éditorialiste Noel Mason dit :

> **L'histoire des 'calculateurs de date' juifs et chrétiens avec leur corollaire d'amères déceptions et désenchantement n'a pas diminué le désir de plusieurs Chrétiens de calculer la fin. Certains groupes continuent à se cramponner à leurs dates malgré l'embarras créé par la continuation de l'histoire. Plutôt que de reconnaître la fausseté de leurs interprétations de Daniel et de Révélation, beaucoup évitent simplement le problème en réinterprétant son prétendu 'accomplissement'.[2]**

Toutes ces annonces de date et d'écrits d'alarmistes religieux ne sont que des « nouvelles très anciennes », se répétant tout au long des dix-neuf siècles de l'Ère chrétienne. Déjà au premier siècle nous trouvons l'apôtre Paul écrivant à ses compagnons de Thessalonique :

> **Au sujet de la venue de notre Seigneur Jésus-Christ et de notre rassemblement auprès de lui, nous vous le demandons, frères : ne vous laissez pas si facilement ébranler dans votre bon sens, ni troubler par une révélation, un message ou une lettre qu'on nous attribuerait, et qui prétendrait que le jour du Seigneur serait déjà là. Que personne ne vous égare d'aucune façon. – 2 Thessaloniciens 2 :1-3, *La Bible du Semeur*.**

En dépit de cet argument, conjectures et prédictions ne prirent pas fin. Au troisième siècle, par exemple, nous trouvons le père de l'église Cyprien dépeignant cette image menaçante aux Chrétiens de son époque :

> **Les guerres continuent souvent à prédominer, la mortalité et la famine engendrent l'inquiétude, la santé est menacée par les maladies faisant rage, la race humaine est dévastée par la peste. Nous savons que cela fut prédit ; ces maux devraient se diversifier aux derniers jours et ces malheurs se multiplier. L'époque du jugement se rapproche maintenant.[3]**

Au sixième siècle, dans un sermon puissant et passionnant, le Pape Grégoire le Grand proclama :

---
2 Le magazine *Good News Unlimited* de septembre 1984, page 4.
3 Cyprien Traité 5. « Une lettre à Demetrianus, « *The Ante-Nicene Fathers* édité par A. Roberts et J. Donaldson, Eerdmans, 1978, Vol. V, page 459.

> **De tous les signes décrits par notre Seigneur comme présageant de la fin du monde nous en voyons certains déjà s'accomplir... Car nous voyons maintenant que nation se dresse contre nation et peser sur le pays à notre époque comme jamais auparavant dans les annales du passé. Des tremblements de terres engloutissent des villes innombrables d'après les nouvelles que nous recevons d'autres parties du monde. Nous sommes frappés par la peste sans interruption. Il est vrai que nous ne voyons pas de signes dans le soleil, la lune et les étoiles, mais ceux-ci ne sont pas trop éloignées pour déduire des changements dans l'atmosphère.[4]**

L'histoire fait ainsi une longue et morne liste de prédictions et d'échecs sans nombre des « prophètes » du temps de la fin. Il n'est pas vraiment nécessaire d'entrer dans le détail de toutes ces proclamations des derniers jours qui à notre époque ont – tant par les publications que la radio et la télévision – suscitées des attentes exacerbées par des sermons avec leurs prédictions alarmistes de fin du monde.

Cela signifie-t-il qu'avoir un sentiment d'espérance soit mal ? En aucune façon, car nous sommes constamment exhortés par les Écritures à rester « éveillé. » Rester éveillé pour *quoi* alors ? Est-ce que les échecs des prédictions passées signifient nécessairement que notre génération peut ne pas être l'exception, que notre vingtième siècle peut effectivement ne pas contenir d'événements qui marquent notre temps comme étant celui avec lequel la prophétie Biblique atteindra l'accomplissement final ? Si la Bible dispose vraiment un certain « signe » (peut-être composé d'un certain nombre de « signes » individuels) qui nous permettrait d'identifier cette période comme quoi il est à présent visible, ce serait désastreux pour nous ne pas l'accepter, et nous serions responsables nous ne le faisions pas savoir. D'autre part, si ces proclamations ne sont rien d'autre que le fruit de manipulations, et plus grave, de la manipulation des Écritures, ce serait tout aussi désastreux et répréhensible pour nous de promouvoir la confiance en celles-ci et de contribuer à leur propagation. Répréhensible, parce que cela voudrait dire désobéir à la Parole de Dieu qui nous demande de ne pas pratiquer la tromperie, tromperie qui peut non seulement être néfaste émotionnellement, matériellement et physiquement, mais pouvant aussi causer la ruine désastreuse de la foi dans le message authentique de Dieu.

Cette affirmation voudrait que nous voyions aujourd'hui ce ou ces « signes » identifiant notre génération comme vivant à l'époque de la fin du monde.

---

[4] Cité dans *His Appearing and His Kingdom,* par T. Francis Glasson, M.A., D.O. Epworth Press, Londres, 1953, page 45.

Dans son best-seller, *Approaching Hoofbeats, The Four Horsemen of the Apocalypse*, le Dr Billy Graham explique :

> **Nous devons nous demander : est-ce le temps de 'la fin' dont parle la Bible de façon si claire et détaillée à plusieurs endroits ?... La Bible enseigne qu'il y aura un certain nombre de signes qui seront facilement visibles alors que nous nous approcherons du temps de la fin. Tous ces signes semblent actuellement se mettre en place.** – Pages 126, 127.

Sous le titre « Guettez Ces Signes » le livre The Promise publié en 1982, Hal Lindsey fait allusion aux paroles de Jésus dans le chapitre vingt-quatre de Matthieu. Il énumère ces signes comme les guerres, la famine, les tribulations, les désordres et les tremblements de terres. Il compare ceux-ci et d'autres éléments prophétiques aux morceaux d'un « grand puzzle » et poursuit en disant que, suivant l'établissement en 1948 de l'état juif en Israël, **« le scénario prophétique tout entier commença à s'accélérer à une vitesse étourdissante. »** Pages 197-199.

Dans *Good-bye Planet Earth,* un livre qui par de nombreux aspects semble être modelé sur *The Late Great Planet Earth* de Hal Lindsey, l'auteur Adventiste du Septième jour Robert H. Pierson cite la question des disciples à propos de l'avènement de Jésus et dit ensuite :

> **Lisez ce que Jésus répondit – ce qu'Il avait à dire sur votre époque et la mienne – la dernière partie du vingtième siècle...**
>
> **Lisez ces paroles à la lumière des événements mondiaux actuels.**

Suit alors le sous-titre :

> **L'augmentation Phénoménale du nombre de Guerre, de Crime, de la Violence et de la Peur Sont Tous les Signes du Deuxième Avènement de Jésus !**[5]

Herbert W. Armstrong maintenant décédé, fondateur et chef de l'Église Mondiale de Dieu, dans une lettre aux abonnés du magazine *Plain Truth*, écrivit :

> **... laissez-moi vous donner un bref aperçu du monde dans lequel VOUS vivez aujourd'hui et que seront amenés à connaître dans les prochaines années de VOTRE vie et la mienne. Nous vivons une époque de DANGER extrême !... Tout semble l'indiquer, la pollution, le crime sans précédent et la violence, la décomposition de la vie de famille, la morale jetée aux orties, le terrorisme, les**

---

[5] *Good-bye, Planet Earth*, Pacific Press Publishing Association, 1976, page 48. Comme nous le verrons dans le Chapitre 8, toutes les sources Adventistes du Septième Jour n'ont pas la même position que l'auteur Pierson.

guerres régionales en Asie, au Moyen-Orient et en Amérique du Sud. TOUS ces signes montrent en fait que nous vivons au TEMPS DE LA FIN de la présente civilisation !...

Nous vivons les jours les plus terribles de l'histoire mondiale – le TEMPS DE LA FIN ultime, LA FIN de ce présent monde méchant, malheureux, violent – juste avant la Deuxième Venue de Jésus Christ.

Tandis que de nombreuses sources prétendent que notre époque se distingue effectivement de toutes les autres, considérant les événements et les conditions marquant notre époque prédite de la fin, probablement personne ne donne plus de voix à cette proclamation que l'organisation internationale connue sous le nom des Témoins de Jéhovah. Leur direction, par son agence la Société Watch Tower, avec le siège social de Brooklyn à New York, a accumulé un empire de publication mondial rarement égalé par le volume pur de production. Les millions de membres de l'organisation sont constamment exhortés à être conscients de 'l'urgence des temps.' Par conséquent, ceux-ci doivent se trouver aux portes des maisons dans tous les pays où cette activité est permise. Là ils offrent une publication qui incontestablement déclare que les derniers jours ont commencé au cours de la deuxième décennie de ce siècle et que certaines des personnes vivantes alors seront toujours là quand viendra la conclusion finale.

En plus de cela, leur Collège central fait croire que cet enseignement est un élément de la foi, une chose indispensable pour être accepté par Dieu et Christ, et donc nécessaire pour obtenir le salut. Pour cette raison, tout membre qui remet en question avec sérieux l'exactitude de cet enseignement – sur la base des Écritures et des faits – est passible d'exclusion. Par la suite cela lui vaudra d'être considéré, et complètement rejeté, comme un « apostat » de la vraie foi.

Pour ces raisons et particulièrement parce que leurs affirmations concernant le « caractère unique » de notre époque surpassent souvent – tant par l'audace que par l'ampleur – celui des autres sources, ce livre peut par moments, par sa comparaison des enseignements bibliques et des faits historiques se concentrer un peu plus sur les proclamations et les prédictions faites par le Collège central des Témoins de Jéhovah et de leur Société Watch Tower concernant l'époque à laquelle nous vivons.

Toutefois les opinions des autres sources ne sont pas perdues de vue, car les mêmes faits considérés ici se retrouve généralement dans les proclamations et les prédictions faites par celles-ci.

Quel que soit la source, la question essentielle est : ces proclamations sont-elles vraiment accréditées par les Écritures ? Les événements et les conditions se sont-ils montrés si radicalement avérés pour constituer réellement un « signe » Biblique ? Sont-ils vraiment spécifiques à notre siècle et distinctifs de notre génération ? Que montrent les faits ?

Nous croyons que le document préparé par les auteurs de ce livre fera voir à une grande majorité d'entre nous à quel point nous avons été 'étrangers au passé,' et combien facilement nous nous sommes montrés les 'juges incompétents du présent.' L'évidence historique provenant des recherches intensives des auteurs sera sans doute surprenante pour beaucoup, pourtant il est soigneusement et authentiquement documenté. Nous sommes heureux de publier ce travail, en espérant qu'il clarifiera nombre de questions particulièrement cruciales.

Les Éditeurs

CHAPITRE 1

1 Notre 20ᵉ siècle – Le Temps de la Fin ?

LES DERNIÈRES années du vingtième siècle touchent à leur fin. Notre siècle a déjà été la scène de plusieurs événements considérables et pourrait en connaître d'autres encore.

Si nous acceptons les proclamations faites par un certain nombre de sources religieuses, ce siècle est la scène des derniers jours. Des livres circulant à travers le monde décrivent directement les événements et les circonstances de notre temps comme la preuve visible de l'immédiateté de « la conclusion ». Leurs proclamations sont faites sérieusement et accompagnées souvent de preuves impressionnantes établissant leur exactitude. Certaines de ces sources religieuses allouent même un point de départ spécifique aux derniers jours dans le contexte de ce siècle.

1914 – le Début des Derniers Jours ?

Sans doute une de ces sources la plus visible et publiquement entendu est le mouvement religieux international des Témoins de Jéhovah. L'année 1914 joue un rôle central dans leur prédication publique. La circulation de millions de livres de certains auteurs sur le temps de la fin est facilement éclipsée par les centaines de millions d'exemplaires de publications de la Watch Tower diffusées chaque année en des centaines de langues, toutes proclamant la signification de l'année 1914.

Selon eux cette année correspondrait à celle du retour promis de Jésus-Christ sur terre, débutant ainsi sa *parousie* ou « présence ». On nous dit que cette année-là le royaume des cieux a été établi et que les « derniers jours » ont commencé. Cela, selon l'enseignement de la Watch Tower, signifie que la génération qui a connu 1914 ne pourra pas, ne *peut pas* en fait, disparaître jusqu'à ce que la conclusion finale ne soit venue. C'est une proclamation présentée, non comme une simple possibilité ou même probabilité, mais comme une certitude absolue !

Pourtant les gens se demandent, « Comment 1914 peut avoir cette signification quand aucun homme n'a vraiment vu Jésus ou son royaume ? »

Parce que Jésus est venu invisiblement et que son royaume a été transféré dans le paradis invisible de Dieu, répond la Société Watch Tower.

Si cela est vrai, ces proclamations ont évidemment une importance vitale pour chacun d'entre nous. Quelle preuve soutient cela ? En examinant cette prétendue preuve, nous examinerons en même temps les opinions publiées par un certain nombre d'autres sources religieuses de notre époque, avec leur cortège d'espérances exacerbées. Car bien que différant par certains aspects, la preuve qu'ils apportent pour fixer la proximité de la conclusion est souvent remarquablement semblable.

Pour prouver ses affirmations, la Société Watch Tower, l'agence de publication des Témoins de Jéhovah, fait appel à deux raisonnements :

1) la chronologie Biblique et 2) ce qu'ils décrivent comme des « signes » depuis 1914.

Exposé brièvement, selon la compréhension de la Société Watch Tower les « temps des Gentils » ou comme ils préfèrent le traduire, « les temps fixés des nations » cités dans Luc vingt-et-un, le verset 24, est une période de 2 520 ans qui ont commencé en 607 avant J.-C, et finis en 1914 après J.-C. Pendant cette période il est compris que l'on permettrait aux nations de régner sans ingérence de Dieu.

Mais, de nouveau les gens se demandent, « Comment se pourrait-il que les temps des nations Gentiles aient pris fin en 1914 ? » Après tout les nations dirigent toujours cette planète tout comme avant cette date. Le nombre de nations, en fait, a presque triplé depuis 1914 ! Comment, alors, leur temps pourrait-il avoir pris fin cette année-là ? Pour presque deux tiers des nations existant aujourd'hui, leur temps a commencé, et non pas fini, en 1914.

Un autre problème majeur, est que le point de départ pour ce calcul – l'année 607 avant J.-C., proclamé comme étant la date de la destruction de Jérusalem – est en conflit avec une longue suite de faits historiques, aussi bien qu'avec un certain nombre de passages de la Bible.[1]

Plutôt que de lutter avec ces difficultés chronologiques, la Société Watch Tower, préfère alors se concentrer sur les « signes » depuis 1914. En cela elle n'est pas seule, car des écrivains célèbres d'autres organisations religieuses se concentrent sur les mêmes signes comme

---

1 Pour une présentation complète de ces faits, voir Carl Olof Jonsson, *The Gentile Times Reconsidered, 2nd edition, Commentary Press*. Atlanta, 1986.

étant la preuve de la proximité de la conclusion. Quels sont ces « signes » ?

Quel signe Jésus a-t-il vraiment donné ?

Quelques jours avant sa mort, Jésus a prédit la destruction devant arriver au temple de Jérusalem. (Matthieu 24 :1, 2). En raison de cette prédiction certains de ses disciples lui posèrent quelques questions :

> **Dis-nous quand cela se passera, et quel signe indiquera le moment de ta venue et de la fin du monde. – Matthieu 24 :3, BFC.[2]**

Avant de vraiment répondre à ces questions, Jésus donna plusieurs avertissements à ses disciples :

> **Faites attention que personne ne vous trompe. Car beaucoup d'hommes viendront en usant de mon nom et diront : « Je suis le Messie ! » Et ils tromperont quantité de gens. Vous allez entendre le bruit de guerres proches et des nouvelles sur des guerres lointaines ; ne vous laissez pas effrayer : il faut que cela arrive, mais ce ne sera pas encore la fin de ce monde. Un peuple combattra contre un autre peuple, et un royaume attaquera un autre royaume ; il y aura des famines et des tremblements de terre dans différentes régions. Tous ces événements seront comme les premières douleurs de l'accouchement. – Matthieu 24 :4-8, BFC.**

En plus des guerres, les famines et le tremblement de terre, Jésus mentionne dans les versets suivant, des persécutions, de faux prophètes et une augmentation du mépris de la loi. Toutes ces occurrences devaient-elles être comprises comme des signes irréfutables identifiant le retour de Christ et de la conclusion de l'époque ? Ou, au contraire, Jésus n'a-t-il pas plutôt conseillé à ses disciples de ne pas se laisser tromper par de tels événements ?

Les commentateurs Bibliques prudents et avisés ont souvent montré que nulle part Jésus n'identifient ces événements comme le « signe » de son avènement, mais semble plutôt conseiller ses disciples de ne pas tirer pareille conclusion quand des désastres ou des catastrophes de cette sorte surviendront. Dès le début de sa réponse, son

---

[2] Dans *la Traduction du monde nouveau* de la Société Watch Tower ce texte a été rendu pour soutenir l'idée de ce que Christ est invisiblement présent : « Dis-nous : Quand ces choses auront-elles lieu, et quel sera le signe de ta présence et de l'achèvement du système de choses.« Toutefois, bien que la « présence » soit le sens primaire du mot grec parousie, il a été aussi utilisé dans un sens technique avec pour sens « la visite d'un souverain.« Pratiquement tous les chercheurs grecs du NT conviennent aujourd'hui que le mot parousie, quand il est utilisé en relation avec le deuxième avènement du Christ, l'est en fait au sens technique plutôt que primaire. Le contexte et la manière de son utilisation dans ce rapport dans la Bible elle-même s'accordent avec cette opinion. Ce thème sera traité plus tard dans cette publication. (Voir l'Appendice B.)

avertissement était : « ne soyez pas induits en erreur. Ne soyez pas terrifiés. De telles choses doivent survenir, mais la conclusion n'est pas encore là. » Ils montrent aussi que le mot grec pour « signe » (to sēmeìon) en Matthieu 24, le verset 3, est au singulier et pourrait donc difficilement faire allusion à plusieurs événements différents.

Ils ont davantage remarqué que Jésus ne décrit pas vraiment son retour jusqu'à ses paroles dans les versets 27 à 31, suivant sa prédiction de la destruction de Jérusalem. Ensuite, pour la première fois, il commence à parler du signe de son avènement, « le signe du Fils d'homme » (verset 30), ici de nouveau au singulier comme dans le verset 3.

Ce « signe », selon les paroles de Jésus, devait « apparaître dans le ciel, » pas sur la terre. La Société Watch Tower l'admet. Ils sont, donc, forcés de faire une distinction entre « le signe du Fils d'homme... dans le ciel, » apparaissant lors de sa venue pour le jugement final et « le signe » de son avènement (parousie), qu'ils disent se retrouver dans les guerres, les famines, les pestes, les tremblements de terre, et cetera, depuis 1914.[3] De cette manière ils obtiennent non seulement deux différents types « de signes » de Christ devant arriver – ils ont aussi deux différents avènements, un en 1914 et un autre à la « grande tribulation. »

Toutefois, les paroles introductives de Jésus devraient apparemment être comprises comme des *avertissements* contre des conclusions erronées – « faites attention que personne ne vous trompe... ne soyez pas inquiets. » Il y aurait des guerres, des famines, des pestes, des tremblements de terre et d'autres problèmes. Ses disciples devraient aussi s'attendre à faire l'objet de la haine et de la persécution, pas seulement une fois, mais plusieurs fois dans l'avenir. Ils devraient les endurer jusqu'à la conclusion. Avant cela l'Évangile du royaume prêché par Jésus et ses disciples atteindrait toutes les nations de la terre. Ce qu'après cela que viendrait la fin, pas avant (Matthieu 24 :4-14). Après avoir donné cette vue d'ensemble de l'histoire future, Jésus alors commença à répondre aux questions des quatre disciples : leur question à propos de la destruction du temple (les versets 15 à 22) et leur question à propos de son retour et de la conclusion de l'époque (les versets 27 et suivant).

Les annonceurs du temps de la fin n'acceptent généralement pas cette compréhension naturelle de la réponse de Jésus. Beaucoup de commentateurs populaires des prophéties tiennent aujourd'hui à

---

3 *Le Royaume millénaire de Dieu s'est Approché* (1973), pp 326-328.

interpréter les paroles initiales de Jésus des difficultés à venir, non pas comme une introduction préliminaire, mais comme **la réponse** à la question à propos du signe de son avènement et de la conclusion. La Société Watch Tower, par exemple, trouve des justifications à la forme *singulière* du mot grec « signe » en disant que le signe lui-même se compose *d'un certain nombre de caractéristiques différentes.* Ils parlent du signe comme d'un « signe *composite.* » Quand tous ces événements, guerres, famines, peste, tremblement de terre et autres tribulations apparaîtront *en même temps,*

LES DERNIERS JOURS ET LEUR SIGNE

REPRÉSENTÉS PAR UNE SOURCE RELIGIEUSE

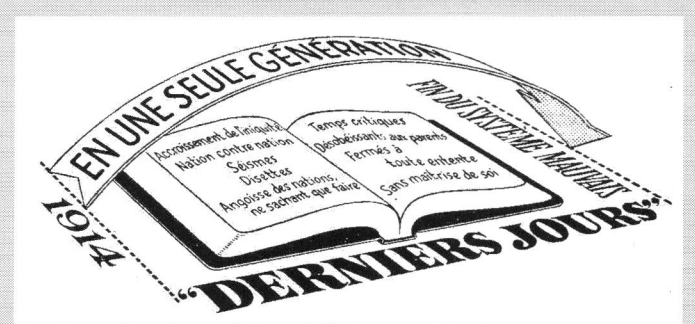

La Vérité qui conduit à la vie éternelle page 95.

Les paroles de Jésus au sujet des guerres, famines, pestes, tremblements de terre, le mépris de la loi et cetera, sont comprises par beaucoup de commentateurs comme étant « le signe » de son avènement. La société Watch Tower prétend que nous avons vu ce « signe composite » sur une échelle sans précédent depuis 1914. Si on applique cette théorie, cela signifie que la parousie de Christ et les derniers jours ont commencé cette année et qu'Armageddon viendra pendant la génération de 1914.

durant la même génération, alors nous sommes capables de discerner le « signe » prouvant que le Christ est revenu et est présent invisiblement.

Contre cette interprétation on pourrait y opposer ceci : chaque génération n'a-t-elle pas vu ce « signe composite » ?

N'avons-nous pas toujours eu des guerres ? Certains historiens montrent qu'au cours des derniers 5 600 ans nous n'avons eu seulement qu'un total de 292 années sans guerres. D'autres estiment qu'il se peut qu'il n'y ait jamais d'années sans guerre du tout !

Chaque génération n'a-t-elle pas été affligée par les famines et la peste ?

Comme le démontre l'histoire, les guerres ont d'une manière caractéristique eu des famines et des pestes dans leur sillage. Les trois fléaux étaient pratiquement toujours inséparables et avec pour conséquence plus de personnes mortes par la famine et la peste que par les guerres.

Chaque génération n'a-t-elle pas connu un certain nombre de grands tremblement de terre « dans un endroit après l'autre » ? Les listes des tremblements de terre établies par les experts modernes s'écoulant sur les deux mille ans passés en donnent la preuve abondante.

L'histoire passée de l'humanité a aussi été marquée par des périodes fluctuantes de violence et d'une augmentation du mépris de la loi, tout comme aussi les persécutions de différents groupes Chrétiens qui ont prêché l'Évangile du Royaume.

Nous demandons donc : Comment des événements comme les guerres, les famines, la peste, le tremblement de terre et cetera, peuvent distinguer ce vingtième siècle (ou une période de celui-ci) quand l'histoire montre que chaque génération depuis le temps de Jésus a été frappée par ce soi-disant « signe composite » ?

La réponse que donnent la plupart des annonceurs du temps de la fin, c'est l'augmentation étonnante et l'intensification de ces signes qui les transforment en « signe » de nos jours.

Dans *The Late Great Planet Earth*, par exemple, en parlant des questions des disciples pour un signe rapporté au chapitre vingt-quatre de Matthieu, le verset 3, Hal Lindsey explique :

> **En réponse Jésus donna de nombreux signes généraux impliquant les conditions mondiales qu'il appela 'les douleurs de l'enfantement.' Il dit que ces signes, comme l'apostasie religieuse, les guerres, les révolutions, les tremblements de terre, la famine, etc., <u>augmenteraient en fréquence et en intensité</u> comme les douleurs avant la naissance d'un enfant. – page 52.**

Tandis que la Société Watch Tower soutient que cette augmentation et intensification sont évidentes depuis 1914, Hal Lindsey soutient que cela se produisit depuis 1948, le point de départ de sa « génération » du temps de la fin.

Robert Pierson écrivain Adventiste du Septième Jour dans *Good-bye Planet Earth*, bien que ne fixant pas de dates spécifiques, adopte une position semblable quant à la signification de notre époque. En parlant des guerres de ce siècle, il en parle comme étant « sur une échelle dont le monde n'a jamais été témoin auparavant » des « éléments de destruction qui effraient l'imagination humaine » ; quand il s'intéresse aux catastrophes naturelles, il décrit la nature comme étant à présent « déchaînée tout autour de nous », des tremblements de terre et des séismes comme « augmentant en fréquence et en intensité » ; au sujet de la famine, il cite des prédictions avec une « augmentation des famines, des pestes et des massacres » – tout ceci présenté comme la preuve incontestable que « Jésus reviendra bientôt. » – pages 8, 15, 19-21,23.

Le Dr Billy Graham dit un peu plus prudemment que ces signes 'attirent actuellement notre attention' et s'intensifieront dans un avenir proche. En commentant les quatre cavaliers de l'Apocalypse – symboles de la guerre, la famine, la peste et la mort – il écrit :

> **À l'avenir – un temps inconnu de nous – les terribles sabots des quatre cavaliers piétineront finalement la scène de l'histoire de l'humanité <u>avec une intensité sans précédent, apportant dans leur sillage la tromperie, la guerre, la famine et la mort sur une échelle qui stupéfie l'imagination</u>...**
>
> **Quelle est la proximité de ces cavaliers à présent ? Je ne sais pas ! Tout ce que je peux dire avec certitude c'est que chaque signe tend vers une chose : la chevauchée des quatre cavaliers s'approche, paraissant de plus en plus assourdissante chaque jour... Puisse Dieu ouvrir nos oreilles pour entendre et nos yeux pour voir leur avertissement avant qu'il ne soit trop tard ![4]**

Dans un style plutôt plus flamboyant, la publication de l'Église Mondiale de Dieu – *Famine – pouvons-nous y Survivre ?*, déclare aux pages 89 et 90 :

> **Ces situations de guerre, de pestes et de FAMINES ont été prédites jadis. Elles avaient été prédites il y a des siècles par le plus grand annonceur de nouvelles qui ait jamais vécu – Jésus-Christ. Christ a dit à ses disciples de surveiller les signes des temps...**

---

4 Billy Graham, *Approaching Hoofbeats, The Four Horsemen of the Apocalypse*, 1983, pp 74, 76. Dans ce livre l'auteur soutient que les guerres, les famines, les pestes, et cetera, aux premiers temps n'étaient seulement que « les précurseurs des cavaliers, « et déclare maintenant que « les ombres des quatre cavaliers peuvent... être vu galopant à travers le monde entier. « -pages 9, 77.

> **Jésus-Christ, le plus grand annonceur de nouvelles au monde, disait à Ses disciples ce qui se produirait dans NOTRE génération – la génération qui verrait ces choses s'accomplir (voir [Matthieu 24] verset 3). Ces fantastiques prévisions sont en train de se RÉALISER pleinement !**

Face à cette évidence que chaque époque a eu sa part de guerres, de famines, de peste, et cetera, ces commentateurs soutiennent ainsi, comme le fait la Société Watch Tower, que c'est l'augmentation de ces difficultés qui constitue le signe de la conclusion.

Mais était ce vraiment sur cet aspect des événements énumérés que Jésus mit l'accent ? En ce qui concerne les guerres, les famines, les pestes et les tremblements de terre, il n'a pas dit à ses disciples qu'ils devraient chercher une augmentation de ces afflictions.[5]

Néanmoins, les commentateurs du temps de la fin, directement ou implicitement, soutiennent la position que Jésus doit avoir eu à l'esprit une augmentation des fléaux qu'il mentionne. Autrement ces « signes » ne seraient pas des signes, n'ayant rien de distinctifs. Nombre de ces écrivains religieux présentent simplement leurs proclamations accompagnées de descriptions habituellement très dramatiques – des calamités de l'ère moderne et des difficultés, sans essayer de défendre leur position face à une preuve contraire. La Société Watch Tower, au contraire, semble contrainte de fournir cette défense et s'efforce régulièrement « d'étayer » la confiance en leurs proclamations. Par conséquent ils sont prompts à argumenter face à toute preuve contraire et faire l'impossible pour prouver qu'une augmentation unique dans les événements calamiteux effectivement survenus depuis 1914.[6] Les publications de la Société Watch Tower sont pratiquement truffées de déclarations, de citations et de chiffres soutenant leur proclamation que les guerres, les famines, les pestes et les tremblements de terre avant 1914 n'étaient que de simples bagatelles comparées à leur ampleur après cette année. La Tour de Garde du 1ᵉʳ février 1985 page 15, expose leur position succinctement et explicitement :

> **Certes, il y avait eu des guerres, des disettes, des tremblements de terre et des « pestes » entre le début de notre ère et 1914 (Luc 21 :11). Toutefois, ces phénomènes <u>ne sauraient être comparés à ceux qui se sont succédés depuis cette année mémorable où les temps des Gentils ont pris fin.</u>**

---

5 Bien que Jésus ait parlé ensuite de l'augmentation du mépris de la loi, il ne fait apparemment pas allusion au monde en général, qui a toujours été sans loi. Plutôt, il semble faire allusion à ce qui surviendrait dans la congrégation chrétienne. Évidemment, cela prit du temps pour que l'apostasie prédite se révèle.
6 Voir *Votre Survie sur une Nouvelle Terre* (1984). Pages 22,23.

Une personne cherchant la vérité, toutefois, doit se demander : **Quelle est l'authenticité de l'image surprenante de nos temps présentée par des sources religieuses différentes quand cette image va à l'encontre de l'histoire passée de l'humanité ? Est-ce que les preuves chiffrées qu'ils affichent sont sincèrement fidèles ? La preuve *entière* a-t-elle été faite, ou bien les opinions et les interprétations des écrivains ont influencé leur choix dans les chiffres et de les citations d'une façon qui dénature les faits réels ?**

Un examen attentif de leurs citations et chiffres peut surprendre des millions de personnes qui, à la suite de la lecture de ces publications, croient que les conditions mondiales marquent radicalement leur époque comme « particulière », comme une période unique annoncée par les prophéties Bibliques.

. *Est-il nécessaire de faire un examen consciencieux du prétendu « signe » ?*

Beaucoup peuvent se révulser à l'idée de faire pareille enquête critique. Particulièrement parmi les millions d'affilié à l'organisation Watch Tower, nombreux peuvent estimer que faire ainsi serait faire le jeu des « moqueurs » défiant les proclamations de la « présence » de Christ annoncé par les Témoins de Jéhovah. La Tour de Garde du 15 juillet 1979, page 13, classe par catégories quiconque réfute ses proclamations comme des gens sans loi et des faux prophètes, s'appuyant en cela sur la deuxième lettre de Pierre, chapitre trois, versets 3 et 4. La Tour de Garde du 1er août 1980 page 19, déclara que des « moqueurs » pourraient se trouver « dans la congrégation chrétienne » et parla d'eux comme « faisant peu de cas de la réalisation des prophéties concernant la 'présence' du Christ. »

De façon similaire, après avoir discuté de ce qu'il présente comme les signes de la conclusion finale, l'auteur Adventiste Pierson dans *Goodbye Planet Earth,* on y trouve ce sous-titre : **Vous Ne le croyez pas ? Alors Vous Êtes un Signe !** (page 51). Lui aussi cite les paroles de Pierre concernant des moqueurs dans les derniers jours.

Cela voudrait dire que, quelqu'un mettant en doute ces sources et leurs concepts de temps de la fin, doit être automatiquement classé parmi les sans Dieu. S'agit-il d'une utilisation équitable et honnête du texte ? Les « moqueurs » sont-ils décrits par l'apôtre Pierre comme des personnes qui croyant fermement (aussi bien que nous, les auteurs) que le 'jour de Jéhovah viendra effectivement comme un voleur' et signifiera la destruction des hommes sans Dieu et d'un système de choses méchant ? Certainement non. Comme le montre le contexte, l'apôtre décrit plutôt des personnes qui ont complètement cessé de croire dans l'éventuel – et pourtant certaine – arrivée de ce jour du jugement divin, *des personnes doutant toujours de sa venue.*[7] Ce que nous mettons en avant avec la Bible et faits historiques en rapport avec certains enseignements sur de prétendue preuve marquant notre temps, ne reflète aucunement le moindre doute quant aux prophéties de la Bible concernant la « présence » de Christ. Au contraire, nous avons sérieusement considéré certaines des paroles souvent négligées dans la grande prophétie de la *parousie* du Christ, que nous conseillons aussi à nos lecteurs de considérer honnêtement. Jésus a prédit que « beaucoup » induiraient les gens en erreur en son nom, prétendant que le **« temps est très proche maintenant. »** De vrais disciples ne devraient pas être impressionnés, car Jésus ajouta au même moment : **« ne suivez jamais des hommes comme ceux-là. »** – Luc 21 :8.

Ainsi pour chaque chrétien, fermer simplement ses yeux et s'agripper passivement aux doctrines des autorités religieuses pourrait être une erreur grave et même fatale. Dans un article intitulé « les idées fausses peuvent Être Dangereuses » le magazine *Réveillez-vous !* Du 22 février 1971, s'est arrêté sur quelques raisonnements erronés dans les idées populaires de tels les gelures et les sables mouvants, puis poursuit en disant :

> **Ajouter foi aux idées religieuses fausses et inconsidérées qui contredisent la Bible, est plus dangereux encore. En effet, agir ainsi ne met pas seulement en danger la vie présente, mais la vie éternelle. La vérité et la vie éternelle vont de pair... La voie de la sagesse consiste donc à débarrasser notre esprit des idées fausses courantes !** – page 6.

---

[7] Un lecteur Témoin de Jéhovah pourrait être impressionné par la citation suivante du livre de la Société Watch Tower *Choisissez le Meilleur Mode de vie* (1979) avec laquelle les présents rédacteurs sont d'accord de tout cœur : « En accomplissement des paroles de Pierre, la voix des moqueurs se fait encore entendre aujourd'hui (2 Pierre 3 :3, 4). Ils disent en réalité : « Quelle raison y a-t-il de croire que le Fils de Dieu va détruire les impies et récompenser ses disciples ? Rien n'a changé depuis l'époque de la création. Les processus de la vie se poursuivent comme depuis le commencement et rien n'indique qu'ils cesseront brutalement dans un proche avenir. Les hommes se marient, les femmes sont données en mariage, les enfants naissent et les humains continuent à vieillir et à mourir. » Ainsi, ils laissent entendre que le Seigneur Jésus Christ ne viendra jamais exécuter son jugement ou que cet événement aura lieu dans un avenir si lointain que cela ne nous concerne pas pour l'instant. » (pages 169, 170) Il est clair que de telles personnes s'attendent à voir quelque chose d'inhabituel, de frappant et sans précédent à leur époque, comme étant la preuve que l'événement prédit surviendrait effectivement. Les paroles de Pierre indiquent qu'ils ne verraient pas pareille chose et que pour cette raison ils n'exerceraient pas la foi en la *certitude* de ce jour de jugement. À n'importe quelle époque où nous vivons, en tant que mortels, nous faisons tous finalement face à une conclusion éminemment cruciale – celle de nos vies. La qualité de notre relation personnelle avec Dieu et son Fils jusqu'à cet instant devrait surpasser toute autre inquiétude et importance.

Effectivement, « l'amour de la vérité » est essentiel au salut et peut par moments exiger de nous de faire des recherches et d'apprendre. (Comparez avec la deuxième lettre aux Thessaloniciens 2 :10.) Si le lecteur fait ainsi, il doit, évidemment, garder un esprit ouvert. **« Avez-vous un esprit ouvert ? »** conseille la Société Watch Tower dans le périodique *Réveillez-vous !* du 22 novembre 1984, **« c'est se montrer réceptif aux idées nouvelles. C'est être disposé à examiner et à juger une information sans préjugés. »** – pages 3, 4.

En présentant ces renseignements et données sur les calamités au cours de l'histoire, les auteurs de ce livre n'ont pu, pour des raisons de place, présenter toutes les informations disponibles. Nous ne sommes pas non plus étendus sur tous les textes Bibliques que nous estimons pouvoir améliorer les explications présentées. Néanmoins nous continuons notre étude, rechercherons et accueillerons toute critique constructive, aussi bien que d'autres renseignements se rapportant aux sujets traités dans cette publication.

Considérez maintenant les preuves concernant les famines, les tremblements de terre, les pestes et les guerres au cours de notre siècle par rapport au passé. Nous croyons que le lecteur constatera que les faits sont tout à fait différents, par moments de façon flagrante, de ce que beaucoup prétendent aujourd'hui.

CHAPITRE 2

2 La famine – Est-elle pire Aujourd'hui ?

UNE DESCRIPTION très inquiétante de la situation concernant l'alimentation sur terre nous parvient au travers des nombreux écrits traitants des temps de la fin. Les auteurs comprennent les paroles de Jésus « il y aura des famines, » et les symboles dans le chapitre six de Révélation, comme étant la prédiction d'une famine mondiale aux dimensions énormes et incomparables.

En 1982, l'auteur de best-seller Hal Lindsey écrivit dans The Promise (page 198) :

> **Jésus a prédit *une grande apparition de famines mondiales* sur une échelle jamais connue auparavant par les hommes. Aujourd'hui les titres du Time, Newsweek et des journaux quotidiens proclament des faits dévastateurs pour des millions de gens mourants directement de malnutrition en ce moment. Et les prévisions estiment que des millions encore mourront de faim au cours des années à venir...**

Dans *Approaching Hoofbeats*, les pages 151 et 153, le Dr Billy Graham explique ceci :

> **Suivant les chevaux blanc et rouge, la famine prédominera sur terre. Des millions de gens mourront de faim. Des millions d'autres connaîtront la malnutrition... le cheval noir et son cavalier sont l'avertissement de Dieu de ce que les humains subiront s'ils refusent d'obéir à Ses ordres.**
>
> **Le cheval noir et son cavalier hurlent dans notre direction. Les chevauchées d'avertissement sont les cris d'enfants mourants de malnutrition et de maladie.**

L'écrivain Adventiste du Septième Jour Robert Pierson prévient :

> **... dans au moins trente-deux pays aujourd'hui,... selon certaines estimations, sept cents millions (plus de trois fois la population des États-Unis d'Amérique) font face à la malnutrition dès à présent... En parlant des signes de Sa deuxième venue Jésus dit, 'Il y aura des famines... partout'... Un autre signe indubitable des temps dans lesquels nous vivons. Jésus revient bientôt !** – *Goodbye, Planet Earth* **pages 22, 24.**

Une publication de l'Église Mondiale de Dieu, The Black Horse Famine (1976), à la page 48, fait ces proclamations remarquables :

> Il y a toujours eu des famines, mais il n'y en a jamais eu de semblables à celles que le monde connaît actuellement. D'habitude les famines par le passé survenaient en conjonction avec les sécheresses, les guerres et d'autres catastrophes naturelles ou artificielles... Aujourd'hui la famine la mondiale est introduite dans *la structure* de société. La famine est maintenant un mode de vie pour des millions des gens...
>
> Les famines d'aujourd'hui diffèrent tant par la nature que par l'ampleur de celles du passé. Jamais auparavant elles n'avaient provoqué autant de souffrances pour des centaines de millions de gens dans toutes les périodes données de l'histoire comme aujourd'hui.

Il est incontestable que, pour certaines régions de la terre, la situation est réellement inquiétante. Il est tout aussi incontestable que « actuellement des millions d'individus meurent directement d'inanition » et parmi eux des millions « d'enfants ». La question posée est : cette situation est-elle spécifique à notre époque ou au vingtième siècle ? Est-ce suffisamment inhabituel et distinctif pour signifier un signe divin de désastre imminent ?

Les auteurs cités précédemment montrent qu'ils considèrent cela comme la preuve inquiétante de la prédiction d'une famine mondiale, déjà là ou imminente. La Société Watch Tower est tout aussi explicite que l'Église Mondiale de Dieu, annonçant plusieurs fois dans ses publications qu'un temps de famine incomparable dans l'histoire humaine est sans doute arrivé. La proclamation est en fait, que cette époque de famine incomparable pour l'humanité a vu son accomplissement dramatique depuis la deuxième décennie de ce siècle.

Quelle est la vérité à ce sujet ?

. *Combien de gens souffrent réellement de malnutrition aujourd'hui ?*

Il semble y avoir une confusion considérable quant au nombre de gens dans le monde souffrant vraiment de la famine aujourd'hui. Dans la publication de la Watch Tower *le Bonheur – Comment Le trouver* (1980) un article d'un journal est cité disant que, « <u>Au moins un habitant de la terre sur huit</u> est affecté par une forme ou une autre de malnutrition. »(Page 149) Sur la même page, toutefois, un autre article est cité disant que « <u>plus d'un milliard d'humains</u> n'auront pas suffisamment à manger cette année. »[1] Ce serait plus d'une personne sur quatre sur terre. Une publication plus ancienne, *Du Paradis Perdu au Paradis Reconquis* (1958), citait un expert de l'alimentation des Nations Unies, Josue de Castro, disant qu'en réalité *deux tiers de l'humanité* souffre de sous-alimentation ou, comme la Société Watch Tower « utilisant » l'expression, « meure lentement de faim ». Selon de Castro, un autre expert, W. Page Forrest, a avancé le chiffre de *85 pour cent de la population du globe.* Les dernières déclarations de la Société Watch Tower ont tiré la conclusion que « Depuis 1914 les famines ou les carences alimentaires ont frappées deux fois plus de personnes que dans les 900 dernières années », et « Jusqu'à cette date on n'avait jamais vu la terre entière manquer de nourriture. »[2]

Quelle est la vérité derrière ces déclarations contradictoires ? Combien de personnes souffrent vraiment de la famine ou « manquent de nourriture » aujourd'hui : « une sur huit » (12,5 pour cent), « plus d'un milliard » (25 pour cent), « les deux tiers de l'humanité » (67 pour cent), « 85 pour cent », ou « la terre entière » (100 pour cent) ?

Famine et malnutrition – deux choses différentes

Discutant des différentes opinions parmi les experts sur l'ampleur de la famine, le Dr Pandurang V. Sukhatme note que : **« la difficulté première et fondamentale émane du manque d'une définition précise de la famine. »**[3] Jusqu'à notre époque la famine et la famine ont simplement signifiées *l'inanition en raison du manque d'aliments.* Ainsi *l'Encyclopédie des Sciences humaines* définit la famine comme « un état de faim extrême subie par la population d'une région à la suite de pénuries dans les réserves alimentaires. »[4]

La science moderne, toutefois, a élargi le concept de « famine » pour inclure ce qu'on appelle la « famine cachée » ou *la malnutrition,* faisant allusion *à un manque d'un ou les aliments plus essentiels dans le régime comme les différentes sortes d'aminoacides, sels minéraux et*

---

[1] Comme présenté dans La Tour de Garde du 15 juillet 1983, page 7, cette déclaration est tirée du Vancouver Sun, qui prétend à son tour que c'est une estimation par la FAO (l'Organisation pour l'Alimentation et l'Agriculture des Nations Unies.) Voir aussi le livre de la Société Watch Tower *Comment raisonner à parti des Écritures* (1985), page 235, où la même proclamation est répétée. La FAO toutefois, n'a jamais dit qu'un milliard de personnes mourait de faim, qui peut être l'impression que le lecteur moyen tirerait de ce rapport formulé avec négligence à partir de la presse.
[2] *Du Paradis Perdu au Paradis Reconquis* (1958), page 181, 182.
[3] Pandurang V. Sukhatme, *Feeding India's Growing Millions* (Londres, 1965), page 1. Entre autres difficultés, dit Sukhatme, il y a le manque de norme alimentaire et les limites des chiffres disponibles sur la consommation d'aliments. (page 2)
[4] Franc A. Southard, Jr., dans son article « Famine » dans *Encyclopedia of Social Sciences,* Vol. 6 (New York, 1931), page 85.

vitamines. Cette « famine cachée » était peu connue dans les siècles précédents en raison du manque de connaissance de ces aliments essentiels, bien que cette « famine cachée » fut encore plus étendue dans le passé qu'aujourd'hui, comme cette étude le démontrera.

Lorsque les experts en alimentation modernes parlent de la faim aujourd'hui, c'est généralement dans ce sens plus large. Josué de Castro, cité par la Société Watch Tower, affirme que les deux tiers de la race humaine souffrent de malnutrition, utilise la « faim » dans ce sens, comme Lord Boyd Orr, le premier directeur de la FAO (Organisation des Nations Unies pour l'alimentation et l'agriculture), explique dans l'avant-propos du livre de Castro Geography of Hunger :

> **L'expression 'famine' utilisée par l'auteur doit être définie. Dans le passé elle fut utilisée pour décrire le manque d'aliments afin de satisfaire l'appétit ainsi que le nombre de morts de faim limitée aux gens amaigris, qui sont morts de complète inanition comme la famine. L'auteur toutefois l'utilise au sens moderne comme étant le manque de l'un des quelque quarante constituants alimentaires nécessaires à la santé. L'absence de l'un d'entre eux provoquant une mort prématurée et non pas nécessairement la maigreur en raison d'une pénurie des différents aliments pouvant être mangés.**

Montrant l'effet de cette définition ajustée de la faim sur les estimations de la faim dans le monde, il ajoute :

> **Si la faim est utilisée dans ce sens, selon les meilleures estimations d'avant-guerre, les deux tiers de la population mondiale a faim. Un comité américain récent a estimé ce chiffre à 85 %.**[5]

Il est donc nécessaire de distinguer clairement la famine de la faim selon l'ancien sens (et toujours actuel), du concept moderne de malnutrition.[6] Alors combien sont aujourd'hui les *affamés* et combien sont les *mal nourris ?*

---

5 Lord Boyd Orr dans la préface de *Geography of Hunger* par Josué de Castro (Londres, 1952), page 5,6. Une édition révisée et augmentée de ce livre a été publiée en 1973 et traduit en anglais en 1977 par *The Geopolitics of Hunger.* Cette édition sera utilisée dans les références suivantes.
6 M. K. Bennett, dans *International Encyclopedia of the Social Sciences* (écrit par David L. Sills 1968), souligne : « l'insuffisance d'une vitamine particulière ou d'un minéral dans une population, avec pour grave conséquence le scorbut, le béribéri, la pellagre, le rachitisme ou une vision altérée, *n'est pas de la famine,* bien qu'au cours des dernières décennies le terme ait été appliqué à ces insuffisances.« (Vol. *5,* page 322) Strictement, *la famine* devrait aussi se distinguer *de la sous-alimentation,* définie comme « une insuffisance de calorie dans l'alimentation » (Sukhatme, page 2). La famine, à son tour « doit se distinguer de la sous-alimentation plus ou moins constante des districts chroniquement frappés par la pauvreté.« (Southard, page 85)

L'ampleur de la famine et de la malnutrition aujourd'hui.

Des enquêtes plus récentes et plus approfondies sur l'ampleur de la faim aujourd'hui ont montré que l'estimation antérieure d'avant-guerre selon laquelle les deux tiers de l'humanité souffraient de malnutrition était erronée. Le Dr P. V. Sukhatme, par exemple, après une enquête très approfondie sur l'ampleur de la faim en Inde, a conclu qu'environ 50 pour cent de sa population souffrait de sous-alimentation ou de malnutrition, voire les deux.[7]

Si cela est vrai de l'Inde, qui était jusqu'à récemment l'un des pays les plus touchés par la faim, la proportion de personnes souffrant de malnutrition dans le monde entier doit évidemment être beaucoup plus faible, et donc nettement inférieure à 50 %.

L'enquête la plus probante sur l'ampleur de la faim aujourd'hui est probablement celle qui a été publiée avant la Conférence mondiale sur l'alimentation de Rome en 1974.[8] L'enquête avait montré qu'entre 460 et 900 millions de gens dans le monde souffrent de divers degrés de malnutrition ou de sous-alimentation, c'est-à-dire *12,5 à 25 pour cent de l'humanité*. La moitié d'entre eux étant *des enfants*, dont environ 10 millions souffriraient de sous-alimentation *sévère* ou de *famine*.

Les mêmes estimations indiquant qu'un milliard de personne souffrent de malnutrition ou de sous-alimentation montrent aussi que parmi ceux-ci, pas plus de *40 millions meurent vraiment de faim*. C'est *moins d'un pour cent de l'humanité*.[9]

La question est celle-ci : Quand Jésus dans ses paroles introductives d'avertissement disant qu'en plus des guerres et des tremblements de terre, « il y aura <u>des famines</u>... en divers lieux » (Matthieu 24 :7), a-t-il alors pensé au sens habituel et récurant de famines catastrophiques en différents endroits ? Ou bien a-t-il pensé à la famine au sens moderne,

---

[7] Sukhatme, page 75. Depuis l'enquête de Sukhatme il y a vingt ans, la situation alimentaire en Inde s'est nettement améliorée.

[8] Le document des Nations Unies *Assessment of the World Food Situation*, l'Article 8 de l'Ordre du jour temporaire (Conférence Mondiale sur l'Alimentation 1974), E/Conf, 65/3. Plus récemment, la FAO

[9] Les experts en alimentation les Suédois Lasse et Lisa Berg dans *Mat och mala* (« les Aliments et le Pouvoir »), (Avesta, SUÈDE, 1978), pp 20-25. Le magazine *Réveillez-vous !* du 22 octobre 1984, a indirectement approuvé ces chiffres en citant *le Courrier de l'Unesco* disant que « la famine Chronique reste un problème pour des dizaines de millions des gens » alors que « Presque 500 millions d'êtres humains stagnant dans la pauvreté, sont sous la menace quotidienne de la famine. » (page 6) Ainsi *des centaines* de millions de personnes sont *menacées* par la famine (c'est-à-dire mal nourris), mais des *dizaines de millions* le sont réellement. De plus, les estimations entre 500 millions et un milliard de mal nourris/sous-alimentés sont de sérieuses exagérations. Ils ont récemment été critiqués par un certain nombre d'experts éminents de l'alimentation qui voudraient rabaisser ce chiffre à 240 millions ou moins. Voir l'expert en alimentation le célèbre D. Gale Johnson dans *The Resourceful Earth*, révisé par Julian L. Simon et Herman Kahn (Londres, 1984), pages 76,77.)

c'est-à-dire à la sous-alimentation chronique ou à la malnutrition en raison de la consommation insuffisante de calories et du manque d'un ou plusieurs nutriments essentiels dans l'alimentation ?

La réponse semble évidente. Le mot grec traduit par « famine », *limôs*, fait allusion à la famine au sens ancien : la famine en raison d'une pénurie de nourriture. Il est remarquable aussi que le mot soit utilisé au pluriel, *limoi* (« famines »). Cela n'indique pas une quelconque condition chronique de sous-alimentation, mais bien des épisodes catastrophiques de famine « dans des lieux différents ».

L'application de l'expression Biblique, à l'état de sous-alimentation chronique et de malnutrition prédominante dans quelques parties du monde aujourd'hui, comme le fait la Société Watch Tower, ainsi que la limitation de cette application à la période débutant en 1914 n'est pas seulement en conflit avec la compréhension naturelle de la déclaration de Jésus. Elle s'oppose aussi avec le fait que la plus grande partie de l'humanité a souffert évidemment de malnutrition et de sous-alimentation depuis des temps immémoriaux de même qu'à ceux où Jésus a prononcé sa prophétie.

Avons-nous vu aujourd'hui une augmentation de famines plus graves que celle jamais connues par l'humanité ? Les matières premières ont-elles faim – ou d'ailleurs même la « faim cachée » – ne ronge maintenant les parties essentielles d'humanité comme jamais auparavant ? Dans la discussion suivante une révision sur l'histoire des famines dans différentes parties du monde répondra à ces questions. Ensuite nous jetterons un coup d'œil plus approfondi sur la malnutrition et surtout la mortalité infantile issu de la malnutrition et de la sous-alimentation, en comparaison de ce problème dans le passé.

. *« La plus grande famine de toute l'histoire » – avant ou après 1914 ?*

Pendant des décennies la Société Watch Tower a proclamé que les plus grandes famines et pires pénuries dans l'histoire de l'humanité sont survenues peu de temps après la Première Guerre mondiale :

> **Après la Première Guerre mondiale, l'humanité a connu des pénuries alimentaires comme jamais auparavant.** – *La Tour de Garde* du 15 avril 1976, page 250.

> **La Première Guerre mondiale fut suivie de la plus grande famine de toute l'Histoire.** – *« Que ton Royaume Vienne »*, 1981, page 122 ; voir aussi *Vous Pouvez Vivre Éternellement sur une Terre transformée en un Paradis*, 1982, page 150.

Quelles famines ou pénuries de nourriture ont suivies la Première Guerre mondiale ? *La Tour de Garde* du 15 juillet 1983, explique :

> **En 1921, la famine a causé la mort d'environ 5 millions de personnes en URSS. En 1929, la famine a causé environ 3 millions de morts en Chine. Au cours des années 1930, 5 millions de personnes sont mortes de faim en URSS. (Page 5)**

Toutefois, étaient-elles les pires famines de toute l'histoire ? Non. Dans la même édition de La Tour de Garde l'auteur, qui avait fait évidemment un peu de recherche sur le sujet, s'est senti contraint de contredire les toutes premières déclarations à ce sujet et d'admettre :

> **… il est vrai que l'histoire est pleine de récits de famine aussi anciens qu'aux jours d'Abraham et de Joseph jusqu'à la plus grande famine enregistrée de tout le temps, celle qui a frappé la Chine entre 1878 et 1879. (Genèse 12 :10 ; 41 :54). Les estimations du nombre de chinois morts pendant cette famine varient de 9 à 13 Millions. – La Tour de Garde du 15 juillet 1983 page 3.**

Cette confession est intéressante d'autant plus que les publications de la Société Watch Tower avaient proclamé pendant des années que la plus grande famine *en Chine* s'était produite *après* la Première Guerre mondiale ! Faisant allusion à la sécheresse dans le nord de la Chine en 1920-1921 le livre *du Paradis Perdu au Paradis Reconquis* (1958) disait : « peu de temps après la Première Guerre mondiale la Chine connue la plus grande famine de tous les temps – avec 15 000 morts chaque jour et 30 000 000 de personnes touchées. »[10] Les 15 000 morts par jour peuvent sembler impressionnants à première vue – jusqu'à ce que l'on apprenne que la situation fut rapidement améliorée par le gouvernement et les efforts philanthropiques privés. Selon la meilleure information disponible un demi-million de personnes périrent durant cette famine.[11] Bien que ce soit un chiffre effrayant, le nombre de morts au cours des nombreuses autres famines en chine *avant* 1914 fut beaucoup plus élevé, comme cela sera montré par la suite.

Par conséquent, la « plus grande famine » et les « pires pénuries alimentaires » dans l'histoire de l'humanité *n'ont pas* « suivi la Première Guerre mondiale », comme l'avait dit à ses lecteurs la Société Watch Tower pendant des décennies dans ses publications. Aucune ne fut en Chine la « famine la plus grande » « peu de temps après la Première

---

10 page 181. Cette affirmation a été répétée plusieurs fois depuis. Voir par exemple « *Que ton Royaume Vienne* » (1981), page 122 et « *Vous Pouvez Vivre Éternellement sur une Terre transformée en un Paradis* » (1982), page 150.

11 Ping-ti Ho, *Études sur la Population de la Chine, 1368-1953* (Cambridge, Massachusetts, 1959), page 233 ; Walter H. Mallory, *la Chine : le Pays de la Famine* (New York, 1926), page 2.

Guerre mondiale ». Les plus grandes famines, les plus grandes et pires pénuries appartiennent aux siècles passés – et le sont encore.

Toutefois, même si les famines réelles n'ont pas augmenté *en ampleur individuellement* depuis 1914, on pourrait prétendre qu'elles ont augmenté en *nombre* depuis lors. C'est ce qu'indique l'auteur du même article de La Tour de Garde citée ci-dessous :

> **Avons-nous connu plus de disettes de ce genre que les générations qui nous ont précédés ? Nous ne pouvons l'affirmer formellement, car les chiffres dont nous disposons sont incomplets. Toutefois, notre siècle a incontestablement eu son lot de catastrophes naturelles. Par ailleurs, il a davantage souffert de la guerre que toute autre période comparable de l'Histoire. C'est pourquoi il est fort possible qu'il y ait effectivement eu plus de disettes à notre époque que jamais auparavant.[12]**

Dans cette déclaration l'auteur de La Tour de Garde fait une autre confession surprenante que l'on ne trouve pas dans les publications plus anciennes de la Société. Il reconnaît que l'on ne puisse pas dire *à coup sûr* que les famines ont augmentées en nombre, *seulement* que cela *peut* être le cas ! S'il n'y a pas de preuve certaine de leur augmentation en *étendue* ou en *nombre* depuis 1914, comment donc, peut-on dire qu'elles sont le « signe » de quelque chose ?

Mais l'auteur en dépit de sa prudence, n'a pas présenté toute la vérité sur les famines passées. Même s'il est vrai que les chiffres sont incomplets, il y a assez de renseignements préservés pour démontrer que le nombre de famines a *diminué* dans notre siècle comparé aux plus anciens ! Cela deviendra évident en ayant une vue d'ensemble sur les famines produites en Chine, Inde, Europe et autres parties du monde.

. L'étude sur les pénuries et les famines

Des trois calamités, les guerres, les famines et la peste, les famines ont été le sujet le moins étudié. Comme de Castro l'a noté, il y avait très peu d'écrits au sujet de la famine jusqu'à la fin de la Seconde Guerre mondiale : **« Pour chaque étude concernant les famines il y avait mille publications sur les guerres. »**[13]

La raison pour laquelle les chercheurs semblaient éviter le sujet n'était pas que la famine fut un problème insignifiant par le passé. Tout au contraire ! L'ampleur et l'effet destructeur des famines peuvent vraiment avoir été trop terrifiants pour inviter des chercheurs à y jeter un coup d'œil plus approfondi. Les « pertes humaines provoquées par la famine est

---
12 La Tour de Garde, 15 juillet 1983, page 7.
13 Josué de Castro, *The Geopolitics of Hunger* (New York et Londres, 1977), page 50.

considérablement plus grande que celles produites par les guerres et les épidémies combinées. »[14] On a à juste titre dit que l'histoire « ne sera vraiment comprise que lorsqu'un livre terrible sera écrit – l'Histoire de la famine. » Si ce livre était écrit, a observé E, page Prentice, « une nouvelle lumière serait répandue sur l'histoire... du monde entier – parce que *de tout temps et dans toutes les parties du monde, les hommes ont souffert de la famine.* »[15]

Une première enquête prudente sur les famines a été faite par Cornelius Walford du *Royal Historical Society* en Angleterre, qui a publié deux très longs articles sur le sujet dans *Journal of the Statistical Society* en 1878 et 1879.[16] Dans le premier article Walford inclus une liste de plus de 350 famines importantes dans différentes parties du monde depuis 6 avant J.-C, jusqu'à 1878 après J.-C.[17]

Depuis d'autres études sont parues, limitées d'habitude à certaines régions ou pays couvrant des périodes et des époques différentes. En 1892 le Dr Alwin Schultz a publié un tableau des famines en Allemagne pendant les années 1300-1499.[18] Une très longue étude sur les famines en Europe de 700 à 1317 après J.-C, fut publiée par Fritz Curschmann en 1900.[19] Léopold Delisle a, quant à lui, publié en 1903 une liste des famines en France, couvrant la période de 1053 à 1414 après J.-C.[20] Plus récemment ont parus des travaux sur les famines en Chine, en Inde et d'autres parties du monde, lesquelles ont été consultés pour les renseignements présentés dans les sections suivantes.

. La Chine, « le pays de la famine »

La Chine qui abrite presque un quart des habitants de la terre, est – et semble avoir été depuis 2 000 ans – la partie la plus populeuse du monde.

Elle fut si souvent frappée par des famines dévastatrices qu'elle en est venue à être connue à travers le monde entier comme « le pays de la

---

14 ibid. page 50.
15 ibid. page 401 (citant d'E. Parmelee Prentice, *Hunger and History*, New York 1939). B. M. Bhatia, insiste lui aussi sur l'ampleur mondiale de la famine par le passé : « Avant que les révolutions industrielles et commerciales se soient produites en Europe, la famine était une calamité naturelle pour laquelle aucune partie du monde n'était complètement épargnée. »-*Famines in India*, 2ᵉ édition (Londres, 1967), page 1.
16 Cornelius Walford, « The Famines of the World : Past and present, » *Journal of the Statistical Society*, Vol. XLI, 1878, pages 433-534 et Vol. XLII, 1879, pages 79-275.
17 Walford (1878), pages 434-449. La liste inclut aussi quelques famines à partir de l'ère pré-chrétienne.
18 Dr Alwin Schultz, *Deutsches Leben im XIV, und XV. Jahrhundert*, (Vienne, 1892), pages 639-651.
19 Fritz Curschmann, « Hungersnöte im Mittelalter, » *Leipziger Studien aus Democrate Gebiet der Geschichte*, écrit par Buchholz, Lamprecht, Marcks et Seeliger (Leipzig, 1900), pages 1-217.
20 Léopold Delisle, *Études sur la Condition de la Classe Agricole* (Paris, 1903), pages 627-648.

famine ».[21] Comme cela a été démontré par une étude accomplie durant les années 1920, le pays avait subi presque *une famine par an* au cours des derniers 2 000 ans :

> **Le sujet de la nourriture est ancien en Chine ; depuis les premiers temps les famines furent un fléau récurant. Une étude récemment accomplie par Student Agricultural Society of the University of Nankin a fait la révélation surprenante et significative qu'entre les années 108 avant J.-C, et 1911 après J.-C, il y avait eu 1828 famines, ou une presque chaque année dans unes des provinces. Des millions de personnes moururent d'inanition.**[22]

Les plus terribles de ces famines avaient pour cause de grandes sécheresses périodiques : **« sur mille ans, de 620 à 1620, 610 furent des années de sécheresse dans une province ou plus et 203 des années de famines graves. »**[23] Au moins quinze de ces famines furent si graves que les Chinois eurent recours au cannibalisme.[24] La plupart de ces famines firent des millions de morts. Les chiffres, pourtant, sont d'habitude partiellement ou entièrement manquants. Pendant quatre ans entre 1333 et 1337, par exemple, les archives chinoises disent que **« 4 000 000 de personnes périrent d'inanition dans le seul voisinage de Kiang »** : ce qui indique que des millions de personnes sont mortes dans d'autres régions.[25]

Depuis ces derniers siècles de meilleurs renseignements sont disponibles. Un certain nombre de famines très dévastatrices ont affligé la Chine au cours du dernier siècle. **« On dit que les quatre famines de 1810, 1811, 1846 et de 1849 ont réclamé un tribut de pas moins de 45 000 000 de vies ».**[26] A leur sujet « on dit que celle de 1849 aurait coûté presque 14 millions de vies. »[27] Entre 1854 et 1864 « on croit qu'encore 20 millions de personnes périrent. »[28] Alors, vers 1876-1879, est arrivée la grande famine rapportée par la Watch Tower citée plus tôt comme étant « la plus grande disette connue », où de neuf à treize millions d'êtres humains périrent.[29]

Cette déclaration n'est pourtant pas tout à fait exacte. Mallory écrivit en

---

21 Ping-ti Ho, page 227. « Jusqu'à la révolution de 1949 », dit de Castro, « ce pays immense fut la région par excellence de la famine. « (page 258)
22 Walter H. Mallory, *China : Land of Famine* (New York, 1926), page 1.
23 de Castro, pages 271, 272.
24 ibid. page 272.
25 Ralph A. Graves, « les Famines Effrayantes du Passé, » The National Geographic Magazin, juillet 1917, Washington D.C, page 89.
26 Graves, page 89.
27 E. J. Hobsbawm, *The Age of Capital* 1848-1875 (Londres, 1975), page 133. Voir aussi Maurice Bruce, *The Shaping of the Modern World 1870-1939* (Londres, 1958, page 801.)
28 Hobsbawm, page 133.
29 La Tour de Garde du 15 juillet 1983, page 3. La situation dans quelques régions était si désespérée que le cannibalisme a été annoncé « à plusieurs reprises ». (Ping-ti Ho, page 231)

1926, la décrit plus correctement comme « la pire s'étant produite en Chine <u>dans la mémoire des habitants actuels.</u> »[30] On sait que quelques famines plus anciennes ont été encore plus meurtrières, par exemple en Chine en 1849 (avec presque 14 millions de morts), ou celle qui frappa l'Inde en 1769-1770 (touchant des dizaines de millions de vies).

Vers la fin du dix-neuvième siècle déjà tourmenté par la famine, à nouveau une autre famine sévère se produisit en Chine dans les années 1892-1894, faisant environ un million de victimes supplémentaires.[31]

Ainsi, le dix-neuvième siècle fut un temps de famine désastreux pour la Chine, pendant ce siècle, selon l'estimation de Castro, **« quelque cent millions d'individus sont morts de faim »**.[32]

Combien de ceux aujourd'hui qui ont lu des livres avec des titres excitants et des déclarations frappantes des signes du temps de la fin sont conscients de ces dures réalités de l'histoire ? Quant aux millions de Témoins de Jéhovah dans le monde, il est douteux qu'une poignée d'entre eux soit au courant avec la preuve factuelle sur ce sujet.

Que peut-on dire de la Chine à notre vingtième siècle ? A-t-elle connu une augmentation dans le nombre ou l'étendue des famines (la fréquence) ? Est-ce que la famine est plus grande depuis 1914 qu'auparavant ? Le rapport montre un développement très intéressant.

---

30 Mallory, page 29.
31 Ping-ti Ho, page 233.
32 De Castro, page 53.

LE CANNIBALISME – UNE PRATIQUE COURANTE PENDANT LA GRANDE FAMINE EN CHINE DE 1876-1879

DES CORPS GISENT SUR LA ROUTE, ET LES SURVIVANTS SE PRÉCIPITENT POUR SE NOURRIR DE LEUR CHAIR

L'homme civilisé en temps normal lorsqu'il veut manger de la viande cuite, il va à la boucherie et ensuite à sa cuisine; mais en cette année de famine, les hommes se mangent entre eux. Des lettres du pays nous disent que si un corps n'est pas enterré, les affamés l'entourent, prêt à se précipiter avec leurs couteaux et y découper de la chair pour s'en nourrir. Ces gens sont morts parce qu'ils ne pouvaient obtenir de nourriture et les survivants cherchent maintenant à prolonger leur vie en mangeant les morts. Auraient-ils dû plutôt se laisser mourir ? Jusqu'où la famine poussera-t-elle les hommes ?

Une illustration publiée dans *The Famine in China* (Comité de la Caisse de secours de la Famine en chine, Londres : env. Kegan Paul and Co., 1878). (Réédité par page R. Bohr. *Famine China and the Missionary*, Cambridge, 1972, d'après la page 20.)

Comme il a été mentionné, la première grave famine en Chine après 1914 est survenue en 1920-21. Bien qu'il y eut environ un demi-million mort, ce ne fut pas la plus grande disette dans ce pays. Ensuite il y eut la grande famine de 1928-29 qui fit plus de trois millions de morts.[33] Aucune d'elles n'approcha l'étendue de certaines des grandes famines du dix-neuvième siècle dont nous avons parlé.

Pendant les années 1930 et 1940, la Chine sous la direction de Chiang Kai-shek, essaya d'élever le niveau de vie du peuple chinois avec l'aide de crédits des puissances Occidentales. En dépit de ces efforts, la situation ne s'est vraiment améliorée qu'après la révolution Communiste conduite par Mao Tse-tung en 1949. Après cela le nouveau gouvernement prit des mesures énergiques pour augmenter la production agricole et mettre un terme à la famine. Cette lutte se révéla être un succès remarquable :

En l'espace de sept ans, la Chine a presque doublé son rendement de céréale, faisant en moyenne une augmentation annuelle d'environ 8 pour cent au grand étonnement du monde entier... Cette augmentation considérable de la production et la baisse des coûts résultant d'une meilleure productivité, contribuèrent à l'amélioration des normes alimentaires et libéra le peuple chinois des griffes de la famine... Grâce à une action politique organisée et efficace, la nouvelle Chine résolut en dix ans son plus grand problème : nourrir ses 700 millions d'habitants.[34]

La victoire n'était toutefois pas complète. Une série de sécheresses particulièrement sévères en 1960 et 1961 – en plein milieu de l'expérience économique malheureuse appelée « le grand bond en avant » – a contraint la Chine d'importer de grandes quantités de céréales depuis les pays Occidentaux. On sait depuis longtemps que cette crise provoqua d'immenses souffrances ainsi qu'une grave famine. Mais ce n'est qu'en 1984, lorsque la Chine rendit public les résultats du recensement de 1964, que l'ampleur réelle du désastre pu être estimée par les experts démographiques. Les estimations du nombre de morts en raison de la famine, la malnutrition et la mortalité infantile entre 1958 et 1961 varient de 8 à 30 millions.[35]

Cette famine, alors, était complètement comparable avec certaines des plus mauvaises famines dans le passé. Pourtant il constitue un endroit sombre dans une image autrement brillante ou s'éclaircissant. Et, il peut être noté, il ne rendrait toujours pas la situation de nourriture

---

33 Ping-ti Ho, page 233 ; La Tour de Garde du 15 juillet 1983, page 5.
34 de Castro, pages 298, 306.

chinoise n'importe où près aussi critique pour le vingtième siècle qu'il était pendant le dix-neuvième siècle désastreux.

À part des reculs temporaires, la situation de l'alimentation en Chine n'a cessé de s'améliorer. En 1973, l'expert mondial de Castro écrivit :

> **Depuis 1962, malgré une augmentation de la population d'environ 2 pour cent par an, l'agriculture s'est développée au taux annuel de 4 pour cent et a pu suivre le rythme suffisamment pour éloigner le spectre de la famine.**[36]

Ainsi la Chine, l'ancien « pays de la famine », ne mérite plus cette dénomination. Après avoir été frappé presque chaque année par des famines durant des millénaires, ce pays a obtenu progressivement en ce siècle, pour la première fois dans sa longue histoire, une libération remarquable du fléau de la famine. Sa population a atteint plus d'un milliard de personnes, mais des mesures énergiques sont maintenant prises pour en limiter la croissance. L'affirmation selon laquelle les famines se sont accrues depuis 1914 n'est manifestement pas vrai pour cette partie de l'humanité. Au contraire, la famine dans ce pays a cessé au point de pratiquement disparaître dans ce qui fut jusqu'à récemment la partie au monde la plus tourmentée par cette calamité !

---

35 ibid. pp 306-308 ; Lester Brown, *State of the World* (New York, 1984), page 188 ; *Population and Development Review*, Vol. 7, N° 1 (mars 1981), pp 85-97 ; Vol. 8, N° 2 (juin 1982), pages 277, 278 ; Vol. 10, N° 4 (décembre 1984), pages 613-645 ; *Scientific American*. Décembre 1985, page 194. Le *Guinness Book of World Records* de 1983 (Batan Books, 21ᵉ édition américaine, page 465) a à tort daté cette famine entre 1969-71 au lieu de 1959-61. (Correspondance personnelle.) On pourra noter que les estimations du nombre de morts (8 à 30 millions) dans cette famine ne sont pas fondées sur les rapports de témoins oculaires contemporains, mais sont des estimations démographiques faites plus de 20 ans après le désastre. Ces estimations sont fondées sur les recensements chinois de 1953, 1964 et de 1982, dont les deux premiers (1953 et 1964) sont de qualité douteuse ou déffectueuse et donc « d'utilité limitée pour une analyse démographique. » (1. D. Durand, « Historical Estimates of World Population », *Population and Development Review*, Vol. 3, N° 3, septembre de 1977, pages 254, 255, 260-264 ; J. S. Aird, « *Population Studies and Population Policy in China* » ibid. Vol. 8, N° 2, pp 272-278 ; « *Population Trends, Population Policy and Population Studies in China* » ibid. Vol. 7, N°1, page 91.) Si de récentes estimations du nombre de morts dans la famine de 1959-61 indiquent la véritable ampleur de ce désastre, il semble curieux qu'une crise d'une telle sévérité puisse être non seulement passée sous silence par les dirigeants chinois actuels, mais aussi passée inaperçue par les observateurs Occidentaux qui visitèrent la Chine pendant la catastrophe. Ainsi le Maréchal Montgomery, qui y fit un long séjour en 1961 – et aurait été ainsi au plus fort de la crise – dans une interview du Times de Londres expliquait « qu'il n'avait vu aucune famine en Chine, que la population semblait bien nourrie et que seuls certains produits étaient rationnés suite à une année exceptionnellement mauvaise pour l'agriculture. » (de Castro, pages 306, 307)

36 De Castro, page 308. Comme de Castro l'a écrit en 1973, les progrès ont continué de progresser. Les experts en nutrition suédois Lasse et Lisa Berg, en 1978, ont écrit que la Chine, en trois décennies, avait « éradiqué la famine et probablement aussi la sous-alimentation. » *(Mat och makt.* Avesta, Suède, 1978, page 170)

Les Famines en Inde

Après la Chine, l'Inde est le pays le plus peuplé au monde. Si le Pakistan et le Bangladesh, qui jusqu'en 1947 faisaient partie de l'Inde y étaient inclus, sa population actuelle serait proche des 900 millions, soit environ un cinquième de la population sur terre. Située à côté de la Chine, l'Inde a aussi connu plus de graves famines qu'aucun autre pays.

> L'Inde a connu des famines depuis des temps immémoriaux. Bien qu'il manque de récits détaillés et complets sur toutes les famines qui se sont produites pendant la période néo-britannique de son histoire, les témoignages disponibles semblent indiquer qu'autrefois une famine à grande échelle se produisait une fois tous les 50 ans.[37]

Les anciennes archives disent que des famines dévastatrices, parfois accompagnées de cannibalisme parmi les victimes affamées. Des provinces entières auraient été décimées entre 1022 et 1052 après J.-C. « En 1555 et de nouveau en 1596, une violente famine dans le nord-ouest de l'Inde a donné lieu à des scènes de cannibalisme, selon les chroniqueurs contemporains. »[38] En 1630 une sécheresse dévastatrice « toucha la province du Gujarat et en dépeupla les principales villes. »[39]

Peut-être la plus grande famine jamais enregistrée fut la catastrophe de 1769-1770 pendant laquelle, selon certaines estimations, un tiers de la population indienne périt. Au seul Bengale, pas moins de dix millions et peut-être plusieurs dizaines de millions sont mortes dans toute l'Inde.[40]

La fréquence des famines en Inde semble avoir augmenté au début de la colonisation britannique en 1756. De 1765 à 1858 le pays a connu douze famines et quatre pénuries sévères. Six autres famines importantes se sont produites sur vingt ans de 1860 à 1880. En quarante-neuf ans à partir de 1860 à 1908, *vingt étaient des années de famine ou de pénurie.*[41] Plusieurs de ces famines ont fait chacune des millions de morts. « **Les famines du début des années 1800, selon Andre Philip, ont tué la moitié des habitants de Madras, Mysore et Hyderabad.** »[42] la famine de 1865-66 a pris près de trois millions de

---

[37] B.M. Bhatia, *Famines in India,* deuxième édition (Londres, 1967), page 1.
[38] Fernand Braudel, *la Civilisation et le Capitalisme entre le 15ᵉ et 18ᵉ siècle : les Structures de la Vie Quotidienne* (Londres, 1981) page 76. Parlant de l'histoire ancienne de la Chine et de l'Inde, Braudel note que « les Famines avaient des airs de fin du monde. » (page 76)
[39] Graves, page 81.
[40] Walford (1878), page 442 ; Graves, page 88. *Le Livre Guinness des Records* de 1983 dans une note en bas de page accompagnant son tableau (page 465) des plus grandes catastrophes dans le monde dit en passant que la grande famine indienne de 1770 a emporté *plusieurs dizaines de millions de vies.* Nous n'avons toutefois pas été capables d'authentifier cette déclaration.
[41] Bhatia, pages 7, 8, 58. Comparez Walford (1878), pp 442-449.
[42] De Castro, page 320.

vies et celle de 1876-78 plus de cinq millions.[43] Le XIXᵉ siècle s'est terminé avec deux des famines les plus désastreuses du siècle : plus de cinq millions de personnes périrent au cours de la famine de 1896-98 et une autre fois 3,25 millions dans les années 1899-1900.[44]

Ce que nous cherchons à savoir est si ce vingtième siècle a vu une augmentation du nombre de famines en Inde et particulièrement depuis 1914. La réponse tombera certainement comme une surprise pour certains : **« il n'y eut aucune famine importante dans le pays après 1908 jusqu'à la funeste tragédie du Bengale de 1943 »** souligne le Dr Bhatia grand spécialiste des famines indiennes.[45]

Ainsi, pendant près de trois décennies suivant immédiatement la première guerre Mondiale – période où le « signe de composite » de la Société Watch Tower aurait exigé plus de famines – la vaste péninsule de l'Inde, d'habitude frappée par la famine n'a pas contribué à une seule famine de ce « signe » ! Pourquoi non ? Bhatia explique :

> **La famine de 1907-08... s'est avéré être un tournant dans la longue histoire de la nourriture et de la famine en Inde. Désormais, la sécheresse a cessé d'être un sujet d'inquiétude sérieuse. En revanche l'attention s'est portée sur le prix de nourriture, l'emploi et les salaires.**

Expliquant ce que cela signifiait quant à la famine en Inde, il précise :

> **La famine ne signifie plus la famine généralisée à cause du manque de nourriture ; mais comme dans les autres économies modernes, une augmentation du prix des céréales non suivie par une augmentation proportionnelle des salaires se traduisant par une consommation réduite de céréales de la part des pauvres d'où une situation de quasi-famine. La famine s'est transformée en un Problème de Nourriture que nous connaissons à présent.**[46]

---

43 Bhatia, pages 68, 70, 74, 108.
44 Ibid, pp 242, 261.
45 Ibid, page vi.
46 Ibid, page 270. La Tour de Garde du 15 juillet 1983, cite à la page 7 George Borgstrom, une autorité en nutrition mondiale, disant que les conditions alimentaires en Inde sont devenues « intolérables » aux dix-neuvièmes et vingtièmes siècles. Mais comme le montre le Dr Bhatia, sommité sur les famines en inde, ce qui est vrai pour le dix-neuvième siècle, ne l'est pas pour le vingtième puisque la situation avait radicalement changé. En outre, la déclaration de Borgstrom disant que seuls dix millions de personnes en Inde sont « convenablement nourris », est aussi la preuve qu'il est dans l'erreur au vu de l'enquête approfondie du Dr Sukhatme, qui concluait que 50 pour cent de la population en inde est bien nourrie ! (Voir les arguments cités page 25 sous le sous-titre « L'ampleur de famine et de malnutrition aujourd'hui. ») Borgstrom était un de ces « prophètes apocalyptiques » des années 1960 qui annonçaient la venue d'une famine catastrophique. Certains d'entre eux ont même prédit que de nombreux pays, l'Inde en tête, connaîtraient des famines généralisées dans les années 1970 – une prédiction qui a complètement échoué. (Voir par exemple W, et page Paddock, *Famine – 1975 !*, Londres, 1967, pages 60, 61. Ce livre a été cité à plusieurs reprises dans les publications de la Watch Tower précédent 1975 ; pas depuis.)

Par conséquent sur une période de trente-cinq ans, de 1908 à 1942, « l'Inde a connu un certain nombre de pénuries, mais pas de famine à grande échelle impliquant des pertes considérables en vies humaines. »[47] Ainsi la famine du Bengale de 1943 fut un choc car l'Inde n'y était pas préparée. Avant que la situation fut sous contrôle, un million et demi de personnes pauvres et démunies étaient mortes de faim.[48] De nouveau en 1974, le Bengale (alors indépendant de l'Inde tout comme le Bangladesh) connut une famine par laquelle plusieurs centaines de milliers d'individus sont morts de la famine, une famine qui selon les observateurs, a été provoquée par des causes politiques et aurait pu être évitée.[49]

Sur l'Inde elle-même dans ses frontières actuelles, Bhatia écrivit en 1965 : « au cours des deux dernières décennies nous avons réussi à éviter la mortalité par famine dans toutes les parties du pays. »[50] Ceci fut rendu possible au moyen d'importations massives de céréales et de l'aide internationale.

Depuis 1966, les dirigeants indiens ont lutté pour libérer leur pays de la dépendance à l'aide internationale et la situation s'est progressivement améliorée. De Castro écrivit en 1973 :

> **En raison de mesures techniques et logistiques, la situation nutritionnelle de l'Inde, parmi les pires au monde jusqu'en 1966, a commencé à présenter les signes d'un tournant décisif. Au cours des deux dernières années la production agricole s'est accrue d'un taux de 8 pour cent, ce qui est un vrai miracle.[51]**

Que dire de la situation aujourd'hui ? L'inde est encore un pays très pauvre ; pourtant son développement économique s'est poursuivi. En 1985, le magazine *Time* rapportait :

> **Les gains les plus importants ont été réalisés dans la production de nourriture. Il y a quinze ans, l'Inde était fortement tributaire des céréales importées pour nourrir ses millions affamés et la sécheresse était régulièrement une question de vie ou de mort. <u>Le pays est à présent autosuffisant en alimentation.</u> Depuis 1971, la production céréalière a augmenté de 40 %, principalement en raison de la 'révolution verte', le programme scientifique d'utilisation de céréales à haut rendement et d'irrigation intensive**

---

47 Bhatia, page 309. Dans une note en bas de page Bhatia ajoute : « Entre 1910 et 1940 il y a eu 18 pénuries, mais <u>aucune perte en vie humaine due à la famine au cours de toute cette période.</u> » (page 309)
48 Ibid, page 310. Un expert a avancé le chiffre pouvant atteindre 3,5 millions de morts. (Bhatia, page 324)
49 Berg and Berg, page 112.
50 Bhatia, page 342.
51 De Castro, pp 341, 342.

qui débuta au milieu des années 1960.[52]

Comme en Chine, l'image de la famine en Inde, montre alors une évolution remarquable. Après avoir été la proie de famines récurrentes pour la plupart de son histoire, cette vaste péninsule fortement peuplée a fait de grands progrès pour se libérer des graves famines sur le cours de ce vingtième siècle. De grands efforts ont été faits pour contrôler l'expansion démographique et éliminer l'éternel problème de la pauvreté en Inde.

En bref, la malnutrition existe certainement en Inde. Ce n'est pas une nouveauté ni chose inhabituelle dans son histoire. Ce qui l'est, c'est le fait que, au lieu de s'aggraver, la situation s'améliore nettement dans notre siècle.

Jusqu'ici notre enquête a démontré que les deux pays les plus peuplés en proie à la famine au monde, la Chine et l'Inde, présentent *une diminution* frappante dans l'étendue et le nombre de famines depuis 1914. C'est exactement le contraire à la tendance que nous aurions du constater si les remarquables allégations de diverses sources religieuses étaient exactes ! Dans ces deux pays les famines des années 1800 furent remarquablement plus mauvaises que celles des années 1900. Tournons à présent notre attention sur un autre grand lieu peuplé sur terre aujourd'hui – le troisième dans l'ordre : l'Europe.

. *L'histoire de la famine en Europe.*

L'Europe (sa frontière orientale allant jusqu'à l'Union soviétique) couvre un territoire un peu plus vaste que la péninsule indienne, mais ne contient qu'un peu plus de la moitié d'habitants soit 500 millions de personnes. Depuis plus d'un siècle les famines sont pratiquement inconnues sur le continent européen. Sa population aujourd'hui est d'habitude bien nourrie et souvent suralimentée. La malnutrition n'est qu'un tout petit problème dans la plupart des pays européens comparé aux autres parties du monde. La plupart des personnes vivent dans une heureuse méconnaissance de l'histoire épouvantable des famines du continent. Peut-être même qu'ils s'en féliciteraient en l'apprenant.

En contraste frappant avec les conditions actuelles, au premier temps où la famine s'abattait en permanence sur le continent européen, tuant souvent des multitudes des gens et dévastant partiellement ou totalement de grandes régions. Le summum semble avoir été atteint au Moyen Âge. Pendant 600 ans, soit du dixième jusqu'au seizième siècle, « environ 400 famines généralisées se sont abattues sur les pays du

---

[52] *Time Magazine* du 14 janvier 1985, page 25. (Comparez avec le magazine *Science* du 3 août 1984.)

Continent et les Îles britanniques.[53] Bon nombre d'entre elles étaient si épouvantables et avaient de tels effets démoralisants, que même dans ces pays Christianisés les gens ont recouru au cannibalisme. Tout au long de ces siècles, dit Bhatia, « la Grande-Bretagne et les pays d'Europe occidentale... ont été plus souvent menacée par les famines qu'aucune autre partie du globe. »[54]

La situation s'est quelque peu améliorée à partir du dix-septième siècle, mais les famines localisées ou généralisées ont continué à causer des ravages considérables de temps à autre jusque tardivement au dix-neuvième siècle.[55]

Que l'Europe, pendant ces siècles ait été maintenue dans un état quasi permanent de famine est conforté par un examen plus attentif de la situation dans différents pays. L'historien Fernand Braudel écrit :

> **Toutes les archives nationales montrent une triste réalité. On estime que la France, pourtant un pays privilégié, a connue 10 famines *générales* pendant le dixième siècle ; 26 au onzième ; 2 au douzième ; 4 au quatorzième ; 7 au quinzième ; 13 au seizième ; 11 au dix-septième et 16 au dix-huitième. Bien que l'on ne puisse pas garantir l'exactitude de ce calcul au dix-huitième siècle, la seule erreur serait qu'il soit trop optimiste, parce qu'il omet des centaines et on pourrait dire des centaines de famines *localisées*... de même que tous les pays d'Europe.**[56]

Le nombre de victimes d'habitude est absent dans les sources anciennes, les auteurs se limitant surtout à des rapports vagues comme, « une grande mortalité », « des multitudes de morts », « des villages vidés de leurs habitants », « la terre couverte de morts », et cetera. Dans plusieurs cas il est dit que « un tiers de la population » du pays a périe.[57] Pour donner une idée au lecteur de cette misère presque indescriptible qui a prédominé en Europe pendant ces catastrophes alimentaires, suit une liste présentant quelques exemples parmi les centaines de famines qui s'abattirent et ravagèrent le continent au cours des siècles.[58] Cette liste est accompagnée de commentaires tirés d'anciens textes :

---

[53] De Castro, page 398.
[54] Bhatia, page 2.
[55] Southard, dans *Encyclopedia of the Social Sciences*, Vol. VI, explique que 450 famines se produisirent en Europe entre l'an 1000 et 1855, (page 85).
[56] Le grand historien Fernand Braudel dans *Civilization & Capitalism 15th-18th Century : The Structures of Everyday Life* (Londres, 1981), p, 74.
[57] Fritz Curschmann, *Leipziger Studien aus dem Gebiet der Geschichte* (Leipzig, 1900), pages 60-62.

Après J-C.	Commentaires
192	*Irlande* : une pénurie générale, « à tel point que les pays et les maisons, les territoires et les tribus, s'étaient vidés de leurs habitants. »
310	*Angleterre* : 40 000 morts.
450	*Italie* : « quand les parents mangeaient leurs enfants. »
695-700	*Angleterre, Irlande* : des Famines et des épidémies, « les hommes se mangeaient entre eux »
836	*Pays de Galles* : « la terre recouverte de cadavres d'hommes et d'animaux. »
879	La famine *Universelle* prédomine.
936	*Écosse* : Après le passage d'une comète, la famine frappe pendant quatre ans, « avant que les gens n'aient commencé à se dévorer »
963-964	*Irlande* : une famine intolérable, « des parents ont vendu leurs enfants comme nourriture »
1004-1005	*Angleterre* : « De mémoire d'homme, jamais une famine n'avait aussi totale. » « Cette année était la plus grande famine en Angleterre. »[59]
1012	*Angleterre, l'Allemagne* : des multitudes sans fin sont mortes de la famine.
1016	*Europe* : une famine affreuse partout en Europe.
1069	*Angleterre* : Famine généralisée, « tandis que les hommes, tourmentés par la faim en sont venus à manger la chair humaine, les chiens et les chevaux. »
1073	*Angleterre* : Famine, suivie par une mortalité si féroce que les survivants ne pouvaient prendre soin des malades, ni enterrer les morts.
1116	*Irlande* : Grande famine « au cours de laquelle les gens se sont même mangé les uns les autres. »
1239	Angleterre : Grande famine, « les gens mangeaient leurs enfants. »
1316	*Europe* : Pénurie universelle et une mortalité telle, en particulier chez les pauvres, que les vivants pouvaient à peine enterrer les morts.
1347	*Italie* : Une terrible famine emporte d'inanition un grand nombre d'habitants. Elle est suivie par la peste.
1437	*France et autres pays* : Pendant deux ans une grande famine a déferlé sur la France et de nombreux autres pays. « Dans les grandes villes des multitudes de gens meurent et sont amoncelés sur les tas de fumier. »
1586-1589	*Irlande* : Une période de grande famine, « lorsqu'on se mange les uns les autres pour la famine. »
1693	*France et pays voisins* : « Une pénurie apocalyptique de type médiévale qui a tué des millions de personnes en France et dans les pays voisins. »
1696-1697	*Finlande* : Une des famines les plus terribles de l'histoire de l'Europe. Un quart voire un tiers de la population du pays a péri.
1709	*France* : Environ un million de morts de faim.
1846	*Irlande* : Toute la récolte de pomme de terre a pourri. Un million de personnes sont mortes de faim et plus encore ont fui le pays pour échapper au même sort. C'était la dernière grande famine d'Europe.

À la lecture de ces descriptions, on ne peut que s'estimer heureux de vivre au XXe siècle. Où aujourd'hui, dans une partie quelconque de l'Europe, nous lisons que des millions, des milliers voire des centaines de gens mourant à cause de la famine ? Où aujourd'hui, même dans les zones frappées par la famine, lisons-nous que les gens « se mangent

---

[58] Sources : Walford, pages 434-449 ; Graves, page 84 ; Braudel, page 74 ; E, page Prentice, Food, War and the Future (New York, Londres 1944), page 14 ; E. Le Roy Ladurie, Times of Feast. Times of Famine (Londres, 1972), pages, 68, 70 ; Prof. Eino Jutikkala, « The Great Finnish Famine in 1696-1697 », *The Scandinavian Economic Review*. III, 1955, pages, 48-63. Les famines dans l'empire romain jusqu'à l'époque de Trajan (de 98 à 117 Après J.-C.) ont été examiné par Kenneth Sperber Gapp dans son doctorat *A History of the Roman Famines to Time Trajan*, Princeton University, 1934. Malheureusement il n'a pas été possible d'en obtenir un exemplaire.

[59] Certains anciens chroniqueurs déclarent que pendant la longue période de famine de 1005 à 1016 la moitié de la population de la plus grande île avait périe ! (Graves, page 81.)

entre eux », « mangent leurs enfants », ou « vendent leurs enfants pour se nourrir » ? Il est vrai que certaines régions de la terre sont toujours frappées par de sévères famines, mais les conditions se sont nettement améliorées. Les progrès réalisés dans les méthodes de stockage et de communication ont beaucoup contribué à cette amélioration, et l'aide internationale par l'Organisation des Nations Unies, la Croix-Rouge, et de nombreuses autres organisations caritatives peuvent rejoindre rapidement les zones sinistrées à une échelle qui était complètement impensable il y a cent ans, à condition bien sûr, d'avoir les fonds suffisants.

Comme Bhatia le fait remarquer, la famine « fut presque banni d'Europe après 1850. »[60] La dernière grande famine dans cette partie du monde était la catastrophe d'Irlande de 1846-47.[61]

Il est vrai que les conditions de la famine menace certaines régions d'Europe pendant et après la Seconde Guerre mondiale, en particulier en Pologne et en Hollande, où des dizaines de milliers étaient menacés de famine, et beaucoup sont effectivement morts de faim ou de malnutrition.[62] Des mesures de secours ont été prises par les États-Unis, ce qui a rapidement changé la situation. Soutenu par le Plan Marshall américain de 1947 **« l'économie européenne s'est rapidement rétablie et les cas de famine ont rapidement diminué dans toute la région. En peu de temps l'Europe a retrouvé son niveau nutritionnel d'avant-guerre. »**[63] Depuis lors, le continent a bénéficié d'une prospérité en constante augmentation pendant presque toute une génération.

---

60 Bhatia, p. 2.
61 de Castro, pp. 400, 401.
62 Ibid, pp. 421-424.
63 Ibid, pp. 438-440.

LA DERNIÈRE GRANDE FAMINE D'EUROPE : IRLANDE 1846-47

La famine en Irlande de 1846-47 a réduit les paysans à la famine, les forçant à mendier aux portes des hospices. Plus d'un million sont morts de faim et beaucoup d'autres ont émigré à l'étranger. Ce fut la dernière famine sévère d'Europe qui eut lieu il y a près de 140 ans. (Illustration de Collier's Encyclopedia, édition de 1974, Vol. 9, p. 553.)

Notre étude des famines dans les trois plus grands centres de population sur la terre, soit *plus de la moitié de l'humanité*, présente ainsi une évolution des plus remarquables : après avoir été les régions les plus victimes de la famine sur terre, notre XXe siècle a vu ces pays progressivement libérés presque totalement du fléau de la famine !

Cette baisse phénoménale du nombre de famines dans ces pays est plus que suffisant pour montrer que leur prétendu accroissement dans ce siècle, ou depuis 1914 en particulier, n'a tout simplement aucun fondement dans les faits. Toutefois, par souci d'exhaustivité un bref résumé sera également donné de la situation alimentaire passée et présente dans le reste du monde. Que dire de la Russie, du Japon, de l'Afrique, de l'Amérique et d'autres régions concernant le prétendu « signe de la famine » ?

. Les famines dans les autres parties du monde.

Notre recherche de l'augmentation supposée des famines durant notre siècle a été jusqu'ici infructueuse, en dépit du fait qu'environ la moitié de l'humanité a été examinée. Au lieu d'une *augmentation* de la famine, nous avons constaté une *diminution considérable*. Passons maintenant à l'autre moitié de l'humanité, nous allons être confrontés à cette même tendance : au lieu d'augmentations nous trouvons des diminutions. Plusieurs vastes régions fortement peuplées sont complètement soulagées des famines aujourd'hui. Il s'agit notamment de l'Amérique du Nord, de l'Union Soviétique, du Japon, de l'Indonésie, des Philippines et de la plupart des pays d'Asie du Sud-ouest jusqu'à l'ouest de l'Afghanistan.

Ces régions, représentant une population totale d'environ un milliard de personnes aujourd'hui, ont été durement affectées par de nombreuses famines dans les siècles passés.

En *Russie*, par exemple, la famine a toujours joué un rôle crucial. **« La Russie impériale... subissait des famines pratiquement tous les ans. »**[64] Il est vrai que le pays a été frappé par certaines grandes famines dans les deux décennies qui suivirent la Première Guerre mondiale, l'une en 1921 qui tua entre 1 et 3 millions de personnes, une autre en 1932-33 qui elle emporta cinq millions de personnes.[65] Cependant, ce ne sont que les dernières d'une longue série d'autres grandes famines. **« La Russie a été ravagée onze fois par de grandes famines entre 1845 et 1922. »**[66] Parmi les plus graves dans l'histoire du pays il y eut celles de 1891, 1906 et 1911, toutes s'étant

---

[64] Southard, p. 86.
[65] Richard Robbins G., Jr., *Famine in Russia* 1891-1892 (New York et Londres, 1975), p. 172. La déclaration page 5 de La Tour de Garde du 15 juillet 1983 affirmant que la famine avait tué en 1921 « environ 5 millions d'humains » ne semble pas être correct. « Des sources fiables estiment qu'il y eut entre 1 et 3 millions de victimes de la catastrophe. » (Robbins, Jr., p.172.)
[66] Southard, p. 86.

produites *avant* 1914.⁶⁷ Depuis les années 1940, les avancées en agriculture ont progressivement amélioré la situation alimentaire et la famine cessa de menacer le pays.

En ce qui concerne l'Amérique du Nord, à l'exception de certaines communautés amérindiennes, comme les Indiens Pueblo, il semble que les famines de grande envergure en ont été absentes depuis l'époque de Christophe Colomb!⁶⁸ Aux États-Unis, même les problèmes de malnutrition se sont en grande partie limités à certaines régions isolées principalement dans le Sud. La nourriture est abondante à travers tout le continent.

Le *Japon* est un autre pays sinistré dans le passé par des famines récurrentes.

La victoire sur la famine a commencée par l'abolition de la féodalité dans les années 1860, suivie par des réformes agraires et l'introduction de méthodes scientifiques agricoles. Bien avant la Seconde Guerre mondiale ces progrès avaient **« mis un terme aux famines qui, périodiquement avaient décimé la population et laissé les survivants avec des signes permanents de dégénérescence physique. »**⁶⁹ Non seulement la famine a disparu, mais la hausse du niveau de vie et l'amélioration du régime alimentaire, surtout depuis les années 1950, ont également libéré le Japon de la malnutrition et la sous-alimentation.⁷⁰

L'Asie du Sud-ouest est une autre région avec un passé de famine. **« La fin des années 1860 et le début des années 1870 ont connues une épidémie de famines dans toute la région allant depuis l'Inde à l'est jusqu'à l'Espagne à l'ouest. »**⁷¹ La Perse à elle seule « perdit entre 1,5 à 2 millions de ses habitants lors de la grande famine de 1871-1873. »⁷² La malnutrition et la dénutrition continuent de prévaloir dans de nombreux pays de la région, mais à l'exception d'une grave famine en Afghanistan dans les années 1970, les grandes famines qui avaient touché cette vaste zone ont disparues.⁷³

Cela ne signifie pas que les famines graves appartiennent toutes au passé. Parfois des conditions de famine aiguë se développent dans certaines parties de la terre, en particulier en Afrique, et en Amérique du Sud, les régions où la malnutrition et la dénutrition sont également

---
67 Graves, p. 89.
68 Graves, p. 90 ; Southard, p. 87.
69 de Castro, pp. 348-351.
70 ibid. pp. 365, 366.
71 Hobsbawn (1975), p. 133.
72 Ibid, p 133.
73 *Réveillez-vous!* du 8 février 1973, p. 29. Le nombre de victimes n'est pas disponible.

les plus répandues. Sur les deux régions, l'Afrique est la plus touchée. Au début des années 1980, trois ou quatre années de sécheresse généralisées ont frappé le continent avec des millions de personnes touchées dans 24 pays. L'Éthiopie étant évidemment le cas le plus spectaculaire. Sur près de 40 millions d'habitants, la sécheresse frappa de 6 à 7 000 000 d'individus. À la fin de 1985 les experts ont estimé qu'environ un million de morts de faim. Il y eut des milliers d'autres victimes au Soudan, au Mozambique et dans d'autres pays. Toutefois, les efforts internationaux par les organismes des Nations Unies (le PNUD et l'Unicef), la Croix-Rouge et de nombreuses autres organisations caritatives ont réussis à empêcher une catastrophe beaucoup plus importante. Ainsi on estime que l'aide alimentaire en Éthiopie de 1985 a évité à environ cinq millions de personnes de mourir de faim. Pour la plupart des pays d'Afrique, la crise est maintenant terminée, mais l'aide reste nécessaire dans les prochaines années pour éviter autre une catastrophe.

Aujourd'hui les famines font généralement l'objet d'une grande publicité. La principale raison est que les cas de famines sont devenus de plus en plus rare pour l'humanité. L'intérêt du public est aujourd'hui suscité par les besoins des régions éloignées, beaucoup se sentant alors poussés à donner aux organisations caritatives et participer aux secours. Par le passé les journaux ne pouvaient égaler l'impact visuel des reportages télévisés sur les conditions dans ces pays lointains ; l'insuffisance des moyens de communication entravait fortement l'aide humanitaire de masse. Contrairement aux famines des temps anciens, la publicité donnée à celles d'Afrique leur donna une dimension « officielle » connue du grand public. Cela amena certains à croire que les famines récentes sont les pires jamais connues en Afrique.

À titre d'exemple, une série de sécheresses toucha l'Afrique au début des années 1970, frappant l'Éthiopie et les pays limitrophes du Sahara. La famine qui s'ensuivit faisant environ 100 000 morts.[74] Le *Réveillez-vous !* du 22 juillet 1974, l'ayant appelée **« la plus grande catastrophe « naturelle » de l'histoire de l'Afrique. » (Page 6).** De telles déclarations apparaissant souvent dans les articles de différents journaux lors de catastrophes de toutes sortes, en dit plus sur la méconnaissance des auteurs de ces articles (et de ceux qui les citent) que de l'histoire du pays.

---

74 La Tour de Garde du 15 juillet 1983, p. 6. Les estimations varient, certaines avançant le chiffre de 200 000 mort ou plus. John C. Caldwell dans son étude de la sécheresse au Sahel, a conclu que le nombre de morts était exagéré. Il déclara que « les chiffres dans les titres des journaux ne sont que des chimères de l'imagination et que de nombreux rapports apparemment sérieux ne valaient guère mieux. Voir *The Sahelian drought and its demographic implications* (Washington, DC : *American Council on Éducation, Overseas Liaison Committee Paper* N° 8, 1975), p. 26.

De nombreuses famines qui ravageaient l'Afrique dans le passé ont été beaucoup plus importantes que celles qui ravagèrent le continent à notre siècle. En raison de l'importance actuelle de la famine en Éthiopie il peut être instructif d'examiner de plus près certaines de ses famines du passé. En février 1984 des représentants de plusieurs pays africains se sont réunis à Addis-Abeba en Éthiopie, pour discuter de la situation climatique et de la sécheresse dans ce continent. Lors de la conférence, la délégation éthiopienne a publié un document sur ces sujets qui comprenait un tableau des cas de sécheresses et de famines dans leur pays, couvrant la période allant de 253 avant J.-C. à 1982 après J.-C.[75] Bien que ce document souligne l'absence de nombreuses informations pour les siècles précédents l'année 1800, le tableau donne une image terrifiante du passé de l'Éthiopie. La plupart des famines citées concernent non seulement l'Éthiopie, mais aussi « le Soudan, l'Égypte et [apparemment] aussi le reste de l'Afrique et la région du Sahel. » (Page 14) Nombre de ces famines incontestablement coûtèrent des millions de vies, mais « Les rapports sur la mortalité humaine sont pratiquement inexistants pour les sécheresses de la période précédant la première moitié du présent siècle. » (Page 25) Pour le XIXe siècle, le tableau révèle 9 grandes famines, dont cinq touchèrent l'ensemble de l'Éthiopie. Au sujet de l'une d'elles, la famine de 1888-92, le tableau indique : **« Environ un tiers de la population a péri. »** (Page 16) En revanche, la récente famine d'Éthiopie toucha près de 15 pour cent de la population dont 2,5 pour cent environ de la population est morte, ce qui est bien moins que les 33 pour cent de victimes des famines du dix-neuvième siècle. Il convient de garder à l'esprit bien évidemment, que la population actuelle est beaucoup plus grande aujourd'hui que par le passé. La gravité de la situation actuelle, comme le montre le document éthiopien, provient du fait que les intervalles entre les sécheresses récurrentes ont tendance à devenir plus en plus courts, et que l'érosion des sols causée par l'utilisation abusive de l'homme (déforestation et surpâturage) aggravent davantage la situation.

La famine alors, est certes un problème actuel et grave en Afrique. C'est la vérité. Ce qui ne l'est pas c'est de dire qu'il s'agit d'une caractéristique de notre temps. L'Afrique a souffert de la famine « depuis la plus haute antiquité. »[76] Les plus connues sont celles d'Égypte. Une série de disettes sévères la balaya du Xe au XIIe siècle, lorsque les musulmans dirigeaient le pays. La famine de 968 J.-C.

---

[75] Une copie du document a été aimablement transmis à nous par Anders Johansson, présent à la Conférence en tant que correspondant pour l'Afrique du Dagens Nyheter, le plus grand journal du matin de Weden. Johansson est actuellement Éditeur des informations de ce journal.
[76] De Castro, p. 367.

« balaya 600 000 personnes dans les environs de Fustat. »[77] Un autre famine plus étendue et plus désastreuse est survenue en 1025. Une famine encore plus terrible a commencé en 1064 et dura sept ans. Les gens désespérés avaient finalement recours au cannibalisme et de la chair humaine était vendue sur le marché libre. La même souffrance et la dégradation ont été induites par la terrible famine dans les années 1201 et 1202, lorsque « les tombes d'Égypte ont même été pillées pour obtenir de la nourriture. »[78] Des famines sévères ont également touché d'autres pays en Afrique. Avec les famines entre 1861 à 1872 la population musulmane d'Algérie « a chuté de plus de 20 pour cent. » Le Maroc a perdu trois millions de personnes, près d'un tiers de sa population dans la famine de 1878-79. De nombreuses famines ont frappé l'Algérie, la Tunisie, le Maroc et d'autres pays d'Afrique du Nord tout au long des siècles, comme le montrent les études réalisées par le Dr Charles Bois.[79]

Dans notre siècle les conditions alimentaires se sont réellement améliorées précisément dans les pays au nord de l'Afrique et en Afrique du Sud. Ils ne sont pas touchés par la famine, bien que le problème nutritionnel soit toujours grave dans certaines régions.[80]

De même, en *Amérique latine*, un pourcentage élevé de la population souffre de sous-alimentation et malnutrition, plusieurs pays ayant une mortalité infantile élevée. Toutefois, cette situation n'a rien de nouveau dans cette partie du monde. **« Elle nous provient du passé »**, dit de Castro, **« du temps de la première découverte de ces terres. » Parlant de l'Amérique centrale, il explique : « Le régime déficient en Amérique centrale et la faim chronique résultant sont en un sens, un héritage des cultures indigènes précolombiennes, bien que depuis la situation depuis se soit aggravée à bien des égards par les méthodes à court terme de l'exploitation coloniale »**, qui a commencé au XVIe siècle.[81]

La famine et la faim ont frappé l'Amérique latine « tout au long de l'histoire », des situations de disette continuant à se développer dans différentes régions.[82] Rien ne semble avoir fondamentalement changé, sous ce rapport à notre siècle.

Notre examen des famines dans le monde, passées et présentes se

---
77 Graves, p. 75.
78 ibid. pp. 75, 77, 79.
79 Hobsbawn (1975), p. 133. *Revue pour l'Étude des Calamités*, n° 21 (janvier à décembre 1944.), Pages 3-26 ; n° 26-27 (janvier 1948-décembre 1949.), Pages 33-71 ; n° 28-29 (janvier 1950-décembre 1951.), Pages 47-62. (Ce journal a été publié à Genève, Suisse.)
80 de Castro, pp. 374—376, 388, 389.
81 Ibid. p. 142, 199.
82 Ibid. p. 139.

termine ici. Les preuves mises en lumière au cours de notre enquête peut mener à une seule conclusion, à savoir que sur un échelon mondial les famines ont *diminué*, et *façon très apparente*, en ce vingtième siècle, y compris la période depuis 1914.

Cette évolution ne devrait pas vraiment nous surprendre. Les famines dans le passé ont été principalement une conséquence des méthodes agricoles anciennes (qui ont souvent amené à de mauvaises récoltes parce que plus facilement affectés par les changements météorologiques) et une conséquence des moyens archaïques de communication, qui ont souvent apporté de l'aide depuis des zones voisines inaccessibles. La révolution industrielle a entraîné un meilleur outillage agricole, des variétés plus résistantes de céréales, l'amélioration des communications. Alors la situation alimentaire a commencé à changer :

> **Vers 1800 après J.-C, une évolution a commencé en Europe occidentale et en Amérique du Nord qui avaient quasiment éliminé les famines et les épidémies et aussi abaissé le niveau normal de la mortalité, de sorte que la durée moyenne de vie est passée de 30 ans alors à 75 ans aujourd'hui.**[83]

La malnutrition chronique toutefois, reste que le plus grand problème de la faim, comme l'indique Alfred Sauvy le grand démographe européen et expert en population :

> **Bien que les famines aiguës et catastrophiques ont presque disparu, la malnutrition chronique est toujours un problème dans de nombreuses régions du monde.**[84]

Nous sommes donc confrontés à la question quant à savoir si la malnutrition et la sous-alimentation sont en effet plus répandues aujourd'hui que par le passé.

. *La malnutrition et la mortalité infantile par le passé et aujourd'hui.*

Comme indiqué précédemment, environ un pour cent de l'humanité meurt de faim aujourd'hui, très probablement la plus faible proportion connu l'histoire. Un nombre beaucoup plus important, cependant, peut-

---

[83] Le démographe danois PC Matthiessen dans *Befolkningsurvecklingen-orsak och verkan,* deuxième édition (Lund, Suède, 1972), p. 35. (Traduction en anglais de l'édition suédoise).
[84] Jan Lenica et Alfred Sauvy, *Population Explosion, Abundance or Famine* (New York, 1962). La citation est tirée de l'édition suédoise (*Befolkningsproblem*, Stockholm, 1965, p. 44.)

être jusqu'à *25 pour cent, sont malnutris ou dénutris ou les deux*.[85] Environ la moitié d'entre eux sont des enfants. La majorité de ceux qui meurent de malnutrition ou de maladies indirectement provoqués par la malnutrition ou la dénutrition sont des enfants de moins de six ans.

Lors de l'examen la course du cheval noir de l'Apocalypse, symbolisant la faim, le Dr Graham attire l'attention sur le sort des enfants, en disant que **« les galops d'avertissement sont les cris des enfants qui meurent de faim et de maladie »** et cite un rapport du Comité central mennonite estimant que **« douze millions de nourrissons meurent des effets de la malnutrition chaque année dans les pays en développement. »** (*Approaching Hoof beats*, pages 153, 154). L'image est certes un déchirement bouleversant un. Il n'y a aucun doute à ce sujet. Ce qui cependant, peut être mis en doute à juste titre, est de savoir si cette situation est propre à notre époque.

La Société Watch Tower s'efforce clairement de renforcer son « signe de la famine » à l'aide de chiffres sur la mortalité infantile, l'utilisation de ces éléments pour contrarier les famines sans égales du passé :

> **D'après un rapport du Fonds des Nations unies pour l'enfance, 17 millions d'enfants seraient morts de faim et de maladie dans le monde en 1981. Ce chiffre dépasse à lui seul celui des victimes de la terrible famine qui s'abattit sur la Chine en 1878 et 1879.**[86]

Mais comparer *la mortalité infantile* en 1981 dans le monde entier avec *la grande famine en Chine en 1878-1879*, dans le but de distinguer notre époque comme éminemment touchée par la famine, est au mieux un signe d'ignorance, au pire un signe de malhonnêteté. Pourquoi ? Car, même si elle n'est pas aussi clairement identifiée qu'aujourd'hui, la malnutrition, avec la mortalité des enfants qui en résulte, coexistait bien avec la famine dans le passé.[87] Et tout comme la famine, la malnutrition n'était évidemment pas un moindre problème dans les siècles passés. La preuve est qu'il était supérieur.

Cela est signalé par le fait indéniable que *la mortalité à tous les âges,*

---

85 Comme expliqué précédemment (note 6 en bas de page), la dénutrition fait référence à la quantité de nourriture ingérée, tandis que la malnutrition concerne la qualité de l'alimentation. Environ la moitié des personnes souffrant de malnutrition, peut-être 10-15 pour cent de l'humanité, sont aussi sous-alimentées. La famine est une forme extrême de dénutrition, la famine est une disette généralisée.

86 La Tour de Garde du 15 juillet 1983, p. 7. La mortalité infantile semble avoir quelque peu diminué en 1982. Le Rapport annuel de l'Unicef de 1983 montre que près de 15 millions d'enfants (40 000 par jour) sont morts ou restés handicapés cette année à cause de la malnutrition et des maladies liées à la faim comme la diarrhée. (Page 3, 28)

87 La Tour de Garde du 15 juillet 1983, p. 7. La mortalité infantile semble avoir quelque peu diminué en 1982. Le rapport annuel de 1983 de l'Unicef montre que près de 15 millions d'enfants (40 000 par jour) sont morts ou restés handicapés suite aux maladies liées telles que la diarrhée. (Pages 3, 28)

et plus particulièrement la mortalité infantile a diminué de façon constante durant tout le vingtième siècle dans pratiquement tous les pays![88]

Le démographe suédois, le professeur Erland Hofsten, estime que la mortalité infantile dans les siècles précédents ont pu atteindre jusqu'à 40-50 pour cent dans de nombreux pays, peut-être encore plus élevé dans certaines régions![89]

En Suède, où les statistiques courantes sur la mortalité infantile ont été conservées depuis 1749, le taux était entre 20 et 25 pour cent de 1749 à 1814, mais ensuite il a commencé à décliner. En 1985, il avait été ramené à 0,7 pour cent![90] Une évolution semblable s'est produite dans de nombreux autres pays, notamment en Europe et en Amérique du Nord.

Les progrès ont été lents dans les pays en développement, mais, là aussi, une amélioration sensible a eu lieu, surtout depuis la fin de la Seconde Guerre mondiale :

> **Pratiquement partout dans les pays pauvres, la mortalité a fortement baissé depuis la guerre... la mortalité a diminué à tous les âges. La baisse de la mortalité infantile a été particulièrement marquée.**[91]

Certes, un grand nombre d'enfants meurent encore de malnutrition dans de nombreuses régions pauvres de la terre. Mais la mortalité infantile dans les pays en développement a diminué au cours de ce siècle de 40 à 50 pour cent à seulement 9 pour cent en moyenne en 1983, bien que dans quelques pays il demeure atteindre 20 pour cent.[92] Les médicaments modernes, une meilleure alimentation et une meilleure hygiène ont fait reculer la mort et plus que doublé la durée de vie dans le monde occidental, une évolution similaire est en cours également dans les pays en développement, même si elle est un peu plus lente.[93]

---

88 C'est aussi, indirectement, admis dans le *Réveillez-vous!* du 8 novembre 1983, où l'« explosion » démographique s'explique *en partie* de la façon suivante : « À QUOI est due l'explosion démographique de la dernière partie de notre siècle ? À la diminution du taux de mortalité qui résulte de l'amélioration des soins médicaux et des conditions socioéconomiques. Cela a aussi entraîné la baisse de la mortalité infantile et l'allongement de l'espérance de vie. » (p. 8)
89 Erland Hofsten, *Varldens befolkning* (« World Population », Upsala, Suède, 1970), pp. 94—96.
90 D'après les informations diffusées régulièrement par *Statistiska Centralbyrån* (« Le Bureau central des statistiques ») en Suède.
91 Erland Hofsten, *Demografins Grunder* (« Bases de la démographie », Lund, Suède, 1982), p. 139.
92 Hofsten, Varldens befolkning, p. 96 ; 1985 *World Population Data Sheet* publiée par le *Population Reference Bureau*, Inc, Washington, D.C.

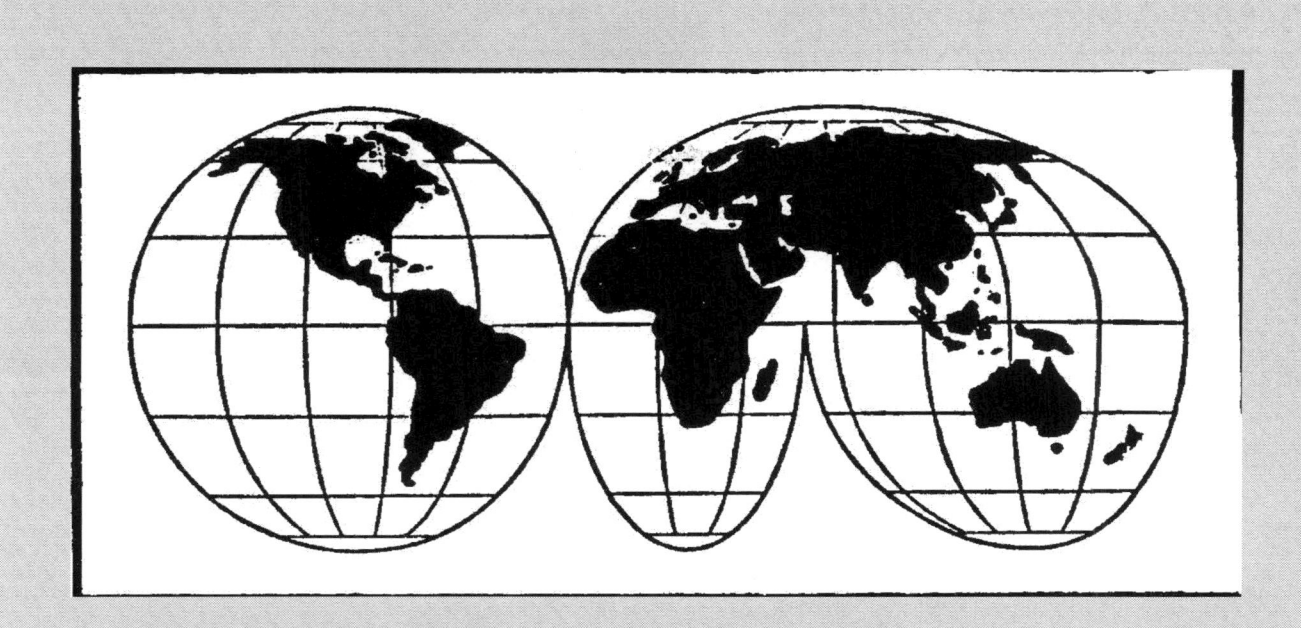

En 1900, *chaque nation sur terre* avait un taux de mortalité infantile de plus de 50 pour 1000 naissances.

En 1983, *84 nations* avaient réduit leur taux de mortalité infantile à moins de 50 pour 1000 naissances.

Les autorités considèrent le taux de mortalité infantile comme étant le meilleur indicateur social et du bien-être économique dans son ensemble. Lorsque le taux tombe à 5 pour cent (= 50 décès pour 1000 naissances viables) ou moins, cela indique que ce pays « satisfait aux besoins fondamentaux de l'homme, y compris la nourriture, l'abri, les vêtements, l'eau potable et l'assainissement. » Le fait qu'en 1900 toutes les nations avaient un taux de mortalité infantile dépassant 5 pour cent est un indicateur fort de leur manque de nutrition appropriée alors en vigueur. Le fait qu'en 1983, 84 nations avaient abaissé ce taux en dessous de 5 pour cent est un excellent indicateur qu'à l'intérieur de leurs frontières la faim avait cessé d'être un problème fondamental à l'échelle de la société. (Roy L. Prosterman, *The Decline in Hunger-Related Deaths*, San Francisco 1984, p. 1, 4 ; Ending Hunger : *An Idea Whose Time Has Come*, publié par le Projet contre la Faim, en 1985, p. 384 ; *1985 World Population Data Sheet*, publiée par le Population Reference Bureau, Inc, Washington D.C. En 1985.)

---

93 En Chine, par exemple, la mortalité infantile est tombé de 15 pour cent en 1950 à 3,8 pour cent en 1983. (Roy Prosterman, *The Decline in Hunger Related Deaths*, 1984, p. 16. ; Le rapport de la population mondiale 1985). *Le Rapport annuel de 1983 de l'Unicef affirme qu' « Entre le milieu des années 1940 et au début des 1970, il y avait une réduction de 50 pour cent du taux de mortalité infantile dans de nombreux pays à faible revenu »*, bien que le rythme de progression ait ralenti depuis. (P. 7)

Par conséquent, ceux qui utilisent les chiffres de la mortalité infantile pour tenter de « prouver » que notre génération a vu plus de famine et de malnutrition que les siècles précédents ne peuvent le faire qu'en ignorant toutes les preuves du contraire. Combien de millions d'enfants mouraient chaque année dans les siècles précédents à cause de la malnutrition et des maladies liées à la faim ? Personne ne peut le dire avec certitude, car les estimations mondiales du taux de mortalité annuel n'ont jamais été faites. Mais compte tenu du fait qu'il y a eut quatre fois, voire cinq fois moins de cas de mortalité infantile dans de nombreux pays en développement et ce jusqu'à vingt fois dans de nombreux pays occidentaux, il est facile à réaliser que dans les siècles passés des millions d'enfants mourraient chaque année de faim et de maladies liées à la faim, en dépit du fait que la population du monde a été beaucoup plus faible à cette époque ! Sans doute cette baisse exceptionnelle de la mortalité infantile et juvénile a sauvé des centaines de millions de vies dans les seuls pays en développement. Le Professeur D. Gale Johnson déclare :

> **Ceux parmi nous qui dénoncent le taux élevé de croissance démographique dans les pays en développement ne devraient pas oublier que l'augmentation de ces taux a été entièrement attribuable à la réduction du taux de décès et nullement à une augmentation des naissances. Bien que largement méconnue, il y a eu une réduction considérable de la souffrance humaine, de la douleur et du chagrin de centaines de millions de parents grâce à la diminution de la mortalité infantile et juvénile.[94]**

Dans un monde où 99 pour cent de l'humanité ne meurt pas de faim, et même 75 pour cent n'est pas sous-alimentée, on ne se rend pas bien compte que cette situation est quelque chose de nouveau et d'unique dans l'histoire de l'humanité. Par le passé la pauvreté et les nécessités quotidiennes étaient si universelles que la plupart les gens les considéraient comme des sujets communs, des conditions inévitables et donc rarement remises en question – ou même évoquées. Le livre *Hunger and History* explique :

> **Les fêtes pouvaient être des occasions de souvenirs heureux, mais la pauvreté au quotidien était si peu dire que dans un monde qui considère la faim comme un mal dont personne dans les pays civilisés ne devrait souffrir trouve assez difficile de comprendre que besoin et la faim étaient les conditions durables dans lesquelles les générations précédentes vivaient... Il est difficile pour les personnes vivant avec des conditions modernes de se rendre compte correctement de ce qu'était la vie lorsque la population comptait sur l'approvisionnement alimentaire à**

---

[94] D. Gale Johnson, *World Food Problems and Prospects* (Washington, D.C. 1975), p. 19.

l'époque où <u>la pauvreté était universelle</u>.⁹⁵

. Une famine à venir est-elle inévitable ?

Face à la preuve solide que la famine et la faim étaient incontestablement plus grandes dans les siècles passés qu'aujourd'hui, ceux qui écrivent des textes destinés à exacerber un sentiment de catastrophe imminente ont souvent recours à la discussion, non de ce qui s'est passé ou se passe, mais de *ce qui pourrait arriver.*

Il n'est pas difficile de trouver des déclarations de personnalités indiquant une tragédie future probable. Dans le livre *The Late Great Planet Earth* (pages 101, 102), J. Bruce Giffing, Président du Département de Génétique à l'Université Ohio State, est cité comme affirmant qu'en 1969 **« A moins que l'humanité n'agisse immédiatement, il y aura une famine mondiale en 1985, et l'extinction de l'espèce humaine au cours des 75 prochaines années. »** Évidemment l'humanité 'a agi' à temps, puisque l'année 1985 n'a rien connu qui ressemble de loin à une famine mondiale.

De même, La Tour de Garde du 15 juillet 1983, met en évidence l'augmentation rapide de la population mondiale aujourd'hui, « qui pèse à long terme sur la capacité mondiale de production de nourriture » ; et cite l'expert en diététique E.R. Duncan affirmant que « cette situation est <u>unique</u> dans l'histoire humaine. » Conclut-il cependant que la population va inévitablement dépasser sa production alimentaire, provoquant des famines à grande échelle dans les décennies à venir ? Non, tout en reconnaissant cette possibilité, il ne trouve pas de raisons de croire qu'elle sera nécessairement venir. **« En effet, cela pourrait éventuellement se produire, mais l'histoire récente montre que si la situation est précaire, elle n'est pas désastreuse, sauf dans quelques cas. »**⁹⁶ Sur le long terme, il croit que la population « va se stabiliser à un niveau gérable. »⁹⁷

Beaucoup d'autres autorités en conviennent, soulignant le fait que la

---

95 E. P. Prentice, *Hunger and History*, pp. 10, 137. L'historien français Fernand Braudel résume la situation alimentaire du monde par le passé de cette manière : « La famine revenait avec insistance depuis des siècles qu'elle est devenue partie intégrante du régime biologique de l'homme et de sa vie quotidienne. Disette et pénurie étaient continuelles et monnaie courante, même en Europe, en dépit de sa position privilégiée. »(Civilisation et capitalisme du 15ᵉ au 18ᵉ siècle, p. 73) Comme Prentice, Braudel souligne que la « sous-alimentation chronique » a prévalu partout dans le monde dans le passé. (P. 91) N.W. Pirie, l'un des meilleurs scientifiques connu d'Angleterre, en convient : « Il semble probable que la malnutrition de façon permanente ou pendant certaines périodes de l'année <u>a été la condition habituelle de l'humanité</u> et était considéré comme normale. » *Food Resources Conventional and Novel*, 1969.(Extrait de l'édition suédoise, publiée à Stockholm, 1970, p. 32)
96 E. R. Duncan (édition), *World Food Problems* (Ames, Iowa, 1977), p. 3.
97 Ibid, p, xi.

rapide augmentation de la population qui a commencé dans les années 1940 a atteint son paroxysme dans les années 1960 avec un taux de croissance annuel d'environ 2,0 pour cent, pour ensuite décliner. Aujourd'hui, le taux de croissance mondiale est de 1,7 pour cent, et des efforts énergiques sont déployés dans de nombreux pays pour limiter la croissance future.[98] Si ces efforts s'avèrent réussis, la « bombe démographique » pourra être désarmée avant qu'elle n'explose dans une catastrophe mondiale.

Tout aussi importante que la production alimentaire a jusqu'ici suivi le rythme de l'augmentation de la population. « Au niveau mondial la période 1950 à 1971 a vu un doublement de la production céréalière, tandis que la population n'a augmenté que de moitié », note M. Duncan. Et selon la FAO (Organisation des Nations Unies pour l'alimentation et l'agriculture), il n'y a toujours pas de pénurie de nourriture dans le monde. Au contraire, dans l'ensemble, il y a eu un excédent croissant de nourriture dans les dernières années. Le Rapport annuel de 1983 de l'Unicef, affirme que « la production alimentaire a dépassé la croissance de la population en 1982, et, à l'exception de l'Afrique subsaharienne, l'augmentation des récoltes a été enregistrée pour toutes les régions en développement. » (Page 6). S'il en est ainsi, pourquoi ne voyons-nous pas à présent des dizaines de millions d'affamés et des centaines de millions, peut-être plus d'un milliard de personnes malnutris ou sous-alimentées ?

Comme l'actuel directeur de la FAO, Edouard Saouma, l'a expliqué à la Conférence mondiale de l'alimentation tenue à Rome en octobre 1983, ces centaines de millions de gens sont mal nourris ou affamés, tout simplement *parce qu'ils sont pauvres*. Ils ne peuvent pas se permettre d'acheter la nourriture disponible réellement. Et ce qui est pire : cette pauvreté dans les pays sous-développés est maintenue en place par de puissants intérêts économiques et politiques dans les pays développés qui ne sont pas disposés à partager leur abondance.[99]

---

[98] Le fait est que les principaux experts croient maintenant que la crise de la population mondiale est essentiellement terminé. « La bombe démographique est désamorcée » dit le magazine New Scientist du 9 août 1984. « Passé presque inaperçu dans les 10 dernières années, la croissance annuelle de la population mondiale est passée de 2 pour cent à 1,7 pour cent... Les Nations Unies prévoient à présent que la population mondiale, actuellement autour de 4,7 milliards, atteindra seulement 6,1 milliards en 2000 (soit 20 pour cent inférieures à certaines estimations passé) et se stabilisera à environ 10 milliards aux alentours de la fin du siècle prochain. »(p. 12) Voir également le *New Scientist* du 16 août 1984, p. 8, et *Réveillez-vous !* du 8 avril 1984, p. 29.

QUE DISENT AUJOURD'HUI D'ÉMINENTS SPÉCIALISTES DE LA FAMINE PAR RAPPORT AU PASSÉ

« Pour la première fois, une société est possible dans laquelle la pauvreté peut être supprimée et avec elle, la misère et la faim. L'éradication de la famine n'est plus une utopie, c'est un objectif parfaitement atteignable » – Josué de Castro dans The *Geopolitics of Hunger* (New York, 1977), pages 447, 448.

« De tous temps et dans tous les pays les gens ont connu la faim... pourtant il semble que l'homme, en moyenne, soit progressivement parvenu à une meilleure alimentation... certainement les gens d'aujourd'hui sont, en moyenne, un peu mieux nourris qu'ils ne l'étaient il y a 100 ans ». – *The Biology of Human Starvation* par A. Keys, J. Bozek, A. Henschel, O. Michelsen et H. Longstreet Taylor (St. Paul, 1950), pp. 3, 12.

« Un monde qui considère la faim comme un mal... trouve quelque peu difficile de comprendre que la pénurie et la faim étaient des conditions durables dans lesquelles les générations précédentes vivaient... Il est difficile pour des personnes vivant dans des conditions modernes de réaliser, même approximativement comment était la vie au cours de ces longs siècles où la pénurie était universelle. » – E. Parmalee Prentice, *Hunger and History. The Influence of Hunger on Human History* (Caidwell, Idaho, 1951), pp. 10, 137.

« La famine au cours des siècles a été un phénomène fréquent et a eu tendance à être considéré comme une calamité plus ou moins normale... Mais tout indique que la fréquence [dans les temps antérieurs] a été considérablement supérieure à ce qu'elle est aujourd'hui dans les zones habitées de la quasi-totalité du monde. » – Bruce F. Johnston dans son article sur la Famine dans *Colliers Encyclopedia*, directeur de la rédaction Guillaume D. Halsey, vol. 9 (New York, 1979), pp 552, 553.

« Nous pourrions être enclins à déduire des témoignages visuels de la famine vus récemment à la télévision, dans les journaux et dans les magazines que le monde est plus sujet à la famine aujourd'hui qu'il ne l'était autrefois. Mais la preuve est clairement le contraire... Il y a eu une réduction assez importante de l'incidence de la famine au cours du siècle passé. » – le Pr. Gale Johnson expert en Alimentation, *World Food Problems and Prospects* (Washington, D. C., 1975), p. 17.

« La consommation de nourriture par habitant dans le monde est en hausse depuis les 30 dernières années... Le nombre de morts par la famine a diminué au cours du siècle passé même en valeur absolue, et encore moins par rapport à la population. Les prix alimentaires mondiaux ont suivi une tendance plus basse depuis des décennies et des siècles... et il y a de fortes raisons de croire que cette tendance va se poursuivre. » –Julian L. Simon et Herman Kahn dans *The Resourceful Earth* (Londres, 1984), p. 16.

---

[99] Comme l'explique James P. Grant, le directeur actuel de l'Unicef à la page 2 du Rapport annuel de 1982 de l'Unicef, avec seulement $ 6,5 milliards par an au cours des 15 prochaines années, « il serait possible d'éradiquer à grande échelle la faim et la malnutrition. » D'autres nouvelles techniques développées au cours des dernières années « pourrait réduire les handicaps et les décès parmi les enfants dans la plupart des pays en développement d'au moins de moitié avant la fin de ce siècle. » Ces techniques, déclare Grant, « sont encore moins chères que nous l'avions pensé. » (Rapport annuel de 1983 de l'Unicef, p. 3, 4)

Ni l'augmentation de la population ni la production alimentaire ne sont donc le véritable problème. C'est un fait bien connu que les ressources de la terre pourraient bien nourrir une population mondiale plusieurs fois supérieure à celle vivant sur terre aujourd'hui. Et qui plus est : Pour la première fois dans l'histoire l'humanité dispose les moyens d'exploiter ces ressources à cette échelle. Comme de Castro l'observe :

> **La connaissance que l'homme possède maintenant, si elle était utilisée intelligemment, fournirait à l'humanité suffisamment de nourriture de qualité afin d'assurer son équilibre nutritionnel pour les années à venir, même si la population venait à doubler, quadrupler ou décupler.[100]**

Que l'humanité se serve ou non de sa capacité à mettre un terme à la famine et à la malnutrition est bien sûr imprévisible. Tout peut arriver dans les prochaines décennies, et nous n'essayons pas de spéculer ou de prophétiser. Fondamentalement le problème est celui de l'amour du prochain. Comment pouvons-nous en tant que chrétiens réagir en entendant et en lisant sur la situation de ces millions de gens pauvres et affamés ? Si notre intérêt pour eux se limite à la question : sont-ils assez nombreux pour constituer l'une des caractéristiques d'un supposé « signe composite » de la fin – cela ne signifie-t-il pas alors qu'il y a quelque chose de fondamentalement mauvais dans notre « christianisme » ? Si notre intérêt pour ces affamés ne va pas plus loin que cela, nous pourrions courir le risque d'être placé parmi ceux à qui notre Seigneur Jésus-Christ dira au « jour du jugement » : « J'ai eu faim et vous ne m'avez pas donné à manger... » ? – Matthieu chapitre vingt-cinq verset 42, [TOB].

---

[100] de Castro, p. 466. « Ce n'est pas le fait du hasard », a déclaré le magazine *New Scientist* du 9 août 1984, « si c'est en Afrique où les méthodes agricoles sont les moins avancées, que la famine persiste » (p. 15) Pourtant, il serait possible dans de nombreux pays d'Afrique d'augmenter considérablement leur production alimentaire par l'utilisation des méthodes actuelles rudimentaires. La FAO (l'Organisation des Nations Unies pour l'alimentation et l'agriculture) affirme que « seule la moitié des terrains potentiels dans le monde est cultivée aujourd'hui. » Cela inclut de nombreuses régions d'Afrique, avec par exemple 11 pays « dont le Zaïre, la Zambie, l'Angola et la Côte d'Ivoire, leur population pourrait en utilisant les méthodes habituelles, nourrir cinq fois leur population actuelle. Le Congo pourrait nourrir 20 fois sa population et le Gabon 100 fois. Globalement, l'Afrique pourrait avec ses méthodes ancestrales, nourrir 2,7 fois sa population actuelle, indique la FAO. »(Ibid, p. 15)

3 Tremblements de terre et Faits Historiques

QUELS SONT les faits concernant les tremblements de terre à notre époque ? Notre terre tremble-t-elle plus souvent et avec une plus grande intensité que jamais auparavant dans l'histoire de l'humanité ?

Comme nous l'avons vu dans *The Late Great Planet Earth*, Hal Lindsey les a cités comme un des signes marquant le temps pour Christ d'établir son Royaume. (pages 52, 53) À nouveau dans *The Promise*, il déclare que Jésus « nous avertis que les tremblements de terre augmenteraient en fréquence et en intensité comme si cette ancienne terre se préparait à son cataclysme final. » (page 198). Ce morceau du « puzzle » prophétique est censé se produire de nos jours.

Dans son livre *Good-bye Planet Earth* (1976), l'auteur Adventiste du Septième Jour Robert H. Pierson développe le sous-titre « **Une Planète Secouée et Tremblante.** » Il explique ceci :

> **Avec une augmentation en fréquence et en intensité la Terre-Mère est prise de secousses et de tremblements. Des centaines de milliers de gens ont perdu la vie. Plusieurs milliers périront ensuite dans de plus grands spasmes de la terre. Jamais depuis les jours de Noé le monde n'a été autant ravagé.**
>
> **De Nouveau Dieu nous parle. Il cherche à nous dire que notre temps est court. Son Fils Jésus-Christ reviendra bientôt. La voix de la nature parle au moyen de déluges, de tempêtes et de tremblements de terre. (pages 21, 22)**

Il cite alors les paroles de Jésus au chapitre de Luc vingt et un, le verset 11, comme en étant la preuve.

Les affirmations les plus remarquables et détaillées à cet égard, toutefois, sont celles établies par le Collège central des Témoins de Jéhovah et de leur Société Watch Tower. En soutenant que la déclaration de Christ concernant de « grands tremblements de terre » (le chapitre 21 de Luc, le verset 11) a vu son véritable accomplissement seulement depuis 1914, la Société Watch Tower proclame que nous avons connu une énorme augmentation des tremblements de terre depuis cette année :

> **La fréquence des tremblements de terre importants est *20 fois* plus élevée qu'au cours des deux mille ans qui ont précédé 1914. *Votre survie sur une Nouvelle Terre* (1984), page 23.**

C'est une affirmation fantastique. Est-il vraiment possible de prouver cette déclaration ? Que sait-on de l'activité des tremblements de terre par le passé ? Existe-t-il des archives anciennes sur les tremblements de terre assez complètes pour faire des comparaisons fiables avec notre siècle ? Et qu'est-ce que l'on entend par « grand » tremblement de terre ? Comment détermine-t-on sa 'grandeur' ?

Pour être capables d'évaluer exactement les affirmations de la Société Watch Tower, nous devons chercher d'abord une réponse à ces questions.

L'Enregistrement de l'activité sismique.

Le mot grec pour « tremblement » (quand il s'applique à la terre) est *seismós.* On appelle donc la science des tremblements de terre la *sismologie.*

La sismologie est une branche très jeune de la science. **« Ce n'est qu'au début des années 1850 que le premier vrai sismologue, tel que nous le concevons, fit son apparition. C'était l'irlandais Robert Mallet. »**[1] Après lui il y eut *John Milne,* appelé le « père de la sismologie. »[2] En 1880 il inventa le premier *sismographe* convenable et à partir de la fin du siècle dernier un enregistrement assez précis des tremblements de terre fut possible.[3]

Par conséquent les sismologues sont capables de présenter une liste complète des grands tremblements de terre qui se sont produits à partir de 1903.[4] Avec l'amélioration du sismographe il y eut augmentation du nombre de pays ayant adopté son utilisation. Mais ce n'est pas avant la fin des années 1950 que ce réseau d'observation pris une ampleur planétaire.[5]

Depuis lors il a été possible d'enregistrer et de mesurer tous les tremblements de terre, faibles et importants, partout sur le globe.

Ce n'est pas un sujet facile de comparer la liste *complète* des grands tremblements de terre enregistrés dans notre siècle par les

---

1 Peter Vemey, Manuel des Tremblements de terre, New York et Londres 1979, page 47. Il n'y a pas de consensus sur cela. Le Professeur N. N. Ambraseys, par exemple, considère John Michell (1724-93) comme étant 'le premier vrai sismologue.' (Ambraseys, *Engineering Seismology*, université de Londres, la conférence Inaugurale du 18 novembre 1975, page 54.)
2 Vemey, page 51. D'autres l'appelleraient le 'père de sismologie *anglaise*' bien qu'il faille reconnaitre que des scientifiques contemporains dans d'autres pays, ont aussi fait d'importantes contributions au début de la sismologie. (Voir la discussion par Dr August Sieberg dans *Geologische, physikalische un angewandte Erdbebenkunde*, Jena 1923, pp 2, 373.)
3 Verney, page 53, 54 ; B. Booth & F. Fitch, *Earthshock,* Londres 1979, page 89.
4 G. A. Eiby, *les Tremblements de terre,* Londres 1968, page 191. Cela n'est vrai seulement que des tremblements de terre mesurant, et au-dessus sur l'échelle de Richter.
5 Markus Båth, *Introduction à la Sismologie*, la seconde édition, Bâle, Boston, Stuttgart 1979, pp 27, 262-266.

sismologues modernes avec ceux des siècles passés. C'est à cause des renseignements comparativement maigres et incomplets disponibles des premiers siècles. Les sources historiques deviennent de plus en plus clairsemées plus nous remontons le temps. Même des archives modernes, le sismologue A. W. Lee écrivit en 1939 :

> **Les archives sont assez complètes pour donner une représentation équitable de la distribution des tremblements de terre qui se produisent maintenant, mais, comme elles s'étendent sur moins de la moitié du siècle, elles sont insuffisantes pour montrer s'il y a eu un changement significatif en fréquence.**[6]

Un autre facteur qui limite considérablement notre connaissance des anciens tremblements de terre est que la plupart sont survenus à l'extérieur de l'Europe, la source de la plupart de nos renseignements pour la plus grande partie de l'histoire depuis le premier siècle à « l'Âge de la Découverte » au quinzième siècle. L'*Encyclopedia Americana* nous dit que :

> **Grossièrement 80 pour cent de l'énergie sismique du monde est libérée dans une ceinture qui parcourt l'Océan Pacifique. Une ceinture secondaire, commençant dans la région Méditerranéenne et s'étendant vers l'est à travers l'Asie, est le lieu de tremblements de terre représentant plus de 15 pour cent de l'énergie sismique mondiale.**[7]

« L'Europe de l'Ouest » écrit Vemey, **« pourrait presque être considérée comme une zone stable en comparaison avec l'histoire agitée des tremblements de terre des Andes ou d'ailleurs sur la Ceinture de Feu [de l'Océan Pacifique]. »**[8]

Puisque les sources historiques des siècles passés sont, sauf pour quelques exceptions importantes, limitées en Europe et la région Méditerranéenne, on réalise facilement ce que cela signifie. Par exemple, comment sommes-nous au courant de l'activité des « tremblements de terre » en Amérique avant Christophe Colomb ? John Milne montre : « les archives avant l'Ère chrétienne et avant l'année 1700, sont pratiquement confinées aux événements dans le sud de l'Europe, la Chine et le Japon. »[9] Pour notre siècle, la majorité des tremblements de terre les plus dévastateurs se sontproduits dans des régions à l'extérieur de l'Europe et dans la plupart des cas dans des régions dont aucunes archives historiques ne sont disponibles pour les

---

6 J. Milne & A. W Lee, *Earthquakes and Other Earth Movements*, Londres 1939, page 134, 135.
7 *Encyclopedia Americana*, 1966, sous « Tremblement de terre » page 496.
8 Verney, page 75.
9 Rapport de la Quatre-vingtième Réunion de l'Association britannique pour l'Avancement de la Science, Portsmouth : 31 août et 7 septembre 1911, (Londres 1912), page 649.

étudier. La Société Watch Tower, par choix ou d'autres raisons, ne prend en considération aucun de ces facteurs primordiaux dans ses déclarations.

LES CEINTURES SISMIQUES DU GLOBE

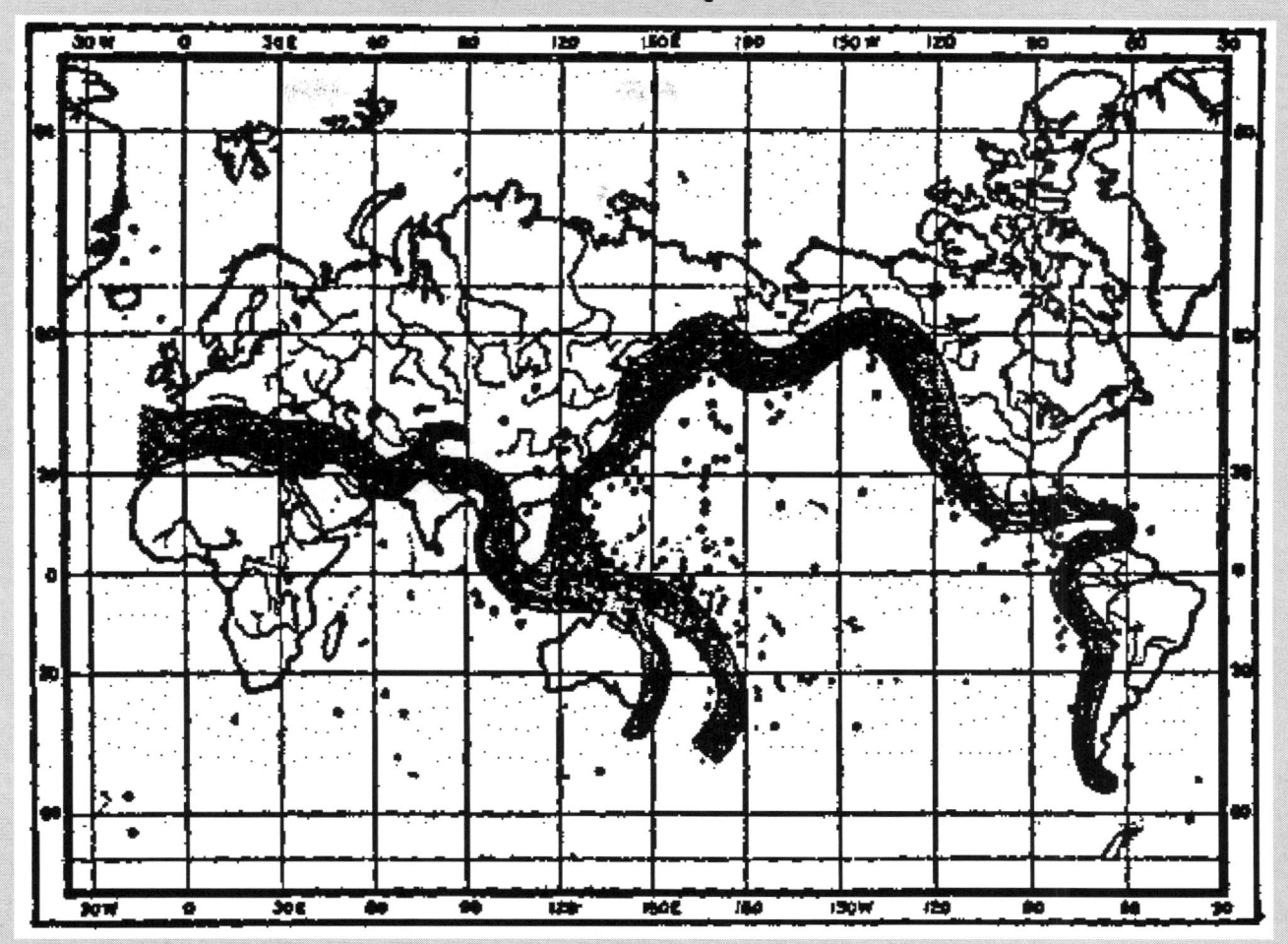

La carte sismique montrant les deux ceintures de tremblement de terre du monde. (De R. A. Daly, Our Mobile Earth, New York & London 1926, page 6.)

. Qu'est-ce qu' « un grand » tremblement de terre ?

Selon la traduction de Luc des paroles de Jésus à ses disciples il y aurait de « grands tremblements de terre. » (Luc 21 :11) Qu'est-ce que l'on entend par « grand » tremblement de terre ?

Les sismologues modernes mesurent la grandeur d'un tremblement de terre selon une norme. Celle en utilisation aujourd'hui est l'*échelle de Richter,* conçue par env.F. Richter en 1935. Cette échelle mesure *la somme totale d'énergie* libérée dans les secousses telluriques pendant un tremblement de terre. Les tremblements de terre mesurant 7,0 ou plus sur l'échelle sont dits « importants », tandis que ceux de, sont appelés « grand ».[10] On notera que « l'ampleur » d'un tremblement de terre sur cette échelle n'est pas forcément liée au nombre de victimes :

---

10 Booth & Fitch, page 90 ; env.F. Richter, *Histoire naturelle*, décembre 1969, page 44.

Il n'y a d'habitude aucune corrélation claire entre l'ampleur d'un séisme et le nombre de gens tués ou des destructions. Un tremblement de terre peut être dévastateur, mais pas grand.[11]

De la même façon un tremblement de terre peut être grand, mais pas meurtrier. Le tremblement de terre dans la Vallée Owens de 1872, en Californie, par exemple, ait été le plus grand tremblement de terre aux États-Unis au cours des 150 dernières années, estimant qu'il eut une ampleur de, sur l'échelle de Richter. Pourtant seules 27 personnes furent tuées, car la région était très peu peuplée.[12]

Quelle est la quantité des tremblements de terre « importants », mesurés par la norme de l'échelle de Richter ?

On a estimé que chaque année il y aura deux tremblements de terre d'ampleur 7,7 ou plus ; dix-sept entre 7,0 et 7,7 ; cent entre 6,0 et 7,0 ; et pas moins de cinquante mille entre 3,0 et 4,0.[13]

Le nombre de tremblements de terre « importants », alors, est, selon ces calculs, *environ entre 19 et 20 par an.* Avons-nous une indication sur les tremblements de terre « majeurs » (7,0 et plus) et « grands » (8,0 et plus) aient augmentés en nombre et en ampleur pendant la période depuis qu'il a été possible de les mesurer par des instruments, c'est-à-dire depuis la fin du siècle dernier ?

Si nous devions en croire une déclaration récente de l'Église Mondiale de Dieu, une organisation se faisant de plus en plus entendre, proclamant la fin rapide des temps, la réponse serait 'Oui'. À la page 7 de son mensuel *The Good News of the World Tomorrow* d'avril 1986, Norman L. Shoaf, un porte-parole du mouvement, a affirmé avec confiance :

Saviez-vous qu'entre 1901 et 1944, pendant plus de quatre décennies, seulement trois tremblements de terre ont atteint 7 ou plus... Alors, qu'en seulement 10 ans de 1945 à 1954, leur nombre a bondi à 21. À partir de ce moment-là, le nombre de grands tremblements de terre a augmenté radicalement. De 1955 à 1964 en une seule décennie 87 tremblements de terre ont atteint 7 ou + 136 de 1965 à 1974 et 133 de 1975 à 1984.

---

11 Båth, page 137.
12 Vemey, page 96. Le tremblement de terre de San Francisco en 1906, a tué environ 700 personnes, avait lui aussi une ampleur de 8 3. (Les trois tremblements de terre de New Madrid, Missouri, en 1911-12 étaient encore plus grands, avec des ampleurs estimées respectivement à 8 6,, et 8 7.)
13 Verney, page 72. *L'Encyclopedia Americana,* 1966 l'auteur, sous « Tremblement de terre » ; page 496, déclare ceci, « si tous les tremblements les plus petits sont compris, il est probable que le total peut bien être plus d'un million » la grande majorité de ces tremblements ne sont pas, évidemment, remarqués par l'homme, étant enregistré seulement à l'aide des instruments.

Ce serait un euphémisme de dire que cette affirmation est tout simplement absurde. Quand il fut mis en présence de cette déclaration, le Professeur Seweryn J. Duda, un sismologue célèbre de l'université d'Hambourg, a écrit que « Sur la période entre 1901 et 1944 environ 1000 tremblements de terre avec l'ampleur 7 ou plus sont survenus dans le monde entier. » En fait, sa lettre aux auteurs du 7 juillet 1986 contredit toute la déclaration de l'Église Mondiale de Dieu. Voir l'Appendice A pour le texte complet de sa lettre.

Le simple fait est qu'aucune augmentation de cette sorte n'a été observée, depuis 1914 ou à aucun autre point ultérieur de ce siècle. En fait, la preuve produite par les sismologues modernes indique le *contraire.*

Charles F. Richter, l'ancien président de la Société Sismologique d'Amérique et le créateur de « l'échelle de Richter » fait référence à cette preuve dans un article publié dans le numéro de décembre 1969 du magazine *Natural History* :

> **« Il est assez amusant de voir que certains groupes religieux ont choisi notre époque plutôt malheureuse pour prétendre que les tremblements de terre sont de plus en plus nombreux [...]. Il est intéressant de noter que le nombre des grands tremblements de terre [c'est-à-dire 8,0 et plus sur l'échelle de Richter](environ vingt-cinq) ayant eu lieu entre les années 1896 et 1906 est plus élevé que celui enregistré dans l'une quelconque des décennies qui ont suivi.**[14]

Les parties de cette déclaration ont été mentionnées avec désapprobation à la page 296 de La Tour de Garde du 15 mai 1974 sans que le lecteur soit informé qu'il provenait d'une autorité de la sismologie. Jésus ne parlait pas d'une « décennie » disait La Tour de Garde, mais de toute une « génération. »

La déclaration du Dr Richter, toutefois, visait en fait à montrer que *l'augmentation* prétendue de l'activité sismique durant notre siècle ne trouve aucun soutien dans les données sismologiques enregistrées par des *instruments*, qui couvre la période à partir de 1896, ou plus particulièrement à partir du début de 1903.

Enfin, sa déclaration a été faite fin 1969. Que dire alors de cette proclamation trouvée à la page 30 du livre le Compte à rebours des années 1980 à Armageddon, par Hal Lindsey ?

Les années 1970 ont connu la plus grande augmentation du

---

[14] *Natural History,* décembre 1969, page 44. Dans *Elementary Seismology* (San Francisco 1958, page 357) Richter déclare de la même façon « Il n'y a aucun doute, de conclure que les secousses superficielles [c'est-à-dire près de la surface] étaient plus fréquents avant 1918 qu'après. »

nombre de tremblements de terre connus dans l'histoire. En fait, l'augmentation dramatique des tremblements de terre en 1976 a conduit beaucoup de scientifiques à déduire que nous entrons dans une période de grands dérangements sismiques.

Cette déclaration n'a en réalité pas plus de fondement que celles de la Société Watch Tower et de l'Église Mondiale de Dieu. Les chiffres plus récents publiés par d'autres sismologues, qui ont examiné soigneusement et objectivement le sujet, n'ont pas seulement confirmés l'exactitude de la déclaration du Dr Richter, mais ont montré sa véracité dans les années 1970.

En 1965 le célèbre sismologue Seweryn J. Duda a publié une étude des tremblements de terre importants pour la période 1897-1964. En 1979 cette étude a été actualisée pour couvrir la période 1965-1977 dans un article écrit par le même auteur conjointement avec le professeur Markus Båth, un autre sismologue mondial réputé. Leur étude très consciencieuse montre que pendant cette période de quatre-vingts années (1897-1977) environ vingt (19,94 pour être exacts) tremblements de terre importants se sont produits annuellement. Un quelconque changement dans le nombre des tremblements de terre avec une ampleur de 7.0 et au-dessus sur l'échelle de Richter ne pouvait être démontré pour la période après 1914, comparé à la période avant cette date. Quant à *l'ampleur* des tremblements de terre, d'autre part, leur étude a révélé que les vingt premières années de notre siècle (1900-1920) avaient *libéré deux fois plus* d'énergie par an que toute la période suivante jusqu'en 1977 ![15]

Le tableau de la page 69, publié en 1912 (pour les années 1899 à 1909) donne une idée de la haute sismicité enregistrée avant 1914. Pour la période précédant le début de notre siècle les données instrumentales fiables manquent, comme il a été dit plus tôt.

Quelle conclusion peut être tirée de cette étude très minutieuse de la période à partir de laquelle des enregistrements instrumentaux fiables devinrent disponibles ? Ceci : Aucun changement remarquable dans *le nombre* des tremblements de terre importants ne peut être démontré entre 1897 et 1977. D'autre part, l'étude montre que la fréquence des *plus grands* tremblements de terre a été considérablement plus élevée pendant les vingt premières années de cette période que dans les soixante années suivantes !

. *Des Tentatives visant à Cacher les Preuves*

Il va sans dire que face à ces chiffres, la Société Watch Tower ne se réjouit pas de ces mesures sismologiques. La tendance de la Société était de les rejeter complètement en faisant des comparaisons chiffrées

---

[15] S.J. Duda, « Libération d'énergie sismique séculaire dans la ceinture circum-pacifique », *Tectonophysics*, 2 (1965), pp 409-52 ; Markus Båth et S.J. Duda, « Certains aspects de la sismicité mondiale » *Tectonophysics*, 54 (1979), pp T1-T8. Des journaux présentent souvent des données sur les séismes grossièrement trompeuses. Richter (1958, p. 5.) Souligne que « la presse populaire » peut être utilisée « seulement avec prudence. » Cependant, La Tour de Garde du 15 mai 1984, p. 25, fait référence à un article publié dans *The New York Times* appelé 1983 « Une année de tremblements de terre », en raison d'une prétendue « vague de tremblements de terre meurtrier » cette année. Pour prouver ceci *La Tour de Garde* reproduit une liste de neuf tremblements de terre sur une période de 3 mois, tous décrits comme de « grands tremblements de terre sur l'échelle de Richter. » Cependant un examen plus attentif de la liste, montre que seuls 3 des 9 tremblements de terre sont considérés comme « majeurs » avec une magnitude de 7,0 ou plus. Comme le souligne le professeur Markus Båth (lettre personnelle, datée du 3 octobre, 1984), ce n'est pas dessus, mais en dessous de la normale... « Les informations provenant du *New York Times* sont totalement trompeuses. Avec 3 séismes d'une magnitude de 7 ou plus sur 3 mois, le nombre de ces tremblements serait de 12 en un an. Ceci est nettement inférieur à la moyenne qui est de 20 séismes par an de magnitude 7 ou plus. La déclaration dans le journal met en évidence une activité sismique en dessous de la normale ! 1983 ne fut pas plus « une année de tremblements de terre » par le nombre de *victimes*. Selon les informations disponibles par le *World Data Center A for Solid Earth Geophysics* (voir plus loin, la note 19), seules 2 328 personnes sont mortes dans des tremblements de terre au cours de 1983, ce qui est bien inférieur à la moyenne. Même 1976 n'a pas connue de « hausse spectaculaire de séismes » revendiqué par Hal Lindsey, en dépit du grand tremblement de terre en Chine cette année-là. Le Professeur Markus Båth, dans son Introduction à la sismologie, déclare : « L'année 1976 mérite une mention spéciale. De nombreux séismes survenus toute au long de cette année, avec un maximum de victimes en Chine... D'autre part, à partir 1976 et d'un point de vue purement sismologique, il n'y eut pas plus de tremblements de terre ou plus fort cette année que dans la moyenne. » (p. 151) Commentant la période après 1976, professeur de bain, dans une lettre privée ajoute : « Les années après 1976 jusqu'à aujourd'hui [1985], au moins, ont montré une nette diminution de l'activité sismique de la terre, à la fois en ce qui concerne le nombre de grands tremblements de terre (magnitude supérieure à 7,0) et le nombre de victimes. Mais ce n'est, bien sûr, juste un exemple d'une variation occasionnelle qui a toujours eu lieu. "(Lettre personnelle de Båth à Jonsson du 21 août 1985.)

sur l'activité des tremblements de terre avant et après 1914, en fournissant plutôt une définition de leur propre crut quant à ce qu'on entend par « grand » tremblement de terre. Nous lisons :

> **Quand un tremblement de terre est-il « grand » ? N'est-ce pas lorsque ses effets sur les vies et les biens sont désastreux ? Toutefois, les sismologues de notre temps ont tendance à évaluer l'ampleur d'un séisme d'après l'échelle de Richter, qui révèle la « magnitude » ou l'énergie libérée par celui-ci.[16]**

---

16 La Tour de Garde du 15 mai 1974, page 296.

Fréquence Méga sismique

Entre 1899 et 1909 le nombre enregistré de très grands tremblements de terre n'était pas moins de 976. *Beaucoup d'entre eux furent enregistrés par des stations à travers le monde, d'autres dans tout l'Hémisphère nord* **touchant une surface au moins égale à celle de l'Europe et de l'Asie réunies.**

Les chiffres enregistrés au cours des mois successifs furent les suivants :

Année	J	F	M	A	M	J	J	A	S	O	N	D	Total
1899	9	5	9	4	3	6	7	7	12	4	7	4	75
1900	7	3	3	2	3	4	2	4	5	6	5	3	47
1901	7	4	8	4	4	3	0	9	0	6	11	6	67
1902	12	7	9	8	4	2	4	11	8	3	6	3	77
1903	10	11	7	4	8	8	5	5	8	9	6	10	91
1904	4	2	8	9	5	8	6	8	7	6	5	6	74
1905	7	11	10	7	6	8	11	3	7	6	5	5	86
1906	14	18	20	11	4	9	5	22	12	10	8	7	140
1907	8	4	9	6	12	9	7	7	5	10	10	7	94
1908	4	6	11	5	8	4	4	32	9	8	13	6	90
1909	9	10	11	14	11	14	8	13	13	15	8	9	135
Total Mensuel	91	81	103	74	68	75	59	100	92	83	84	66	976
Total par trimestre	275			217			251			233			

Mois d'été 508, Mois d'hiver 468, Total 970

Le sismologue F. M. Walker dans *Report of the Eighteenth Meeting of the British Association for the Advancement of Science,* Londres 1912, pages 38 et 39. L'expression «très grand» ne fait aucune référence à l'échelle de Richter, qui n'était pas en usage à l'époque.

Ainsi la Société Watch Tower préfère mesurer l'ampleur d'un tremblement de terre par le nombre de morts causé. Elle explique :

> **Le <u>nombre de morts causés</u> par les tremblements de terre constitue une autre <u>preuve attestant</u> que la génération qui a suivi 1914 est exceptionnelle sous ce rapport.**[17]

Un peu de réflexion révélera bientôt pourquoi la Société Watch Tower préfère cette méthode pour estimer 'la grandeur' des tremblements de terre. Il contient plusieurs failles que la plupart des personnes ignorent et les affirmations de la Société en dépendent pour leur donner un aspect authentique. Quand les fausses hypothèses sur lesquels la Société fonde ses arguments sont clairement identifiés, alors leur chiffre perd de leur impressionnant. Réfléchissez à ceci :

> **Tout d'abord, comme il a été souligné, les données concernant les tremblements de terre et le nombre de morts sont bien plus rares pour les siècles précédents en raison de sources historiques fragmentaires, qui d'ailleurs avant l'année 1700, «sont pratiquement confinées aux événements du sud de l'Europe, la Chine et le Japon.» Donc l'idée qu'une comparaison exacte puisse être faite entre l'époque moderne et les données historiques du nombre de tués par tremblement de terre est tout simplement faux.**
>
> **Deuxièmement, la croissance démographique rapide et l'urbanisation dans notre siècle ont raisonnablement augmenté le nombre de décès dans les grands tremblements de terre, en particulier lorsque ceux-ci ont touché des zones fortement peuplées. Une augmentation du nombre de décès alors, ne serait pas un indicateur valable de l'augmentation du nombre de « grands tremblements de terre. » Nous pouvons également nous demander à juste titre : Jésus a-t-il, en se référant aux « grands tremblements de terre » réellement parlé d'une augmentation, soit du nombre de séismes ou de victimes ? Sa déclaration a été simplement qu'en plus de la guerre, la famine et la peste, « il y aura des grands tremblements de terre. » Toute autre chose relève de l'hypothèse humaine ou d'une lecture entre les lignes de ce qu'il a voulu dire en réalité.**

Malgré son choix du nombre de morts en préférence aux mesures sismologiques lorsque cela arrange son argumentation, la Société Watch Tower n'hésite pas à citer des déclarations sur les tremblements de terre qui sont basées sur l'échelle de Richter – sans le dire à ses

---

[17] La Tour de Garde du 15 mai 1974, page 296.

lecteurs. Par exemple, la même édition de La Tour de Garde (15 mai 1974) citée ci-dessus présente une longue suite de déclarations sur les séismes survenus depuis 1914, des déclarations présentées comme des « ouvrages de référence très respectée » (même si aucune n'est donnée) :

> **Chine (1920), « l'une des plus terribles catastrophes de l'Histoire ». Japon (1923), « le plus grand désastre de l'histoire [du Japon] ». Pakistan (1935), « un des plus grands tremblements de terre de l'Histoire ». Salvador (1951), « le plus destructeur des séismes de l'histoire du Salvador ». Égypte (1955), « l'Égypte a connu le tremblement de terre le plus dévastateur de son histoire ». Afghanistan (1956), « considéré comme le plus catastrophique de l'histoire du pays ». Chili (1960), « aucun tremblement de terre de l'Histoire n'a eu une telle ampleur ». Alaska (1964), « le plus grand tremblement de terre jamais enregistré en Amérique du Nord ». Pérou (1970), « la catastrophe naturelle la plus terrible jamais enregistrée dans l'hémisphère occidental »**[18]

Mais le lecteur n'est pas informé que les expressions telles que « le plus grand », « le pire », « le plus grand » et ainsi de suite, dans plusieurs cas ne font pas allusion au nombre de victimes, et qu'au moins dans certains cas font clairement référence à l'échelle de Richter alors que ce même article considère qu'elle ne devrait pas être le moyen de mesurer « la grandeur » d'un séisme !

Ainsi le tremblement de terre en Alaska de 1964 « le plus grand jamais enregistré en Amérique du Nord » n'a fait seulement que 114 victimes (certaines sources disent 131) alors qu'il avait une magnitude de 8.5 sur l'échelle de Richter ![19]

L'expression « le plus grand... jamais **enregistré** » limite davantage l'époque de la comparaison à la période durant laquelle les tremblements de terre ont été mesurés par *instrument*, c'est-à-dire à partir de la fin du siècle dernier. Certains tremblements de terre ne font partie en aucun cas des « grands », que ce soit en fonction de l'échelle de Richter ou du nombre de vies perdues. Ce qu'on appelle le « séisme le plus destructeur de l'histoire du Salvador » était d'une magnitude de seulement 6,5 et fit 400 morts (1 000 selon une autre source), tandis que le prétendu « pire tremblement de terre dans l'histoire [de l'Égypte] » avait une magnitude de 6,3 et tua 18 personnes ![20]

---

18 La Tour de Garde du 15 mai 1974, page 298.
19 Booth & Fitch, page 80 ; Robert A. Ganse et John B. Nelson, *Catalog of Significant Earthquakes 2000 B.C. – 1979*, Boulder, Colorado 1981, page 63 (le Rapport SE-27 du *World Data Center A for Solid Earth Geophysics*).

Plusieurs des déclarations citées ne sont certainement pas des descriptions scientifiques. Elles reflètent plutôt des titres de presse à sensation parus à chaud lors de la catastrophe. Bien que certains des tremblements de terre mentionnés (Chine 1920, Japon 1923, Pakistan 1935 et le Pérou 1970) étaient effectivement très grands et firent des milliers de victimes, la plupart des sismologues hésiteraient certainement à qualifier l'un d'entre eux de « pire » ou de « plus grand » de l'histoire de ces pays.

Tout récemment la Société Watch Tower a imaginé une nouvelle définition d'un « grand » tremblement de terre. Selon le magazine *Réveillez-vous!* du 22 octobre 1984 page 9 considère à présent que ses dernières statistiques ne concernent les tremblements de terre qui remplissent au moins une des conditions suivantes :

- **Magnitude : 7,5 ou plus sur l'échelle de Richter.**

- **Nombre de morts : 100 ou plus.**

- **Dommages : au moins l'équivalent de 50 millions de francs français en dégâts matériels.**

Ces normes servant à mesurer la « grandeur » sont aussi utilisées dans la publication de Société Watch Tower de 1985 : Comment *Raisonner à partir des Écritures*, page 236.

Étonnamment, l'échelle de Richter auparavant rejetée, est maintenant introduite et joue un rôle important dans leurs statistiques. En examinant attentivement leurs calculs, la raison apparaît bientôt évidente. Alors que les sismologues font correctement des comparaisons sur l'échelle de Richter uniquement sur la période où les tremblements de terre ont été mesurés par *instrument,* c'est-à-dire par sismographe depuis la fin du siècle dernier, la Société Watch Tower choisit d'inclure les *2000 dernières années* dans ses comparaisons! Cela donne une comparaison très déformée. Comment cela ?

S'il est vrai que les sismologues ont *estimé* l'ampleur de nombreux grands tremblements de terre passés, pour l'essentiel des séismes dévastateurs avant les années 1900, celles-ci font défaut.[21] Tous ces séismes dévastateurs de toute évidence ne pourraient pas répondre au premier critère mis en place par la Société Watch Tower et ce peu

---

20 Ganse & Nelson, pages 56, 59. Le tremblement de terre en Afghanistan de 1956 a emporté 220 individus selon certains tableaux, 2 000 selon d'autres.

21 Ces estimations existantes semblent avoir été généralement inclus dans la liste réalisée par Ganse et Nelson. (Voir plus haut la note 19.)

importe l'ampleur de leur magnitude![22] Et s'ils ne répondent pas au moins à l'un des deux autres critères, ils sont commodément exclus des calculs !

Quant au deuxième critère, il a été déjà montré que le nombre de victimes manque souvent dans les anciennes archives, surtout si les pertes se montaient à seulement quelques centaines ou moins. En fait, beaucoup de séismes violents impliquant relativement peu de victimes peuvent avoir été complètement ignorés dans les archives. Cela ne peut signifier que d'innombrables tremblements de terre du passé « recevables » ont été exclus par les normes de comparaison arbitrairement mises en place par la Société !

Il en est de même pour les dommages, le troisième critère mis en place par la Société Watch Tower. Les dommages sont beaucoup mieux connu pour les tremblements de terre moderne, que pour les plus anciens.[23] En plus de cela, étant donné qu'il y a de nos jours plus d'immeubles plus grands et plus sophistiqués, une comparaison de la sorte menée par la Société Watch Tower par nécessité fait clairement injustice à tout rapprochement avec le passé. Ceci est souligné par N. N. Ambraseys, professeur d'ingénierie sismologique à *l'Imperial College of Science and Technology* à Londres. Il déclare :

> ... la répétition exacte d'un ancien séisme différera de nos jours non seulement par le type de structure endommagée, mais aussi par l'ampleur des dégâts. Dans certains cas, les constructions modernes seront plus sévèrement endommagées que de vieux bâtiments. Un grand tremblement de terre lointain n'aurait provoqué il y a dix siècles pratiquement aucun dommage à Istanbul, Ankara ou à Jérusalem. Le même séisme aujourd'hui pourrait causer des dommages à un grand nombre de structures dans ces villes.[24]

Tout naturellement, nombre de séismes dans les temps anciens, bien qu'impliquant d'importants dommages, ne permettrait pas de satisfaire au critère purement arbitraire de la Société Watch Tower de « au moins l'équivalent de 50 millions de francs français en dégâts matériels. »

---

[22] À cet égard on notera que La Tour de Garde du 1er février 1974, p. 72, stipule que « certains des tremblements de terre avec les plus hautes magnitudes se produisent sous les océans », et que ceux-ci « n'ont eu pratiquement aucun effet sur les hommes. » En parlant de « séismes potentiellement dangereux » (3,8 et plus), le sismologue J.H. Latter, dans *Advancement of Science* (juin 1969, page 365) affirme même que « l'écrasante majorité se produit sous la mer ou loin des régions habitées. » Puisque ces secousses dans la plupart des cas passaient inaperçues avant l'utilisation d'instruments, il est clair que le critère d'amplitude de la Société pourrait déformer gravement la réalité des faits quant à la fréquence des séismes.

[23] Même si Ganse et Nelson ont tenté d'évaluer les destructions provoquées dans leur liste, ces dommages pour de nombreux séismes sont indiquées comme « inconnues ».

[24] N. N. Arnbraseys, « *Value of Historical Records of Earthquakes* » ; *Nature*, Vol. 232, 6 août 1971, p. 379.

De toute évidence les nouveaux critères pour les « grands tremblements de terre » proposés par la Société Watch Tower sont conçus pour en qualifier le plus possible après 1914 et d'en exclure le maximum précédent cette année. Nous ne sommes pas du tout surpris de constater que les calculs basés sur le raisonnement orienté et à ce point partial semblent montrer une augmentation énorme de « grands » tremblements de terre pour notre siècle par rapport aux époques antérieures. L'article du *Réveillez-vous!* précédemment cité donne la conclusion suivante :

> Depuis 1914 la moyenne annuelle des tremblements de terre signalés a explosé. Il y en a 11 fois plus en moyenne chaque année qu'au cours des 1000 ans précédant cette date, et 20 fois plus que la moyenne annuelle pour les 2000 années précédant 1914.[25]

La situation mondiale actuelle sismique ne se prête pas en fait à une comparaison statistique avec celle de ces deux derniers millénaires. C'est parce que, comme démontré précédemment, les données disponibles sur les séismes des siècles précédents sont bien plus rares. En fait, les données de continents entiers sont complètement absentes de la plus grande partie des deux derniers millénaires, surtout antérieurement à l'année 1700. De même, ce n'est qu'au cours de ce siècle que les secousses se produisant dans des lits océaniques ou des régions inhabitées ont pu être enregistrées. Pourtant c'est dans ces régions que la grande majorité des tremblements de forte magnitude se produisent.

On observera également que la méthode de comparaison utilisée dans ce calcul contient un autre élément frauduleux difficilement décelable par le lecteur sans méfiance. En étendant la période de comparaison avant 1914 sur des milliers d'années afin d'inclure de longues périodes avec de rares informations sur les tremblements de terre, la Société Watch Tower obtient naturellement une très faible moyenne annuelle *générale*, même durant les siècles où les cas ont en fait augmenté. Cela cache un grand nombre d'importants séismes connus aux derniers siècles, les nivelant à l'aide des siècles où les informations étaient peu disponibles. Il est en outre dissimulé que cette méthode ne désigne pas 1914, pas plus que pour toute autre date dans les 200 ou 300 dernières

---

[25] *Réveillez-vous!* du 22 octobre 1984, p. 6. Notez la formulation « tremblements de terre rapportés ». Il indique que la société sait fort bien que les anciens registres des grands séismes sont incomplets. Toutefois, le lecteur sans méfiance n'est pas susceptible de remarquer cette distinction. La Société veut évidemment l'amener à conclure qu'il y a eu *effectivement* une *énorme* augmentation des tremblements de terre depuis 1914. Ainsi l'ouvrage de la Société *Survie sur une Nouvelle Terre* (1984) n'hésite pas à affirmer que la fréquence des séismes majeurs « a augmenté d'environ 20 fois de ce qu'elle était en moyenne pendant les deux mille ans précédant 1914. » (p. 23)

années. Le choix de 1914 comme « tournant » sismologique est donc totalement arbitraire. Il serait également possible d'utiliser une méthode identique et choisir, par exemple, 1789, quand la Révolution française a débuté, ou 1939, lorsque la Seconde Guerre mondiale a commencé et obtenir des résultats similaires. Quelle que soit la date durant les 200 ou 300 dernières années prise comme tournant, on obtiendrait le plein avantage de l'information moderne, lui donnant une grande hausse apparente de la moyenne annuelle.

On peut dire aisément que tout scientifique qui biaiserait et manipulerait des données statistiques de cette façon dans une revue scientifique serait rapidement considéré comme un fraudeur. Cependant, dans un article religieux lu par des millions de gens sans méfiance qui estiment que remettre en question leurs dirigeants serait un péché, de tels calculs passent facilement comme s'il s'agissait de faits solidement établis.

Lorsqu'il prédit de « grands séismes » Jésus, de toute évidence n'avait pas à l'esprit aucune norme, comme les magnitudes sur l'échelle de Richter, un nombre minimum de morts ou de dommages calculé selon des normes monétaires modernes. L'utilisation par la Société Watch Tower de ces normes ne nous invite pas, comme il le devrait pour des chrétiens à se tourner d'abord vers la Bible pour des éclaircissements. Certes, nous constatons qu'un séisme destructeur frappant « un dixième » d'une ville et tuant « sept mille personnes » est appelé « grand » au chapitre onze d'Apocalypse, verset treize. Cependant, les deux tremblements de terre décrit comme « grands » en Matthieu chapitre vingt-huit, verset deux, et en Actes chapitre seize, verset vingt-six, ne sont pas décrits comme ayant provoqué des dommages considérables, ni ne parle de pertes en vie humaine. Pourtant, la société les considère comme la preuve qu'il y avait un « accomplissement au premier siècle des paroles de Jésus » en ce qui concerne les grands tremblements de terre ![26]

À Partir des Écritures mêmes, il est donc raisonnable de conclure que Jésus parlait de « grands tremblements de terre » en général qui affectent plus ou moins gravement les gens, les biens et l'environnement. Il ne pouvait raisonnablement pas avoir à l'esprit les statistiques du nombre moyen de décès annuels avant et après

---

[26] La Tour de Garde du 15 mai 1983, page 5. Dans le *Réveillez-vous!* du 8 août 1968 page 30, la Société a mis en avant qu'un tremblement de terre fin de juin de cette année « tuant 16 personnes et en blessant 100 autres » avait accompli les « prophéties des Écritures » bien qu'aucune estimation sur l'ampleur ou valeur de propriété n'aient été considérées. Nous convenons que ce tremblement de terre accomplit la prophétie de Jésus, même si la Société devrait le rejeter maintenant à la lumière de leurs derniers critères. Il y eut d'innombrables tremblements de terre comparables depuis les paroles de Jésus à leur sujet.

certaines dates ! Néanmoins, comme ces chiffres jouent un rôle très important dans les calculs de la Société, nous allons maintenant procéder à leur examen plus attentif.

. *Comment « prouver » par des statistiques*

Dans un article intitulé « les statistiques peuvent-elles vous tromper ? » le magazine *Réveillez-vous !* du 22 janvier 1984, déclare page 25 :

> **Les chiffres ne mentent pas, nous dit-on. Mais prenez garde. Honnêtement utilisés, ils peuvent être très instructifs et utiles. Toutefois, les chiffres peuvent aussi être présentés de façon trompeuse.**

Les exemples présentés ci-après montreront que cet avertissement a une pertinence que son auteur n'a probablement pas réalisée.

Selon le *Réveillez-vous !* du 22 février 1961, page 7, le nombre estimé de morts par an dans les tremblements de terre avant 1914 était de 5 000.

Mais en 1974 la Société Watch Tower a baissé ce chiffre. La Tour de Garde du 1er février de cette année a cité une déclaration de *Nature/Science Annual de 1971,* selon laquelle « plus de trois millions de personnes (peut-être quatre millions) » sont mortes dans les tremblements de terre au cours des 1 000 dernières années. En estimant qu'au moins 900 000 d'entre elles étaient mortes depuis 1914, la Société a présenté les chiffres impressionnants suivants (page 73) :

Victimes de tremblements de terre chaque année

Avant 1914 :	3 000
Depuis 1914 :	15 000

Ces mêmes statistiques furent publiées à nouveau dans le Réveillez-vous !, du 8 janvier 1977 (pages 15, 16). Toutefois le livre, *le Bonheur Comment le trouver*, publié en 1980, visant à « améliorer » considérablement les chiffres, présenté au tableau page 149 :

Victimes de tremblement de terre

| Jusqu'en 1914 | 1 800 par an |
| Depuis 1914 | 25 300 par an |

Que le nombre de morts par an puisse être augmenté en quatre ans (à partir de 1974 à 1980) dans une telle proportion – de 15 000 à 25 000 est relativement simple à expliquer :

> **En 1976, la Chine fut été frappée par le séisme le plus meurtrier de ce siècle. Les journaux occidentaux, trompés par un rapport prématuré de Hong Kong, porta d'abord le nombre de victimes à 650 000 ou plus (certains disant même 800 000). Si ce chiffre est divisé par le nombre d'années passées depuis 1914 (62 ans, de 1915 à 1976 inclus), nous obtenons une moyenne – avec ce seul tremblement de terre – à près de 10 500 morts par an. Ainsi un seul grand tremblement de terre peut générer d'impressionnantes statistiques pour toute une génération ! Si nous devions prendre à la place, le grand tremblement de terre en Chine de 1556, qui est considéré comme ayant pu faire 830 000 victimes, et ensuite diviser le chiffre des victimes par le même nombre d'années (62), nous obtiendrions une moyenne d'environ 13 400 morts par an à partir de ce tremblement de terre uniquement.[27] (Ajouter d'autres tremblements de terre désastreux à partir de ce siècle augmenterait, évidemment, considérablement le nombre de morts annuelles au cours de ce seizième siècle.)**

La Société Watch Tower, toutefois, par sa façon d'utiliser les statistiques, non seulement augmente le taux de mortalité annuel après 1914 de 15 000 à 25 300. Elle a réussi aussi à réduire le nombre de morts annuels avant 1914 de 3 000 par an (selon leurs statistiques de 1974) à seulement 1 800 par an (selon leurs statistiques de 1980) ! Il y a de quoi laisser perplexe. Comment en est-elle arrivée à ce nouveau chiffre ?

La réponse est que les dernières (et plus basses) statistiques ne s'appuyaient pas sur les 3 à 4 millions de victimes de tremblements de terre au cours du dernier millénaire, comme c'était le cas des premières statistiques de la Société, mais à partir d'un *chiffre beaucoup plus petit*,

---

[27] Ce séisme est généralement considéré comme avoir fait plus de victimes que tout autre tremblement de terre enregistré dans l'histoire. Cependant, il peut avoir été dépassé à cet égard par le séisme qui a frappé la Haute-Égypte et/ou la Syrie le 5 juillet 1201, qui, selon certains documents anciens, a coûté environ 1,1 millions des vies. Si ce chiffre était divisé par une période de 62 ans, on obtiendrait une moyenne annuelle de 17 740. Ce serait un chiffre plus élevé que le chiffre exact pour le 20ᵉ siècle de 15 700, comme indiqué dans ce paragraphe. Voir S. Alsinawi et H. A. A. Ghalith, «*Historical Seismicity of Iraq*» Actes du premier séminaire sismologique arabe, Unité sismologique de recherche scientifique, Bagdad, Irak, Décembre 1978 ; voir aussi Ganse et Nelson, p. 6.

1 973 000 victimes sur une période de 1 059 ans.

Ce qui est extraordinaire, c'est que ce nouveau chiffre n'est pas une estimation faite par aucun sismologue moderne – c'est un chiffre que la Société Watch Tower elle-même a créé en additionnant le nombre de morts dans seulement 24 tremblements de terre importants, choisis parmi des milliers de tremblements de terre dévastateurs qui sont survenus cours des 1059 ans précédents 1914 !

Le nouveau chiffre paru d'abord dans le magazine *Réveillez-vous !* du 22 février 1977, page 11. En relation avec une liste de 43 tremblements de terre à partir de la période de 1915-1976, il expose :

> **Chose intéressante, pour une période de 1 059 ans (856 à 1914 après J-C.), les sources fiables énumèrent seulement 24 tremblements de terre importants, avec 1 972 952 victimes. Mais comparez-le avec la liste partielle assortie citant 43 exemples de tremblements de terre, dans lesquels 1 579 209 personnes sont mortes au cours des 62 années allant de 1915 à 1976 après J-C.... La montée dramatique de l'activité de tremblement de terre depuis 1914 aide à prouver que nous vivons maintenant dans le temps de la présence de Jésus.**

La déclaration que 'les sources fiables énumèrent seulement 24 tremblements de terre importants depuis les 1059 années séparant 856 à 1914' est jusqu'ici de la vérité qu'il est impossible presque de comprendre comment quelqu'un avec même une connaissance élémentaire du sujet pourrait faire une telle déclaration. *Le fait est que les sources fiables énumèrent littéralement des milliers de tremblements de terre dévastateurs pendant cette période ! (La preuve en sera discutée dans la dernière section de ce chapitre.)* Et c'est loin d'être la fin du sujet. L'auteur de l'article *Réveillez-vous !* prend ces 24 tremblements de terre précédents 1914 et cherche à faire une comparaison entre eux et ceux des 62 ans suivant 1914. Mais alors que les 24 premiers tremblements de terre étaient *touts des* catastrophes *importantes,* ils sont maintenant comparés avec une liste moderne qui couvre des désastres tant grands *que petits* (certains ont des nombres de victimes de 52, 65, 115, 131, et cetera).

Cette méthode inégale pour la comparaison est le résultat de négligence pure ou du parti pris délibéré et de la manipulation de fait. Et, pour plus tard ajouter à l'image dénaturée, l'auteur décrit sa liste après 1914 comme « partielle », en laissant entendre ainsi que les 24 tremblements de terre importants attribués aux 1 059 ans *avant* 1914 sont un nombre *complet* ! Avec cela la déclaration devient si étrangère au fait pour être presque comique[28]

Pourtant c'est sur les chiffres absurdes de cette sorte que la Société Watch Tower a accumulé ses chiffres du nombre moyen de morts annuelles auparavant et après 1914 dans ses publications[29].

La tendance est évidente. Dans le chiffre de la Société Watch Tower, alors que le nombre de morts annuelles *après 1914* a été augmenté, le nombre moyen de morts annuelles *avant 1914* s'est contracté régulièrement, comme suit :

Morts de tremblement de terre annuelles avant 1914

Statistiques de la Société pour 1961 :	5 000 par an
Statistiques de la Société pour 1974 :	3 000 par an
Statistiques de la Société pour 1980 :	1,800 par an

Si cette tendance devait continuer avec le même taux dans environ 20 ans, le nombre de victimes annuel avant 1914 sera réduit à zéro dans les chiffres de la Société Watch Tower !

Combien de gens sont morts en fait dans les tremblements de terre dans l'histoire passée ? En raison de la documentation source incomplète personne ne peut le dire avec certitude les estimations varient. **« On estime que plus de sept millions de personnes ont perdu la vie dans des tremblements de terre »** écrit Vemey.[30] Une autre source déclare que probablement dix millions sont morts dans les tremblements de terre depuis l'époque du Christ[31] un sismologue exceptionnel, Professeur Båth, toutefois, dit :

---

[28] L'auteur du manuel de la Société « Vous Pouvez Vivre Éternellement sur une Terre transformée en un Paradis » (1982), présente clairement ces 24 tremblements de terre comme une liste complète de tremblements de terre importants en disant que « À partir de l'année 856 après J.-C.. à 1914, il y avait seulement 24 tremblements de terre importants. » (page 151)

[29] *Le Bonheur Comment Le trouver*, 1980, page 149 ; le même chiffre impressionnant a été de nouveau publié dans La Tour de Garde du 15 mai 1983, page 7, (portent sur la carte III).

> On a estimé que pendant la période de l'histoire, 50 à 80 (selon une estimation 74) million de personnes a perdu leurs vies dans les tremblements de terre ou leurs répercussions immédiates, telles que les feux, les éboulements, tsunamis, etc.[32]

Il est évident, alors, que les estimations de morts annuelles dans les tremblements de terre par le passé seront aussi divergentes que les suppositions du nombre de morts total sur lequel ils sont basés. La croissance démographique est un facteur important.

Comme environ moitié de la population du monde vit dans les ceintures de tremblement de terre, il ne serait pas étonnant si le nombre de morts dans les tremblements de terre a tenu le rythme de la croissance démographique dans ces régions. Cela ne constituerait pas une preuve, toutefois, que les tremblements de terre aient augmentés en quantité ou en sévérité.

Avec leurs chiffres antérieurs à 1914 des tremblements de terre et leur déplacement du nombre de victimes, la Société Watch Tower a publié des listes de tremblements de terre avec le nombre de victimes à partir de l'année 1914 en avant. Chose intéressante, les chiffres des victimes dans ces listes semblent aussi changer de l'une à l'autre et diffèrent avec les rapports autorisés par plusieurs cas. Une comparaison entre les deux dernières publiées dans le Réveillez-vous ! du 22 février 1977, page 11 et dans La Tour de Garde du 15 mai 1983, page 7 donne le résultat suivant :

---

30 Vemey, page 7. De dernières estimations de sismologue J. H, que « un minimum de cinq millions de personnes est mort à la suite des tremblements de terre et un demi-million à la suite des éruptions volcaniques, depuis 1000 après J.-C. ». Mais il ajoute : « il est probable que les chiffres maximums soient entre deux et trois fois plus élevés que cela », c'est-à-dire 10-15 millions depuis 1000 après J.-C. Ceci signifierait un maximum de 1,5 millions par siècle en moyenne. (L'avancement de Science, juin 1969, page 36)
31 New York Times, 20 août 1950. Comparer avec Réveillez-vous ! du 22 décembre 1960, page 14.
32 Bain, page 137. Time magazine du 1er septembre 1975, a de la même façon déclaré : « au cours de l'histoire connue, on estime que les tremblements de terre, les inondations, les incendies et les éboulements qu'ils ont déclenchés ont fait au moins 74 millions de victimes. »

Séismes	Nombre de victimes selon Réveillez-vous ! du 22/02/1977	Nombre de victimes selon La Tour de Garde du 15/05/1983
1920, Chine	180 000	200 000
1939 Turquie	23 000	30 000
1950, Inde	1 500	20 000
1962, Iran	10 000	12 230
1972, Nicaragua	6 000	10 000
1976, Chine	655 235	800 000
Total :	**875 735**	**1 072 230**

Comme on peut le voir, le nombre des victimes a été augmenté dans la dernière liste pour un total de presque 200 000 ! Cela ne signifie pas que les chiffres aient été délibérément falsifiés. Les listes des morts par tremblements de terre, publiés dans différents ouvrages, varient souvent. Mais les listes de la Société Watch Tower révèlent une tendance claire à choisir toujours *le plus élevé, pas le plus fiable,* les chiffres dans ces ouvrages, évidemment par une tentative de présenter les tremblements de terre du vingtième siècle comme étant « plus grand » que possible, tandis que la tendance *de réduire* le nombre et l'importance des tremblements de terre *avant* 1914 est également évidente. Ce n'est pas une utilisation honnête, objective des informations.

En fait, les ouvrages les plus autorisées présentent souvent des chiffres beaucoup plus bas que ceux donnés par la Société Watch Tower dans ses deux listes après 1914 indiquées ci-dessus. Le tremblement de terre de 1920 en Chine, que les listes de la Société présente comme ayant fait 180 000 ou 200 000 morts, selon *l'Encyclopaedia Americana* fit environ 100 000 victimes.[33] Aussi le grand tremblement de terre en Chine de 1976, que la dernière liste montrée par la Société comme étant la cause de 800 000 morts, fit en réalité 242 000 victimes selon les chiffres annoncés par les autorités chinoises ![34] Ce chiffre plus faible est généralement considéré par les sismologues comme correct.[35] que la dernière estimation de morts annuelles dans les tremblements de terre depuis 1914 publiés par la Société est basée sur les chiffres qui couvrent un nombre de morts de 650 000 pour ce tremblement de terre, la correction mentionnée réduit ici le nombre de victimes réel de la Société jusqu'à un tiers ![36]

Les chiffres variables à être trouvés dans différents ouvrages démontrent clairement qu'il est risqué de faire des comparaisons entre les séismes avant et après 1914 fondés *sur le nombre de victimes.* Cela démontre aussi à quel point il est facile de créer une image statistique apparemment très impressionnante et convaincante, mais *complètement trompeuse*, simplement en choisissant seulement les

---

33 Encyclopaedia Americana, 1966, « Earthquakes » page 498. Båth (page 141) donne le même chiffre, 100 000, dans sa liste. Le tremblement de terre au Japon 1923, qui selon la liste de la Société a pris 143 000 vies, a tué 95 000 selon l'*Encyclopaedia Americana*. Mais comme montré par env.F. Richter (*Elementary Seismology*, page 562), qui donne le nombre de victimes comme 99 331, un nombre supplémentaire de 43 476 a été annoncé comme les disparus. Le nombre de morts total, alors, était probablement environ 143 000. Dans un cas l'Encyclopaedia Americana donne un chiffre considérablement plus élevé que La Tour de Garde. C'est le tremblement de terre 1939 en Turquie, que l'encyclopédie prétend avoir fait environ 100 000 vies, tandis que La Tour de Garde, comme Bith, Ganse & Nelson et d'autres sismologues, porte le nombre de victimes à 30 000.

34 Un rapport en provenance d'Hongkong a d'abord donné un nombre erroné de victimes de 655 237, dont les estimations de l'Occident de 650 000-800 000 ont été tirées. Quand finalement, les autorités chinoises, qui ont gardé au début tous les renseignements sur le secret de catastrophe, les renseignements libérés sur le tremblement de terre, ils ont placé le bilan meurtrier à 242 000. (« Le Rapport de Société Sismologique chinois le 28 juillet 1976 l'Événement, » Dalian 1979 se Rencontrant l'Agence de presse de Xinhua. Compare Ganse & Nelson, page 70, 148, en ce qui concerne 61.) *The Dallas Times Herald* du 3 septembre 1983, résumé les nouvelles informations comme suit : « les fonctionnaires ont placé maintenant le nombre de morts Tangshan à 148 000 avec encore 81 000 sérieusement blessés. Dans un triangle meurtrier ancré par Tangshan, Pékin et Tianjin, presque 100 000 autres personnes sont mortes, en augmentant le bilan meurtrier officiel à 242 000. Les estimations de l'Occident ont placé en nombre de morts aussi haut que 800 000. »

35 Professeur Båth, dans une lettre personnelle daté du 3 octobre 1994, explique : « l'exemple récent [des exagérations] est le tremblement de terre chinois du 27 juillet 1976 (page 149 dans mon 'introduction'), pour lequel on donna pour Hong-Kong un chiffre un beaucoup trop haut immédiatement après le tremblement de terre. Bien après (trop tard, en fait, pour être couvert dans mon livre) un rapport chinois officiel donna le nombre de victimes de **242 000, qui est considéré maintenant comme le chiffre correct.** »

36 Le Professeur Båth, dans sa lettre du 3 octobre 1984, montre que les morts chaque année dans les tremblements de terre au cours du vingtième siècle sont de 15 700 en moyenne (contre les 25 300 de la Société).

chiffres qui supportent le mieux une vue préconçue parmi les nombreuses listes différentes qui ont été publiées. Agir ainsi reflète, au mieux, un manque de recherche et un journalisme irresponsable ; au pire, de la tromperie délibérée.

Comment « faire la preuve » avec des citations

L'activité sismique dans la croûte de la terre n'est pas tout à fait constante. L'activité semble avoir eu des cycles variables pendant différentes périodes par le passé, avec des intermittences de plus grande activité et d'activité moindre. La preuve est, toutefois, sur une plus longue durée l'activité fut stable. Les fluctuations susmentionnées, alors, sont seulement des variations mineures dans le schéma général. Certains auteurs populaires estiment que la terre passe maintenant par une période d'augmentation de l'activité sismique. « Il y a maintenant des indications montrant que la terre passe par une période d'activité de tremblement de terre en augmentation », écrit Vemey.[37]

Mais on peut douter que l'ensemble des sismologues soient en accord avec cela. Il est vrai que dans, La Tour de Garde du 15 mai 1983, affirme que le sismologue Keiiti Aki « parle de 'la montée apparente en l'intensité et en fréquence des tremblements de terre importants durant les cents dernières années,' bien que déclarant que la période à partir de 1500 à 1700 fut active » (page 6). Il est difficile de voir l'utilité une telle déclaration pour la Société Watch Tower alors qu'elle couvre « les cents dernières années », au lieu de la période beaucoup plus courte suivant 1914.

Toutefois, la vraie signification de la déclaration de Professeur Aki a été évidemment glissée par la Société Watch Tower. Dans sa lettre à la Société Watch Tower, le Professeur Aki *n'a pas* indiqué qu'il y avait eu une augmentation *réelle ou actuelle* de l'activité des tremblements de terre au cours des cents dernières années. Sa déclaration complète fut :

> La montée apparente dans l'intensité et la fréquence des tremblements de terre importants pendant les cents dernières années est, en toute probabilité, **le résultat de l'amélioration des appareils**

---
37 Verney, page 7. Réveillez-vous ! Du 8 avril 1981, cite aussi Robert I. Tilling, chef du bureau de l'Enquête Géologique américaine de Géochimie et de Géophysique, déclarant qu'il y a « quelques suggestions que tant les volcans que les tremblements de terre soient dans le monde entier en augmentation. » Professeur Markus Båth, toutefois, qui est une autorité dominante sur l'activité de tremblement de terre, remarque que « la déclaration de Tilling est incorrecte. Aucune augmentation dans l'activité sismique de la terre ne s'est produite. » (Lettre personnelle du 3 octobre 1984)

d'enregistrement et de l'accroissement de la vulnérabilité de la société humaine face aux dégâts causés par tremblement de terre. (Lettre de Keiiti Aki à la Société Watch Tower, datée du 30 septembre 1982. Une copie de cette lettre est reproduite dans l'Appendice A.)

De cette lettre il ressort que le magazine La Tour de Garde a abusé des renseignements qui lui ont été fournis. La lettre de professeur Aki à la Société Watch Tower montre qu'en faisant allusion « à la montée apparente en intensité et en fréquence des tremblements de terre importants », il avait utilisé clairement l'expression « évidente » dans le sens d'une montée *apparente,* non pas de ce qui est évident ou visible. Car il l'a exposé dans la même phrase une telle montée « apparente » était « en toute probabilité, le résultat de l'amélioration des appareils d'enregistrement et de l'accroissement de la vulnérabilité de la société humaine face aux dégâts causés par tremblement de terre. » La Société Watch Tower a jugé opportun d'ignorer ce passage, donnant ainsi à l'expression indiquée un sens qu'elle n'a pas.

Le vrai point de vue de Professeur Aki est qu'il n'y a eu aucune augmentation dans l'activité des tremblements de terre pour notre siècle et que la sismicité de la terre a été stable pendant des millénaires. Dans une lettre privée aux auteurs, datés le 5 septembre 1985 Professeur Aki explique :

> **J'estime fortement que l'activité sismique a été stationnaire depuis des milliers d'années. J'essayais de convaincre les Témoins de Jéhovah de la stabilité sismique, en utilisant les données obtenues en Chine pour la période 1500 à 1700, mais ils ont peu mis l'accent sur la déclaration publiée. (Pour l'intégralité de cette lettre, voir l'Appendice A.)**

Évidemment, alors, la *Watchtower* cita le Professeur Aki de façon à dissimuler ses véritables positions et opinions. Comme Professeur Aki, étant mis en présence avec l'utilisation de Société Watch Tower de sa lettre, il répondit, « il est clair qu'ils n'ont fait que citer la partie qui les intéressaient, **en éliminant mon message principal** », à savoir que la sismicité a été stable pour l'essentiel, sans augmentation. (La lettre de Keiiti Aki aux auteurs, datés du 16 juin 1986)

Malheureusement, on doit le dire que cette méthode du « faire la preuve » n'est pas un cas exceptionnel dans les publications de ce mouvement, comme les exemples suivants le démontrent.

En septembre de 1950 le magazine *Scientific American* a publié une information brève sur l'activité des tremblements de terre. Certains passages ont été cités dans les publications de la Watch Tower, maintes et maintes fois, pendant environ vingt ans, comme *la principale* preuve de leur affirmation que de grands tremblements de terre ont augmenté en nombre depuis 1914. Les phrases citées par la Société Watch Tower sont :

> **Les tremblements de terre importants avaient l'habitude de se produire par groupe, chaque période d'activité étant suivie par une période de repos... Mais les périodes d'activité sont devenues progressivement plus courtes et plus rapprochés. Depuis 1948 ce schéma est entré dans une nouvelle phase avec environ un grand tremblement de terre par an.[38]**

---

38 *Scientific American*, de septembre 1950, page 48. On peut trouver la citation par exemple, dans le Réveillez-vous ! du 8 mars 1956, pages 7, 8 ; le Réveillez-vous !, du 22 décembre 1960, pages 14, 15 ; La Tour de Garde de 1961, page 628 ; le Réveillez-vous ! du 8 octobre 1965, page 16 ; et Auxiliaire pour une meilleure compréhension de la Bible, 1971, page 478. Dans chaque cas, la citation était la seule preuve d'une augmentation de l'activité des tremblements de terre depuis 1914 !

Le schéma des Tremblements de terre

LES SISMOLOGUES seront-ils capables un jour de prédire des tremblements de terre ? Les chercheurs du *California Institute of Technology* semblent avoir fait un pas dans cette direction. Ils ont trouvé la preuve que les tremblements de terre suivent partout dans le monde un schéma grossier de récurrence et sont rattachés à un système de pression mondial.

Les chercheurs du *Institute's Seismological Laboratory* ont étudié les 48 grands tremblements de terre qui se sont produits partout dans le monde depuis 1904, quand les observations instrumentales fiables ont commencé. L'étude s'est limitée aux tremblements de terre peu profonds et extrêmement dévastateurs, qui surviennent à moins de 45 miles (72,42 km) en dessous de la surface terrestre. Tous ces tremblements de terre forment un schéma « aussi ordonné et régulier que les dents d'une lame de scie. »

Les tremblements de terre importants avaient l'habitude de se produire dans des groupes, chaque période d'activité étant suivie par une période de repos. Ainsi il y eut une activité violente entre 1904 et 1907 et ensuite une calme pendant 10 ans, à part les deux tremblements de terre de 1911 et 1912. Quatre périodes plus actives, séparées par les intervalles tranquilles, se sont produites entre 1917 et 1948. Mais les périodes d'activité sont devenues progressivement plus courtes et plus proches ensemble. Depuis 1948 le schéma est entré dans une nouvelle phase, avec environ un grand tremblement de terre par an. Au lieu de s'accroître au cours des années, la pression dans la croûte terrestre semble maintenant se libérer aussi vite qu'elle est produite.

La nature de la « force globale » qui dirige ce schéma ordonné est inconnu. Une hypothèse consisterait en ce que des augmentations périodiques dans la vitesse de la rotation terrestre en raison de légères variations entre les forces de marée du soleil et de la lune pouvant s'élargir à la terre, en ouvrant des brèches suffisantes pour libérer les pressions accumulées.

Ces phrases, isolées de leur contexte, donnent fortement l'impression d'une *augmentation* du nombre de tremblements de terre importants dans notre siècle et particulièrement depuis 1948. Un examen prudent de la totalité de l'information, toutefois, donne une autre impression. Pour l'avantage du lecteur, nous présentons l'ensemble de l'information ci-dessus.

Les nouvelles informations indiquent-elles en réalité que les tremblements de terre importants ont augmenté en nombre depuis 1948 ? Disent-elles qu'ils ont été plus violents ou dévastateurs depuis lors ? Non. Elles font allusion à une étude d'un type spécial de grands tremblements de terre, « les **tremblements de terre peu profonds** et extrêmement dévastateurs, qui surviennent à moins de 45 miles (72,42 km) en dessous de la surface terrestre. » Quarante-huit tremblements de terre de cette sorte s'étant produits entre 1904 et 1950, c'est-à-dire, environ *un tremblement de terre de ce type par an en moyenne.* Alors qu'ils avaient plutôt l'habitude de se produire dans des groupes, suivis par une période de repos, le schéma est entré dans une nouvelle phase en 1948, « **avec environ un grand tremblement de terre** [c'est-à-dire d'ampleur 8.0 ou plus] **par an.** » Ainsi le nombre *moyen* de tremblements de terre était toujours le même.

Pour illustrer ce propos, si sur une période de dix ans un groupe de quatre grands tremblements de terre se produit la première année, un autre groupe de trois dans la sixième année et un troisième groupe de trois dans le dixième, espacé d'années de calme, le nombre total serait de dix grands tremblements de terre sur une période de dix ans. Ce serait la même chose que s'il s'était agi d'un grand tremblement de terre chaque année sur dix années. Le nombre total serait le même dans tous les cas.

L'information donnée par le *Scientific American* montre clairement *qu'aucune augmentation dans le nombre total ou de l'ampleur des tremblements de terre ne s'était produite.* En indiquant seulement deux ou trois phrases du contexte il était possible de créer l'impression contraire.

Selon l'étude des sismologues Båth et Duda, mentionné plus haut, environ 20 tremblements de terre majeurs (7.0 ou plus en ampleur) chaque année, se sont produits à partir de 1897 à 1977. Aucun changement marqué dans ce schéma ne pourrait être démontré pour toute cette période, sauf que la fréquence des plus grands tremblements de terre était presque deux fois plus élevés avant 1920, comparée à l'ensemble de la période allant jusqu'en 1977. La « nouvelle phase » mentionnée dans le *Scientific American* de septembre 1950, alors, doit avoir été un épisode relativement banal dans un schéma plus large.³⁹

Malgré cela, les phrases citées hors contexte par la Société Watch Tower ont été utilisées, maintes et maintes fois, en essayant de « prouver » que l'activité des tremblements de terre est entrée dans une phase nouvelle et *plus violente* en 1948 et que celle-ci *s'est poursuivi* depuis. À la longue, évidemment, l'article du *Scientific American* de septembre 1950 ne pouvait pas être déterré chaque fois qu'on avait besoin de « faire la preuve ».⁴⁰

---

39 On pourra aussi remarquer, que la publication des renseignements sur la « nouvelle phase » avait paru sur la plupart des trois années, allant de 1948 à 1950. Les renseignements ne pouvaient pas montrer, évidemment, si la « nouvelle phase » continuerait après 1950. Certes, ce serait un fil ténu de preuve sur laquelle construire ces allégations surprenantes.

40 Il est notoire que l'article du *Scientific American* de 1950 commençait à prendre un aspect quelque peu désuet et nécessitait un renouvellement. Le dictionnaire biblique de la Société Watch Tower *Aide à la Compréhension de la Bible*, publiée en 1971, a profité ainsi de cette citation d'une façon inhabituelle, donnant une fausse apparence de plus, comme il est montré dans suivant la citation : « Jésus a prédit des tremblements de terre en grand nombre et en ampleur comme une caractéristique du signe de sa deuxième présence. (Mat. 24 :3, 7, 8 ; Marc 13 :4, 8) Depuis 1914 après J-C, et **particulièrement 1948, il y a eu une augmentation dans le nombre de tremblements de terre, les plus importants. Avant 1948, ils se sont produits par groupes, avec une période de repos entre chaque, mais depuis lors il y a eu un tremblement de terre important presque chaque année**, en plus d'un grand nombre de plus petits. Voir l'*Encyclopaedia Americana*, *Annuaires* de 1965-1967, sous 'Tremblements de terre.' (Aide à la Compréhension de Bible, page 178.) Les phrases du *Scientific American* sont presque reprises littéralement dans ce dictionnaire, mais au lieu de faire allusion à ce magazine (il y a environ vingt ans) comme source, l'Encyclopaedia Americana, on renvoie aux Annuaires de 1965-1967, évidemment pour donner un regard plus actuel à cette « preuve » et indiquer que la période de 1948-50 était encore valable. Le problème est, toutefois, que cette encyclopédie ne dit rien au sujet d'une « nouvelle phase » à partir de 1948, ou d'une augmentation de l'activité de tremblement de terre dans notre siècle ! Le lecteur non méfiant et fidèle des publications de la Watch Tower prend pour tel la nouvelle source citée confirmant la déclaration d'une telle augmentation. Il est extrêmement improbable qu'il vérifiera la source pour apprendre qu'il a été induit en erreur. Cette façon de justifier des affirmations est loin d'être honnête, d'autant plus que les déclarations sont présentées comme la seule preuve d'une prétendue augmentation depuis 1914 des tremblements de terre.

Ce graphique montre le nombre annuel de *grands tremblements de terre peu profonds* de 1897-1979 mesurant 7.8 ou plus sur l'échelle de Richter. Ceux-ci sont d'habitude des tremblements de terre les plus dévastateurs, surtout lorsqu'ils frappèrent des régions densément habitées. Le grand tremblement de terre qui frappa Mexico le 19 septembre 1985, appartient à cette catégorie. Environ 21 tremblements de terre de ce type se produisent chaque année en moyenne. Aucune augmentation en nombre de tels tremblements de terre n'a été observée à notre siècle. En ce qui concerne ceux qui désigneraient 1914 comme un tournant, le fait est que leur nombre était plus élevé dans la période précédent 1914 ! (K. Abe & H. Kanamori dans *Tectonophysics,* Vol. 62, 1980, page 196.)

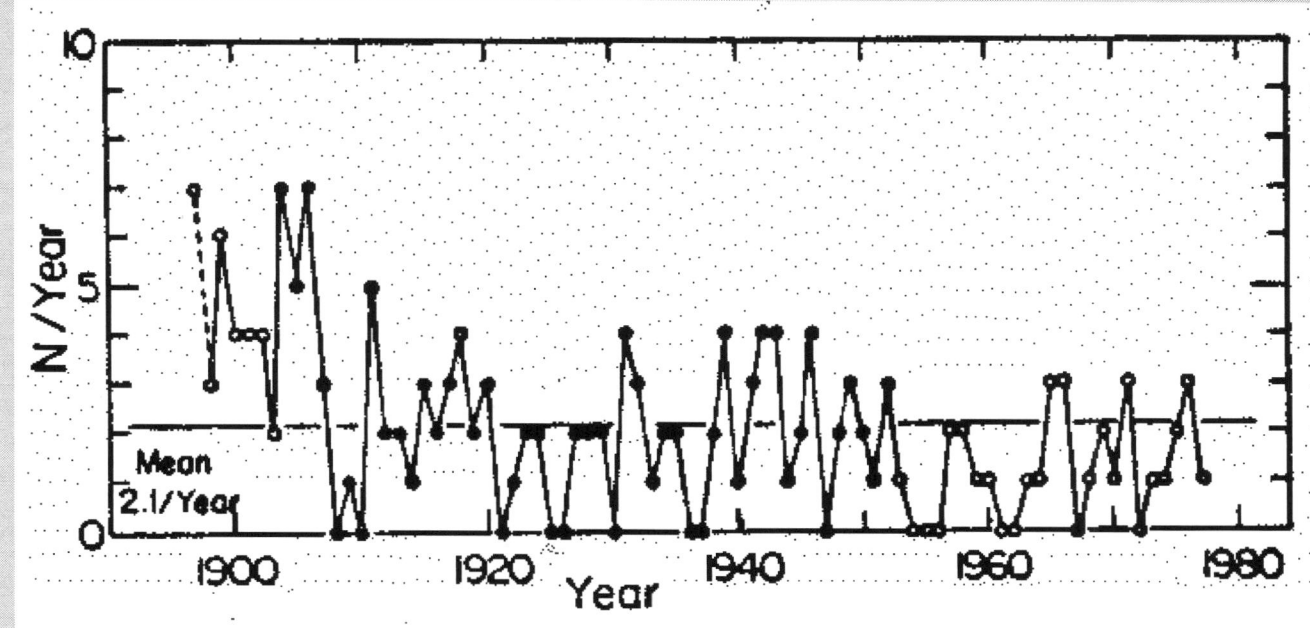

Une nouvelle « preuve » avancée

En 1978 la déclaration du magazine *Scientific American* avait été utilisée depuis environ vingt ans comme *la principale ou seule* « preuve » neutre de la Société Watch Tower concernant l'augmentation prétendue de l'activité des tremblements de terre depuis 1914. En 1978, toutefois, une autre « preuve » a commencé à apparaître, celle qui servi pratiquement comme seule source « neutre » de preuve depuis lors. Un examen plus approfondi de la source et de la fiabilité de cette nouvelle preuve nous donnera une autre leçon intéressante dans l'art de « prouver » de la Société à l'aide de citations.

La déclaration erronée présentée en 1977, selon laquelle « des sources fiables n'énuméreraient que 24 tremblements de terre majeurs », de 856 à 1914, allait bientôt devenir utile à la Société Watch Tower d'une manière plus inattendue. L'année suivant la publication de cette déclaration, dans la revue italienne Il Piccolo, du 8 octobre 1978, un écrivain, Geo Malagoli, a présenté les opinions suivantes :

> **"Comme le montrent les statistiques, notre génération vit dans une période dangereuse d'intense activité sismique. En fait, on sait de source sûre que pendant 1 059 années (de 856 à 1914) il n'y a eu que 24 tremblements de terre importants qui ont causé la mort de 1 973 000 personnes. Mais les catastrophes récentes sont responsables de la mort de 1 600 000 personnes, cela en 63 ans seulement, de 1915 à 1978, avec 43 tremblements de terre. Cette augmentation phénoménale confirme un autre fait reconnu : notre génération est une génération malheureuse sous beaucoup d'aspects."** (Tiré de La Tour de Garde du 15 mai 1983, page 6.)

En déclarant que les chiffres de mortalité indiquent que notre « période de haute activité sismique, » Geo Malagoli révèle qu'il n'est, sans aucun doute, pas un sismologue.[41] Il est clairement un lecteur du magazine de *Réveillez-vous!* néanmoins. Une comparaison prudente montrera que sa déclaration est pratiquement une répétition mot à mot de la même déclaration publiée par la Société Watch Tower un et demi ans plus tôt. (Voir la page 62.)

Il est tout à fait évident que la source « des renseignements » de Malagoli était le magazine de *Réveillez-vous!* du 22 février 1977, cité plus tôt. Les différences légères sont faciles à expliquer. Il a arrondi les chiffres : 1 972 952 à 1 973 000 et 1 579 209 à 1 600 000. Comme un an s'était écoulé depuis la publication initiale des chiffres dans *Réveillez-vous!*, il a également porté les 62 ans (de 1915 à 1977) à 63 ans. Mais à part cela, tous les détails sont identiques. Et dorénavant Geo Malagoli a commencé à apparaître dans les publications de Watch Tower, chaque fois que le sujet des tremblements de terre était soulevé pour être considéré comme une autorité sismique neutre et impartiale !

La déclaration de Malagoli dans *Il Piccolo* a été d'abord reprise et citée sous le titre de « Regard sur l'actualité » dans *La Tour de Garde* du 1ᵉʳ octobre 1979 (page 11), sans informer le lecteur que Malagoli avait emprunté à tour de rôle ses renseignements du magazine *Réveillez-vous!*. L'année suivante en 1980 Malagoli et sa déclaration sont apparus à nouveau, cette fois dans le livre *le Bonheur Comment Le trouver*, où il est cité page 148 comme *les seules « preuves »* de la prétendue augmentation de l'activité des tremblements de terre depuis 1914. Quelques mois plus tard, dans *le Réveillez-vous!* du 8 octobre 1980, Malagoli est de nouveau cité comme seule source de preuve :

---

41 L'activité sismique élevée n'est pas nécessairement traduite en nombre de victimes élevés. Comme le souligne Båth (cité ci-dessus, voir note de bas de page 11), « il n'y a généralement pas de corrélation claire entre l'ampleur d'une secousse et le nombre de personnes tuées ou de destructions ». Ce n'est que si l'activité sismique se manifeste dans des zones densément peuplées qu'il peut y avoir des chiffres de mortalité élevés. Les sismologues mesurent donc l'activité sismique par des instruments, et non par des rapports de fatalité.

> **La fréquence des séismes a-t-elle vraiment augmenté ? Le périodique italien *Il Piccolo* a fait cette observation : "Les statistiques montrent que notre génération vit une période dangereuse de grande activité sismique." Le journal donnait ensuite comme preuve les chiffres pour les cent dernières années. (page 191)**

Et évidemment ils ont évité de mentionner le fait que les 'statistiques présentées' provenaient à l'origine de la Société Watch Tower elle-même.

En 1981, Malagoli a été cité dans le livre de la Société « Que Ton Royaume Vienne » à la page 113, et en 1982 « ses » chiffres furent mentionnés à trois reprises : dans le Réveillez-vous ! du 8 avril, page 13, dans La Tour de Garde du 15 avril, page 9, et dans le nouveau livre d'étude *Vous pouvez vivre éternellement sur une terre transformée en un paradis*, page 151. À chaque fois les chiffres de Malagoli étaient la seule « preuve » apportée concernant l'augmentation de l'activité sismique. Au cours d'une discussion spéciale sur l'activité sismique publiée dans La Tour de Garde du 15 mai 1983, Malagoli a finalement été appelé comme principal témoin (en dehors des statistiques mensongères de la Société Watch Tower) sur l'augmentation de l'activité sismique depuis 1914. Aussi incroyable que cela puisse paraître, cette fois, sa déclaration fut utilisée pour « réfuter » ce qu'une authentique autorité en matière de sismicité, Keiiti Aki, déclare, à savoir que la période de 1500 à 1700 fut aussi active que les 100 dernières années !

Ainsi nous constatons que l'argument de la Société Watch Tower, oui, sa seule preuve apparemment « neutre » et « impartiale » que l'activité de tremblement de terre a augmenté depuis 1914 soit un auteur italien, qui a emprunté indubitablement de bonne foi ses « renseignements » directement du magazine *Réveillez-vous !*. Ces « renseignements » sur l'activité sismique par le passé est, à leur tour, complètement erronés et n'ont rien en commun avec la preuve historique réelle. Le fait que la Société, maintes et maintes fois, a présenté ces faux renseignements apparemment pris d'une source neutre – afin de « prouver » son interprétation « du signe » depuis 1914, devrait inciter chaque lecteur honnête de ses publications à se demander si cette Société mérite vraiment sa confiance dans ses revendications remarquables.

Les citations prises hors contexte en donnant un sens différent et tortueux, des sélections biaisées de chiffres et de données, l'utilisation et même la fabrication de statistiques qui sont ensuite présentées comme provenant d'une source extérieure neutre – telles sont les méthodes employées par les publications de la Watch Tower pour soutenir l'affirmation que le nombre des tremblements de terre et de leurs victimes sont en hausse depuis 1914. Comment cela se fait-il que des personnes considérées comme les hommes pieux et respectables recourent à pareilles méthodes ?

Un article autorisé « la Fraude dans la Science » publié dans le *Réveillez-vous !* du 22 mai 1984, a montré que des scientifiques consacrés tels que Ptolémée, Galilée, Mendel, Newton et d'autres recouraient quelquefois à la manipulation de chiffres, à la sélection des données et même leur fabrication pour soutenir leurs théories. L'article dit ensuite que, « **malgré toute l'honorabilité et l'honnêteté qu'un scientifique ou qu'un autre homme peut manifester dans un certain domaine, il peut tout aussi bien devenir dogmatique, irrationnel et téméraire, et se servir d'expédients** » (page 6) Soulignant que « **la science a elle aussi des secrets honteux** » l'article se termine ainsi :

> **Leur divulgation accidentelle devrait provoquer chez nous cette prise de conscience : bien que la science et les scientifiques occupent souvent un piédestal, il convient de reconsidérer avec prudence leur place véritable. (page 8)**

Nous demandons : Quand des « secrets honteux » se trouvent également dans une organisation religieuse, cela ne devrait-il pas induire une réévaluation similaire de la position élevée que cette organisation revendique pour elle-même ?

Les tremblements de terre à la lumière de l'histoire

Quels sont, alors, les faits réels concernant les tremblements de terre par le passé ? Si, comme les sismologues le montrent clairement, *des milliers* de tremblements de terre dévastateurs sont survenus pendant la période de 856 à 1914, comment est-il possible de déclarer qu'« il y eut seulement 24 tremblements de terre importants » pendant cette période ? Une possibilité serait qu'une telle liste ait été trouvée dans l'entrée « Tremblement de terre » d'un ouvrage de référence quelconque. Les encyclopédies et d'autres ouvrages de référence présentent souvent des tableaux exposant une brève sélection des séismes importants du passé. *Mais en aucun cas nous n'avons jamais trouvé une liste prétendue complète.* Au contraire, on est d'habitude informé d'une façon ou d'une autre que la liste présentée est incomplète. Ainsi les sismologues Franck Press et Raymond Siever, à la page 651 de leur manuel populaire *Earth* (San Francisco 1974) énumèrent 32 (notez !) tremblements de terre de 856 à 1914 sous le titre « **certains** des pires tremblements de terre du monde (en vies perdues). » Clairement, seul un écrivain grossièrement ignorant des faits pourrait prétendre honnêtement que l'histoire d'avant 1914 ne reconnaît que 24 tremblements de terre majeurs ! Seul un tel auteur pourrait aussi écrire la déclaration suivante à la page 18 du *Réveillez-vous !* du 8 mai 1974 :

> **De plus, les grands tremblements de terre du passé étaient des événements généralement isolés se produisant à des années, même des siècles de distance. Il n'y en avait pas beaucoup en une seule génération.**

Dans une déclaration remarquablement similaire, le livre de Hal Lindsey *The 1980's Countdown to Armageddon* (1981), déclare page 29 :

> **Il y a eu beaucoup de grands tremblements de terre à travers l'histoire, mais, selon des registres étonnamment bien tenus, ils ne se produisaient pas très souvent par le passé. Le 20e siècle, cependant, a connu une augmentation sans précédent de la fréquence de ces calamités. En fait, le nombre de tremblements de terre par décennie a presque doublé au cours de chacune des périodes de dix ans depuis 1950.**

Bien que même dépourvues du moindre fondement en fait, pareilles déclarations pourraient donner l'impression d'avoir été obtenue à la va vite par quelqu'un dont la principale et peut-être la seule information sur les tremblements de terre dans l'histoire a été un rapide coup d'œil sur des tableaux contenant des sélections partielles de tremblements de terre importants.

Comme il a été démontré, les catalogues de tremblement de terre soigneusement élaborés par les sismologues répertorient un nombre beaucoup plus important de séismes majeurs pour la période 856-1914. Pour cette raison la Société Watch Tower a ressenti la nécessité d'essayer de saper la confiance en ces catalogues. Le magazine *Réveillez-vous !* du 8 mai 1974, déclara :

> **Les documents historiques sur les « grands » tremblements de terre de n'inspirent pas tous confiance en leur fiabilité. C'était le point de vue du catalogueur John Milne. « Dans ces catalogues, nous lisons dans l'édition de 1939 de son livre *Earthquakes and Other Earth Movements* (révisé et réécrit par A. We Lee),« il y a des incertitudes dans les dates, ou même les années, pour plusieurs des anciens tremblements de terre. Il existe de nombreuses références inexactes ou obscures dans les écrits originaux. (Page 18)**

Avec cette citation, prise hors contexte, la société Watch Tower rejette tous les catalogues de milliers de tremblements de terre dans le passé, soigneusement compilés par des spécialistes modernes. Était-ce vraiment le point de vue de John Milne et de A. W Lee que ces catalogues pouvaient être ignorés, parce que les documents anciens contenaient souvent des « références inexactes ou obscures », et parce que « il y a des incertitudes dans la date, ou même dans les années », pour la plupart des tremblements de terre ? La déclaration de Milne vue dans son contexte donne au lecteur une impression tout à fait différente :

> **Les renseignements disponibles pour l'examen de la distribution de tremblements de terre dans de différentes parties du monde tout au long des temps historiques ont été recueillis dans beaucoup de catalogues. Les catalogues plus anciens, qui ont été préparés à partir de rapports trouvés dans les histoires de divers pays, sont nécessairement incomplets et ne donnent pas une représentation juste de la distribution des phénomènes sismiques sur l'ensemble du globe. Dans ces catalogues il y a des incertitudes dans les dates, ou même les années, pour plusieurs des anciens tremblements de terre. Il existe de nombreuses références inexactes ou obscures dans les écrits originaux, et les dates sont souvent données selon un système de calcul peu connu. Les entrées pour les anciennes secousses se réfèrent, pour la plupart, à des catastrophes généralisées.**[42]

Lu dans son intégralité et dans son contexte, l'estimation de Milne (et Lee) des catalogues présente une signification tout à fait différente. Ce qu'ils soulignent en fait, c'est que, comme les anciens catalogues sont incomplets, le nombre réel d'anciens tremblements de terre était en réalité plus important et que ces catalogues ne donnent donc pas une image juste de l'ensemble de la situation en ce qui concerne l'activité des séismes antérieurs. Les incertitudes concernant certaines dates ou années, disent-ils, sont dues au fait que les dates sont souvent données selon un système de calcul peu connu aujourd'hui. Cela ne signifie nullement que les anciennes sources fussent négligentes et donc peu fiables à cet égard, une impression créée par la Société Watch Tower en sortant la déclaration de son contexte et en interrompant la citation au milieu d'une phrase. L'observation selon laquelle les descriptions des anciens tremblements de terre contiennent parfois des « références inexactes ou obscures » ne constitue pas non plus une négation de la réalité de ces tremblements de terre.

---

[42] John Milne et A.W. Lee, *Earthquakes et Other Earth Movements*, septième édition, Londres 1939, p. 134

En nous tournant vers l'un des savants classiques de l'antiquité, nous obtenons une illustration intéressante de cette incomplétude des catalogues de tremblements de terre du passé. Peu avant sa mort en 65 av. J.-C., le célèbre écrivain romain Sénèque affirmait que les séismes fréquents étaient depuis longtemps une caractéristique du monde antique :

> **Combien de fois les villes en Asie, combien de fois en Achaïe, ont été mises à bas par une seule secousse de tremblement de terre ! Combien de villes en Syrie, combien en Macédoine ont été englouties ! Combien de fois ce genre de dévastation a-t-elle mise Chypre en ruines ! À quelle fréquence Paphos s'est-elle effondrée ! Il n'est pas rare que des nouvelles nous soient rapportées de la destruction totale de villes entières. (*Seneca Ad Lucilium Epistulae Morales*, traduit par Richard M. Gummere, volume 11, Londres et New York, 1920, p 437).**

Aucun catalogue de tremblement de terre existant ne prétendrait embrasser toutes les secousses désastreuses présupposées par cette déclaration. En fait, seuls un très petit nombre de tremblements de terre avant 65 après J.-C, ont été spécifiquement identifiés. Mais ce serait certainement une erreur d'en déduire que les catastrophes de tremblement de terre « ne se sont pas produites très fréquemment » par le passé, comme l'affirme l'auteur Lindsey et le magazine Réveillez-vous ! de la Watch Tower le laisse entendre. Le témoignage personnel de Sénèque est que, dès le premier siècle, ils eurent lieu avec une fréquence notable. Que peu ou pas de détails sont connus aujourd'hui sur ces tremblements de terre destructeurs ne signifie certainement pas qu'ils n'ont pas eu lieu.

Plusieurs sismologues ont noté que les catalogues des tremblements de terre modernes, loin d'exagérer le nombre de secousses par le passé, n'indiquent en réalité qu'une petite minorité d'entre elles. En 1971, par exemple, le sismologue N.N. Ambraseys de l'*Imperial College of Science and Technology* de Londres a indiqué qu'il avait identifié environ 2 200 « secousses plus importantes » dans la seule Méditerranée orientale entre 10 et 1699 après J.-C.. Après avoir entamé un nouvel examen minutieux des sources et des preuves archéologiques récentes de cette zone de sismicité notable, il déclara :

> **Le nombre total de tous les tremblements de terre, petits et grands, identifiés à ce jour pour la période allant de 10 à 699 après J.-C., est d'un peu plus de 3 000, soit environ vingt fois le nombre de véritables tremblements de terre répertoriés pour la même période dans les catalogues modernes.[43]**

---

43 N. N. Ambraseys dans *Nature* du 6 août 1971, pp. 375, 376.

Le professeur Ambraseys n'a pas encore publié une étude documentée de ces découvertes, mais la série de tremblements de terre catastrophiques qui ont frappé l'Empire romain d'Orient en 447, l'année de la deuxième invasion d'Attila, est probablement parmi les 2 200 plus grands chocs mentionnés ci-dessus. Nous en avons connaissance par l'intermédiaire de l'historien E.A. Thompson, qui déclare ce qui suit dans son livre *A History of Attila and the Huns* (Oxford, Angleterre, 1948), à la page 91 :

> **Alors que les escadrons de Hun se préparaient à faire mouvement, une catastrophe de première grandeur frappa les Romains. La série de tremblements de terre qui frappa l'Empire d'Orient pendant quatre mois, à compter du 26 janvier 447 étaient, selon Evagrius, la pire de son histoire. Des villages entiers furent engloutis et d'innombrables catastrophes se produisirent sur terre et sur mer. La Thrace, l'Hellespont et les Cyclades furent touchés. Pendant trois ou quatre jours après le début des tremblements de terre, la pluie se déversa du ciel, nous dit-on, comme un fleuve continu. Des buttes furent rasées. D'innombrables bâtiments furent renversées à Constantinople, et, pire, un tronçon des murs massifs d'Anthemius, dont pas moins de cinquante-sept tours, tombèrent au sol.**

Pourtant ces chocs désastreux de 447 après J.-C, ne *sont couverts dans aucun des catalogues du tremblement de terre auxquels les auteurs de ce présent ouvrage ont eu l'accès*.

Ce n'est que depuis le milieu du siècle dernier que les sismologues ont étudié intensivement les enregistrements des séismes dans le passé. Robert Mallet, « le premier vrai sismologue ». Il a non seulement examiné les anciens catalogues compilés par ses prédécesseurs, mais il a également fouillé les bibliothèques de toute l'Europe, à la recherche de documents sur les anciens tremblements de terre. Enfin, dans les *Reports of the British Association* pour les années 1852-54, il a publié un catalogue de près de *sept mille tremblements de terre, couvrant* la période 1606 av. J.-C. à 1850 après. J-C.[44] Comme le soulignent Milne et Lee, ces entrées « se rapportent, pour la plupart, à des désastres généralisés », c'est-à-dire de grands tremblements de terre destructeurs.

Mais ce n'était qu'un début. Quand John Milne, « le père de la sismologie », arriva à Tokyo en 1875, « c'était pour trouver des traces de plus de deux mille séismes dans les archives japonaises ».[45] Au

---

[44] Milne/Lee, p. 2 ; Verney, p. 50. Dans son catalogue, Mallet a ajouté une bibliographie d'environ sept mille livres et brochures.
[45] Vemey, p. 76.

Japon, une liste de séismes destructeurs a été conservée pendant plus de deux mille ans ! Bientôt aussi des documents similaires ont été découverts en Chine. Les archives chinoises remontent à 1100 av. J.-C, et « sont assez complètes à partir de 780 av. J.-C., soit la période de la dynastie Chou dans le nord de la Chine ».[46]

En peu de temps, plusieurs sismologues ont commencé à élaborer des catalogues détaillés des tremblements de terre dans différents pays. Ainsi, l'ouvrage de Davison, *History of British Earthquakes*, énumère 1 191 chocs de 974 à 1924, pour la seule Angleterre, un pays très éloigné des zones sismiques[47]. En Italie, Mario Baratta, dans son *I Terremoti d'Italia*, publié en 1901, rend compte de 1 364 tremblements de terre qui ont secoué l'Italie de 1 après J.-C. à 1898.[48] Des catalogues similaires énumèrent des tremblements de terre en Autriche, Russie, Chine, Japon, etc.[49]

Le plus grand collectionneur de tremblements de terre parmi les sismologues modernes, cependant, était un Français, le Comte F. Montessus de Ballore. De 1885 à 1922, il consacra tout son temps à l'étude et au catalogage des tremblements de terre. **« Son plus grand ouvrage, cependant, n'a jamais été publié : c'est un catalogue monumental des tremblements de terre dans toutes les parties du monde depuis les premiers temps historiques, et contient des informations sur 171 434 tremblements de terre »!** Le manuscrit est conservé dans la bibliothèque de la Société géographique à Paris, où il occupe 26 mètres (plus de 84 pieds) d'étagères[50].

John Milne, aussi, a passé plusieurs années à compiler son catalogue de tremblements de terre du monde entier. Limitant son étude aux seuls tremblements de terre destructeurs, il énumère 4151 séismes entre les années 7 à 1899 après J-C.[51] Les entrées antérieures à 1700, qui « sont pratiquement confinées aux occurrences dans le sud de l'Europe, la Chine et le Japon », sont, pour des raisons logiques, plus clairsemées[52]. Milne était admirablement strict dans la gestion de ses sources. Il déclare :

> **Non seulement certains petits tremblements de terre ont été omis, mais chaque fois que les informations sur lesquelles reposent les**

---

46 Milne/Lee, p. 135. Booth/Fitch, p. 76.
47 Milne/Lee, p. 135.
48 Milne (1911, voir note de bas de page 9 ci-dessus), p. 655.
49 Milne (1911), pp. 655-658. La liste de Wong Wen-Hao pour la Chine, compilée à partir de documents historiques, comprend 3 394 séismes de 1767 av. à 1896 après J-C.! Comptes Rendus Congrès Géol. Interntl. XIII, Belgique 1922, fasc. 2, Liège 1925, pp. 1161-1197.
50 Milne/Lee, pp. 137, 138.
51 Milne (1911), pp.649-740. Milne/Lee, p.138.
52 Milne (1911), p. 649.

comptes des plus grands étaient douteuses, elles ont également été rejetées[53].

Milne a indiqué l'intensité des tremblements de terre qu'il a énumérés selon les échelles I, II et III, avec III se référant aux tremblements de terre les plus destructeurs, ceux qui détruisaient les villes et dévastaient les provinces, fissurant les murs, brisant les vieux bâtiments, etc. « à une distance de 100 miles (160 km) » de l'épicentre. Au cours du seul 19e siècle, pour les dossiers les plus complets, environ 370 séismes de classe III sont répertoriés. En comparaison avec ces preuves documentées, la référence de la Société Watch Tower avec seulement 24 tremblements de terre majeurs de 856 à 1914 en deviennent presque ridicules.

En fait, la Société Watch Tower reconnaît maintenant cela. Au cours de l'été 1985, ils publièrent une déclaration reconnaissant qu'il y avait eu 856 séismes sévères au cours des 2000 années précédant 1914. (Voir *Comment Raisonner à partir des Écritures*, 1985, page 236.) Bien que ce soit un pas dans la bonne direction, ce chiffre est loin de la vérité actuelle. Les arguments basés sur ce nouveau chiffre sont en réalité aussi trompeurs que ceux basés sur les chiffres précédents. (Voir l'encadré ci-après.)

Quand il s'agit du nombre de morts dans différents séismes par le passé, les documents anciens sont souvent silencieux ou donnent des informations très succinctes. Le Réveillez-vous ! du 8 juillet 1982, à la page 16, affirmait que « depuis que Jésus a donné sa prophétie et jusqu'en 1914, l'histoire enregistre cinq tremblements de terre qui ont chacun pris 100 000 vies ou plus » alors que « depuis 1914, au moins quatre super tremblements de terre de ce genre se sont produits ».

---

[53] Milne (1911), p.651.

DE 24 À 856 TREMBLEMENTS DE TERRE

Dans son livre *You Can Live Forever in Paradise on Earth* (1982), la Société Watch Tower affirmait que « de l'an 856 à 1914, il n'y eut que 24 tremblements de terre majeurs ». (Page 151)

De toute évidence, abandonnant cette revendication, trois ans plus tard, le manuel *Comment Raisonner à partir des Écritures* (1985) donne un nombre de tremblements de terre beaucoup plus important :

Avec les données obtenues du *National Geophysical Data Center* à Boulder, au Colorado, complétées par un certain nombre d'ouvrages de référence standard, un tableau fut réalisé en 1984 incluant seulement des tremblements de terre de 7,5 ou plus sur l'échelle de Richter, ou ayant entraîné la destruction de cinq millions de dollars US ou plus de biens immobiliers, ou ayant causé 100 morts ou plus. On a calculé qu'il y avait eu 856 de ces tremblements de terre au cours des 2 000 années précédant 1914. Le même tableau a montré que *en seulement 6,9 années* suivant 1914 il y avait eu 605 tremblements de terre de type. Cela signifie que, par rapport aux 2000 années précédentes, la moyenne par année a été 20 fois plus élevée depuis 1914.

Le centre de données de Boulder a-t-il vraiment soutenu cette affirmation ? Qualifiant cette affirmation de « mauvais usage des statistiques », le sismologue Wilbur A. Rinehart du *National Geophysical Data Centre* de Boulder, Colorado, a déclaré qu'« il n'y a pas eu d'augmentation significative du nombre de tremblements de terre au cours de ce siècle ou de tout autre siècle ». (Pour sa réponse complète à nos questions, voir l'annexe A).

Qu'en est-il de « l'augmentation de 20 fois » ?

Écrivant au sujet de la zone limitée au bassin méditerranéen oriental, le sismologue renommé N. N. Ambraseys déclara en 1971 :

Le nombre total de tous les tremblements de terre, grands et petits, identifiés jusqu'à présent pour la période allant de 10 à 1699 après J-C., est d'un peu plus de 3 000, soit environ vingt fois le nombre de séismes authentiques répertoriés pour la même période dans les catalogues modernes... pour les secousses les plus importantes, environ 2 200 au total, l'homogénéité du matériel peut se révéler satisfaisante pour toute la période.

Nature magazine du 6 août 1971, pp. 375, 376.

Ces découvertes d'elles-mêmes annulent totalement les revendications de la Société Watch Tower.

Ce que les principaux sismologues remarquent :

La déclaration de la Société Watch Tower au sujet d'une augmentation de 20 fois des tremblements de terre depuis 1914 a également été envoyée à un certain nombre de grands sismologues du monde entier. Tous ont rejeté cette affirmation et aucun d'entre eux ne pensait que notre siècle était unique en ce qui concerne le nombre de grands tremblements de terre. Un certain nombre de réponses reçues sont reproduites en annexe.

Juste pour démontrer à quel point une telle affirmation est erronée, le tableau suivant présente 24 « super-séismes » de la période allant de 532 à 1914. Peut-être sept d'entre eux (il y a naturellement des incertitudes) eurent lieu au seul XVIIIe siècle.[54]

---

[54] Robert A. Ganse et John B. Nelson, *Catalog of Significant Earthquakes 2000* B.C. 1979, Boulder, Colorado, 1981, pp. 3-33. (Rapport SE-27 du Centre mondial de données A pour la géophysique de la Terre solide.) Sur le séisme de Messine / Reggio, voir A. Imamura, *Theoretical and Applied Seismology*, Tokyo 1937, pp. 140, 202, 204, rapportant qu'il y eut 83 000 morts à Messine et 20 000 à Reggio. Les autres sources utilisées sont N. N. Ambraseys, Revue pour l'étude des calamités, n° 37, Genève, décembre 1961, p. 18f, J. H. Latter, « *Natural Disasters* », Advancement *of Science*, juin 1969, pp. 363, 370 ; N. N. Ambraseys et env.P. Melville, *A History of Persian Earthquakes*, Cambridge 1982 ; R. A. Daly, *Our Mobile* Earth, New York et Londres 1926 ; A. T. Wilson, « Earthquakes in Persia », *Bulletin of the School of Oriental Studies*, Institution de Londres, Vol. VI (1930-1932) ; Dr. A. Sleberg dans *Handbuch der Geophysik* (Ed. Prof. B. Gutenberg), Vol. IV, Leipzig 1932 ; et James Comell, *The Great International Disaster Book*, New York 1979. Les chiffres des victimes varient, et dans plusieurs cas, certaines sources donnent des chiffres considérablement plus élevés que ceux indiqués dans notre tableau. Ainsi, le nouveau catalogue *des forts séismes en URSS de l'Antiquité à* 1977 (Rapport SE-31 du Centre mondial de données A, juillet 1982) donne 200 000 à 300 000 morts pour le tremblement de terre de Gansana, en Iran en 1139. Comell (page 153 Il établit le chiffre de *victimes* pour le tremblement de terre de 1693 en Sicile à 153 000, et Sieberg (dans Gutenherg, p.854) a 150 000 pour le tremblement de terre japonais en 1703. Pour les deux tremblements de terre qui frappent Tabriz en Iran en 1721 et 1780, jusqu'à 250 000 et 205 000 respectivement. (Ambraseys / Melville, pp. 54, 184, 186) Deux autres tremblements de terre relativement récents qui ont pu être des tremblements de terre sont le tremblement de terre au Japon en 1855, qui peut avoir fait 106 000 morts (Sieberg in Gutenberg, p, et le tremblement de terre à Kangra, en Inde, en 1905, dont Comell (p.139) dit que « d'autres rapports prétendent que près de 370 000 personnes ont été tuées dans l'Inde centrale quand plusieurs villages ont été complètement détruits ». Aucun d'entre eux n'a été inclus dans le tableau.

Date	Lieu	Tués
532 après J.-C.	Syrie	130 000
678	Syrie	170 000
856	Iran : Qumis Damghan	200 000
893	Inde : Daipul	180 000
893	Iran : Ardabil	150 000
1138	Égypte, Syrie	230 000
1139	Iran : Gansana	100 000
1201	Haute Égypte, Syrie	1 100 000
1290	Chine : Chihli	100 000
1556	Chine	830 000
1641	Iran : Dehkwargan, Tabriz	300 000
1662	Chine	300 000
1669	Sicile (éruption de l'Etna)	100 000
1693	Sicile : Catane et Naples	100 000
1703	Japon (tsunami)	100 000
1721	Iran : Tabriz	100 000
1730	Chine : Chihli	100 000
1730	Japon : Hokkaïdo	137 000
1731	Chine : Pékin	100 000
1737	Inde : Calcutta	300 000
Date	Lieu	Tués

1780	Iran : Tabriz	100 000
1850	Chine	300-400 000
1876	Baie du Bengale (tsunami)	215 000
1908	Italie : Messine / Reggio	110 000

En comparant ces renseignements avec la déclaration de l'auteur de Réveillez-vous ! cité plus tôt, il devient douloureusement évident à quel point la recherche des publications de la Watch Tower est remarquablement superficielle, à quel point les affirmations faites sont réellement irresponsables.

Dans de nombreux cas, un grand nombre de décès ont été causés par des résultats ou des conséquences d'une activité sismique, tels que des tsunamis, des éruptions volcaniques, des glissements de terrain, des incendies et des facteurs similaires. Mais cela vaut également pour certains des « super-séismes » survenus après 1914. Les 100 000 morts lors du tremblement de terre en Chine en 1920, par exemple, ont été tués principalement par un glissement de terrain provoqué par le séisme. Le tremblement de terre au Japon en 1923 a provoqué une tempête de feu qui a tué 38 000 des 143 000 victimes. Il convient également d'ajouter que le tableau ci-dessus ne prétend certainement pas répertorier tous les « super-séismes » avant 1914.

Compte tenu de l'augmentation de la population, il peut sembler raisonnable de s'attendre à ce que plus de gens soient morts dans les tremblements de terre au cours de notre siècle qu'au cours des siècles précédents[55]. Le défi suivant à la page 19 de Réveillez-vous ! du 8 mai 1974 semble donc plutôt facile :

> **Au total, plus de 900 000 personnes sont mortes dans les tremblements de terre depuis 1914 ! Une seule « génération » peut-elle égaler ce terrible record ? Les prophéties de Jésus sur les tremblements de terre s'accomplissent maintenant.**

Bien que ce nombre ait par la suite augmenté de quelques centaines de milliers les années suivant cette déclaration et publié dans Réveillez-

---

[55] Le professeur Båth souligne que « les zones côtières sont le plus souvent touchées par des tremblements de terre et que ces zones ont toujours été les plus densément peuplées ». Ainsi, « on ne peut pas les comparer avec la population totale sur la terre comme une indication pour les périodes précédentes » en estimant le nombre total de victimes du tremblement de terre dans le passé. (Lettre personnelle du 3 octobre 1984)

vous !, nous allons néanmoins relever le défi lancé par la Watch Tower.

Comme les éléments historiques antérieures à 1700 « sont pratiquement confinées à des événements en Europe du Sud, en Chine et au Japon » (Milne), nous choisissons la génération à partir de 1714 et la comparons avec la génération postérieure à 1914. Le tableau dans Réveillez-vous ! du 22 février 1977, couvrant la période 1915-1976, a été mis à jour pour inclure les années jusqu'à 1983. Une correction du chiffre pour le grand tremblement de terre en Chine en 1976 a été faite en bas du tableau, avec une référence à une déclaration ultérieure de Réveillez-vous !. (Voir page 83.)

Les résultats montrent que le nombre total de décès dans les séismes de 1915 à 1983 s'élève à 1 210 597, soit une moyenne annuelle de 17 545.

Le tableau ci-joint (à gauche) énumérant 43 tremblements de terre majeurs de 1715 à 1783 montre un total de 1 373 845 morts, soit environ 163 000 de plus, ce qui donne une moyenne annuelle de 19 911 !

Prouver que 1914 était un véritable « tournant » La Tour de Garde du 15 mai 1983 faisait référence à 50 séismes destructeurs au cours des 68 années entre 1914 et 1982 (page 7). Nous avons donc préparé un tableau pour les 68 années précédentes 1914 (1847-1914) montrant une liste partielle de 50 séismes destructifs compilés à partir de sources fiables. Il démontre de façon très concluante que 1914 ne peut pas avoir été le tournant évident prétendu par la Société Watch Tower.

Bien sûr, aucun de ces tableaux n'est complet. Pour un certain nombre de grands tremblements de terre à partir du 18e siècle, il n'y a pas de chiffre de tués, les documents contemporains donnant simplement l'information qu'ils firent "beaucoup" de victimes. Même si les chiffres de décès devaient être ajoutés aux trois tableaux en incluant plus de tremblements de terre des trois périodes concernées, la comparaison ne ferait que démontrer que la génération de 1914 n'est pas unique en ce qui concerne les tremblements de terre.[56] (Voir page 84.)

---

[56] Les sources utilisées pour le tableau des tremblements de terre du 18e siècle incluent : le catalogue par Ganse et Nelson ; Milne (1911), pages 686 à 698 ; Robert Giffen dans le Journal of the Statistical Society. Vol. XLI, London 1878, pages 442 à 444 ; Charles Davison, Great Earthquakes, Londres 1936 ; Akitune Imamura, Sismologie Théorique et Appliquée. Tokyo 1937 ; Richter (1958) ; Båth (1979), page 139 ; Booth & Fitch, p. 78 ; et Encyclopedia Americana Annals, 1965-67, page 498. Si on prend en compte que la population sur terre est aujourd'hui six fois plus élevée que celle du 18e siècle (environ 750 millions en 1770), le rapport du nombre de victimes par tremblement de terre proportionnellement à population totale, le 18e siècle surpasse de loin le 20e !

COMPARAISON DES VICTIMES DE TREMBLEMENTS DE TERRE

1715-1783			1915-1983 :	(Voir *Réveillez-vous!* du 22 février 1977)	
Année	Lieu	Tués	Année	Lieu	Tués
1715	Algérie	20 000	1915	Italie	29 970
1717	Algérie	20 000	1920	Chine	180 000
1718	Chine	43 000	1923	Japon	143 000
1719	Asie Mineure	1 000	1927	Chine	200 000
1721	Iran	100 000	1932	Chine	70 000
1724	Pérou (tsunami)	18 000	1933	USA	115
1725	Pérou	1500	1935	Inde (Pakistan)	60 000
1725	Chine	556	1939	Chili	30 000
1726	Italie	6 000	1939	Turquie	23 000
1727	Iran	77 000	1946	Turquie	1300
1730	Italie	200 000	1946	Japon	2 000
1730	Chine	100 000	1948	Japon	5131
1730	Japon	137 000	1949	Équateur	6 000
1731	Chine	100 000	1950	Inde	1 500
1732	Italie	1 940	1953	Turquie	1 200
1736	Chine	260	1953	Grèce	424
1737	Inde	300 000	1954	Algérie	1 657
1739	Chine	50 000	1956	Afghanistan	2 000

COMPARAISON DES VICTIMES DE TREMBLEMENTS DE TERRE

1746	Pérou	4 800	1957	Iran (Nord)	2 500
1749	Espagne	5 000	1957	Iran (Ouest)	2 000
1750	Grèce	2 000	1960	Chili	5 700
1751	Japon	2 000	1960	Maroc	12 000
1751	Chine	900	1962	Iran	10 000
1752	Syrie	20 000	1963	Yougoslavie	1 100
1754	Égypte	40 000	1964	Alaska	131
1755	Chine	270	1966	Turquie	2 259
1755	Iran	1 200	1969	Iran	11 588
1755	Portugal	60 000	1970	Turquie	1 086
1755	Maroc	12 000	1970	Pérou	66 794
1757	Italie	10 000	1971	USA	65
1759	Syrie	30 000	1972	Iran	5 057
1763	Chine	1 000	1972	Nicaragua	6 000
1765	Chine	43 466	1973	Mexico (Ouest)	52
1766	Japon	12 420	1973	Mexico (Central)	700
1771	Japon (tsunami)	11 700	1974	Pakistan	5 200
1773	Guatemala	20 000	1975	Chine	200
1774	Terre Neuve	300	1975	Turquie	2 312

COMPARAISON DES VICTIMES DE TREMBLEMENTS DE TERRE

COMPARAISON DES VICTIMES DE TREMBLEMENTS DE TERRE

1778	Iran (Kashan)	8 000	1976	Guatemala	23 000
1780	Iran (Tabriz)	100 000	1976	Italie	900
1780	Iran (Khurasan)	3000	1976	Bali	600
1783	Italie (Calabria)	60 000	1976	Chine *	242 000
1783	Italie (Palmi)	1 504	1976	Philippines	3 373
1783	Italie (Monteleone)	1191	1976	Turquie	3 790
				1977-1983 addition +	44 623
Total 1715-1783 :		1 373 845	Total 1915-1983 :		1 210 597
Moyenne annuelle :		19 911	Moyenne annuelle :		17 545

*Voir page 65 note de bas de page 34 ; comparez avec Réveillez-vous ! 8 juillet 1982, page 13.

+ Ganse et Nelson donnent le chiffre de 44 623 victimes sur cette période.

1914 a-t-il apporté un réel changement ?

Année	Lieu	Tués	Année	Lieu	Tués
1847	Japon	34 000	1882	Italie	2 313
1850	Chine	300 à 400 000	1883	Italie	1 990
1851	Iran	2 000	1883	Grèce, Asie Mineure	15 000
1851	Italie	14 000	1883	Java	36 400
1853	Iran (Shiraz)	12 000	1885	Inde	3 000

1853	Iran (Isfahan)	10 000	1887	France	1 000
1854	Japon	34 000	1887	Chine	2 000
1854	El Salvador	1 000	1891	Japon	7 283
1855	Japon	6 757	1893	Ouest Turkménistan	18 000
1856	Java	3 000	1896	Japon	27 122
1857	Italie	10 000	1897	Inde (Assam)	1 542
1857	Italie	12 000	1902	Guatemala	2 000
1859	Équateur	5 000	1902	Turkestan	4 562
1859	Turquie	15 000	1903	Turquie	6 000
1861	Argentine	7 000	1905	Inde (Kangra)	19 000
1863	Philippines	10 000	1905	Italie	2 500
1868	Pérou	40 000	1906	Colombie	1 000
1868	Équateur, Colombie	70 000	1906	Formose	39 873
1872	Asie Mineure	1 800	1906	Chili	20
1875	Venezuela. Colombie	16 000	1907	Jamaïque	1 400
1876	Baie du Bengale	215 000	1907	Asie Centrale	12 000
1879	Iran		1908	Italie	110 000
1879	Chine	10 430	1909	Iran	6 à 8000
1880	Grèce (Chios)	4 000	1910	Costa Rica	1 750

| 1881 | Asie Mineure | 8 866 | 1912 | Mer de Marmara | 1 958 |

Total des victimes sur le 68 années précédant 1914 :	1 148 973 à 1 250 973
Moyenne annuelle :	17 149 à 18 671

SOURCES : Båth : Introduction to Seismology (1979); Richter : Elementary Seismology (1958); Imamura : Theoretical and Applied Seismology (1937); Ganse-Nelson : Catalog of Significant Earthquakes (1981); Ambraseys : Earthquake Hazard and Vulnerability (1981); Ambraseys-Melville : A History of Persian Earthquakes (1982); Latter : Catastrophes naturelles (A History of Persian Earthquakes, juin 1969); Presse-Siever : Earth (1974); Handbuch Der Ceophysik (ed Prof. B Gutenberg), Band IV (Berlin 1932).

Nous avons vu, une à une, les différentes revendications de la Société Watch Tower démolies par les faits historiques que la période 856-1914 n'a vu que 24 tremblements de terre majeurs, que les grands tremblements de terre du passé se produisaient « des années, voire des siècles », cette histoire ne rapporte que cinq « super-séismes » depuis l'époque du Christ jusqu'à 1914, et qu'aucune génération antérieure à 1914 ne peut égaler celle de l'année suivante en ce qui concerne les victimes du tremblement de terre. Est-il vraiment possible que les auteurs des publications de la Watch Tower soient si ignorants des tremblements de terre du passé ? Ou essayent-ils de cacher la vérité à leur sujet à leurs lecteurs ? Nous préférons croire qu'ils ont surtout ignoré les faits. Mais si c'est le cas, il est extrêmement remarquable qu'une organisation prétendant avoir été autorisée par Jésus-Christ à interpréter les signes du temps pour les gens de nos jours semble si peu intéressée à vérifier comment ses interprétations et statistiques concordent avec la réalité historique.

Enfin, que disent les sismologues eux-mêmes quant à la vision globale ? Ont-ils trouvé une différence marquée entre la fréquence des tremblements de terre depuis 1914 par rapport aux siècles précédents ? Les sismologues J. Milne et A. W. Lee ont déclaré que **« rien n'indique que l'activité sismique ait augmenté ou diminué de façon significative au cours des temps historiques »**[57]. Et le professeur Markus Båth est d'accord : **« Pour les siècles précédents, nous n'avons pas les mêmes statistiques fiables, mais il n'y a aucune**

---
[57] Mitne/Lee, page 155.

indication d'augmentation de l'activité au cours du temps. »[58]

Alors que plus nous remontons dans le temps, plus les documents anciens deviennent de plus en plus rares et incomplets, il est naturel que nous ayons des informations plus nombreuses et meilleures des siècles récents que des précédents. Il y a cependant une exception : le Japon. Comme nous l'avons montré plus haut, les Japonais ont tenu un registre des tremblements de terre destructeurs dans ce pays (avec son activité sismique fréquente) remontant bien avant la naissance du Christ. Selon le catalogue de Milne, le nombre de séismes *destructeurs* au Japon enregistré au cours de chaque siècle entre le neuvième et le dix-neuvième est :

Siècle	Nombre de séismes destructeurs au Japon
9°	40
10°	17
11°	20
12°	18
13°	16
14°	19
15°	36
16°	17
17°	26
18°	31
19°	27

---

[58] Professeur Båth, lettre privée datée du 17 juin 1983. Voir aussi Richter cité plus haut, *Natural History*, décembre 1969, page 44, et annexe A.

CE QUE DISENT LES SISMOLOGUES LES PLUS IMPORTANTS AU SUJET DES TREMBLEMENTS DE TERRE AUJOURD'HUI ET DANS LE PASSÉ

« Il n'y a aucune indication que l'activité sismique ait augmenté ou diminué sensiblement au cours de l'histoire. » Les sismologues J. Milne et A. W. Lee, Earthquakes and Other Earth Movements, septième édition (Londres, 1939), page 155.

« Certains groupes religieux ont choisi ce moment plutôt malheureux pour insister sur le fait que le nombre de tremblements de terre augmente et qu'ils sont en partie induits en erreur par le nombre croissant de petits tremblements de terre catalogués et listés par les stations les plus récentes et sensibles au monde. Il vaut la peine de remarquer que le nombre de grands tremblements de terre de 1896 à 1906 a été plus élevé que dans aucun autre décennie. » Professeur Charles Richter dans *National History*, décembre 1969, p. 44.

« Pour les siècles précédents nous n'avons pas les mêmes statistiques fiables, mais il n'y a aucune indication d'une quelconque augmentation de l'activité au cours du temps. » Professeur Markus Båth, lettre privée datée du 17 juin 1983.

« Je suis certainement d'accord avec les professeurs Båth et Richter dans leur évaluation selon laquelle il n'y a pas eu d'augmentation significative du nombre de tremblements de terre au cours de ce siècle ou de tout autre siècle. » Wilbur A. Rinehart, sismologue au World Data Center A, Boulder, Colorado. Lettre privée datée du 8 août 1985. Page 1 et page 2.

Un expert sur la sismicité de la région méditerranéenne, l'une des principales régions sismiques de la Terre, déclare :

« Certes, l'activité sismique de la Méditerranée n'a pas augmenté au cours de ce siècle, bien au contraire, en Méditerranée orientale, l'activité de ce siècle a été anormalement basse par rapport à celle des Xe – XIIe et XVIIIe siècles. » Professeur N. N. Ambraseys, lettre privée datée du 9 août 1985.

« Je crois fermement que la sismicité a été stable pendant des milliers d'années... Une excellente preuve géologique de la stabilité a été obtenue par le Prof. Kerry Sieh de Caltech, pour la faille de San Andreas. » Sismologue Keiiti Aki, professeur au Département des sciences géologiques, Université de Californie du Sud, Los Angeles. Lettre privée datée du 5 septembre 1985.

« Il y a des indications que l'activité sismique mondiale si elle est exprimée en termes de tremblements de terre avec une magnitude de 7 ou plus a diminué régulièrement dans le temps depuis le début du 20° siècle jusqu'à maintenant. » Seweryn J. Duda, professeur de géophysique, Université de Hambourg. Lettre privée datée du 7 juillet 1986.

(Les lettres privées citées ci-dessus sont reproduites intégralement dans l'annexe.)

Au cours de notre siècle, environ 20 tremblements de terre d'une certaine importance avaient eu lieu au Japon jusqu'en 1983, indiquant un total final de peut-être 2530 pour tout le siècle actuel.[59] Évaluant ces chiffres, Milne et Lee ont rapporté que « les données valident la conclusion selon laquelle, au cours des temps historiques, la quantité d'activité sismique n'a pas beaucoup changé. »[60]

Par conséquent, il n'y a aucune preuve à l'appui de l'affirmation de diverses sources religieuses, y compris l'Église adventiste mondiale, un auteur adventiste du septième jour, et notamment la Société Watch Tower, que l'activité sismique est nettement différente de notre siècle par rapport aux précédents. Toutes les informations disponibles indiquent le contraire. Les revendications changeantes, tordues et non coordonnées de la Société Watch Tower et leur manipulation des faits et des chiffres dans le but de prouver qu'une augmentation s'est produite ont été révélées ci-dessus comme frauduleuses, non délibérée, mais à la suite de recherches remarquablement médiocres, d'analyses superficielles et de vœux pieux.

---

59 Comparez le tableau de Milne / Lee (pages 232-235), Eiby (pages 191-195), Båth (pages 114-117) et les déclarations de Verney (page 77). Aussi Ganse et Nelson.
60 Milne/Lee, page 156.

4 Pestes – passées et présentes

LES IMAGES ont souvent un impact plus profond sur nos esprits que les mots. Les déclarations non prouvées ou erronées peuvent sembler plus convaincantes et vraies si elles sont accompagnées d'illustrations dramatiques et impressionnantes.

La couverture du numéro du 22 novembre 1983 du magazine Réveillez-vous!, par exemple, est une image montrant des gens tentant d'échapper à une terrible vague qui couvre presque toute la page.

Les mots en gras en travers de la page proclament que l'humanité d'aujourd'hui est submergée par « UN TORRENT D'ÉPIDÉMIES. »

L'illustration est une présentation habile de l'affirmation par la Société Watch Tower selon laquelle l'humanité, depuis 1914, a connu une augmentation considérable des maladies et des épidémies. Est-ce vrai ? Est-ce que l'image donne une présentation correcte des faits réels ?

Dans la même veine, Hal Lindsey, un autre commentateur de la fin des temps, déclare :

> **Jésus a déclaré que les *pestes balaieraient le monde* avant son retour. Pendant des années maintenant, les scientifiques ont estimé que les grands fléaux qui menaçaient l'humanité étaient pratiquement sous contrôle. Mais ces dernières années, de grandes épidémies ont tué des millions de personnes et bien que les vaccins soient disponibles contre certaines d'entre elles, il est impossible de vacciner en masse la population mondiale.**[1]

Ainsi, tout en reconnaissant qu'un changement est intervenu en ce qui concerne « les grands fléaux qui menaçaient l'humanité », l'auteur Lindsey, qui soutient que depuis 1948 l'humanité est entrée dans une période divinement marquée, implique pour le moins qu'il existe aujourd'hui des « pestes balayant le monde. » Nous pouvons donc nous demander quelles sont les « grandes épidémies » de ce siècle ?

Dans quelle mesure ont-elles "submergé" l'humanité ou « balayé le monde » depuis 1914 ou 1948 ou toute autre « date prophétiquement marquée » de notre époque ?

Le plus grand fléau de notre siècle a été la fameuse grippe espagnole qui a balayé le monde dans les années 1918-1919, faisant entre 15 et 25 millions de morts.

La Société Watch Tower, cependant, va beaucoup plus loin et prétend que ce fut le plus grand fléau, non seulement de notre siècle, mais de toute l'histoire de l'humanité. Le livre *Vous Pouvez Vivre Éternellement sur une Terre transformée en un Paradis* (1982), par exemple, dit à la page 151 :

> **Juste après la Première Guerre mondiale, il y eut plus de morts des suites de la grippe espagnole que pour toute autre épidémie dans l'histoire de l'humanité.**[2]

Pour prouver cette affirmation, la Société Watch Tower a parfois cité un magazine américain, *The Saturday Evening Post*, du 26 septembre 1959, dans lequel l'auteur déclarait que **« aucune peste dont parle**

---
[1] The Promise (1932), page 193.
[2] Voir aussi les déclarations similaires dans Réveillez-vous ! du 8 mars 1971, page 3 et dans La Tour de Garde du 15 avril 1982, page 9.

l'Histoire avant ou après 1918-1919 n'a fait autant de morts. »[3]
Une telle déclaration, cependant, révèle seulement que le journaliste avait fait très peu de recherches sur les grands fléaux dévastateurs du passé.

Il suffit ici de rappeler la peste noire, le grand fléau qui parcouru l'humanité à partir du XIVe siècle et qui fit entre 25 et 40 millions de victimes *dans la seule Europe*, entre décembre 1347 et décembre 1350. La grippe espagnole de 1918-1919, quant à elle, ne fit que 2-3 millions de victimes en Europe, et ce malgré le fait que la population de l'Europe avait quadruplé depuis 1347![4]

Avec la peste noire, plusieurs pestes par le passé ont eu une influence plus profonde sur l'histoire de l'humanité que la grippe espagnole, comme nous le verrons dans la discussion qui suit.

Quelles autres pestilences ont donc « submergé » l'humanité depuis 1914 ?

Ayant mentionné la grippe espagnole, le manuel susmentionné de la Société Watch Tower poursuit en disant :

> **Pourtant, les épidémies et la maladie continuent de faire rage. Des millions de personnes meurent chaque année de troubles cardiaques et de cancer. Les maladies vénériennes se propagent rapidement. D'autres terribles maladies comme le paludisme, la bilharziose et l'onchocercose se produisent dans un pays après l'autre en particulier en Asie, en Afrique et en Amérique latine.**[5]

Il est vrai que ces maladies sont répandues dans certaines régions. Ce qui nous intéresse, cependant, c'est : Y a-t-il quelque chose de nouveau ou de différent dans cette situation ? Ces maladies ont-elles augmenté au cours de notre vingtième siècle ? L'humanité a-t-elle connu *de plus en plus* de fléaux au cours de ce siècle que pendant toute autre période de l'histoire humaine ?

Qu'en est-il des autres fléaux qui ont tué des millions de personnes dans le passé, comme la variole, la peste bubonique et le choléra ?

Et qu'en est-il des problèmes cardiaques et du cancer ? De telles maladies sont-elles vraiment des "pestes" au sens où l'écrivain biblique Luc emploie ce mot en Luc 21 :11 ?

Évidemment, avant de regarder de plus près l'histoire effroyable des pestilences, il faut répondre à une autre question : qu'est-ce que la peste ?

---

3 Voir La Tour de Garde du 15 octobre 1976, page 250.
4 Réveillez-Vous ! du 22 juillet 1956, p. 22-24 ; Réveillez-vous ! du 8 Mars 1978, p. 18 (Ndt).
5 Vous Pouvez Vivre Éternellement sur une Terre transformée en un Paradis (1982), p. 151.

La signification du mot « peste »

Dans son récit évangélique, Marc ne mentionne pas les pestes parmi les calamités dont Jésus a parlé, mais Luc si (et peut-être aussi Matthieu, selon certains manuscrits) :

> **... il y aura de grands tremblements de terre, et dans divers endroits des famines et des pestilences.-Luc 21 :11, asv.**

Le mot grec traduit par "pestes" dans ce verset est *loimoí*, le pluriel de *loimós*. Selon W.E. Vine, ce mot signifie « une peste, une maladie *infectieuse* mortelle. »[6] Le mot est utilisé à un autre endroit du Nouveau Testament, au chapitre vingt-quatre du chapitre 5, où les dirigeants juifs accusent l'apôtre Paul devant le gouverneur Félix, en disant :

> **Nous avons trouvé que cet homme est une peste [*loimós* en grec], et un faiseur d'insurrections parmi tous les Juifs du monde entier et un chef de file de la secte des Nazaréens. (ASV)**

Bien que le mot *loimós* soit utilisé métaphoriquement dans ce texte, il est clair que l'allusion ne concerne pas simplement une maladie quelconque, mais une maladie *infectieuse*, une peste. Aux yeux de ces dirigeants juifs, Paul était une menace dangereuse, un subversif contagieux dont les enseignements se répandaient dans le monde romain comme une épidémie, provoquant des soulèvements parmi les Juifs du monde entier.

Le célèbre commentateur de la Bible, Albert Barnes, cité dans La Tour de Garde du 1er août 1983 à la page 3, souligne également que *loimoí* en Luc 21 : 1, se rapporte aux ravages causés par des « maladies graves et épidémiques »[7].

Le mot *loimós* se limitait donc aux maladies mortelles, épidémiques ou aux pestes. Fait intéressant, la Société Watch Tower dans son dictionnaire biblique *Auxiliaire* définit la « peste » comme étant « **toute**

---

6 *Vine's Expository Dictionary of New Testament Words*, édition intégrale, MacDonald Publishing Company (McLean, Virginie), p. 862. Par conséquent, *loimós* est communément traduit par « pestilence » (voir King James version, version américaine standard, nouvelle version internationale et Goodspeed), ou « peste » (voir La Bible de Jérusalem et La New English Bible).

7 Le mot grec *Thanatos* « mort » était également utilisé pour la peste ou la pestilence, par exemple dans Apocalypse 6 : 8. Le nom du cavalier sur le cheval pâle était *Thanatos* (couramment traduit par "Mort"). Il était suivi par Hadès le dieu du monde inférieur dans la mythologie grecque. Il est évidemment utilisé comme symbole de la mort ou de la tombe. On leur a donné « le pouvoir sur le quart de la terre, avec le droit de tuer par l'épée et par la famine, par la peste (grec : *Thanatos*) et les bêtes sauvages. » (*The New English Bible*) Ces fléaux font allusion à Ézéchiel 14 :21, où le mot hébreu pour pestilence, *deber*, est traduit par *Thanatos* dans la version grecque des Septante.

maladie infectieuse à propagation rapide capable d'atteindre des proportions épidémiques et de causer la mort » (Page 1295). Cette définition donne une excellente signification de *loimós*. Quand on parle de maladies d'une manière plus générale, les Grecs avaient d'autres mots, tels que *nósos*. Ce terme est utilisé, par exemple, dans Matthieu 4 :23, où il est dit que Jésus guérissait « toutes sortes de maladies » (*nósos*). Le même verset mentionne également « toutes sortes de *maladies* », ce qui traduit le mot grec *malakía*. Un troisième terme pour maladie étant *asthéneia,* ce qui signifie « faiblesse. » Ce mot est utilisé à propos de la maladie de Lazare en Jean chapitre onze, versets 1-6.

La raison de cette digression linguistique est la suivante : la Société Watch Tower, dans ses tentatives pour prouver que les pestes se multiplient depuis 1914, compte *les troubles cardiaques et le cancer* parmi les pestes censées accomplir les paroles de Jésus au chapitre vingt et un, verset 11. Comme le dit le manuel cité ci-dessus : « Des millions de personnes meurent chaque année de troubles cardiaques et de cancer. » En fait, la Société a tendance à compter tous les types de maladies parmi les maladies de Luc 21 :11, infectieuses ou non, mortelles ou non.

Un article du numéro du 1er août 1983 de La Tour de Garde page 4, par exemple, portait le titre « La maladie est-elle un signe des derniers jours ? » Un tableau des maladies à la page 7 du même numéro commence par le cancer et se termine avec la sclérose en plaques. À l'exception de celles-ci et de la grippe et du paludisme, de nombreuses autres maladies mentionnées dans le tableau ont peu ou pas de mortalité aujourd'hui.[8]

Même s'ils sont meurtriers, le cancer et les problèmes cardiaques ne

---

8 Bien que l'onchocercose puisse causer la cécité, elle n'est pas mortelle. Après une campagne de dix ans, l'OMS (l'Organisation mondiale de la santé) a réussi à maîtriser l'onchocercose en Afrique de l'Ouest, où cette maladie est la plus répandue. (Voir le magazine *World Health* d'octobre 1985, pp. 6. 8. 19. 24.) Les fièvres du lupus et de la bilharziose, lorsqu'elles sont traitées, cause rarement la mort. Non seulement la mortalité par la bilharziose est aujourd'hui négligeable comparée à celle des siècles précédents, mais l'étendue géographique a également été fortement réduite dans de nombreux pays qui étaient auparavant gravement touchés par la maladie, comme la Chine, le Japon. Les Philippines. Brésil. Venezuela, Porto Rico. Égypte, Maroc, le Soudan. Congo Malawi. Zimbabwe et Mali. (Voir le magazine *World Health* de décembre 1984.) La maladie de Chagas peut conduire à une mort éventuelle, mais elle n'est évidemment pas plus répandue aujourd'hui que par le passé. Et bien que peut-être 350 millions de personnes souffrent aujourd'hui du paludisme, il s'agit en fait d'un déclin brutal de cette maladie depuis 1914. Au cours des siècles précédents, plus d'un tiers de l'humanité en souffrait et plusieurs millions en mourraient chaque année. Au début de la première guerre mondiale, 800 millions de personnes, soit 45 % de la population de la planète à ce moment-là, en souffraient encore. (Schrader, p. 184) Aujourd'hui (1986) malgré une augmentation rapide ces dernières années, seulement 7,5 % environ en souffrent.

sont pas des pestes au sens biblique. Ils ne sont pas « des maladies épidémiques ou des *maladies infectieuses* », même si *l'almanach encyclopédique du New York Times* de 1970 qualifie les accidents cardiaques de "pandémie". Bien que cela ait évidemment été dit au sens figuré (car une pandémie se réfère en fait à une maladie *infectieuse* généralisée), la Watchtower s'en est rapidement emparée et l'a invoquée pour appuyer sur la prétendue augmentation des pestes.[9]

Cependant, quand Luc, qui était lui-même un médecin, a choisi le mot grec *loimós*, on peut certainement croire qu'il l'a fait exprès. Il savait que Jésus ne parlait pas de maladies ordinaires, (*nósos*), mais de maladies *infectieuses*, *épidémiques* ou de *pestes*. Le fait que la Société Watch Tower compte parmi les maladies prédites des cancers, des maladies cardiaques et d'autres types de maladies non infectieuses ne se limite pas à la définition donnée dans son propre dictionnaire biblique. Cela indique également que ses auteurs savent que les véritables pestes – pestes au sens propre (et biblique) du mot – *n'ont pas* augmenté depuis 1914.

Dans son livre *Approaching Hoof-beat*, Billy Graham définit correctement la « peste » par « toute maladie infectieuse qui est fatale » (page 186). Plus tard, en se référant à la déclaration de Jésus sur les pestes dans Luc chapitre 21, Graham utilise le mot "plaie" comme synonyme de peste et, étrangement, élargit maintenant son application en incluant des fléaux d'insectes, se référant même à un événement en Floride où « des millions de crapauds ont envahi des comtés entiers. » Il inclut « les changements climatiques » parmi les « plaies » de l'époque actuelle. (Pages 192, 193) Aucune de ces choses ne correspond à sa définition de la peste. » Les crapauds et les conditions météorologiques changeantes ne correspondent pas non plus à la signification des mots utilisés par Luc et par Jean dans son récit de la Révélation.

. *Les historiens et les pestes*

Le fait est que nous vivons à une époque où les maladies épidémiques jouent un rôle relativement peu important par rapport à leurs ravages des siècles précédents. De ce fait, il est difficile d'imaginer l'ampleur des catastrophes qui ont infesté l'humanité au cours des générations passées. Comme le fait remarquer le professeur William H. McNeill, un des historiens les plus éminents des États-Unis, le nombre de décès dans de nombreuses grandes maladies du passé a été si élevé que de nombreux historiens modernes, qui ne jugent que de leur propre expérience, ont tendance à ne pas exagérer les anciens rapports sur la

---
9 Voir par exemple, La Tour de Garde du 15 avril 1976, p. 250.

disparition massive de nombreuses grandes plaies du passé. Il déclare :

> **Les épidémies, quand elles sont devenues décisives dans la paix ou dans la guerre, étaient contraires à la tentative de rendre le passé intelligible. Les historiens ont donc minimisé ces épisodes.**[10]

Mais les médecins et autres chercheurs qui, à l'instar de McNeill, ont étudié l'histoire des pestes, ne sont pas d'accord avec la tentative de certains historiens de réduire l'énormité de l'effet de ces fléaux des siècles précédents. Le professeur Folke Henschen, par exemple, un pathologiste de réputation internationale, note dans son examen historique des maladies infectieuses :

> **Les maladies infectieuses ont probablement été les ennemis les plus dangereux de l'humanité, bien plus que les guerres et les crimes de masses. Lorsqu'on étudie les épidémies constantes du passé et les maladies imputables sur terre et sur mer, on s'aperçoit que toute la civilisation aurait pu succomber et l'on s'étonne constamment que l'humanité ait survécu.**[11]

Passons maintenant en revue les différentes périodes et âges de l'humanité qui ont suivi l'époque de Christ, afin que nous puissions alors mieux évaluer la situation et les circonstances d'aujourd'hui en rapport avec notre sujet. Ce qui suit ne sont que quelques exemples tirés de l'histoire des pestes. Nous recommandons à ceux qui veulent approfondir le sujet de lire le livre de McNeill (*Plagues and Peoples*), qui est probablement la meilleure étude la mieux documentée sur les pestes qui ont frappé l'humanité au cours des 2000 dernières années.[12]

. *Les pestes au cours de la période romaine*

Un grand nombre de maladies très répandues et très meurtrières ont frappé le monde durant la période romaine. Les suivantes ont été parmi les plus graves :

1. *En l'an 165* des soldats romains ont ramené une épidémie (probablement la variole) dans la région méditerranéenne en provenance de la Mésopotamie. L'histoire montre qu'elle s'est répandue dans tout l'empire romain et a duré environ quinze ans. La mortalité était énorme. Un quart à un tiers de la population des zones touchées est morte. La peste « **a inauguré un processus de dégradation continue de la population des terres méditerranéennes qui a**

---

10 William H. McNeill, *Plagues and Peoples* (Anchor Press / Doubleday. Garden City. New York, 1976), édition intégrale, p. 4. Voir également pages 120, 135.
11 Folke Henschen, *The History of Diseases* (London : Longman. Green and Co. Ltd, 1966), p 21.
12 L'ouvrage est également disponible dans une édition de poche abrégée dans la série Anchor Books.

duré, malgré quelques reprises locales, pendant plus d'un demi-millénaire ».[13]

2. *De 251 à 266 après JC,* un autre grand fléau ravagea le monde romain. Cette fois, la mortalité était encore plus grande. Au plus fort de l'épidémie, 5 000 personnes par jour sont mortes dans la seule ville de Rome. D'autres calamités se sont installées au cours de ce siècle : guerres civiles, invasions barbares et périodes de famine répétées. La dévastation générale était telle qu'un expert de la population, J. env. Russell, estime que la population de l'empire romain a été réduite de 50 % entre l'époque d'Augustin et celle de l'an 543.[14]

3. *Dans les années 310-312*, la Chine a été frappée par une peste qui a pratiquement anéanti la population dans les provinces du nord-ouest, faisant 98 à 99 % de la population. Dix ans plus tard, en 322, elle a été suivie par une autre épidémie qui a tué 20 à 30 % de la population dans une région plus vaste du pays.[15]

4. *Dans les années 542-543*, sous le règne de l'empereur byzantin Justinien (527-565), la soi-disant « peste de Justinien » atteignit l'Europe. Elle est originaire du nord-est de l'Inde ou de l'Afrique centrale. Nous avons une bonne information sur ce fléau, car un témoin contemporain, le médecin, l'historien et préfet Procopius, a laissé une description attentive et détaillée de la détresse de son époque. Grâce à sa description, il a été possible d'identifier la peste comme étant *pneumonique* et/ou *bubonique*, le même fléau qui a balayé le monde au XIV⁰ siècle et s'est appelé plus tard la peste noire.[16] Avant d'atteindre l'Europe en 542, Constantinople, la ville natale de Procopius, a été sévèrement touchée :

> **À Constantinople, elle tua 5 000 à 10 000 personnes par jour. Depuis la Grèce, elle s'est étendue à l'Italie et, quinze ans plus tard, elle a atteint le Rhin. Là, elle bifurqua et, à son retour, elle traversa de nouveau Constantinople, sans avoir perdu de sa virulence. On estime que l'Empire d'Orient a perdu la moitié de ses habitants. Beaucoup de villes furent anéanties.[17]**

---

13 McNeill, p. 116. À peu près en même temps, en l'an 161—162, une peste similaire a éclaté en Chine, tuant 30 à 40 % de l'armée servant sur la frontière nord-ouest. (McNeill. P. 132) Toutes les citations dans ce qui suit proviennent de l'édition intégrale.
14 McNeill, pp. 116-118, 321. Les auteurs contemporains disent que le fléau de l'an 251 s'est répandu « sur tout le monde connu ». – Raymond Crawfurd. *Plague and Pestilence in Literature and Art (Oxford, 1914).*
15 McNeill, pp. 132, 135.
16 Procopius, Persian Wars, II, 22,6-39 ; McNeill, p. 322.
17 L'historien médical suédois Mutts Bergmark, dans son livre *Erån pest till polio* (« De la peste à la polio »), troisième édition (Stockholm, 1983), page 11.

Au total, la « peste sous Justinien » aurait fait 100 millions de morts[18]. McNeill et Henschen soulignent tous deux que les fléaux des troisième et sixième siècles ont joué un rôle important dans le déclin de l'Empire romain.[19] La peste bubonique est revenue et a fait rage périodiquement jusqu'à l'année 750. McNeill la compare à la *peste noire* en termes de portée et de mortalité :

> **Les preuves historiques, en effet, suggèrent que les fléaux des sixième et septième siècles ont eu une importance pour les peuples méditerranéens tout à fait analogue à celle de la plus célèbre peste noire du quatorzième siècle. La maladie a certainement provoqué la mort initiale d'une grande partie des citadins des régions touchées, et il a fallu des siècles pour restaurer la diminution globale de la population.[20]**

La peste bubonique a également touché l'Asie en plusieurs vagues meurtrières. La première description en Chine en est faite en l'an 610. En 642, elle ravage la province de Kwantung. En 762, elle a éclaté dans les provinces côtières et « plus de la moitié de la population de la province de Shantung est décédée ».[21] En 806, elle tua plus de la moitié de la population de la province du Chekiang.[22]

Au cours de la même période, le Japon a connu plusieurs épidémies très graves. À la suite d'une peste qui a éclaté en l'an 808 « plus de la moitié de la population a péri » et des cas similaires ont été enregistrés pour une autre maladie qui a frappé en 994-995.[23]

La peste a continué à ravager de nombreux pays à des intervalles rapprochés. Les sources anglo-saxonnes ne mentionnent pas moins de quarante-neuf épidémies entre 526 et 1087. Les sources arabes mentionnent plus de cinquante vagues différentes de pestes en Égypte, en Syrie et en Irak entre 632 et 1301. Les archives chinoises font état de 288 cas de peste de 37 à 1911 après J.-C! Comme McNeill le souligne, les sources sont, bien entendu, loin d'être complètes.[24]

. *La fin du Moyen Âge, époque de la peste noire*

Vers la fin de l'année 1347, l'épouvantable peste pneumonique /

---

18 Voir La Tour de Garde du 15 septembre 1977, page 551.
19 McNeill, p. 120 ; Henschen, p. 78. Le professeur Henry E. Sigerist, dans *Civilization and Disease* (Ithaca, New York, 1945), soutient que la peste sous Justinien a mis fin à l'Empire romain tant à l'est qu'à l'ouest et conclut : un tournant dans l'histoire du monde méditerranéen et la grande plaie de Justinien apparaît comme une ligne de démarcation entre les deux périodes... Le vieux monde s'est effondré et une nouvelle civilisation a commencé à se former sur ses ruines. »(Pp. 113-115)
20 McNeill, p. 127
21 Ibid, p. 134.
22 Ibid, pp. 134,135.
23 Ibid, pp. 140,141.

bubonique se rendit de nouveau en Europe. Avant son arrivée, elle avait déjà balayé toute l'Asie. Dès 1331, l'épidémie éclata dans la province de Hopei en Chine, où il est rapporté avoir tué neuf personnes sur dix. En 1353 et 1354, il sévit dans huit parties différentes et largement dispersées de la Chine. Les chroniques contemporaines rapportent que « les deux tiers de la population » de ces régions sont morts.[25]

Les rumeurs qui avaient atteint l'Europe en 1346 parlaient de la terrible épidémie de peste qui s'est propagée de Chine « à travers la Tartarie (l'Asie centrale) et l'Asie centrale jusqu'à l'Inde et la Perse, la Mésopotamie. La Syrie, l'Égypte et toute l'Asie mineure ». Comme l'historien Tutchman le rapporte, on parla « d'un bilan si dévastateur que toute l'Inde serait dépeuplée, des territoires entiers couverts de cadavres, d'autres régions sans vie. »[26]

La peste a été amenée vers l'ouest via les routes des caravanes et a atteint la Crimée en 1346. De là, elle s'est répandue par bateau dans toute la région méditerranéenne. Les décès (ou mortalité) étaient dévastateurs. « Environ un tiers de la population égyptienne semble être mort au cours de la première attaque, 1347-1349. »[27] À travers la Sicile, où un demi-million de personnes sont mortes, la peste a atteint l'Italie, tuant plus de la moitié de sa population.[28]

De l'Italie, l'infection catastrophique s'est répandue vers l'ouest et vers le nord sur le continent européen. En France, au moins un tiers de la population (selon certaines estimations, trois quarts) a été anéanti. (Des registres de « taxe de séjour » sont disponibles pour cette période et démontrent clairement que des milliers de foyers entiers ont été rapidement et complètement détruits par la peste. Les monastères et les endroits similaires où un grand nombre de personnes étaient en contact ont subi des dommages particuliers, les résidents passant de

---

24 Ibid. Pages 128, 334, 293-302. L'Égypte a subi des plaies constantes depuis 541 jusqu'au XIXᵉ siècle. Dans la période de famine de 1053-1060, à un moment donné, 10 000 personnes sont mortes au Caire et en 1201, les deux tiers de la population égyptienne sont morts en quelques mois ! « La Syrie aussi semble avoir perdu la moitié de sa population entre le deuxième et le huitième siècle de notre ère. » – T.H. Hollingsworth. Démographie historique (*Historical Demography* (London and Southampton, 1969). Pp. 303, 309.
25 McNeill, p. 162.
26 Barbara W. Tuchman, *A Distant Mirror. The Calamitous 14th Century*, Londres : MacMillan London Limited, 1979, page 93. Voir aussi McNeill, page 190.
27 McNeill, p. 187. Au Caire, 20 000 personnes ont trouvé la mort en 1348 (Hollingsworth, p. 309). On estime que le monde islamique dans son ensemble (Moyen-Orient et Afrique du Nord) a subi des pertes proportionnelles similaires : le monde avait été englouti par la peste noire. Environ un tiers de la population générale et peut-être 40 % à 50 % de ceux qui vivent en ville sont morts. »(Robert S. Gottfried. *The Black Death*, Tendon, 1983, p. 41.)
28 C'est l'estimation du savant du dix-neuvième siècle, J. F. K. Hecker, dont les chiffres sont les plus conservateurs. Voir George Deaux, *The Black Death 1347* (dans la série *Turning Points In History*, éditée par Sir Denis Brogan, Londres, 1969).p. 75.

cent à deux ou trois.) J. F. K. Hecker, érudit du XIXe siècle, estimait que la Pologne avait perdu les trois quarts de ses habitants et, en Allemagne, ses conclusions indiquaient que « 200 000 petites villes de campagne... étaient privées de tous leurs habitants. »[29]

En août 1348, la peste avait traversé la Manche pour l'Angleterre. En neuf mois, la moitié de la population avait disparu. Le même automne, un navire anglais fit venir la peste en Islande et là aussi la moitié de la population périt. En Norvège, où la peste a éclaté à l'été 1349, les deux tiers de la population sont morts. La même année, elle a envahi le Danemark, dans certaines régions, dépeuplant complètement jusqu'à 40 % des villages et atteint la Suède au printemps 1350. Avant la fin de l'année, un tiers de la population suédoise était décédé.[30]

---

[29] George Deaux, pp. 111—114 ; Bergmark, p. 52 ; Tuchman (1978), pp. 923.
[30] Bergmark, pp. 28—30 : K. Lunden in Bra Böckers Världhistoria ("Good Books' World History"). Vol. 6 (Höganäs. Sweden, 1984), p. 26.

LA PROGRESSION DE LA PESTE NOIRE EN EUROPE
décembre 1347 – décembre 1350

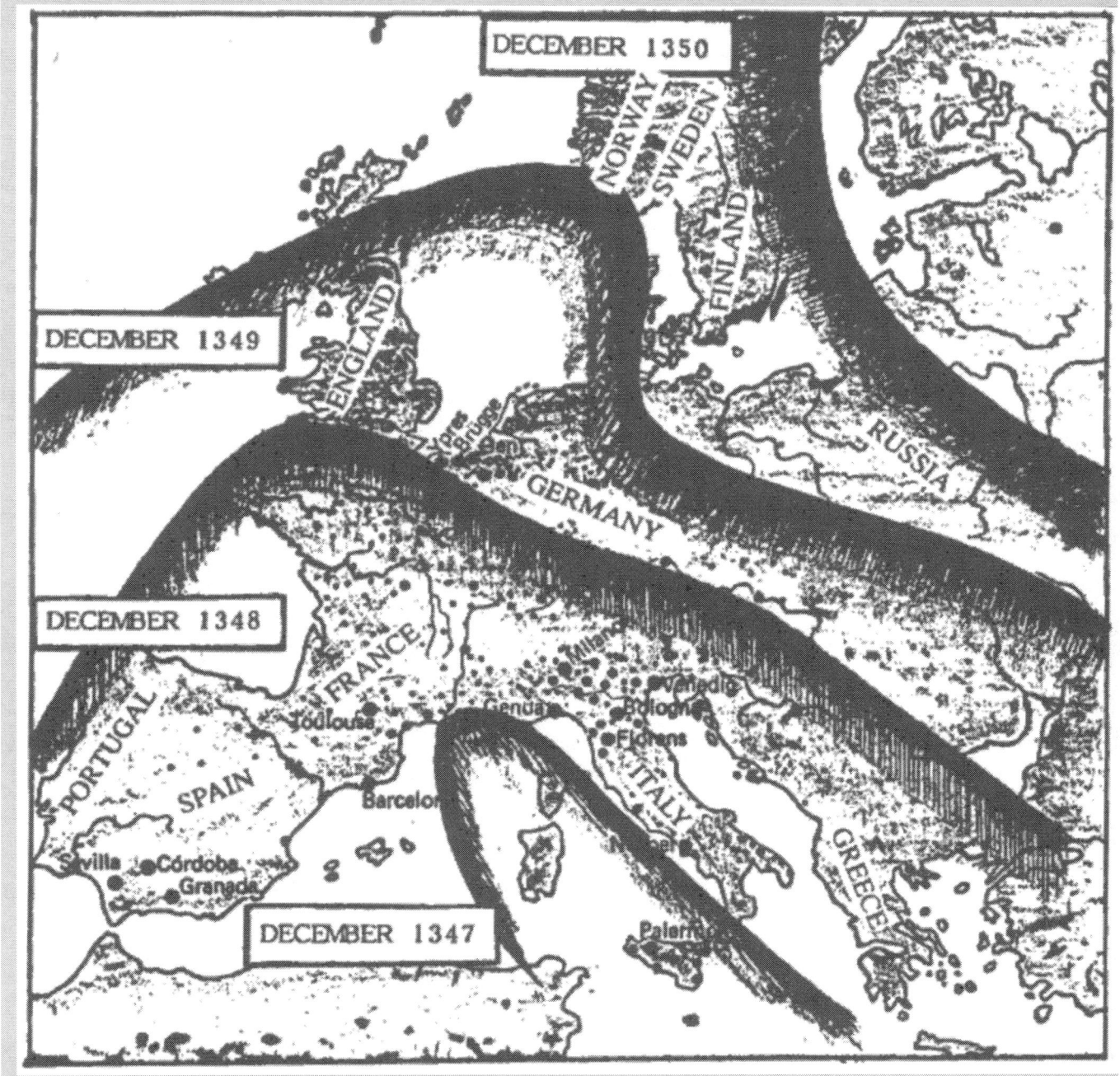

La peste noire a tué environ un tiers de la population européenne et probablement aussi du monde entier. Rien qu'en Europe, 25 à 40 millions de personnes sont mortes entre décembre 1347 et décembre 1350. Aucune désastre depuis n'a égalé cette terrible catastrophe.

L'Europe ne devait jamais oublier cette calamité incroyablement massive de la mort. Les contemporains l'appelaient *Magna mortalitas* – La Grande Mort.[31] Les estimations de la mortalité totale en Europe varient d'un quart à la moitié de la population totale, ce qui signifie que 25 à 40 millions de personnes ont été anéanties lors de la première attaque de la peste en 1347-50.[32] Quelques estimations vont jusqu'à trois quarts de la population européenne, soit 60 à 75 millions, mais elles sont probablement surestimées.

Le chiffre total pour le monde entier est, bien entendu, difficile à estimer, d'autant plus que les chiffres des pays d'Asie sont insuffisants. La Tour de Garde du 15 septembre 1977, page 551, cite le magazine *Science Digest* disant que la peste emporta 62 millions de vies dans le monde. *Le Livre Guinness des records* de 1983 (page 465), quant à lui, fixe le nombre à 75 millions. Compte tenu des informations disponibles, par exemple pour la Chine, ce chiffre n'est certainement pas trop élevé.

Cela pourrait, en fait, même être une sous-estimation. Froissart, chroniqueur du XIVᵉ siècle, estime que le tiers de la population mondiale est mort, comme l'a fait remarquer l'historien George Deaux. « Il est largement admis avec l'estimation de Froissart. »[33] Cette estimation mettrait le chiffre de décès bien au-dessus de 100 millions.

Et pourtant ce n'était pas la fin.

Les plaies pneumoniques et buboniques sont revenues, encore et encore, après la première attaque violente des années 1347-1350. Les gens ont vécu dans la crainte de cela pendant près de quatre siècles. De 1346 à 1720, lorsque la dernière épidémie de peste est apparue en Europe, entre 60 et 70 épidémies européennes sont connues. Cela signifie que la peste a visité l'Europe tous les six ans en moyenne pendant cette période.[34]

Au seul XIVᵉ siècle, après son attaque initiale, six autres épidémies se sont produites en Europe. Souvent, 30 à 50 % de la population des

---

[31] La « peste noire » est un terme plus tardif donné aux apparitions ultérieures de la peste, bien qu'il soit maintenant généralement utilisé pour la première attaque de 1347-1350.
[32] McNeill, p. 168. *Collier's Encyclopedia* (Vol. 4, 1974, p. 234) indique que le total de 25 millions de *victimes* en Europe « sont des statistiques de J. F. K. Hecker, qui sont les plus basses de toutes les autorités ». Les études les plus récentes tendent à montrer que l'estimation de Hecker était trop faible. (K. Lunden, pp. 17—22) En 1931, le professeur AM Campbell a conclu que « les chiffres sembleraient... appuyer les estimations selon lesquelles la moitié de la perte de population subie par l'Europe est presque égale à un quart de la peste noire. "(*The Black Death and Men of Learning.* New York New York, 1931, p. 145)
[33] George Deaux, pp. 111, 144. On estime à environ 450 millions le nombre d'habitants de la Terre avant que la peste noire ne frappe. (E. Hofsten, *Befolkningslära*, Lund, Suède, 1982, p. 16)
[34] Bergmark, p. 37.

villes touchées sont mortes dans ces nouveaux ravages.[35]

---

[35] Selon l'historien suédois Michael Nordberg, le résultat des épidémies était « au moins aussi terrifiant qu'en 1348–1350. » Il donne les exemples suivants : « Londres a perdu à travers les fléaux les points suivants de sa population : 1563 : 25-30 % ; 1593 : env. 18 % : 1603 : 22—26 % ; 1625 : env. 25 pour cent ; 1636 ; près de 10 % ; 1665 (La grande peste) env. 28 pour cent. Pire encore, les pertes subies par de nombreuses villes d'Italie du Nord lors de la grave épidémie de 1630 : Milan, 40 % ; Venise 35 % ; Padoue 44 % : Parme 50 % ; Vérone 59 % ; Brescia 45 pour cent ; Cremona env. 60 % et Mantova 69 % ! » *(Den dynamiska medeltiden.* Stockholm, 1984, p. 32)

CE QUE LES PRINCIPALES AUTORITÉS DECLARENT AU SUJET DE LA PESTE NOIRE

« Presque certainement la calamité la plus terrible à laquelle l'humanité ait jamais été exposée. » – Professeur Folke Henschen. *The History of Diseases* (Londres, 1966), page 79.

« La peste noire était une catastrophe sans précédent dont les seuls parallèles sont l'histoire biblique du déluge et les prédictions du 20e siècle sur les effets d'une guerre nucléaire totale. » – George Deaux. *The Black Death 1347* (Londres, 1969), pages 143, 144.

« Sans aucun doute la pire catastrophe qui ait jamais frappé l'humanité. » – Michael W. Dols. *The Black Death in the Middle East* (Princeton. New Jersey, 1977), page vii.

« Le désastre le plus meurtrier de l'histoire enregistrée. » – Barbara Tuchman. *A Distant Mirror. The Calamitous 14th Century* (Londres, 1979), page xiii.

« [La] plus grande de toutes les crises auxquelles l'espèce humaine est confrontée. » – Isaac Asimov. *A Choice of Catastrophes* (Londres, 1980), page 242.

« La seule comparaison possible serait avec les résultats hypothétiques d'une guerre nucléaire ou bactériologique moderne. » – Le célèbre historien français Emmanuel Le Roy Ladurie, *The Mind and Method of the Historian* (Brighton, Sussex, England, 1981), page 71.

« L'impact de la peste noire, le plus grand bouleversement écologique, a été comparé à celui des deux guerres mondiales du XXe siècle. Dans une certaine mesure, c'est vrai. Mais la peste noire... a provoqué un changement encore plus essentiel... Les conséquences de cette catastrophe naturelle et humaine ont profondément modifié l'Europe, peut-être plus que toute autre série d'événements. Pour cette raison, seule la peste noire devrait être considérée comme le plus grand événement biologique et environnemental de l'histoire et l'un des principaux tournants de la civilisation occidentale. » – Robert S. Gottfried. *The Black Death* (Londres, 1983), page 163.

« Le plus grand désastre jamais subi par le monde a été la propagation pandémique de la peste bubonique, qui a tué jusqu'à un tiers de la population mondiale avant de traverser l'Europe et l'Asie du XIVe siècle. » – James Cornell. *The Great International Disaster Book* (New York, 1979), page 70.

La population européenne a continué de baisser. En 1380, il avait été réduit d'environ 40 % et vers la fin du siècle de près de 50 %.[36] Le plus bas niveau a été atteint entre 1440 et 1480.[37]

La même tendance peut être observée dans d'autres parties du monde. A propos de l'année 1200, la Chine comptait 123 millions d'habitants et en 1393, elle n'était plus que de 65 millions. Bien que les historiens attribuent généralement cette diminution à la guerre civile qui a fait rage en même temps que la peste (la guerre causée par la réaction chinoise contre la domination mongole et se termine par l'expulsion des Mongols), McNeill est certainement plus réaliste quand il donne plus lourde la responsabilité de la diminution drastique à cause de la peste.[38] Encore une fois, au XVIe siècle, la peste bubonique aurait presque entièrement dépeuplé la Chine.

Bien que ce fléau ait pratiquement disparu d'Europe après 1720, il a continué à faire rage dans d'autres parties du monde. Entre 1906 et 1911, 7,5 millions de personnes ont été tuées par la peste en Inde.[39]

Au vu de tout cela, il n'est pas difficile de comprendre pourquoi les autorités font des déclarations telles que celles figurant sur la liste encadrée ci-jointe, en référence à la première attaque du XIVe siècle.

Pourtant, cette peste pneumonique / bubonique, qui a frappé l'humanité à plusieurs reprises pendant des centaines d'années après 1350, n'était pas la seule épidémie à ravager le monde au cours de ces siècles, elle devait être accompagnée d'une série d'autres pestes dévastatrices, comme nous allons le voir maintenant.

. Années 1500-1800 : l'ère de la syphilis et de la variole

Les expéditions transocéaniques qui ont commencé en 1492 ont inauguré une nouvelle ère de pandémies qui ont eu des conséquences fatales pour le monde entier.

À la fin du XVe siècle, la syphilis arriva en Europe, peut-être importée d'Amérique par les marins de Colomb. « **Au cours des années qui ont suivi, la maladie s'est répandue dans toute l'Europe, l'Afrique et l'Asie, et partout elle a pris une tournure maligne** ».[40] Malgré tous les discours sur la syphilis aujourd'hui, c'est le seizième siècle, et non le

---

36 Tuchman (1979), p. 119. Des ravages similaires ont eu lieu en Afrique et en Asie. En 1380, par exemple, la peste a tué 13 millions de personnes en Chine. (*Collier's Encyclopedia,* Vol. 4, 1974, p. 234)
37 McNeill, p. 169.
38 Ibid, pp. 163. 190.
39 Réveillez-Vous ! du 22 Juillet, 1956, pp. 22-24.
40 Bergmark, p. 59.

vingtième, qui peut être appelé « le siècle de la syphilis ». La maladie était partout, dans toutes les classes de la société, dans les foyers, dans les bains publics, dans les lieux publics, chez les enfants et les adultes. La fréquence de la maladie était effrayante et les lésions organiques très graves. Des millions en sont morts. La progéniture également en héritait et des enfants naissaient aveugles, sourds et malformés.

Depuis la syphilis du XVIe siècle a connu une croissance plus faible et moins désastreuse. La syphilis était considérée comme incurable jusqu'au début de notre siècle, mais à partir de là, différents antibiotiques ont été développés contre elle. Aujourd'hui, la mortalité a diminué jusqu'à une fraction de ce qu'elle était avant la Première Guerre mondiale. Bien que toujours présente, la syphilis ne tue plus des millions d'individus comme au seizième siècle.[41]

Même si la syphilis a été portée à l'Ancien Monde de l'Amérique par les marins de Christophe Colomb, comme certains chercheurs le croient, cette maladie était loin d'être aussi désastreuse pour les Européens que les pestes que les amérindiens reçurent en échange des Européens.

Lorsque les Européens sont venus en Amérique, ils ont apporté avec eux des maladies épidémiques qui sévissaient dans le Vieux Monde depuis des siècles et contre lesquelles les populations eurasiennes avaient développé une certaine immunité.

Les populations amérindiennes, par contre, étaient totalement sans défense contre ces nouvelles maladies infectieuses. Il en est résulté une catastrophe complète, dont l'ampleur réelle n'est apparue que récemment. La raison en est, comme l'explique McNeill, que les historiens avant la Seconde Guerre mondiale avaient systématiquement sous-estimé les populations pré-colombiennes d'Amérique, portant le total entre huit et quatorze millions.

> **Des estimations récentes, basées sur des échantillonnages de listes de tribus, des rapports de missionnaires et d'arguments statistiques élaborés, ont multiplié par dix ces estimations antérieures, ramenant la population amérindienne à la veille de la conquête à environ cent millions, soit vingt à trente millions de ce total assignable au mexicain et un nombre à peu près égal aux civilisations andines.**[42]

---

41 Bergmark, pp. 83, 87, 91. Voir aussi René Dubos, Mirage of Health (New York, 1959), chapitre six, et Réveillez-Vous !, 8 septembre 1984, page 3.
42 McNeill, pp. 203, 204. Comparer également la discussion du distingué historien européen Fernand Brandel dans son ouvrage intitulé Civilisation et capitalisme, XVe – XVIIIe siècle : la structure de la vie quotidienne (Londres, 1981), p. 35-38. Aussi Emmanuel Le Roy Ladurie, L'esprit et la méthode de l'historien (Brighton. Sussex. England, 1981), pp. 72, 76, 77.

Ce ne fut pas de soldats, mais la variole qui a conquis le royaume des Aztèques au Mexique en 1520. Les soldats de Cortés apportèrent avec eux la maladie d'Hispaniola (l'île occupée aujourd'hui par la République de la Dominique et Haïti), où elle était arrivée d'Europe deux ans plus tôt. L'épidémie de variole qui a éclaté au Mexique s'est rapidement propagée au Guatemala puis au sud. En 1525 ou 1526, elle atteignit le domaine des Incas en Amérique du Sud, où il ouvrit la voie à la conquête de Pizarro comme Cortés avait conquis le Mexique quelques années auparavant. La mortalité était effrayante. Après les premiers ravages, environ un tiers de la population était mort![43]

La variole a été suivie par d'autres maladies. En 1530-1531, une épidémie de rougeole s'est propagée au Mexique et au Pérou, faisant de nombreuses victimes. Elle a été suivi quinze ans plus tard par une autre épidémie, probablement le typhus. Puis, en 1558-1559, une épidémie de grippe meurtrière ravage l'Amérique. Cette épidémie semble avoir été mondiale. Elle avait éclaté en Europe en 1556 et duré quatre ans, avec des conséquences désastreuses. On estime que l'Angleterre a perdu 20 % de sa population totale et que des pertes similaires ont été enregistrées dans d'autres pays. Des sources japonaises contemporaines mentionnent également cette terrible grippe, affirmant que « beaucoup moururent ».[44]

Les conséquences pour les populations amérindiennes de ces épidémies et d'autres épidémies ont été dévastatrices. En 1568, cinquante ans après la conquête de Cortés, les épidémies avaient ramené la population du Mexique de 25 à 30 millions à moins de trois millions. En 1605, il avait diminué à un million. Des baisses similaires se sont produites dans d'autres régions de l'Amérique.[45]

Au milieu du dix-septième siècle, deux autres maladies très meurtrières en provenance d'Afrique avaient été introduites en Amérique : le *paludisme* et la *fièvre jaune*. Les deux maladies étaient nouvelles pour les Amérindiens et les résultats étaient donc extrêmement graves. Le paludisme « semble avoir achevé la destruction des Amérindiens dans les basses terres tropicales, de manière à vider presque complètement les régions autrefois bien peuplées ».[46] Et la fièvre jaune, qui avait atteint les Caraïbes depuis l'Afrique de l'Ouest en 1648, avait un effet dévastateur similaire sur les populations amérindiennes. Comme

---
43 McNeill, p. 209.
44 McNeill, p. 209. Bien que les chiffres de mortalité soient insuffisants, il est fort possible que cette épidémie de grippe soit comparable à celle de 1913-1919 en Espagne en ce qui concerne l'étendue et la mortalité.
45 Braudel, p. 36 ; McNeill, pp. 204, 205.
46 McNeill, p. 213.

aucune immunité ne s'était développée (comme cela se produisait dans une certaine mesure en Afrique), elle a presque tué sans le moindre mal tous les adultes qui l'ont contractée.[47]

Après tous ces ravages, quel a été le résultat final pour les populations autochtones des Amériques ? McNeill résume :

> **Dans l'ensemble, le désastre pour la population amérindienne a pris une ampleur difficile à imaginer, car nous vivons à une époque où les maladies épidémiques n'ont pas d'importance. Les rapports de 20 pour 1 ou même de 25 pour 1 entre les populations précolombiennes et le point final des courbes de population amérindiennes semblent plus ou moins corrects, malgré de grandes variations locales. Derrière ces statistiques effrayantes se cache une angoisse humaine énorme et répétée, alors que des sociétés entières s'effondrent, que les valeurs s'effondrent et que les anciens modes de vie perdent tout leur sens.[48]**

En langage clair, cela signifie que la diminution totale des populations amérindiennes en Amérique du Nord, en Amérique centrale et en Amérique du Sud était de 95 ou 96 %, soit une diminution d'environ de 100 millions à 5 ou 4 millions !

Les pestes qui ont dévasté l'Amérique ont également ravagé l'Europe, bien que les conséquences n'aient pas été aussi graves. La variole est apparue en Europe après le déclin de l'Empire romain, mais elle ne s'est généralisée qu'au XVIe siècle. En 1614, une pandémie s'est répandue de l'Asie sur de grandes parties de l'Europe et de l'Afrique. Au dix-huitième siècle, la variole a tué soixante millions de personnes en Europe seulement. La mortalité était particulièrement élevée chez les enfants, 25 à 35 % des personnes infectées sont décédées et presque tous les enfants ont contracté l'infection![49] Des millions de jeunes ont perdu leur foyer à cause de la variole.

. Dix-neuvième siècle : époque du choléra, de la rougeole et de la scarlatine – et l'heure du changement

Le *choléra* était la grande peste du XIXe siècle. Il se transmet principalement par l'eau ou les aliments contaminés par des excréments de personnes infectées. Aucune peste n'a tué aussi vite que le choléra et, jusqu'à une époque récente, le taux de mortalité était très élevé : de 50 à 80 %.

Jusqu'en 1817, ce fléau n'était connu qu'en Inde. Cette année-là, il a

---
47 ibid. p. 214.
48 ibid. p. 215.
49 Bergmark, pp. 114, 115.

commencé à se déplacer vers le nord-ouest, atteignant la ville russe d'Astrakhan sur la mer Caspienne en 1823. Une autre poussée en 1826 l'a ramené en Russie en 1829 et s'est soudainement propagé en Europe. L'Amérique et le reste du monde répandent l'horreur et la mort partout depuis sept ans. Quatre autres pandémies ont balayé le monde entier au cours des soixante prochaines années, la dernière en 1883-1896. On estime que les cinq épidémies ont tué environ 100 millions de personnes dans le monde.[50]

---

[50] Bergmark, pp. 191, 207-209 ; Herbert L. Schrader, Und dennoch siegte das Leben (Stuttgart, 1954), pp. 64-67, 70, 71. Le choléra sévit encore dans certaines parties du monde, notamment en Asie, où il est pandémique. Mais des mesures efficaces de traitement (approvisionnement en liquide) sont appliquées et le taux de mortalité est faible aujourd'hui.

LA TROISIÈME PANDÉMIE DE CHOLÉRA, 1846-62

Gravure sur bois réalisée par l'artiste Alfred Rethel illustrant l'effet tragique de la troisième pandémie de choléra en 1846—62. (Republié par M. Bergrnarlt, *Från pest till polio,* Stockholm 1983, p. 204.)

La *rougeole* et la *scarlatine* appartenaient également au dix-neuvième siècle plus que tout autre siècle. Jusqu'à 1840, la rougeole était la cause la plus courante de mortalité infantile. De 1840 à 1880, ce rôle a été pris en charge par la scarlatine, responsable de quatre à six pour cent de tous les décès survenus au cours de cette période, non seulement chez les enfants mais chez tous les groupes d'âge. De 1880 à 1915, la rougeole a de nouveau occupé le poste de plus grand tueur d'enfants[51]. Le *typhus* et la *tuberculose* ont également été les plus meurtrières du siècle dernier, et cette dernière tue encore trois millions de personnes par an.

Malgré ses fléaux catastrophiques, le dix-neuvième siècle marquera le tournant de la plupart des grandes épidémies. Dès le début du siècle, l'inoculation à grande échelle et la vaccination contre la variole ont commencé dans un pays après l'autre. Après la découverte des micro-

---
51 Dubos, chapitre 6.

organismes par Louis Pasteur, les véritables causes des maladies épidémiques ont commencé à être comprises, ce qui a entraîné une série de découvertes médicales dramatiques, surtout à partir des années 1880 et suivantes.

Depuis lors, des vaccins, des antibiotiques, d'autres mesures prophylactiques et traitements ont été mis au point contre la plupart des pestes, par exemple contre la peste bubonique, le choléra, la fièvre jaune, la syphilis, le typhus, la tuberculose et le paludisme. Au cours de notre siècle, la variole a été pratiquement exterminée. Le dernier cas connu a été signalé en Somalie en octobre 1977.

En fait, la science médicale moderne ne doit maîtriser qu'un des *grands* fléaux : la *grippe*. Certes, le choléra se déclare toujours dans certaines régions, en particulier en Asie, mais l'amélioration de l'assainissement et des systèmes d'évacuation des eaux usées a réduit son incidence ; le traitement efficace (notamment des apports liquides) est maintenant appliqué et la mortalité est aujourd'hui faible. En revanche, la grippe produit encore des pandémies occasionnelles dans le monde entier.

Parce que ce fléau a causé la mort d'une vingtaine de millions de personnes dans la grande pandémie de 1918-1919, la Société Watch Tower le considère comme sa meilleure preuve à l'appui de son affirmation selon laquelle les pestes augmentent depuis 1914. Il semble donc approprié de conclure cette étude des siècles passés et de leurs fléaux avec quelques observations sur la grippe espagnole de 1918-1919. Cette maladie pandémique était-elle vraiment unique dans l'histoire des maladies ? Était-ce même unique dans l'histoire des épidémies de *grippe* ?

. *La grippe – la dernière grande peste*

À presque toutes les époques, la plupart des gens semblent avoir pensé que les problèmes et les catastrophes de leur époque étaient si grands qu'ils devaient être sans précédent dans l'histoire de l'humanité.[52] La raison en est que la plupart des gens, bien que conscients des calamités de leur époque, comme les guerres, les famines, les crimes, les tremblements de terre et les épidémies, connaissent généralement très peu l'ampleur et la fréquence de tels malheurs.

Il n'est donc pas surprenant que les problèmes d'aujourd'hui paraissent uniques pour beaucoup. Même les experts, qui peuvent en savoir beaucoup sur la faim, les maladies et les calamités similaires dans le

---

52 Voir les observations pertinentes du Dr N. W. Pirie dans son « Introduction » à son livre intitulé *Food Resources Conventional and Novel* (Londres, 1969).

monde, se sont rarement plongé dans l'étendue de ces problèmes au cours des siècles précédents.

Ainsi, ils peuvent parfois faire des déclarations sensationnelles sur le « caractère unique » de telle ou telle catastrophe de notre siècle – des déclarations qui ne sont tout simplement pas vraies, bien que ces opinions puissent être largement diffusées et acceptées. Certaines déclarations sur la grippe espagnole de 1918-1919, citées dans la littérature de la Watch Tower, appartiennent clairement à cette catégorie. Quels sont alors les faits sur la « grippe espagnole » ?

Selon le célèbre bactériologiste Edwin Oakes Jordan, la grippe espagnole de 1918-1919 a tué 21 642 283 personnes.

Plus de la moitié d'entre elles, soit douze millions et demi, sont mortes en Inde.

Deux autres millions sont morts en Europe et environ sept millions dans d'autres régions du monde.[53]

Comme indiqué au début de ce chapitre, la Société Watch Tower, citant un magazine américain, soutient que cette grippe était le plus grand fléau de l'histoire mondiale et que davantage de personnes en étaient mortes « que toute autre épidémie dans l'histoire de l'humanité ». De la discussion déjà présentée au sujet des plaies du passé, il devrait être clair pour tous les lecteurs attentifs que cette affirmation est en contradiction directe avec les preuves historiques. L'assertion est totalement fausse.

Un certain nombre de grandes pestes par le passé ont pris plus de vies que la grippe espagnole. Comme indiqué ci-dessus, on estime que la « peste de Justinien » au sixième siècle a fait 100 millions de victimes. La peste noire du quatorzième siècle a probablement tué jusqu'à 75 millions de personnes.

L'épidémie de variole qui a sévi dans les années 1520 a peut-être tué plus de 30 millions de personnes – soit un tiers de la population amérindienne – en Amérique seulement. Et au XIXe siècle, le choléra a coûté la vie à environ 100 millions de personnes en cinq grandes pandémies. Certaines de ces pandémies de choléra ont tué chacune plus de vingt millions de personnes et étaient donc totalement comparables à la grippe espagnole. De toute évidence, la grippe espagnole n'était pas l'épidémie « la plus grande » ou « la plus

---

[53] Dr. Edwin Oakes Jordan. *Epidemic Influenza* (1927) ; *Encyclopaedia Britannica*. Vol. 12 (1969), p. 242 ; Réveillez-Vous !, 8 mars 1971, p. 6. Un expert, cité à la page 29 du Réveillez-Vous ! Le 22 février 1977, le chiffre total de 21 millions de morts « probablement » est « une sous-estimation flagrante », car ce nombre pourrait être mort en Inde seulement. Si cela pouvait être soutenu, le nombre total de *victimes* serait porté à environ 30 millions.

destructrice » de l'histoire de l'humanité.

C'est peut-être pour cette raison que les affirmations de la tour de guet à propos de la grippe espagnole se concentrent parfois sur son taux de mortalité, c'est-à-dire qu'il a tué un *pourcentage* plus élevé de personnes infectées que toute autre maladie connue. Ainsi, un article sur la grippe espagnole dans Réveillez-Vous ! Le magazine du 8 mars 1971 a reçu le titre « Le tueur le plus meurtrier de tous les temps. » À la troisième page, l'article citait une autorité anonyme :

Si l'épidémie s'était prolongée au même rythme, l'humanité aurait été fauchée en quelques mois[54]

Cette déclaration est toutefois totalement absurde. On estime généralement qu'environ 525 millions de personnes, soit plus du quart de l'humanité, ont contracté la grippe. Parmi elles 15 à 25 millions de personnes sont mortes et environ 500 millions ont été guéries. La mortalité moyenne était alors d'environ *quatre pour cent*.[55] Qu'est-ce que ça veut dire ? Cela signifie que même si chaque personne sur terre était tombée malade avec la grippe, la grande majorité de l'humanité – environ 96 % – aurait survécu. *La civilisation n'a évidemment jamais été en danger !*

Les épidémies de grippe se développent généralement rapidement et se propagent à un pourcentage élevé de la population. Souvent, 25 à 40 % sont touchés. Mais la mortalité est généralement faible.

Ces caractéristiques ont également été partagées par l'épidémie de 1918-1919, bien que la mortalité d'environ 4 % ait été supérieure à la normale.[56]

Le fait est cependant que la plupart des grandes pestes au cours de l'histoire ont eu une mortalité plus élevée que la grippe espagnole. La fièvre typhoïde et la dysenterie, qui ont toujours été les suites des guerres dans le passé, ont parfois tué jusqu'à 20 et 50 % des

---

[54] La déclaration est répétée dans le nouveau livre de la Société Watch Tower sur l'évolution, *La vie : comment est-elle apparue ? Évolution ou création ?* (1985), page 225, où la référence montre que la source était Joseph E. Persico, *Science Digest*, mars 1977, page 79.

[55] Bergmark, p. 260. Selon Jordan et Henschen, environ 50 % de l'humanité (un milliard) serait tombée malade, ce qui réduirait la mortalité moyenne à deux pour cent. Henschen le situe à 0,25 %, ce qui est trop faible. (*Encyclopaedia's Britannica*, Vol. 12. 1969, p. 242 ; Henschen, p. 52.) Dans la plupart des endroits, la mortalité était beaucoup plus faible que le chiffre global de deux pour cent proposé par Jordan et Henschen. Dans quelques endroits, il était considérablement plus élevé, en Inde, 4 % de la population était morte et au Samoa-Occidental 20-25 % de la population, soit 7 500 sur 38 000 personnes. (W. I. Beveridge, *Influenza : The last Great Plague*, Londres, 1977, p. 31 ; La Tour de Garde, 1er août 1978, p. 29)

[56] *Encyclopaedia Britannica*, Vol. 12 (1969), page 242. La modalité n'était cependant pas unique parmi les épidémies de grippe. Certaines des épidémies de grippe les plus anciennes avaient une mortalité beaucoup plus élevée !

personnes infectées, respectivement. La fièvre jaune avait une mortalité de 60 % ou plus.[57] Le choléra a tué de 50 à 80 % des personnes atteintes. La mortalité due à la peste bubonique variait entre 30 et 90 %, tandis que la peste pneumonique – l'autre type d'infection pendant la pandémie de la peste noire de 1347-1350 – avait une mortalité de 100 %, sans survivants connus ![58]

Clairement, il serait loin d'être correct de décrire la grippe espagnole, avec une mortalité moyenne de 4 %, comme « le tueur le plus meurtrier de tous les temps », comme le fait la Société Watch Tower. Par rapport aux autres grands fléaux de l'histoire, il était, au contraire, l'un des moins meurtriers !

Le tueur le plus rapide ?

Une troisième affirmation est que la grippe espagnole a réclamé son lot de victime plus rapidement que toute autre plaie. « Dans toute l'histoire, il n'y avait pas eu de calamité plus forte et plus rapide », a déclaré La Tour deGarde du 15 juin 1977, à la page 359, citant le magazine Science Digest. Il a ensuite été souligné que si la peste noire a tué 62 millions de personnes dans le monde en trois ans, la grippe espagnole a tué 21 millions de personnes en seulement quatre mois.

Ce que l'article ne signale pas au lecteur, c'est que la grippe espagnole n'a pas duré que quatre mois, elle a duré environ douze mois, du début du printemps 1918 au printemps 1919.[59] Il a atteint son apogée dans les mois d'automne de 1918, où la mortalité était la plus élevée. Mais comparer la période de pointe de la plus grande mortalité de la grippe espagnole avec la durée totale de la peste noire et d'autres fléaux antérieurs, comme la peste de Justinien, donnera certainement une image déformée des taux de mortalité, parce que ces premières plaies avaient aussi leurs pics d'activité ! Pour obtenir un résultat correct, nous devons « comparer des pommes avec des pommes » et non des pommes avec des poires. Nous devons soit comparer le taux de mortalité pendant les pics de la grippe espagnole et de la peste noire, soit le taux de mortalité moyen des deux pendant toutes les périodes de leur durée. Ainsi, la grippe espagnole a tué 21 millions de personnes en un an environ, alors que la peste noire a fait au moins 62 millions de victimes en trois ans – ce qui est également d'environ 21 millions par an ![60]

C'est une question remarquable, pour deux raisons. Tout d'abord, parce

---
57 Bergmark, pp. 141, 154, 232.
58 McNeill, p. 168.
59 Beveridge, pp. 21, 42, 43.

que les moyens de transport les plus rapides au moment de la peste noire était le voilier ou le bateau. En revanche, à l'époque de la grippe espagnole, les automobiles, les trains et les bateaux à vapeur permettaient de voyager plus rapidement. Ainsi, les virus et les bactéries qui ont pris plusieurs semaines ou mois pour se propager d'un continent à l'autre peuvent désormais couvrir la même distance en quelques jours.

Deuxièmement, il est intéressant de noter que la population mondiale au moment de la peste noire n'était que le quart de ce qu'elle était en 1918. En trois ans, la peste noire en a tué au moins 14 pour cent (l'estimation la plus conservatrice était de 62 millions sur 450 millions) de la population mondiale, soit environ 5 % par an, tandis que la grippe espagnole a tué un peu plus d'un pour cent de l'humanité en un an (21 millions sur 1 800 millions).[61]

La peste noire, par conséquent, beaucoup plus que la grippe espagnole, mérite d'être qualifiée de calamité la plus sévère et la plus rapide de l'histoire.

Le tueur le plus répandu ?

Enfin, la grippe espagnole est proclamée « remarquable car elle a fait rage dans le monde entier ».[62] Mais de nombreuses épidémies antérieures s'étaient également répandues dans le monde entier, y compris certaines épidémies de grippe. Celles-ci comprenaient les épidémies de grippe de 1556-1559, 1580, 1732-1733, 1781-1782, 1830-1833, 1857-1858 et 1889-1890. Toutes se sont rapidement répandues dans le monde entier et a touché un pourcentage élevé de la population.[63]

L'une des épidémies de grippe les plus meurtrières a été la pandémie mondiale de 1556-1559 qui, comme on l'a vu précédemment, a tué environ une personne sur cinq dans l'ensemble de la population de l'Angleterre et de certains autres pays européens. Toujours en 1580, une épidémie en Asie s'est propagée en Afrique, en Europe et en Amérique. Les archives contemporaines rapportent que « en l'espace de six semaines, presque toutes les nations (l'Europe, pour qui une

---

60 Si l'on objecte que la grippe espagnole a peut-être tué plus de 21 millions de personnes, peut-être 3 millions ou plus, il faut se rappeler que la peste noire a probablement tué plus de 62 millions de personnes dans le monde – peut-être 75 millions ou plus.
61 Isaac Asimov, en soulignant que la peste noire « a peut-être tué le tiers de la population humaine de la planète », la compare à la grippe espagnole et conclut : « Cependant, l'épidémie de grippe a tué moins de 2 % de la population mondiale population de sorte que la peste noire reste sans égal. »(A Choice of Catastrophes, Londres, 1980, p. 241, 243).
62 La Tour de Garde, 1er août 1978, p. 29.
63 Beveridge, pp. 26-30 ; McNeill, p. 209.

personne sur vingt à peine sorti indemne de la maladie, et devenait dès lors un objet d'émerveillement »).[64] Dans certaines régions, la mortalité était très élevée. Dans la ville de Rome, 9 000 personnes sont mortes ; certaines villes espagnoles auraient été « presque entièrement dépeuplées par la maladie. »[65]

La pandémie de grippe de 1781-1782, qui a été signalée dans tous les pays européens, en Chine, en Inde et en Amérique du Nord, a attaqué jusqu'à deux tiers et trois quarts de la population dans certains endroits.[66] Certaines de ces pandémies ont eu une mortalité considérable. En Grande-Bretagne, la « grande grippe de 1847 » a été comparée aux ravages du choléra, « car il y a eu plus de décès dus à la grippe qu'il n'y a eu de décès dus au choléra pendant la grande épidémie de cette maladie en 1832. »[67]

En résumé, la grippe espagnole de 1918-1919 était loin d'être le plus grand fléau de l'histoire de l'humanité. En ce qui concerne la perte totale de vie, plusieurs autres fléaux ont tué plus de personnes que l'épidémie de 1918-1919.

Son taux de mortalité n'était pas non plus le plus élevé de tous les grands fléaux du passé. Au contraire, le taux de mortalité était faible comparé à de nombreuses pestilences antérieures. À cet égard, elle se classerait non pas comme la plus meurtrière, mais parmi les plus meurtrières de l'histoire.

L'affirmation selon laquelle la grippe espagnole était le tueur « le plus rapide » de tous les temps s'est avérée fausse également, car cette allégation repose sur une utilisation erronée des statistiques.

Enfin, l'étendue mondiale de la grippe de 1918-1919 n'était en rien digne de mention, car de nombreuses épidémies antérieures, y compris un certain nombre d'épidémies de grippe, ont également fait rage dans le monde entier.

En quoi donc la grippe espagnole était-elle exceptionnelle ? Était-ce unique à tous égards ? Cela peut avoir été unique à un égard, même si cela est impossible à prouver. La grippe espagnole a peut-être tué plus de personnes que toute autre épidémie de grippe. Cela semble être l'opinion de nombreux experts. Selon l'*Encyclopaedia Britannica*, « l'épidémie de 1918 a été l'épidémie de grippe la plus destructrice de l'histoire ».[68] Dans son étude sur les épidémies de grippe, le

---

64 Beveridge, p. 26.
65 Ibid., p. 26.
66 ibid. p. 23.
67 Ibid., p. 29 ; McNeill, p. 209.
68 *The Encyclopaedia Britannica*, Vol. 12 (1969), p. 242.

Dr Beveridge a tendance à être d'accord, le décrivant d'abord comme « la plus grande calamité [de grippe] jamais subie par la race humaine ».[69] Et pourtant, il en est loin d'être convaincu. Des épidémies de grippe ont périodiquement visité l'humanité depuis les temps anciens, dont plusieurs étaient de portée mondiale et avaient une mortalité élevée. Les données historiques sont toutefois loin d'être complètes et les chiffres de mortalité manquent généralement.

Beveridge, qui décrit brièvement seize grandes épidémies de grippe au cours des 200 années qui ont immédiatement précédé la grippe espagnole, conclut sa discussion sur cette dernière maladie en disant :

> **La pandémie de 1918-1919 a été de loin la plus grave de ces derniers temps et nous en sommes venus à la considérer comme tout à fait exceptionnelle. Cependant, ce n'est peut-être pas unique. À en juger par les récits historiques, certaines épidémies qui étaient autrefois susceptibles d'avoir eu un effet dévastateur étaient aussi désastreuses. »**[70]

Même à cet égard, la grippe espagnole n'a peut-être pas été unique.

Les pestes ont-elles augmenté au cours de ce siècle ?

Pour que l'image moderne réponde à l'affirmation selon laquelle nous vivons maintenant dans une période unique et prophétiquement marquée, il devrait y avoir une preuve d'une augmentation de la peste à notre époque. Tout en ne déclarant pas spécifiquement que cela se produit, le Dr Graham, dans son traité sur les quatre cavaliers de l'Apocalypse, écrit néanmoins « les formes sans vie des 40 000 enfants qui sont morts de faim et de maladie pendant la courte période où vous avez dormi » et ajoute : « Comptez les victimes du tiers-monde de la peste et de la peste qui balayent maintenant la famine et les villes et villages ravagés par la sécheresse » (*Approaching Hoof-beats* page 184). Plus tard, déclarant que le Seigneur « nous a avertis qu'il y aurait des plaies », il poursuit en disant : « Des scientifiques nous mettent en garde aujourd'hui contre les bactéries, les virus et les insectes hautement résistants aux rayonnements, aux antibiotiques ou aux insecticides. Certains estiment que l'infléchissement de la nature a déjà été affectée par les produits chimiques modernes. »(Page 192)

Que trouvons-nous réellement si nous « comptons les victimes du tiers-monde de la peste et de la pestilence » – ou même celles du reste de la planète – à notre époque ? Est-ce que nous trouvons l'augmentation de nombreux avertissements explicites du temps de la fin ? Y a-t-il même

---
69 Beveridge, p. 32.
70 Beveridge, pp. 32, 33

des indications substantielles de perspectives d'assombrissement dans un avenir proche ?

La réponse que tous les chercheurs qualifiés, historiens, médecins et autres chercheurs qui ont étudié le sujet, donnent à cette question est unanime : les pestilences n'ont pas augmenté au cours de ce siècle. Ils ont diminué. Considérez ces observations :

Professeur Folke Henschen, pathologiste :

> **Les maladies infectieuses, qui constituaient le groupe le plus important dans nos statistiques sur la morbidité et la mortalité il y a seulement une ou deux générations, ont été repoussées par les progrès de la médecine.**[71]

Matts Bergmark, historien de la médecine :

> **... Ce sont précisément les maladies infectieuses qui ont diminué.**[72]

Herbert L. Schrader, historien de la médecine :

> **les combattants des pestes ont remporté la plus grande victoire jamais remportée pendant six mille ans d'histoire mondiale : la victoire sur une mort prématurée.**[73]

Professor William H. McNeill, historien :

> **Dans la plupart des endroits, les maladies épidémiques sont devenues sans importance et de nombreux types d'infections sont devenus rares là où ils étaient autrefois communs et graves. L'augmentation nette de la santé humaine et du bien-être est difficile à exagérer ; en effet, il faut maintenant un acte d'imagination pour comprendre ce que les maladies infectieuses autrefois signifiait pour l'humanité, ou même pour nos propres grands-pères.**[74]

Cette diminution considérable des ravages des pestes, qui ne cesse de s'amplifier depuis la fin du siècle dernier, est un fait établi par l'histoire médicale, un fait auquel personne ne songerait à nier. Bien qu'il ait marqué le début de la génération de la fin des temps en 1948, l'auteur Hal Lindsey reconnaît que « à ce jour de la science médicale moderne, les fléaux semblent être des choses du passé »., en disant : « Mais il y a de nouveaux facteurs qui font que les plaies sont une réelle possibilité pour l'avenir ! »[75]

La Société Watch Tower, cependant, refuse catégoriquement d'accepter

---

[71] Henschen, p. 1.
[72] Bergmark, p. 326.
[73] Schrader, p. 278.
[74] McNeill, p. 287.

le fait que les maladies épidémiques ont diminué au cours de ce siècle. Il est obligé de le nier parce que ses interprétations prophétiques largement diffusées et ses revendications impliquent que les pestes n'ont pas diminué mais augmenté. Ainsi, il s'accroche désespérément à la liste des maladies infectieuses qui sont encore très répandues dans différentes parties du monde et les mentionne constamment pour appuyer l'idée que le « signe » est apparu sur Terre depuis 1914.

Un exemple souvent cité est le paludisme. La Tour de Garde du 1er août 1983, par exemple, souligne que cette maladie tue chaque année un million d'enfants de moins de cinq ans en Afrique et que « dans le monde, plus de 150 millions de gens souffrent à présent des frissons, des poussées de fièvre et des autres symptômes caractéristiques du paludisme » (Page 7)

On ne dit cependant pas aux lecteurs que l'ampleur de cette maladie a été fortement réduite au cours de notre siècle. Comme indiqué dans une note de bas de page précédente, plus d'un tiers de l'humanité souffrait de cette maladie au cours des siècles précédents et la mortalité due au paludisme dans le passé était beaucoup plus élevée qu'aujourd'hui, où elle pouvait être réprimée médicalement.[76] Au cours des siècles précédents, le paludisme influençait profondément les sociétés humaines à travers le monde :

> **En Inde, plusieurs siècles avant l'époque actuelle, on l'appelait le « roi des maladies » et on le connaissait également dans la Chine ancienne. Comme certains historiens l'affirment, cela a été décisif dans la chute de la Grèce et de Rome et a causé les mystérieux dépeuplements qui ont laissé des ruines massives à Polonnaruwa, au Sri Lanka et à Angkor-Wat, au Kampuchea démocratique. mais il est certain que le paludisme a été l'un des grands fléaux de l'humanité.[77]**

Au début de la Première Guerre mondiale, 800 millions de personnes souffraient encore du paludisme. Depuis lors, les médicaments modernes ont considérablement réduit la mortalité de la maladie et, en particulier depuis la fin de la Seconde Guerre mondiale, le DDT et d'autres insecticides en ont libéré de vastes zones géographiques.

---

75 Hal Lindsey, *The 1980 s Countdown to Armageddon*, (New York, 1981), p. 30 et 32. Les « nouveaux facteurs » – le nombre de personnes souffrant de malnutrition liées à la surpopulation des régions les plus pauvres du monde et les problèmes d'assainissement qui en résultent des médicaments et des médecins « transforment ces zones pauvres en terrains propices à la maladie », dit Lindsey (page 32). Cependant, hormis la surpopulation, aucun des « nouveaux facteurs » n'est vraiment nouveau dans ces domaines. Ce sont des problèmes séculaires.
76 Voir note 8 précédente.
77 J. H.-G. Hempel dans *World Health*, le magazine l'OMS, avril 1982, p. 6. « Ce ne sont ni les Vandales ni les Goths, mais le paludisme qui fut le dernier vainqueur de Rome. »(Bergmark, p. 223)

Comme l'écrit une autorité :

> **En termes géographiques, le paludisme a été éliminé de toute l'Europe, presque toute l'URSS, de plusieurs pays du Proche-Orient, des États-Unis et de la plupart des Caraïbes, de vastes régions du nord et du sud de l'Amérique du Sud, de l'Australie et de grandes parties de la Chine.[78]**

Ainsi, les cas de paludisme ont été réduits de 800 millions à environ 250 millions en 1955 et à quelque 150 millions dans les années 70. Malheureusement, le nombre de cas a augmenté ces dix dernières années en raison de la résistance accrue des moustiques aux insecticides dans certaines régions. Selon le dernier recensement de l'Organisation mondiale de la santé, le nombre de cas actuellement (1985) est de 365 millions. (Voir Réveillez-Vous! du 22 janvier 1985, page 7.) Ce chiffre est encore inférieur à la moitié du nombre de victimes de la Première Guerre mondiale. Les perspectives semblent prometteuses avec la mise au point de nouveaux insecticides et antipaludéens ; des recherches récentes suggèrent qu'un vaccin contre le paludisme pourrait être disponible dans les prochaines années.[79]

Ce qui est peut-être encore plus remarquable, ce sont les progrès réalisés dans la réduction de la tuberculose, qui, selon le même numéro de La Tour de Garde mentionné plus haut (1er août 1983, page 4), tue annuellement quelque 3 millions de personnes. Là encore, on ne dit pas au lecteur que cette maladie a connu sa plus grande extension au milieu du siècle dernier, lorsqu'elle a implacablement tué un dixième de la population. Au XIXe siècle, la tuberculose était encore « la plus meurtrière de toutes les maladies en Europe ».[80] Depuis la découverte du bacille tuberculeux en 1882, différents vaccins et médicaments ont été mis au point contre cette maladie, entraînant une diminution constante de la mortalité, en particulier après la première guerre mondiale.[81] (Voir les graphiques ci-dessous.)

Comme preuve de « la course du quatrième cavalier [de l'Apocalypse] » à notre époque, le Dr Graham énumère l'herpès simplex II et le sida parmi les « pestes nocives » et les « maladies destructrices. »[82]

---

[78] Hempel, p. 9. Dans de nombreux endroits, les progrès ont été spectaculaires : « En Inde, le nombre de cas de paludisme était estimé à 100 millions par an en 1935, avec un million de *victimes*. Une fois que l'utilisation du DDT a commencé, les signalements de paludisme ont fortement diminué, et jusqu'en 1965, il n'y avait plus que 100 000 cas sans *victimes*. » (ibid.)
[79] *World Health*, septembre 1983, p. 30 : Science, 10 août 1984, pages 607, 608 ; Nature, 16 août 1984.
[80] Schrader, p. 213.
[81] Schrader, p. 241-246.
[82] *Approaching Hoofbeats*, pp. 193, 194.

DÉCLIN DE LA MORTALITÉ DÛ A LA TUBERCULOSE, 1870-1950

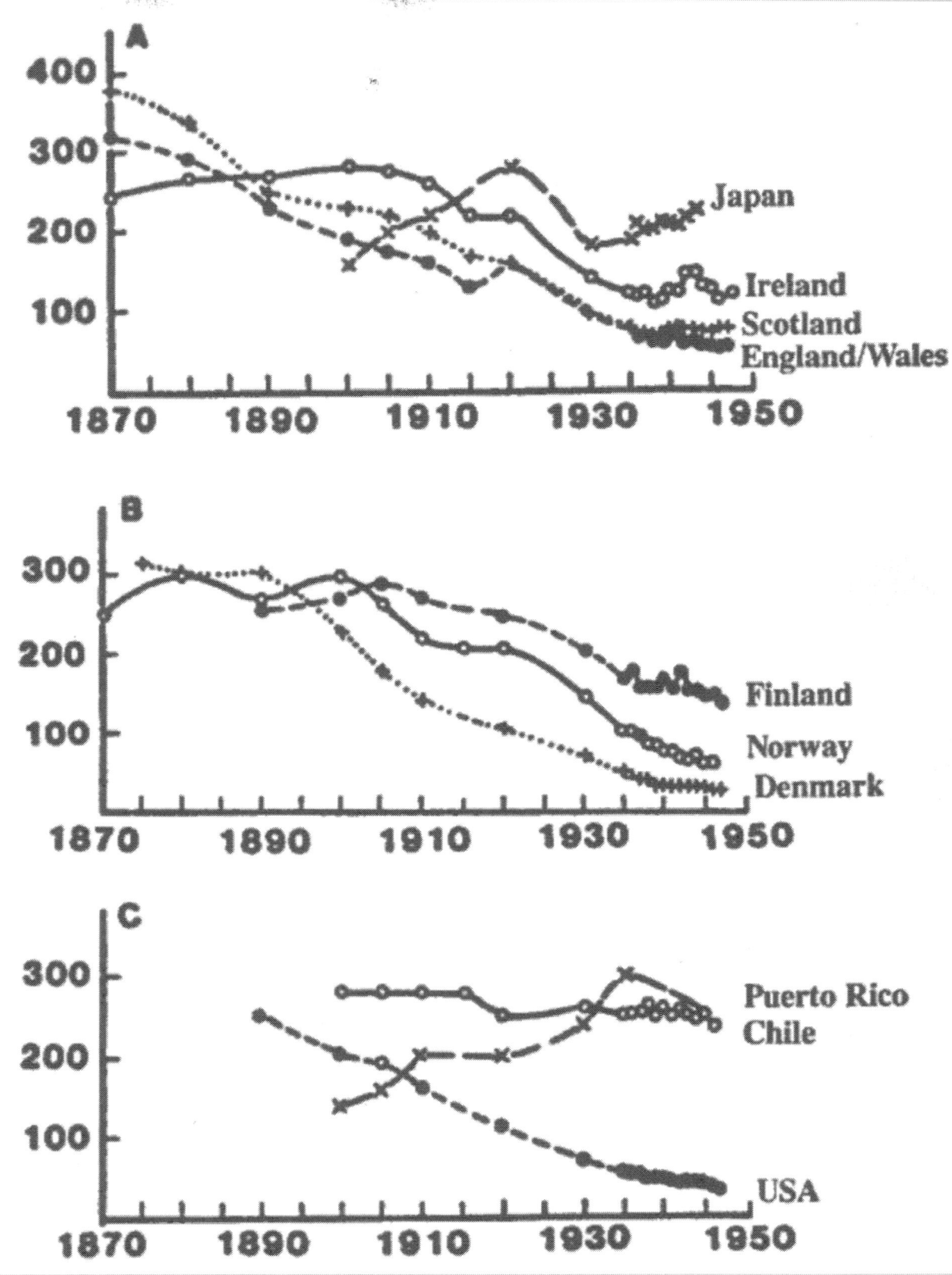

Mortalité due à la tuberculose pour 100 000 habitants dans différents pays 1870-1950. Au début de notre siècle, environ un million de personnes meurent chaque année de la tuberculose en Europe. Dans de nombreux pays sous-développés, la tuberculose reste élevée, mais le monde a connu un déclin remarquable depuis le début du siècle. (Dr. Britt-Purger Puranen, *Tuberculosis*, Umeå, Suède, 1984, pp. 115, 318, 348. (Republié par : R. & J. Dubos, 1953. Diagramme C.)

La Société Watch Tower inclut également régulièrement les *maladies vénériennes*, surtout la syphilis, la gonorrhée, la chlamydia, l'herpès et, plus récemment, le SIDA dans le cadre de son « signe des derniers jours. »[83]

Bien que douloureux, l'*herpès simplex* n'est certainement pas une maladie mortelle et ne se caractérise nullement par la définition biblique de la peste.

La *syphilis*, comme il a été noté précédemment, a été très désastreuse au XVIe siècle, lorsque des millions de personnes en sont mortes. Bien qu'elle ait continué ses ravages depuis lors, elle a diminué avec la mortalité. Depuis 1909, des remèdes qui la contrôlent partiellement (le salvarsan en 1909, la pénicilline depuis 1943) sont disponibles. Le nombre de cas a diminué pendant quelques décennies après la Seconde Guerre mondiale, mais à partir des années 1960, il a augmenté dans plusieurs pays, même si le taux de mortalité continue de baisser.[84]

La *gonorrhée* était elle aussi très répandue dans le passé. « Elle figure parmi les plus anciennes maladies », dit l'*Encyclopaedia Britannica*, et était familière aux Chinois, Arabes, Grecs, Hindous et Romains antiques.[85] Il est impossible de dire si la gonorrhée est plus répandue aujourd'hui que par le passé, même si elle a augmenté dans le monde entier depuis le milieu des années 1950, après une période de déclin. Comme la syphilis, il est traité avec de la pénicilline. Il est vrai que les gonocoques ont développé une résistance croissante à la pénicilline, mais en même temps ils ont changé de caractère, entraînant des symptômes plus légers.[86] Bien que les complications puissent parfois être graves, la mortalité par gonorrhée est négligeable. Cela vaut également pour la *chlamydia* (qui ressemble à certains égards à la gonorrhée) et, comme mentionné, l'herpès. Comme le mot grec signifiant « pestilence », *loimós*, est défini comme « toute maladie infectieuse *mortelle* », il semble difficile de compter l'une de ces trois maladies parmi les maladies mentionnées en Luc 21 :11.

Le sida, par contre, a un taux de mortalité élevé, comme le montre le fait que 80 % des patients sont décédés deux ans après le diagnostic. Mais le sida est-il une épidémie ? Une maladie est épidémique lorsqu'elle est « répandue et se répand rapidement parmi de

---

83 *Réveillez-vous !*, 8 décembre 1984, pp 3-10.
84 L'*Encyclopaedia Britannica*, Vol. 22 (1969), p. 946 : P. R. Cox, *Demography*, 5e édition (Cambridge, 1976), p. 126. 127. Dans certains pays, le nombre de cas a continué de diminuer. La Suède, par exemple, n'avait que 176 cas de syphilis en 1984. (Statens Bakt. Lab, Suède)
85 *Encyclopaedia Britannica*, Vol. 22 (1969), p. 949.
86 Bergmark, pp. 97. 93. Dans certains pays, elle a continué à diminuer. La Suède comptait 34 624 cas en 1969, mais seulement env. 7 000 en 1984. (Stat. Bakt. Lab.)

nombreuses personnes dans une communauté, en tant que maladie contagieuse ».[87] Est-ce que cela peut être dit du sida aujourd'hui ?

Le nombre de personnes *infectées* par le virus du sida (HTLV-III) est certainement élevé dans certains pays.[88] Pour autant que l'on sache, seule une minorité – entre 5 et 20 % des membres des groupes à haut risque qui deviennent infectés – développera effectivement la maladie.[89] De plus, le virus n'étant pas transmis par voie aérienne ou par contacts communs, mais par contact sexuel, notamment homosexuel, par transfusion de sang et de produits sanguins infectés et par injection intraveineuse de médicaments, le risque d'infection est faible. en dehors des « groupes à risque » directs (homosexuels actifs, hémophiles et toxicomanes par voie intraveineuse).

La proportion de cas de sida aux États-Unis en dehors des groupes à risque n'augmente pas, mais est demeurée constante – environ un pour cent – au cours des dernières années et on estime qu'aux États-Unis, les chances pour des personnes ne faisant pas partie des groupes à risque contracter le SIDA « sont moins d'un sur un million. » (Le magazine *Discover* de décembre 1985, pp. 31, 49) En juin 1986, environ 30 000 cas de sida étaient connus dans le monde, dont plus de 21 000 aux États-Unis. Environ la moitié d'entre eux étaient morts. Il y a quelques années, la période de doublement pour les cas signalés aux États-Unis était de six mois, mais depuis, elle a duré environ 12 à 14 mois (1986). Cela indique que le taux d'infection ralentit. Tout cela signifie également que la maladie ne se propage pas rapidement, tout comme une épidémie générale.

Il ne fait aucun doute que le sida est une infection très dangereuse qui pourrait tuer des centaines de milliers de personnes si elle n'est pas maîtrisée.[90] Mais il semble très improbable qu'il atteigne des proportions comparables aux grandes épidémies du passé. Le professeur Sten Iwarson, chef du service des infections à Göteborg, en Suède, et une autorité de premier plan dans la lutte contre le sida dans ce pays, explique dans une interview accordée au *Goteborgs-Posten* du 2 juin 1985 :

---

87 *Webster's New World Dictionary*, Edition Bureau compact (1963), p. 160.
88 Les estimations du nombre de personnes infectées aux États-Unis vont d'un demi million à un million. En Afrique centrale, où la maladie est censée avoir pris naissance, on pense que 6 à 10 % de la population des grandes villes sont infectés.
89 Le magazine médical suédois *Läkartidningen* du 15 mai 1985, p. 1849, 1868. En raison de la longue période d'incubation – jusqu'à cinq ans, peut-être plus, le chiffre exact n'est pas connu. Sur les 0,5 à 1 million de personnes infectées aux États-Unis, « plus de 10 %... sont susceptibles de développer la maladie au cours des cinq prochaines années. »(Nature. 25 avril 1985, p. 659)
90 En avril 1984, des chercheurs ont annoncé qu'ils avaient isolé le virus responsable du SIDA, mais un vaccin « est encore dans plusieurs années. »(*Nature*, 25 avril 1934, p. 659). On estime qu'environ 300 000 personnes auront contracté le sida en 1991.

> **Le sida est la maladie la plus dangereuse aujourd'hui, mais en tant que maladie, elle se limite à certains groupes à risque. Le sida ne peut être comparé à la peste noire ou à la grippe espagnole dans laquelle des millions de personnes sont mortes. Le mode de transmission est différent et la société est différente... Le sida se transmet par voie sexuelle et par transfusion sanguine et se limite à certains groupes à risque. Bien qu'un nombre moins important en dehors des groupes à risque puisse également être atteint, rien n'indique en fait qu'il se développera en une peste généralisée.**

Seul l'avenir, bien sûr, peut dire ce que deviendra cette nouvelle infection. En tout état de cause, la simple possibilité d'une épidémie future ne peut pas être utilisée pour prouver que les pestes ont augmenté depuis 1914 et un examen des maladies vénériennes au cours des soixante-dix dernières années n'a pas non plus renforcé cette affirmation.

À la lumière de ces faits, il n'est pas du tout surprenant que les partisans de la fin des temps, et notamment la Société Watch Tower, tentent d'améliorer le « signe de la peste » en sortant des limites de la véritable peste et en introduisant d'autres maladies non infectieuses comme « preuve » supplémentaire. Ainsi, discutant du « signe des derniers jours, » La Tour de Garde du 1er août 1983, dit à la page 5 :

> **... la science a gagné de grandes batailles contre la maladie. Toutefois, elle ne l'a pas encore vaincue, tant s'en faut. Par exemple, les troubles cardiaques constituent toujours la cause principale de décès prématurés dans les pays industrialisés**

Alors que la déclaration elle-même est exacte, cela prouve en réalité très clairement que les pestilences, au sens propre du terme, ont diminué au cours de notre siècle. Comment ?

Parce que la principale cause de décès prématuré au cours des siècles précédents n'était pas une maladie cardiaque, mentionnée par la Société, mais précisément des maladies pestilentielles ou infectieuses. Montrant le changement qui est arrivé, le professeur Hofsten déclare :

> **Partout dans le monde, la mortalité est maintenant considérablement inférieure à celle du passé. Un développement plus marqué vers une réduction de la mortalité a commencé dans le nord et l'ouest de l'Europe vers 1800.**

Concernant situation dans les pays développés, Hofsten poursuit en disant :

> **Si l'on considère les causes de décès, on constate que les maladies infectieuses n'en font presque plus partie. Auparavant, ces maladies touchaient des personnes de tous âges et constituaient la**

raison la plus importante pour laquelle la mortalité chez les enfants et les jeunes était très élevée à cette époque.[91]

Avant le XIXe siècle, la durée de vie moyenne était de 20 à 30 ans.[92] Aujourd'hui, à l'échelle mondiale, ce chiffre est plus du double. Dans les pays industrialisés, l'espérance de vie peut aller jusqu'à 75 ans ou plus, alors que dans les pays en développement elle a atteint entre 30 et 60 ans.[93]

De toute évidence, les gens meurent tôt ou tard. Les causes sont différentes. Si la mort survient tard dans la vie, les causes sont généralement des maladies dégénératives ou vieillissantes. Et le cancer et les maladies cardiaques sont – premièrement – des maladies du vieillissement.[94] En écrivant sur le cancer, Bergmark déclare que «cette maladie redoutée est relativement rare chez les moins de 50 ans».[95] Et du cancer et des maladies cardiaques, Schrader déclare :

> **Les deux causes les plus fréquentes de décès [dans les pays développés] au tournant du siècle dernier étaient encore la tuberculose et le choléra. Aujourd'hui, ce sont les maladies cardiaques et circulatoires et le cancer, deux souffrances auxquelles un corps vieux ou prématuré est exposé.**[96]

Nous devons donc faire la distinction entre les «décès dus au vieillissement de l'organisme (essentiellement les maladies du cœur et du système circulatoire et le cancer) et les décès dus à des infections ou à des accidents».[97] Les pestes sont des infections. Les maladies cardiaques et le cancer n'en sont pas. Si, comme on le voit, ces dernières sont la principale cause de décès dans les pays développés, cela prouve que les décès dus à la peste ont été nettement réduits dans ces pays.

Bien que les maladies cardiaques et le cancer soient actuellement les principales causes de décès dans les pays développés, cela signifie-t-il automatiquement que ces maladies augmentent dans ces pays? La Société Watch Tower soutient que oui, en disant dans La *Tour de Garde* du 15 janvier 1985 à la page 9 :

---

91 Erland Hofsten, *Världens befolkning*, deuxième édition (Uppsala, 1970) pp. 90, 91.
92 Poul Chr. Matiiessen, *Befolkningsutvecklingen-arsalt och verkan*, (Lund, 1972), p. 34.
93 Mathiessen, pp. 36, 42. Voir aussi Roland Pressat, *Demographic Analysis* (Chicago, 1972), pp. 71-75.
94 Ceci, bien sûr, à l'exception du cancer du poumon causé par le tabagisme, en Suède, environ 15 % de tous les cas de cancer sont causés par le tabagisme ; en Angleterre, ce pourcentage est deux fois plus élevé.
95 Bergmark, p. 327.
96 Schrader, pp. 273. 279. Voir aussi T. H. Hollingswonh. *Historical Demography* (Londres et Southampton, 1969), p. 23.
97 Presser, p. 84.

Dans les pays plus développés, le cancer, les troubles cardiaques, le diabète, la cirrhose et les déséquilibres mentaux font de plus en plus de ravages

En ce qui concerne le cancer, ce n'est tout simplement pas vrai. Dans une interview pour le journal suédois Goteborgs-Posten (20 octobre 1984), le professeur de renommée mondiale Richard Peto, chercheur sur le cancer, a déclaré : « Le grand public croit à tort que le nombre de cas de cancer augmente. Mais c'est faux. Lorsque la fréquence de la maladie dans le même groupe d'âge est comparée d'une année à l'autre, nous trouvons plutôt une diminution, à l'exception du cancer du poumon.

CE QUE LES AUTORITÉS PRINCIPALES DECLARENT SUR LES PESTILENCES AUJOURD'HUI ET DANS LE PASSÉ

« La création... d'un « marché commun » des microbes, qui a traversé une phase particulièrement intense, rapide et dramatique, pourrait-on dire apocalyptique, pendant la période d'environ 1300-1600. Le sacrifice de vies humaines résultant de la propagation mondiale d'agents pathogènes au cours de ces trois siècles n'a eu aucun parallèle avant ou après. » – Emmanuel Le Roy Ladurie, historien français *The Mind and Method of the Historian* (Brighton, Sussex, Angleterre, 1981), page 30.

« Nous qui vivons dans des pays civilisés où la médecine a fait de tels progrès, et où l'hygiène est prêchée et pratiquée, nous ne savons rien de ces fléaux qui ont balayé des continents entiers au Moyen Âge. » – Leo Huberman, *Man's Worldly Goods, The Story of the Wealth of Nations* (New York et Londres, 1968), page 50.

« Les maladies infectieuses, qui constituaient le groupe le plus important dans nos statistiques sur la morbidité et la mortalité il y a seulement une ou deux générations, ont été repoussées par les progrès de la médecine. » – Professeur Folke Henschen, *The History of Diseases* (London, 1966), page 1.

« À bien des égards, on peut penser que le milieu du XXe siècle est la fin d'une des révolutions sociales les plus importantes de l'histoire, à savoir la quasi-élimination des maladies infectieuses, facteur important de la vie sociale. » – Sir MacFarlane Bumet, *Natural History of Infectious Disease* (Cambridge, 1962), Page 3.

« Dans la plupart des endroits, les maladies épidémiques sont devenues sans importance et de nombreux types d'infections sont devenus rares là où ils étaient autrefois communs et graves. L'augmentation nette de la santé humaine et du bien-être est difficile à exagérer ; En effet, il faut maintenant un acte d'imagination pour comprendre quelle maladie infectieuse autrefois signifiait pour l'humanité, ou même pour nos propres grands-pères. » – Professeur William H. McNeill, *Plagues and Peoples* (New York, 1976), page 287.

« Les vainceurs des pestes ont remporté la plus grande victoire jamais remportée pendant six mille ans d'histoire mondiale : la victoire sur une mort prématurée. »—Herbert L. Schrader, Und dennoch siegte das Leben (Stuttgart, 1954), page 278.

« La réalisation la plus remarquable du XXe siècle pourrait être l'éradication des grandes pandémies qui ont balayé des nations entières – et des continents – paralysant, mutilant, blessant et tuant des millions de personnes. »—James Cornell, *The Great International Disaster Book* (New York, 1979), page 182.

Dans l'ensemble, il en va de même pour les maladies cardiaques. Bien que les crises cardiaques augmentent dans certains pays, par exemple en Suède, il est bien connu des chercheurs qu'elles diminuent maintenant dans la plupart des autres pays industrialisés, y compris les États-Unis.[98]

Ce qui se passe alors, c'est que le cancer et les problèmes cardiaques ont tendance à se manifester de plus tard en plus tard. La raison ? Tout simplement, à notre époque, les gens dans leur ensemble jouissent d'une meilleure santé et vivent plus longtemps.

Aujourd'hui, dans ce dernier quart du vingtième siècle, les gens continuent à tomber malades et les gens continuent de mourir. Mais seule une petite fraction meurt de la peste, moins que jamais auparavant dans l'histoire connue. Malgré les terribles pressentiments et les scènes effrayantes dessinées de manière dramatique par certains auteurs et sources religieuses, les faits montrent que la situation sanitaire de notre siècle est, non pas plus sombre, mais nettement meilleure pour l'humanité tout entière.

---

[98] Cela a été souligné, par exemple, par le chercheur suédois Lars Willhelmsson, dans le journal suédois *Göteborgs-Tidningen*, 10 février 1985, p. 5. Voir aussi le Dr A. E. Harper, « Nutrition et santé dans un environnement en mutation », dans *The Resourceful Earth*, édité par J. L. Simon et H. Kahn (Oxford et New York, 1984), pp. 490. 507-511)

CHAPITRE 5

5 Quelques faits remarquables sur les guerres

AUCUNE PERSONNE sensible ne voudrait minimiser la menace créée par la guerre moderne. La guerre a augmenté en puissance destructive au cours des cinq cents dernières années grâce à une série de progrès techniques, qui peuvent être divisés en trois étapes :

1) L'introduction de la *poudre à canon* sur le champ de bataille au XIVe siècle a entraîné le remplacement des arcs et des arbalètes par des armes à poudre au XVe siècle.

2) L'étape suivante est arrivée au dix-huitième siècle avec la *révolution industrielle*. Au cours du XIXe siècle, de nouvelles armes plus meurtrières ont été inventées, telles que les revolvers, les mitrailleuses, les grenades à main, les champs de mines et les mines sous-marines (« torpilles »). Tous ces nouveaux moyens technologiques guerriers ont été utilisés, par exemple, lors de la guerre de sécession (1861-1865). Cette évolution s'est poursuivie à un rythme toujours croissant au cours de notre siècle. Les nouvelles armes les plus importantes avant la Seconde Guerre mondiale concernaient les chars, les sous-marins et les avions, tous utilisés jusqu'à un certain point lors de la Première Guerre mondiale, mais encore à un stade expérimental à cette époque.

3) La troisième et plus importante étape du développement a eu lieu en 1945, lorsque la première bombe atomique a été larguée sur Hiroshima, et l'humanité est soudainement entrée dans l'ère nucléaire. Avec cette étape la race humaine pour la première fois dans l'histoire se trouve confrontée au spectre de l'autodestruction mondiale.

Cependant, cette situation implique-t-elle, comme certains le prétendent, que notre vingtième siècle est la période la plus belliqueuse de l'histoire humaine ? Est-ce que cela sert à identifier clairement nos jours comme ceux marqués dans la prophétie biblique du « temps de la fin » ?

Dans *The Late Great Planet* Earth, l'auteur cite l'état de guerre moderne comme preuve que les mots de Jésus dans Matthieu, chapitre 24, trouvent leur accomplissement dans notre époque. « La fréquence et l'intensité de la guerre ont beaucoup augmenté au cours de ce siècle », a-t-il déclaré et se réfère à la « lutte continue sur notre planète » depuis la Seconde Guerre mondiale.¹

L'écrivain adventiste Robert Pierson, soulignant qu'**« il y a eu des guerres au cours des soixante-cinq dernières années à une échelle jamais vue auparavant dans le monde »**, voit ces signes comme une fin, la prophétie se déroulant d'une manière unique.²

Le Dr Billy Graham, sans se focaliser sur des dates précises, exprime de la même manière la conviction que l'expression de Jésus sur les guerres est liée à une intensification et une escalade uniques de la guerre. Parlant des « signes qui semblent actuellement se dessiner », il dit :

> **... l'un des principaux signes qu'il a indiqué était l'intensité croissante de la guerre. L'humanité a toujours eu des guerres, mais jamais à l'échelle que Jésus avait prédit dans Matthieu 24 et Apocalypse 6.³**

Les affirmations les plus précises, les plus détaillées et les plus remarquables, cependant, sont celles de la Société Watch Tower, qui attache une importance considérable à la guerre qui a éclaté en Europe en 1914. Elles montrent que Christ est revenu et « la conclusion du système de choses » a commencé cette année-là. On prétend que Jésus, dans Matthieu vingt-quatre, verset 7, a prédit la première guerre mondiale comme caractéristique initiale du signe d'une « présence invisible » depuis 1914.

Est-ce que 1914 était vraiment le grand « tournant » de l'histoire selon la Société Watch Tower ?

Qu'en est-il d'autres affirmations impressionnantes dans les publications de la Watch Tower concernant le conflit de 1914-1918 ? Était-ce réellement la première guerre mondiale de l'histoire ?

A-t-il vraiment éclaté de manière tout à fait inattendue, mettant fin soudainement à une longue période de paix ? Est-il vrai que cette guerre était « sept fois plus grande que toutes les 901 grandes guerres des 2 400 années précédentes ? »⁴ En d'autres termes, les statistiques de la Société Watch Tower correspondent-elles aux faits ou les chiffres ont-ils été « améliorés » pour que l'année 1914 se démarque autant que possible ?

---
1 Hal Lindsey, *The Late Great Planet Earth*, p. 147.
2 Robert H. Pierson, *Goody-bye, Planet Earth*, pp. 8, 11—15.
3 Billy Graham. *Approaching Hoofbeats, The Four Horsemen of the Apocalypse*, pp. 127, 128.
4 Cette déclaration, citée (de toute évidence sans vérifier au préalable son exactitude), tirée d'un bref article du magazine *Collier* du 29 septembre 1945, a souvent été reprise dans les publications de la WatchTower. Voir, par exemple, *La Tour de Garde* du 15 octobre 1975 la page 633, également du 15 avril 1982, page 8, et *Vous Pouvez Vivre Éternellement sur une Terre transformée en un Paradis* (1982), à la page 150.

Jésus a-t-il prédit la Première Guerre mondiale ?

Quand Jésus, dans Matthieu vingt-quatre, versets 6, 7, a prédit qu'il y aurait des guerres, s'est-il alors référé aux guerres mondiales ? Est-ce que ses paroles contiennent une déclaration à propos des guerres qu'aucune génération avant 1914 n'a connue dans les guerres de son temps ?

L'idée que Matthieu chapitre vingt-quatre, verset 7, pointe vers la Première Guerre mondiale et les guerres qui ont suivi, repose sur l'expression « nation s'élèvera contre nation et royaume contre royaume. »[5] On estime que la formulation indique que Jésus a eu une grande guerre en tête, une guerre dans laquelle de nombreux pays et nations seraient impliqués : La Première Guerre mondiale ! Il convient toutefois de noter que, dans le texte grec original, les mots « nation » (*e'thnos*) et « royaume » (*basilet'a*) sont au singulier. Ainsi, l'*Anchor Bible* (W. F. Albright et C. S. Mann, Matthew, 1971) dit : « Car un peuple se lèvera contre un autre, un royaume contre un autre ».

(Voir aussi la traduction de J. B. Phillips, édition révisée de 1972). Cela porte à penser aux guerres en général, et pas spécialement aux « guerres mondiales » ou même nécessairement aux guerres majeures.

Cela est également confirmé par le fait que Jésus a formulé sa déclaration en des termes empruntés à des expressions similaires trouvées dans les Écritures hébraïques ou dans l'Ancien Testament, par exemple en Ésaïe chapitre dix-neuf, verset 2 et deuxième chapitre quinze, verset 6. Aucun de ces textes ne traite, bien sûr, avec les guerres mondiales. Le premier d'entre eux se réfère même à une guerre dans une seule nation, une guerre civile :

> **Et j'agiterai les Égyptiens contre les Égyptiens, et ils lutteront chacun contre son frère et contre son prochain ; ville contre ville et**

---
[5] Auparavant, la Société Watch Tower avait déclaré que les « guerres et rapports de guerre » mentionnés au verset 6 faisaient référence aux guerres antérieures à la Première Guerre mondiale, tandis que le verset 7 décrit la Première Guerre mondiale et d'autres guerres majeures depuis 1914. *Le Paradis reconquis*, 1958, pp. 178, 179.) Mais les deux versets ne peuvent pas être séparés de cette manière, car le mot « pour » (grec *gar*) au verset 7 montre clairement que ce verset est simplement une explication du vers précédent ! La pensée est : « Vous entendrez parler de guerres et de rumeurs de guerres, mais n'ayez pas peur de croire que la fin arrive. Car il y aura beaucoup de guerres et d'autres troubles », etc. La Société a finalement réalisé que les deux versets se réfèrent aux mêmes types de guerres. Ainsi, La Tour de Garde du 1er janvier 1970 admet : « En continuant à dire que cette nation s'élèverait contre la nation et le royaume contre le royaume, Jésus explique pourquoi ils entendraient parler de guerres et de rapports de guerres. (Pp. 43 et 44) Ce point de vue est toujours conservé dans *La Tour de Garde* du 1er avril 1983, où il est dit à la page 4 que Jésus, au verset 7, « expliquait » ce qu'il venait de dire au verset 6. – mais la conséquence pour la Société Watch Tower est qu'elle est forcée d'appliquer anormalement, les deux versets aux guerres depuis 1914 !

royaume contre royaume.[6]

Que Jésus n'ait pas utilisé l'expression « nation contre nation et royaume contre royaume », surtout des guerres mondiales est aussi évident du fait que cette description comprenait la guerre et les révoltes dans l'empire romain qui a précédé et a abouti à la destruction de Jérusalem et de son temple en l'an 70 de notre ère. Même la Société Watch Tower en est d'accord, mais elle considère que les guerres et autres difficultés qui ont mené à la destruction de Jérusalem en l'an 70 étaient un prototype prophétique des troubles sur Terre depuis 1914.[7] La Société tente donc de représenter la période précédant l'an 70, une période particulièrement violente et troublante, marquée par des guerres, des révoltes, des famines et des tremblements de terre.

Mais la simple vérité est que cette période n'a pas été pire à cet égard que bien d'autres périodes de l'histoire. En fait, le premier siècle de notre ère était l'une des ères les plus paisibles et les moins perturbées de l'histoire ! Cela faisait partie de la longue et célèbre période de paix appelée *Pax Romana*, « la paix romaine », qui s'étend de l'année 29 av. J.-C. à environ 162 ap. J.C. Vers cette époque, l'ère de la *Pax Romana* était peut-être la période de l'histoire militaire la moins marquante », selon les deux historiens militaires R. Ernest Dupuy et Trevor N. Dupuy.[8]

La rupture la plus importante de cette période pacifique est venue des révoltes susmentionnées au sein de l'Empire romain, qui en Judée ont causé la destruction de Jérusalem et de son temple en 70 après J-.C.[9]

Par conséquent, ni dans les termes mêmes ni dans les événements ultérieurs qui ont eu lieu, rien n'indique que la déclaration de Jésus sur les guerres à venir dans Matthieu vingt-quatre, versets 6 et 7 fait particulièrement référence aux guerres mondiales et autres guerres majeures qui ont eu lieu depuis 1914. Ses paroles correspondent à toutes les guerres interétatiques et civiles qui ont eu lieu tout au long

---

6 Ésaïe 19 : 2, ASV. La prophétie d'Ésaïe était évidemment accomplie dans les dernières décennies du huitième siècle et des premières décennies du septième siècle avant JC, lorsque l'Égypte s'était divisée en plusieurs « royaumes » ou provinces plus petits, gouvernés par des rois locaux à plusieurs reprises. de la 25ᵉ Dynastie a finalement pris le contrôle du pays.

7 Voir le livre *Le Royaume millénaire de Dieu s'est approché* (1973), chapitre 16. *La Tour de Garde* du 1ᵉʳ mai 1975 admet que « l'expression de Jésus 'nation contre nation et royaume contre royaume' avait aussi une application au premier siècle. Elle ne se limite pas aux guerres mondiales. » (page 274)

8 R. Ernest Dupuy et Trevor N. Dupuy, *L'Encyclopédie de l'histoire militaire* (New York, 1970), à la page 122.

9 La révolte juive contre Rome faisait partie d'une rébellion plus répandue qui se répandit dans tout l'empire romain et culmina l'année après la mort de Néron, en 68-69 après JC, « quand Servius Galba, consul avec Titus Vinius comme collègue, a commencé l'année qui a apporté la mort à tous les deux et a presque signifié la chute de Rome. »(Tacite Historae. I, II)

de l'histoire et ces paroles ont manifestement été proférées pour avertir ses disciples de ne pas considérer de telles calamités comme un « signe » de sa venue et de la fin de l'âge.

Qu'en est-il alors des affirmations impressionnantes d'un changement supposé unique et important en 1914, comme l'a fait la Société Watch Tower ?

La première guerre mondiale a-t-elle marqué le tournant de l'histoire ?

Lorsque Jésus reviendra « avec puissance et une grande gloire », son intervention dans l'histoire humaine signifiera une *conclusion* de l'époque actuelle. Il vient pour le conclure. Ses disciples le savaient, et par conséquent ils ont demandé le signe qui indiquerait *à la fois* son arrivée et la fin de l'âge.[10] L'intervention de Jésus pour conclure cet âge ne sera pas une affaire délicate. En possession de « toute autorité... au ciel et sur la terre », il renversera rapidement tout ce système de choses et compara donc son intervention future à la venue de la crue à l'époque de Noé qui dépassa soudainement les gens sans méfiance de l'époque et a rapidement mis fin à l'âge alors existant. **« Ainsi sera la venue [grecque, *parousia*] du Fils de l'homme. »** (Matthieu 24 : 37-39) De même, Jésus a comparé son arrivée à la destruction soudaine et rapide de la ville de Sodome aux jours de Lot, et ajoutée ; **« De la même manière, sera le jour où le Fils de l'homme sera révélé. »** (Luc 17 : 28-30) Le verbe "révéler" (*apokalupto*) est ici clairement utilisé comme parallèle à la "venue" (*parousia*) en Matthieu chapitre vingt-quatre, verset 39. Les deux mots se réfèrent au même événement : la venue de Christ pour mettre fin à l'âge actuel.

L'avènement du Christ et la fin du présent âge seront en effet un *grand tournant* dans l'histoire de l'humanité. Lorsque la Société Watch Tower date la venue de Christ et le début de la « conclusion de l'âge » à partir de 1914, elle n'est pas seulement obligée d'étendre cette « conclusion » à toute une vie (de 1914 à Armageddon, qui est supposé se produire sous peu), ce qui en fait un événement très long par rapport aux propres déclarations de Jésus. Elle est également obligée de faire de l'année 1914 *le grand tournant de l'histoire*. Pour preuve, la Société cite souvent ce que certains historiens, rédacteurs en chef de journaux et politiciens ont dit à propos de la Première Guerre Mondiale et de 1914. **« De nombreux historiens soulignent à juste titre cette année comme étant <u>charnière pour l'humanité</u> »**, affirme *La Tour de*

---

10 Matthieu 24 : 3. L'expression grecque *synteletía tou aiōnos* dans ce verset signifie littéralement « la conclusion de l'âge. » Voir la <u>traduction interlinéaire du Royaume</u> de la Société, page 141.

Garde du 15 octobre 1980, page 14. Est-ce vrai ?

Assurément non. C'est une déformation flagrante de ce que ces historiens ont réellement dit. Aucun d'entre eux n'a déclaré que 1914 était l'année charnière pour l'humanité. Les historiens cités par la Société Watch Tower affirment que 1914 était « l'un des » tournants de l'histoire, « le tournant *de notre époque* », etc. Aucun d'entre eux n'a prétendu que 1914 était le tournant de l'histoire. Dans ses citations, la Société omet systématiquement d'inclure le fait que les historiens font état de nombreux tournants dans l'histoire, *dont 1914 n'est qu'un parmi d'autres*. Cette méthode employée pour ne citer que les parties qui semblent supporter leur argument peut être sérieusement trompeuse, comme le montrent les exemples suivants.

La publication de la Watch Tower « *Que ton Royaume Vienne* » (1981) cite, entre autres, l'historienne Barbara W. Tuchman dans son livre *The Guns of August* (1962) : **« La Première Guerre mondiale a été l'une des grandes convulsions de histoire. »**[11] En examinant la déclaration de Tuchman, cependant, nous constatons que la Société a choisi de ne pas en inclure une partie importante. Sa déclaration complète est que **« comme la Révolution française, la Première Guerre mondiale a été l'une des grandes convulsions de l'histoire »**.[12] Pourquoi la Société Watch Tower a-t-elle passé les mots « comme la Révolution française » ? Évidemment parce que les revendications uniques de 1914 auraient été affaiblies par une citation qui place la Révolution française sur un pied d'égalité avec le conflit de 1914-1918. Les historiens, en effet, considèrent que la révolution française a été un tournant encore plus important dans l'histoire que la Première Guerre mondiale !

Sur la même page de « Que ton Royaume Vienne », la Société Watch Tower cite également le magazine The Economist du 4 août 1979, dans lequel l'éditeur affirmait : « En 1914, le monde a perdu une cohérence qu'il n'a pas réussi à retrouver... » Mais le lecteur ignore que l'éditeur de cet article compare la période après 1914 avec la période de 1789 à 1848, qui était aussi instable, remplie de guerres, de désordre et de violence qu'à notre époque, et suggère que L'histoire suit un schéma cyclique : « DEUX générations de bouleversements et de violence, suivies de deux générations de consolidation et de calme, suivies de deux générations de bouleversements, suivies de... ? » (page 10) Alors, qu'est-ce que l'éditeur a *vraiment* dit à

---

11 « Let Your Kingdom Come ». Watchtower Bible and Tract Society, 1981, p. 115.
12 Barbara W. Tuchman, The Guns of August—August 1914, the Four Square Edition, 1964 (it 1965. The quotation is found under "Sources» at the end of the book.

propos de la période depuis 1914 ? Seulement qu'elle semble suivre le schéma cyclique général de l'histoire dans le passé !

Il y a eu beaucoup de « tournants » et de convulsions dans l'histoire, et il serait facile de remplir de nombreuses pages avec des citations d'historiens. Quelques exemples peuvent suffire.

Sur le déclin de l'empire romain au Ve siècle :

> **Cette période a été <u>l'un des grands moments de l'histoire mondiale.</u>**[13]

Sur la révolution industrielle qui a commencé vers les années 1780 :

> **Il s'agissait *sans doute de l'événement le plus important de l'histoire mondiale*, du moins depuis l'invention de l'agriculture et des villes.**[14]

Sur la Révolution française de 1789—1799 :

> **La Révolution française est l'événement le plus important de la vie de l'Europe moderne. Il mérite d'être classé avec la Réforme et la montée du christianisme car, comme eux, il a détruit les repères du monde dans lequel des générations d'hommes avaient passé leur vie.**[15]

> **Même aujourd'hui, au milieu du vingtième siècle, malgré tout ce qui s'est passé dans la vie des hommes qui ne sont pas encore vieux, et même ici en Amérique ou dans tout autre monde où les pays européens ne jouissent plus de leur ancienne position il est encore possible de dire que la Révolution française à la fin du XVIIIe siècle a été le grand tournant de la civilisation moderne.**[16]

Sur la guerre russo-japonaise de 1904 à 1905 :

> **Psychologiquement et politiquement, la victoire du Japon dans la guerre a marqué un tournant dans l'histoire mondiale.**[17]

Sur le largage de la première bombe atomique sur Hiroshima en 1945 :

> **Une nouvelle ère dans la guerre et une nouvelle ère de l'histoire se sont manifestées dans les derniers jours de cette période : l'ère nucléaire, inaugurée par la première chute de la bombe atomique sur Hiroshima, le 6 août 1945.**[18]

---

13 Dupuy & Dupuy (1970), p. 166.
14 E. J. Hobsbawm, The Age of Revolution (London, 1962), p. 29.
15 Cambridge Modern History, Cambridge University Press, 1904, Vol. 8.
16 The noted historian R. R. Palmer in the preface to George Lefebvre's The Coming of the French Revolution (New York : Vintage, 1947), p, v.
17 Dupuy & Dupuy, pp. 926, 1014.
18 Ibid.

Que la guerre mondiale de 1914—1918 ait marqué l'un des nombreux tournants de l'histoire mondiale, personne n'essaierait de le nier. Mais la question est la suivante : était-ce le tournant décisif que la Watch Tower veut faire passer ? Était-ce ce genre de tournant que les disciples avaient en tête lorsqu'ils ont demandé à Jésus le signe de sa venue et de la fin du monde ? Une telle conclusion ne peut être tirée de la réponse que Jésus a donnée à la question de ses disciples, ni des déclarations des historiens.

La guerre de 1914—1918 a-t-elle soudainement ôté « la paix sur la terre » ?

La paix et la sécurité ont été soudainement et inopinément retirées de la terre en 1914, citant le chapitre 6 de l'Apocalypse, verset 4, à propos du cavalier sur le cheval aux couleurs de feu auquel « il a été permis d'ôter la paix de la terre afin qu'ils se massacrent les uns les autres » (NW) Puisque la Société soutient que ce cavalier a commencé sa course meurtrière sur terre en 1914, elle tente de montrer que la paix régnait sur terre avant cette année-là, une paix à qui de façon soudaine et inattendue, fut « ôtée » par le déclenchement de la guerre.

Pour prouver cela, la Société cite, non pas des historiens, mais deux hommes d'État âgés et deux témoins de Jéhovah ! Les deux hommes d'État, Konrad Adenauer et Harold Macmillan, ont souvent été mentionnés dans les publications de la Watch Tower, tandis qu'ils se souvenaient de leur jeunesse comme d'un temps de paix, de sécurité et d'optimisme, ce qui « soudainement et de manière inattendue » disparu en 1914.[19]

Le magazine Réveillez-vous ! cite également Ewart Chitty, âgé de 16 ans au début de la guerre, et George Hannan, âgé de 15 ans à l'époque. M. Harman déclare que « personne ne s'attendait à la Première Guerre mondiale... Les gens disaient que le monde était devenu trop civilisé pour la guerre. Mais la guerre mondiale est sortie de nulle part, comme un coup de tonnerre.[20]

Cette image de la période d'avant-guerre correspond-elle à la réalité historique ou reflète-t-elle simplement l'habitude de nombreuses personnes âgées à idéaliser le « bon vieux temps » ? Où peut-on plus vraisemblablement apprendre les faits réels sur l'ère d'avant-guerre : des souvenirs d'enfance d'une personne âgée ou d'un historien... qui a

---

[19] La Tour de Garde, 1ᵉʳ mai 1982, p. 14.
[20] Réveillez-vous !, Le 8 mai 1981, p. 6. Chitty et Hannan sont tous deux témoins de Jéhovah de longue date. Voir La Tour de Garde, du 15 février 1963, pp. 118-120, et La Tour de Garde, du 15 janvier 1970, pp. 56-61.

bien étudié l'époque ?

Chitty et Harman sont tous deux témoins de Jéhovah, chose que « Réveillez-Vous ! » omet de mentionner. Il est donc peu probable que leur image de la période antérieure à 1914 corresponde à celle de la Société Watch Tower. La déclaration d'Hannan, selon laquelle « personne ne s'attendait à la Première Guerre mondiale », devrait être comparée à ce que le premier président de la Société, C. T. Russell, a dit à ce sujet 22 ans avant le début de la guerre. En 1892, se référant à la peur et aux troubles dans le monde, Russell a expliqué :

> ... **Les quotidiens, les hebdomadaires et les mensuels, religieux et laïcs, discutent continuellement des perspectives de guerre en Europe. Ils notent les griefs et les ambitions des différentes nations et prédisent que la guerre n'est pas inévitable aujourd'hui, qu'elle peut commencer à tout moment entre certaines des grandes puissances, et que les perspectives sont qu'elles finiront par les impliquer toutes.**[21]

La vérité est que la grande guerre de 1914 n'a pas été une surprise. Il était attendu par pratiquement tout le monde ! Le monde se préparait à la guerre depuis des décennies et les nations étaient armées jusqu'aux dents. Tout le monde attendait « l'étincelle d'allumage ». Dans leur livre Une histoire du monde moderne depuis 1815, les historiens R. R. Palmer et J. Colton disent :

> **Jamais les États européens n'avaient maintenu de si grandes armées en temps de paix qu'au début du XXe siècle... Peu de gens voulaient la guerre ; sauf quelques écrivains sensationnels, ils préféraient la paix en Europe, mais tous prirent pour acquis que la guerre arriverait un jour. Au cours des dernières années avant 1914, l'idée que la guerre devait éclater tôt ou tard a probablement incité certains hommes d'État, dans certains pays, à la libérer.**[22]

Depuis quelques années, le pasteur Russell et ses partisans dans une certaine mesure ont partagé ces attentes. Mais, en 1887, Russell, commentant la peur généralisée et la course aux armements en Europe, écrivait dans le numéro de février de Zion's Watch Tower :

> **Tout semble indiquer que l'été prochain verra se profiler une guerre qui pourrait engager toutes les nations en Europe. (Page 2)**

Lorsque cela n'eut pas eu lieu, Russell s'est montré plus prudent quant aux perspectives de guerre. « Nous ne les partageons pas », écrivit-il en

---
21 The Watch Tower, January 15, 1892, pp. 19-21. Reprints, p. 1354.
22 R. R. Palmer and Joel Colton, *A History of the Modern World Since 1815*, cinquième édition (New York, 1978), pp. 654, 655.

1892, « nous ne pensons pas que les perspectives d'une guerre européenne générale soient aussi marquées qu'on le croit généralement ». Une telle guerre ne correspondait pas au schéma prophétique du pasteur. Russell, qui envisageait plutôt l'anarchie mondiale à venir. Si une guerre européenne générale devait éclater, elle devait venir bien avant 1914. Ainsi, Russell a déclaré :

> **Même si une guerre ou une révolution éclatait en Europe plus tôt qu'en 1905, nous ne pourrions considérer cela comme une partie des graves problèmes prévus. Tout au plus pourrait-il être un précurseur, une simple « escarmouche » par rapport à ce qui est à venir.[23]**

Croyant que l'anarchie mondiale et la destruction de tout gouvernement humain seraient accomplies avant 1914 – alors que le point culminant d'Armageddon serait arrivé et que le royaume de Dieu serait établi sur la terre – le pasteur Russell et ses associés ont ainsi estimé que la guerre généralement attendue en Europe devait venir bien avant cette date, probablement « vers 1905 », a déclaré Russell.[24]

Est-ce que ce que l'on appelle maintenant la Première Guerre mondiale a été précédé d'une longue période de paix et de sécurité ? Il est certes vrai que la période de 1848 à 1914 fut quelque peu plus calme par rapport aux convulsions qui ont précédé et succédé à cette période, parfois appelée une belle époque, une « belle époque ». Mais ce nom est trompeur. Barbara W. Tuchman, historienne de renommée internationale, a fait une étude spéciale des décennies qui ont précédé la Première Guerre mondiale. Dans l'avant-propos de son étude, qui couvre la période 1890-1914, elle dit :

Ce n'est pas le livre que j'avais l'intention d'écrire quand j'ai commencé. Les idées préconçues sont tombées une par une lorsque j'ai enquêté. La période n'a pas été un âge d'or ou une belle époque, sauf pour une mince classe privilégiée... Nous avons été trompés par les

---
23 La Tour de Garde, le 15 janvier 1892, p. 19-21. Réimpressions, p. 1354.
24 Prétendant que les prédictions de Russell se réalisaient, la Société Watch Tower a souvent cité le *World Magazine* du 30 août 1914. (Plus récemment cité dans Réveillez-Vous ! du 1" avril 1984, p. 5,6). tous les royaumes en 1914 » dans ce magazine, il a été affirmé que « la terrible épidémie de guerre en Europe a accompli une prophétie extraordinaire. » Ensuite, les publications du pasteur Russell sont abondamment citées, ce qui donne au lecteur l'impression que Russell avait prévu la guerre. La connaissance intime des nombreuses publications du pasteur Russell et la possibilité de sélectionner des énoncés appropriés indiquent, cependant, que l'auteur de l'article était soit un proche collaborateur de Russell, soit son auteur. Il serait pratiquement impossible pour un journaliste neutre ordinaire d'être aussi versé dans les publications du pasteur Russell. En réalité, les prédictions de Russell citées dans l'article faisaient référence aux « grands problèmes », à la « bataille d'Armageddon », à la « fin de tous les royaumes » et à l'établissement du Royaume de Dieu sur la terre. Aucun de ces événements ne s'est réalisé en 1914, comme l'avait prédit Russell. Par contre, ce qui est arrivé, la guerre mondiale, ne pouvait pas être trouvé parmi les prophéties de Russell.

gens de l'époque eux-mêmes qui, se souvenant de l'avant-guerre, voyaient plus tôt cette partie de leur vie enveloppé par le halo d'un beau coucher de soleil de paix et de sécurité. Il ne semblait pas si doré quand ils étaient y étaient. Leurs souvenirs et leur nostalgie ont conditionné notre vision de la période d'avant-guerre, mais je peux offrir au lecteur une règle basée sur des recherches adéquates : toutes les déclarations faites par des personnes contemporaines sur la beauté de l'époque ont été faites après 1914.[25]

---

25 Barbara W. Tuchman, *The Proud Tower. A Portrait of the World Before the War, 1890-1914* (New York, 1966 [première impression, 1962]), pp, xiii, xiv.

FIN DE TOUT LES ROYAUMES EN 1914

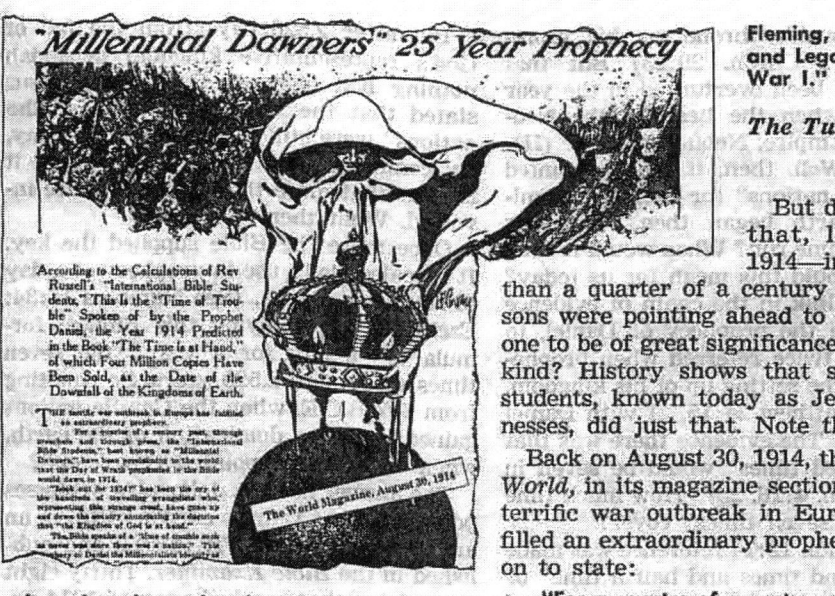

END OF ALL KINGDOMS IN 1914
"Millennial Dawners" 25 Year Prophecy

According to the Calculations of Rev. Russell's "International Bible Students," This is the "Time of Trouble" Spoken of by the Prophet Daniel, the Year 1914 Predicted in the Book "The Time is at Hand," of which Four Million Copies Have Been Sold, as the Date of the Downfall of the Kingdoms of Earth.

THE terrific war outbreak in Europe has fulfilled an extraordinary prophecy.

For a quarter of a century past, through preachers and through press, the "International Bible Students," best known as "Millennial Dawners," have been proclaiming to the world that the Day of Wrath prophesied in the Bible would dawn in 1914.

"Look out for 1914!" has been the cry of the hundreds of travelling evangelists who, representing this strange creed, have gone up and down the country enunciating the doctrine that "the Kingdom of God is at hand."

The Bible speaks of a "time of trouble such as never was since there was a nation." This prophecy of Daniel the Millennialists identify as the "Day of Wrath," the "Battle of Armaged-

... as a strong people set in battle array."

"Before their face the people shall be much pained; all faces shall gather blackness. They shall run like mighty men, they shall climb the wall like men of war; and they shall march every one on his ways, and they shall not break their ranks. And they do not press one another; every one on his beaten track do they go forward; and they pass through between warlike weapons, and change not their purpose."

"Into the city they hasten forward; they shall run upon the wall; they shall climb into the houses; through the windows they make their entrances like a thief. The earth shall quake before them; the heavens shall tremble; the sun and the moon shall be dark and the stars shall withdraw their shining. And the Lord shall utter his voice before his army; for his camp is very great; for he is strong that executeth his word; for the day of the Lord is great and very terrible, and who can abide it?" (Joel 2: 2, 11.)

This, these Bible students have been claiming since 1896, is a Scriptural description of the army which was to overrun the earth in 1914. But where was there such an army? In the same book Rev. Russell speculated on the subject and reached two very definite conclusions.

First, this description did not apply to any undisciplined mob. Second, there was so little time for the prophecy to be fulfilled that the army must...

---

clear that the outbreak of the First World War meant the end of an age."—"The Norton History of Modern Europe."

"World War I was a significant milestone on the highway of world events. It marked the end of one epoch and the beginning of

Fleming, "The Origins and Legacies of World War I."

The Turning Point Foreseen— by Whom?

But did you know that, long before 1914—in fact, more than a quarter of a century before—persons were pointing ahead to that year as one to be of great significance for all mankind? History shows that sincere Bible students, known today as Jehovah's witnesses, did just that. Note this:

Back on August 30, 1914, the New York *World,* in its magazine section, said, "The terrific war outbreak in Europe has fulfilled an extraordinary prophecy." It went on to state:

"For a quarter of a century past, through preachers and through press, the 'International Bible Students' [Jehovah's witnesses] ... have been proclaiming to the world that the Day of Wrath prophesied in the Bible would dawn in 1914.

Comme l'a montré le *New York World Magazine* du 30 août 1914, le fondateur de Watch Tower, C. T. Russell, s'attendait à ce que le Royaume de Christ mette fin à tous les royaumes terrestres en 1914. La prédiction a évidemment échoué. Les nations ont non seulement survécu, mais elles ont depuis triplé en nombre. Cependant, comme le World Magazine, au début de la guerre, affirmait à tort que « la terrible épidémie de guerre en Europe avait accompli une prophétie extraordinaire », les publications de la Watch Tower ont à plusieurs reprises fait référence à cet article. Pourtant, quand ils ont finalement imprimé une photo de l'article dans Réveillez-Vous!, Le titre embarrassant, « FIN DE TOUT LES ROYAUMES EN 1914 », a été coupé. Ce n'est que onze ans plus tard que l'image complète, avec le titre restauré, apparaîtra dans La Tour de Garde du 1er avril 1984. L'organisation n'avait pas prédit l'arrivée de la Première Guerre mondiale et ce qu'elle avait prédit, la fin de tout gouvernement humain. 1914, s'est avéré faux. Pourtant, l'article était toujours présenté comme favorable à leurs revendications concernant 1914, affirmant qu'aujourd'hui ils sont presque totalement différents de ce qu'ils étaient avant 1914.

Il est vrai que l'Europe a connu l'une de ses plus longues périodes de paix avant 1914. La Société Watch Tower cite un historien européen anonyme d'août 1914 : « Pendant les premiers jours de ce mois fatidique, l'une des périodes les plus pacifiques de notre continent l'expérience a pris fin. "[26] Mais cela ne valait que pour l'Europe, et il convient de noter que le même continent a connu une période de paix d'environ la même durée depuis 1945 !

Le fait le plus frappant est que, pour le reste du monde, les guerres fréquentes faisaient rage presque partout avant 1914. Ce que déclare le savant autrichien Otto Koenig :

> **Cependant, si quelqu'un commence à parler du bon vieux temps, de la longue période de paix de 1871 à 1914, il devrait juste ouvrir les pages fermées du livre d'histoire : la guerre des Boers en Afrique du Sud, la révolte des Boxers en La Chine, la guerre russo-japonaise, la rébellion d'Illinder en Macédoine, les guerres des Balkans et l'occupation de la Bosnie, la guerre entre l'Italie et l'Abyssinie, la rébellion du Mahdi, la rébellion des Herero en Afrique du Sud-Ouest les Français en Algérie, les guerres en Indochine, les révolutions en Amérique du Sud – et ce n'est qu'une sélection parmi les événements de guerre durant cette longue « période de paix ».[27]**

---

26 La Tour de Garde, 15 avril 1984, p. 5.
27 Otto Koenig, *Das Parodies vor unserer Tar* (Wien, Munchen, Zurich, 1971), p. 391.

Des millions de personnes ont été tuées dans ces guerres. Ce n'était certainement pas une époque paisible. Même la soi-disant « paix » en Europe n'était qu'une paix entre les grandes puissances. D'autres guerres se déroulaient en Europe, par exemple les deux guerres des Balkans en 1912 et 1913, impliquant la Bulgarie, la Serbie, la Grèce, le Monténégro, la Turquie et la Roumanie. En outre, la « paix européenne » n'était absolument pas une paix avec la sécurité. Au contraire, c'était une paix dans la peur – la peur de la guerre tout le monde savait venir.

Les historiens appellent généralement cette période de paix européenne « l'ère de la paix armée ».[28]

La situation d'avant-guerre ressemblait donc beaucoup à la situation qui règne sur Terre depuis 1945 : une génération de paix relative en Europe, avec de nombreuses guerres limitées dans de nombreuses autres parties du monde. L'affirmation que la Première Guerre mondiale a mis fin à une longue période de paix et de sécurité dans le monde est donc une fausse affirmation. L'époque d'avant 1914 était remplie de peur, d'insécurité, de violence et de guerres, comme la plupart des époques de l'histoire.

La première « guerre mondiale » ?

« Aucune génération antérieure à celle de 1914 n'a jamais connu une guerre mondiale, encore moins deux », a déclaré la Tour de Garde du 15 juillet 1983 (page 7). « Les historiens s'accordent largement sur le fait que la Première Guerre mondiale a été la première guerre à l'échelle mondiale », a déclaré le magazine Réveillez-vous ! s' du 8 mai 1981 (page 8). Est-ce vrai ?

Non certainement pas. Les historiens ne sont pas « largement d'accord » sur cette revendication. Ce que nous appelons maintenant Première Guerre mondiale ne signifie pas que c'était, en fait, la première guerre mondiale de l'histoire. Bien que beaucoup ne le réalisent peut-être pas aujourd'hui, les personnes qui ont vécu le conflit de 1914-1918 l'ont tout simplement appelé la « Grande Guerre ». C'est quand une autre guerre mondiale éclata en 1939 que les termes « premier » et « deuxième » utiliser pour distinguer un conflit de l'autre. Mais d'autres guerres avant 1914 avaient également été des « guerres mondiales » au même titre que la Première Guerre mondiale !

---

28 Le maréchal Montgomery, vicomte d'Alamein, dans une *A History of Warfare*. Collins (Londres, 1968), page 443, déclare : « Les années 1870 à 1914 ont été des années de paix armée en Europe et de petites guerres fréquentes dans le reste du monde. » Selon l'historien suédois Anton Nystrtim dit que « un état de demi-guerre » a prévalu en Europe entre 1870 et 1914. (Fare, sous och efter 1914, Stockholm, 1915, p. 141.)

L'ère de la guerre mondiale a réellement commencé au début du XVIIIe siècle.[29] En quatre-vingts ans, trois guerres mondiales ont eu lieu et, avant la fin de ce siècle, la quatrième avait commencé ! Ces faits sont soulignés par de nombreux historiens. Considérez :

1. La guerre de Succession d'Espagne (1702-1713), où la France, la Grande-Bretagne, la Hollande et l'Autriche occupent une place importante, le conflit s'étendant jusqu'en Amérique du Nord, selon Palmer et Colton, « la première qu'on puisse appeler une "guerre mondiale", car elle impliqua les pays d'outre-mer avec les grandes puissances d'Europe.[30]

2. La guerre de Sept Ans (1756-1763) fut la seconde guerre mondiale du dix-huitième siècle : « La guerre de Sept Ans était plus que la guerre de Succession d'Autriche [1740-1748] une guerre mondiale ».[31] L'extension mondiale de ce conflit est soulignée par tous : « Il est venu à embrasser tous les quatre continents du monde et tous les grands océans."[32] La Prusse, l'Autriche, la Grande-Bretagne, la France, la Russie, la Suède, l'Espagne et la plupart des États allemands du Saint-Empire romain germanique se sont engagés dans la lutte. Les questions comprenaient le contrôle de l'Amérique du Nord et de l'Inde. C'est cette guerre qui a permis à la Grande-Bretagne de devenir la principale puissance impériale du monde, grâce en grande partie à son célèbre homme d'État et leader, William Pitt. Pitt, qui a accédé au pouvoir en 1756, la même année où la guerre a éclaté, a remporté, grâce à sa brillante stratégie, une série de victoires dans le monde entier. Montgomery, par conséquent, l'appelle « un stratège de la guerre mondiale ».[33] Certains historiens le considèrent encore plus grand que

---

29 Montgomery, p. 315.
30 R. R. Palmer & Joel Colton, Une histoire du monde moderne jusqu'en 1815. Cinquième édition (New York, 1978), p. 184. À propos de la guerre de succession d'Espagne, le New Cambridge Modern History (Vol. VI, Cambridge, 1970) mentionne également la Grande Guerre du Nord (1700-1721), qui s'est déroulée en même temps et conclut : Les conflits qui ont inauguré le dix-huitième siècle ont donné lieu à une véritable guerre mondiale.»(Page 410) Voir aussi The Encyclopedia Americana, 1984, vol. 23, p. 86.
31 La très appréciée Världshistoria (Histoire mondiale), édité par Sven Unberg et S. E. Bring, Norstedt & Sbner, Vol. 10 (Stockholm 1930), p. 182. Si, comme l'indique cet ouvrage, la guerre de Succession d'Autriche (1740-1748) doit aussi être qualifiée de « guerre mondiale », la guerre de Sept Ans a en fait été la troisième guerre mondiale ! Eirik Homborg, un autre historien qui qualifie la guerre de Succession d'Autriche de « guerre mondiale », souligne qu'elle sévit « en Europe, en Amérique, sur la côte ouest-africaine, en Inde et dans le monde ». Viirldshistorien, Stockholm, 1962, p. 224)
32 Stig Boberg, historia 1700 – talets (Copenhague, Oslo, Stockholm : livres universitaires scandinaves), p. 31. Réveillez-vous ! du 8 décembre 1970, page 21, admet que la « guerre de sept ans » a impliqué presque toutes les nations d'Europe et s'est déroulée dans le monde entier, en Inde, en Amérique du Nord, en Allemagne et sur les mers. »
33 Montgomery, pp. 317. 320.

Churchill à cet égard.

3. La guerre d'indépendance américaine (1775-1783) est la troisième guerre du même siècle, qualifiée de « guerre mondiale » par les historiens : « La guerre d'indépendance a été marquée par plusieurs guerres en une. C'était entre autres une guerre pour l'indépendance nationale, une guerre civile et, en fin de compte, une guerre mondiale.[34] C'est la défaite britannique à Saratoga en 1778 qui a transformé la guerre en guerre mondiale. « La défaite à Saratoga... a marqué le début d'une guerre générale menée dans le monde entier », explique l'historien Piers Mackesy.[35] La deuxième partie de son travail sur la guerre porte donc le sous-titre : La guerre mondiale de 1778.[36] Le vicomte Montgomery souligne lui aussi ce changement en 1778 : « La guerre était maintenant une autre guerre mondiale ».[37]

Un biographe historique décrit la guerre de cette manière :

> ... Ce qui avait commencé comme une révolution américaine contre l'Angleterre avait dégénéré en une guerre mondiale. Les flottes françaises et espagnoles ont combattu les Britanniques dans la Manche, les Antilles et Gibraltar. Les Espagnols ont capturé l'ouest de la Floride. La Russie, le Danemark, la Suède et la Prusse ont rejoint le blocus de l'Angleterre contre la France et l'Espagne. La Hollande aussi exploitait des magasins navals en France et approvisionnait si abondamment l'Amérique à partir des Antilles que l'Angleterre lui déclara la guerre. Leurs deux marines se sont immobilisées en mer du Nord. La ligne de navires et d'hommes de l'Angleterre était maintenant très mince pour faire le tour du monde.[38]

4. Les guerres napoléoniennes (1792-1815), un conflit multinational qui suivit la Révolution française, marquèrent le début de la quatrième guerre mondiale au XVIIIe siècle. Les historiens Palmer et Colton expliquent :

> Il convient de considérer les combats de 1792 à 1814 comme une « guerre mondiale », comme elle l'a été, touchant non seulement toute l'Europe, mais des endroits aussi éloignés que l'Amérique espagnole où les guerres d'indépendance ont commencé ou l'intérieur du Nord. Amérique, où les États-Unis ont acheté la Louisiane en 1803 et ont tenté une conquête du Canada en 1812.[39]

D'autres historiens sont d'accord pour décrire les guerres

---
34 *The United States, A Companion to American Studies* ; Édité par Dennis Welland (Londres, 1974), p. 158.
35 Piers Mackesy, *The War for America 1775-1783* (Londres, 1964), p. 147.
36 Mackesy, p. 121. Comparer la page xvi.
37 Montgomery, p. 321.
38 Irving Stone, *Those Who Love* (New York : Doubleday & Company, 1965), pp. 311, 312.

napoléoniennes comme une guerre mondiale. Le célèbre historien et homme d'État norvégien Halvdan Koht appelle ce conflit « une guerre mondiale de plus de vingt ans, menée sur tous les continents."⁴⁰ Et Cyril Falls, professeur d'histoire de la guerre, mentionne les grandes guerres qui ont suivi les guerres napoléoniennes et commente :

> **Cependant, aucune de ces guerres n'était une guerre du type de celles des quinze premières années du dix-neuvième siècle [les guerres napoléoniennes de 1801-1815] qui avaient impliqué non seulement toute l'Europe, mais dans une moindre mesure tous les continents du globe.**[41]

Par conséquent, l'affirmation de la Société Watch Tower selon laquelle la Première Guerre mondiale était « la première guerre à l'échelle mondiale » est manifestement fausse, de même que l'affirmation selon laquelle « aucune génération antérieure à 1914 n'a connu une guerre mondiale. Les historiens ne sont pas « largement d'accord » sur de telles affirmations erronées, car ils sont généralement mieux informés que cela. Au contraire, ils savent que « l'ère de la guerre mondiale » a commencé au dix-huitième siècle, qui a vu trois grandes guerres mondiales en quatre-vingts ans (en une « génération » selon la définition de la Société) ; avec une quatrième guerre mondiale éclatant avant la fin du même siècle !

Mais peut-être que la Première Guerre mondiale était plus vaste, plus « globale » que les guerres mondiales qui l'ont précédée ? Ceci est allégué dans la Tour de Garde du 1ᵉʳ mai 1984 :

> **La première guerre mondiale fut de loin le conflit humain le plus vaste et le plus destructeur. (Page 4)**

Malheureusement, cette affirmation n'est pas vraie non plus. Contrairement à certains conflits mondiaux antérieurs, la Première Guerre mondiale était essentiellement limitée à l'Europe. Le général Montgomery, qui a combattu pendant les deux guerres mondiales et a joué un rôle important dans chacune d'entre elles, explique :

> **Cependant, dans l'ensemble, on peut dire que la guerre dans les théâtres hors d'Europe était d'une importance stratégique mineure. La guerre de 1914-1918 était essentiellement une guerre européenne. On l'a appelé plus tard une « guerre mondiale » parce**

---

39 Palmer & Colton, *Une histoire du monde moderne à 1815*, cinquième édition (New York, 1978), pp. 382, 383. Winston Churchill, ayant qualifié à la fois la guerre de Sept ans et la guerre d'indépendance américaine de « guerres mondiales », appelle les guerres napoléoniennes « la plus longue des deux guerres mondiales » (*Une histoire des peuples anglophones*, vol. III, Londres, 1957, p. 312 [cf. vol. 11. Londres, 1956, p. 123, 163]).
40 Halvdan Koht, *Folkets Tidsdlder*, Stockholm 1982, p. 7.
41 Cyril Falls, *A Hundred Years of War* (Londres, 1953), p. 161.

que des contingents de nombreuses parties de l'empire britannique ont servi en Europe et que les États-Unis ont rejoint les puissances alliées en 1917. C'était moins une « guerre mondiale » que certains conflits antérieurs tels que la guerre de Sept ans.⁴²

En comparant la Première Guerre mondiale avec la Seconde Guerre mondiale, Montgomery ajoute :

> Alors que la guerre de 1914-1918 ne pouvait guère être qualifiée de conflit mondial, on ne peut penser à la guerre provoquée par Hitler en 1939.⁴³

De tels jugements équilibrés et éclairés par un historien expérimenté et bien informé et un général militaire de renommée mondiale devraient être mis en balance avec les revendications énormes et uniques que la Société Watch Tower attache à la guerre 1914-1918.

. *La première « guerre totale »?*

Mais n'est-il pas vrai que la Première Guerre mondiale était la première guerre totale ? C'est une autre affirmation souvent mise en avant dans les publications de la Watch Tower. Ainsi, le nouveau livre de la Société intitulé *Raisonner à partir des Écritures* (1985) indique, à la page 235, que « pour la première fois, toutes les grandes puissances étaient en guerre ». Le magazine du 8 mai 1981 peut même citer *The World Book Encyclopedia* déclarant :

> Pendant la Première Guerre mondiale, pour la première fois dans l'histoire, l'humanité a connu la guerre totale. (Page 6)

Ce que les lecteurs ne savent pas, cependant, c'est que la plupart des historiens ne sont évidemment pas d'accord avec cette affirmation.

Qu'est-ce qu'une « guerre totale » ? Généralement, une « guerre totale » est définie comme une guerre dans laquelle non seulement l'armée, mais aussi l'économie et l'industrie d'une nation sont mobilisées pour la guerre.⁴⁴

La guerre totale ainsi définie n'a pas commencé avec la première guerre mondiale. Les historiens militaires R. Ernest Dupuy et Trevor N. Dupuy déclarent que la guerre civile américaine (1861-1865) fut la première guerre totale en ce sens :

---

42 Montgomery, p. 470.
43 Ibid, p. 497.
44 Dupuy & Dupuy, pp. 916, 1016. G. Graninger et S. Tagil soulignent qu'« aucune guerre de l'histoire n'a été totale dans le sens où toutes les grandes nations, peut-être toutes les nations, ont été impliquées dans le conflit. »(*Historia i centrum och periferi*, partie 3, Land, 1973, p. 164)

> **Les économies nationales des deux côtés étant pleinement intégrées dans leurs efforts de guerre respectifs, la guerre civile américaine a véritablement été la première guerre moderne et la première guerre « totale » au sens moderne.**[45]

Malgré cela, il semble que les historiens identifient généralement les guerres napoléoniennes antérieures comme la première guerre totale. Montgomery, qui admet que la guerre de Sécession américaine était en effet « un exemple de guerre totale menée impitoyablement », affirme que la guerre totale a été introduite en 1793, lorsque les Français ont annoncé, par leur loi du 23 août 1793, guerre totale. »[46] Et E. J. Hobsbawm, en décrivant la crise qui suivi la révolution française, explique :

> **Au cours de sa crise, la jeune République française a découvert ou inventé la guerre totale ; la mobilisation totale des ressources d'une nation par la conscription, le rationnement et une économie de guerre rigoureusement contrôlée, et la quasi-abolition, localement ou à l'étranger, de la distinction entre soldats et civils.**[47]

Le professeur d'histoire Cyril Falls retrace aussi l'origine de la guerre totale jusqu'aux guerres napoléoniennes. En Cent ans de guerre, en parlant de la Seconde Guerre mondiale, il dit :

> **Sur le plan politique, la guerre a connu une nouvelle avancée vers la « totalité », processus que l'on peut dire avoir commencé pendant les guerres napoléoniennes.**[48]

Ainsi, ce que l'on appelle la Première Guerre mondiale ne peut être caractérisé comme étant nettement différent d'un certain nombre de conflits mondiaux antérieurs. Il a été précédé par plusieurs autres guerres mondiales et guerres totales. Mais, insiste la Société Watch Tower, elle était beaucoup plus importante que toutes les guerres précédentes, même sept fois plus que toutes les grandes guerres des 2 400 années précédentes. Est-ce exact ?

. À quel point « la Grande Guerre » a-t-elle été "formidable"?

La nécessité de souligner la date de 1914 a incité la Société Watch Tower à majorer la Première Guerre mondiale dans des proportions complètement absurdes dans l'esprit des Témoins de Jéhovah. Qu'en est-il de l'affirmation, par exemple, que cette guerre était « sept fois

---
45 Dupuy & Dupuy, p. 820.
46 Montgomery, pp. 332, 550.
47 E. J. Hobsbawm, *The Age of Revolution, Europe 1789-1848*. (Londres, 1962), p. 67.
48 Cyril Falls, p. 350.

plus grande que l'ensemble des 901 grandes guerres des 2 400 années précédentes » ?

Il n'y a pas la moindre vérité dans cette déclaration, comme cela deviendra bientôt évident.

Les déclarations concernant l'ampleur de la guerre, le nombre de personnes impliquées, le nombre de victimes, etc., varient souvent considérablement. Il n'est pas difficile de sélectionner les chiffres les plus horribles donnés par certains écrivains, chroniqueurs et hommes politiques dans divers ouvrages et colonnes de journaux, et de créer ainsi une image d'une guerre qui ne ressemble en rien à la réalité. C'est exactement ce que la Société a fait avec la Première Guerre mondiale.

Churchill reconnaît que : « Pour la première fois de l'histoire, toute la force humaine et les ressources d'un État ont été rassemblées pour une guerre totale. » (Churchill, vol. 111, p. 229)

Pour avoir une vision aussi claire que possible de la Première Guerre mondiale et des autres guerres qui l'ont précédée, nous devons nous tourner vers les historiens et autres chercheurs qui ont mené une étude scientifique et approfondie des guerres à travers l'histoire. Une étude scientifique des guerres est en cours depuis les années 1930 et les deux pionniers de ces études sont Lewis Richardson et Quincy Wright. Ces dernières années, leur travail a été repris par d'autres auteurs tels que J. David Singer, Melvin Small et Francis A. Beer. L'information qui suit provient principalement de leurs travaux, avec d'autres sources historiques fiables.

Combien de nations ont participé au conflit de 1914-1918 ? La publication de la Watch Tower intitulée *Le Bohneur Comment le Trouver* (1980) cite un chroniqueur de presse disant que les pays impliqués dans la Première Guerre mondiale comprenaient « plus de 90 % de la population mondiale » (page 146). On n'explique cependant pas combien de ces pays ont été ou, plus important encore, comment ont-ils été « impliqués » dans la guerre. De même, la Tour de Garde du 15 octobre 1980, à la page 15, affirme que la Première Guerre mondiale « a touché presque tous les pays du monde » – mais aucune explication n'est donnée quant à la manière dont ces pays ont été "affectés".

Comme le soulignait le général Montgomery, la Première Guerre mondiale était « essentiellement une guerre européenne » et donc « moins une guerre mondiale que certains conflits antérieurs ». Bien qu'il soit vrai que le nombre total de nations y participant directement ou indirectement À ce stade, environ 33 % des nations existantes étaient au nombre de dix. Le fait est que la plupart d'entre elles ont joué un rôle très insignifiant dans la guerre.

Ainsi, nous constatons que les forces alliées se composaient de 10 nations et 4 puissances mondiales, ce qui fait 14 nations au total.[49] Francis Beer ne répertorie que 12 partis en lice, expliquant dans une note de bas de page que « cette liste exclut les belligérants non européens tels que la Chine, le Japon, la Thaïlande, les pays d'Amérique latine et certains petits belligérants européens tels que la Grèce, le Luxembourg et le Portugal qui jouèrent un rôle relativement mineur dans la guerre. »[50] Singer et Small, qui fournissent des données très précises, montrent que le nombre de belligérants indépendants était de quinze.[51]

Dans son champ d'application, la Première Guerre mondiale n'était sûrement pas – et certainement pas sept fois plus grande que toutes les guerres majeures précédentes combinées sur deux mille ans. Son champ d'application n'était même pas plus grand que le quatuor des « guerres mondiales » du dix-huitième siècle décrit plus haut.

Ces guerres multinationales antérieures s'étendent au-delà d'un seul continent, comme l'Europe, dans un sens très réel.

L'aspect le plus effrayant de la Première Guerre mondiale était le nombre de morts. Si, comme on le prétend, elle fut pire que les guerres précédentes, il semblerait que ce soit par le nombre de morts. Quelle a été l'ampleur de la Première Guerre mondiale à cet égard par rapport à certaines grandes guerres du passé ?

. Les morts de la Première Guerre mondiale comparés à ceux d'avant 1914.

De loin l'aspect le plus grave de la guerre est, de toute évidence, le meurtre. « Les victimes donnent leur importance aux guerres. C'est l'aspect de la guerre qui fait le plus penser à une maladie. »[52]

Combien furent tués pendant la Première Guerre mondiale ? 37 508 686 personnes annonce le magazine Réveillez-Vous ! du 22 février 1961, pages 6 et 7. Il se réfère à l'*Almanach mondial* de 1946 comme source de cette information.

Le magazine Réveillez-Vous ! aurait cependant dû mentionner que ce chiffre ne se réfère pas aux décès dus directement aux batailles, mais comprend les millions de personnes qui décédèrent de causes autres

---
49 Quincy Wright, A Study of War, abridged edition (Chicago, 1969), p. 58 ; Dupuy & Dupuy, p. 990.
50 Beer, p. 37.
51 J. David Singer et Melvin Small, *The Wages of War 1816-1965. A Statistical Handbok* (New York, London, Sydney. Toronto, 1972), pp. 116, 117.
52 Beer, p. 34.

que la guerre, telles que les famines et la grippe espagnole !

Ainsi, le magazine Réveillez-Vous ! du 8 octobre 1983, page 12, divise par deux presque le chiffre susmentionné, le ramenant à environ 21 millions (9 millions de soldats et 12 millions de civils). Mais ce chiffre est également trop élevé. Un numéro précédent de Réveillez-Vous ! (8 octobre 1971, page 16), parle de 14 millions de morts (9 millions de soldats et 5 millions de civils). Même ce chiffre est probablement trompeur.

Les tables les plus précises montrent qu'entre 8 et 8,5 millions de soldats ont été tués pendant la guerre.[53] Le nombre de civils morts varie grandement. Dupuy et Dupuy donnent les chiffres suivants : 6 642 633, mais ils indiquent explicitement que ce nombre comprend les décès dus à des maladies épidémiques et à la malnutrition, et non les décès dus directement à une action militaire.[54]

La table de Francis A. Beer donne 1 374 000 morts parmi les civils, mais il fait remarquer qu'il manque des chiffres pour certains pays.[55]

Le nombre total de ceux qui ont été tués en conséquence directe de la guerre – soldats et civils – était donc, selon les estimations les plus fiables, de 10 à 12 millions, peut-être un peu plus. Des millions d'autres personnes sont décédées d'autres causes pendant la guerre, telles que la malnutrition et les maladies épidémiques, en particulier la grippe espagnole en 1918.

Que dire alors des guerres qui eurent lieu avant 1914 ? En quoi peut-on les comparer quant aux victimes de la Première Guerre mondiale ? Si, comme le prétendent les publications de la Watch Tower, la Première Guerre mondiale fut « sept fois plus meurtrière » que l'ensemble de toutes les grandes guerres des 2 400 années précédentes, il semblerait que ce soit aspect avant tout que la comparaison doit être fait. Cela signifierait que les 901 guerres majeures antérieures à 1914 ne représentaient qu'un septième des 10 à 12 millions de morts au cours de la Première Guerre mondiale, soit environ 1,5 million de personnes au total ! Ou, si nous incluons d'autres causes liées à la guerre telles que la famine et la maladie et prenons le chiffre beaucoup plus élevé de l'Almanach mondial de 1946 : 37 508 686 tués de la Première Guerre mondiale, cela limiterait encore le nombre total de personnes à environ 5 millions. Les preuves disponibles renforcent-elles cet avis ?

---

53 Dupuy and Dupuy, p. 990.
54 Ibid.
55 Francis A. Beer, *Peace Against War* (San Francisco, 1981), p. 37. Beer dit : « Plus de 8 millions de soldats et 1 million de civils ont été tués au cours de la Première Guerre mondiale » (p. 36). Cela ferait un total de plus de 9 millions de soldats et de civils, ce qui est probablement une sous-estimation.

Les pertes dans les guerres passées sont, pour des raisons évidentes, difficiles à estimer. Gaston Bodart, qui les a soigneusement étudié dans les guerres des trois cents dernières années, a observé :

> **Les archives scrupuleusement compilées des pertes réelles des armées ne se trouvent dans les archives de la plupart des puissances militaires qu'après la guerre de succession d'Espagne, soit après 1714. Même après cette date, les données fiables se limitent aux plus grandes batailles, les combats et les sièges les plus importants. Les pertes totales pour chaque guerre n'ont été compilées qu'après 1848.**[56]

Quant aux morts civils, la situation est encore plus difficile :

> **Les registres officiels de cette population n'ont été conservés par les différents gouvernements que plus récemment, pas avant la seconde moitié du XIXᵉ siècle, et même dans les archives postérieures à 1850, il existe de grandes lacunes. Les rapports statistiques ou les tableaux doivent donc se limiter aux pertes des armées.**[57]

Il n'y a aucune raison de penser, cependant, que le pourcentage de décès de civils par rapport aux pertes totales était plus faible dans les guerres précédentes que pendant la Première Guerre mondiale. Au contraire, il était souvent beaucoup plus élevé, par exemple dans les guerres huguenotes, la guerre des Paysans allemands (1524-1525) et la guerre de trente ans.[58]

Est-il seulement possible que 5 millions de personnes aient été tuées à la suite des 901 grandes guerres des 2 400 années qui précédèrent 1914 ? Cela montre à quel point une telle idée est totalement absurde, et peu d'exemples de guerres datant des siècles précédant 1914 sont donnés ci-dessous, chacun d'entre eux ayant coûté plus d'un million de vies et, dans certains cas, plusieurs millions.

1. On estime que la guerre de trente ans (1618-1648), conflit international avec une dizaine de nations impliquées, aurait tué 2 à 3 millions de soldats. Les victimes civiles, cependant, étaient beaucoup plus effrayantes, notamment en raison des famines et des maladies causées par la guerre.[59] Aujourd'hui, la plupart des experts estiment que 30 à 40 % de la population allemande totale, soit 7 à 8 millions de

---

[56] Gaston Bodart, L.L.D., *Losses of Life in Modern Wars* (Londres, New York, 1916), p. 12.
[57] ibid. p. 12.
[58] La Tour de Garde du 1ᵉʳ avril 1983 cite le professeur Wright disant que les victimes civiles étaient exceptionnellement élevées pendant la Seconde Guerre mondiale. (Page 6) Ce qu'ils oublient de mentionner, c'est que Wright ajoute que « jusqu'à cette guerre, les pertes civiles ont eu tendance à diminuer depuis le dix-septième siècle » (Wright, p. 60). !

civils, sont morts à cause de la guerre![60] C'est un chiffre stupéfiant, dépassant de loin la mortalité civile de la Première Guerre mondiale pour ce pays. L'historien R. R. Palmer fait observer que « même la seconde guerre mondiale, en pleine dépopulation, n'a pas été aussi dévastatrice pour l'Allemagne que la guerre de trente ans. Il est tout à fait possible que des êtres humains meurent comme des mouches sans bénéficier de la destruction scientifique. Les horreurs de la guerre moderne ne sont pas totalement différentes des horreurs vécues par les hommes et les femmes dans le passé.[61]

2. La guerre mandchoue-chinoise. En 1644, la Chine a été envahie par les Mandchous (de Mandchourie), qui ont commencé à conquérir le pays dans une longue guerre qui aurait coûté la vie à 25 millions de personnes, soit environ le double de la première guerre mondiale ![62] Les Mandchous ont ensuite gouverné la Chine jusqu'en 1912.

3. La guerre de Succession d'Espagne (1701-1714), une guerre impliquant 10 nations européennes plus des colonies européennes dans d'autres parties du monde, a causé « plus d'un million » de victimes (mortes et blessées) dans les armées, dont au moins 400 000 personnes ont sacrifié leur vie.[63] Mais les pertes civiles ont dû être beaucoup plus lourdes.

« Dans aucune autre guerre, il n'y a eu autant de sièges que lors de la guerre de succession d'Espagne », explique Bodart. « Les pertes dans les sièges étaient beaucoup plus lourdes des deux côtés que dans les batailles… Les morts parmi les habitants des villes assiégées, celles causées par les maladies portées par les armées, celles des Camisards et enfin de la famine qui a suivi ce duel à mort doit avoir atteint un chiffre énorme. Les statistiques sur ces points, malheureusement, sont totalement insuffisantes. »[64] Même une estimation prudente placerait le total des morts à plus d'un million.

---

59 On estimait autrefois que 25 millions, soit les trois quarts de la population allemande totale, étaient morts pendant la guerre de Trente ans, mais ce chiffre a été révisé par les historiens modernes. Voir Réveillez-Vous !, 22 avril 1972, page 13 ; comparer avec Beer, page 48.
60 Swedish historian Göran Rystadin *Dd drat ditt namn…*, *Sveriges Radios fbrlag* (Uddevalla, 1966), p. 63.
61 R. R. Palmer, *A History of the Modern World* (New York, 1952), p. 133.
62 E. L. Jones, *Le miracle européen* (Cambridge, Londres, New York : Cambridge University Press, 1981), p. 36. Les conquêtes de Gengis Khan, plus de quatre cents ans plus tôt, ont probablement dépassé la Première Guerre mondiale, mesurée par les chiffres de la mort. L'historien Harold Lamb dit de lui que « lorsqu'il était passé, les loups et les corbeaux étaient souvent les seuls êtres vivants des terres autrefois peuplées. Cette destruction de la vie humaine détruit l'imagination moderne, enrichie par les concepts de la dernière guerre européenne. »(Harold Lamb, Gengis Khan – L'empereur de tous les hommes (Londres, 1929), p. 11, 12.) Gengis La conquête du nord de la Chine par Khan, par exemple, en 1211-1218, aurait coûté la vie à 18 millions de Chinois ! (L'encyclopédie suédoise Nordisk Familjebok, vol. 5, Malmb 1951, p. 795.)
63 Bodart, pp. 30, 96.
64 ibid. pp. 96, 97.

4. La guerre de Sept Ans (1756-1763), menée dans le monde entier, a probablement coûté la vie à plus d'un million de personnes. La France a perdu environ 350 000 soldats et les victimes autrichiennes environ 400 000 (morts et blessés). Les pertes prussiennes étaient « sans doute plus lourdes ! »[65] Des centaines de milliers d'autres personnes sont mortes dans les armées des autres nations et parmi les civils.

5. Les guerres napoléoniennes (1792-1815) ont impliqué à peu près le même nombre de nations que la première guerre mondiale. Les guerres napoléoniennes (1792-1815) ont impliqué à peu près le même nombre de nations que la première guerre mondiale. dans ces guerres, dont la moitié ont été perdues dans la période du Premier Empire, 1805-1815.[66] Au cours des onze dernières années, on estime que 2 millions de soldats sont morts dans le conflit.[67] Le nombre total de décès pour les 23 années de 1792 à 1815 est fixé à 5 ou 6 millions ![68]

6. La Rébellion des Taiping (1850-1864), « peut-être la guerre la plus destructrice de tout le 19ᵉ siècle ! »[69] Il s'agissait d'une guerre civile en Chine qui aurait coûté entre 20 et 30 millions de vies.[70] Dans le cadre de cette guerre le magazine Réveillez-vous ! a apparemment négligé sa prétention antérieure selon laquelle la Première Guerre mondiale aurait dépassé toutes les guerres précédentes de manière destructive. Un article dans son numéro du 22 mars 1982, qui tentait de mettre en lumière l'implication de la religion dans la guerre, a déclaré que le nombre de victimes pouvait atteindre 40 millions, soit près de quatre fois plus que la Première Guerre mondiale ![71] Cette seule guerre démontre à elle seule que la Première Guerre mondiale n'a pas été « la guerre la plus sanglante de l'histoire », comme on l'a dit parfois. La raison pour laquelle certains historiens prétendent sans fondement est, comme l'explique E. Hosbawm, que la rébellion de Taiping « a été ignorée par les historiens eurocentristes ».[72]

---

65 ibid. pp. 36, 100.
66 ibid. p. 156.
67 ibid. p. 133.
68 ibid. pp. 181, 182 ; Réveillez-Vous !, 22 février 1961, p. 7. Les pertes sont évidemment difficiles à estimer. Les estimations des pertes dans les armées de Napoléon se situent entre 400 000 et 2 500 000. Voir Beer, page 330, note 18.
69 Dupuy & Dupuy, page 864.
70 Palmer & Colton, *A History of the Modern World Since 1815* (1978), p. 632.
71 Réveillez-vous ! 22 mars 1982, page 7. La nouvelle Encyclopédie Britannica est d'accord avec ceci : « Une estimation contemporaine de 20 000 000 à 30 000 000 de victimes est certainement bien inférieure au nombre réel » (*Macropaedia*, Vol. 4, 15ᵉ éd. 1980, p. 361).) L'historien suédois Gunnar Hagglof (qui a été ambassadeur en Chine pendant plusieurs années) a déclaré dans son livre La Chine comme je la voyais (Stockholm, 1978) que « la rébellion de Taiping, au milieu du XIX siècle a secoué l'État chinois sur ses fondements, a coûté la vie à plus de 40 millions de personnes et marqué le début de la fin de l'empire chinois. »(page 62)
72 E. J. Hosbawm, *The Age of Capital 1848—1875* (London, 1975), p. 127

7. La guerre de Lopez (1864-1870), au cours de laquelle le Paraguay a combattu l'Argentine, l'Uruguay et le Brésil, a coûté la vie à plus de 2 millions de personnes. La guerre « a réduit la population paraguayenne d'environ 1 400 000 à 221 000 », soit 84 %! Les trois autres pays ont « perdu environ 1 000 000 d'hommes ».[73]

Comparez les décès de ces sept guerres, comme le montre ce graphique, avec ceux de la Première Guerre mondiale :

Conflit	Victimes estimées
La guerre de trente ans	9-11 millions
La guerre mandchoue-chinoise	25 millions
La guerre de la succession d'Espagne	env. 1 million
La guerre de sept ans	1-2 millions
Les guerres napoléoniennes	5-6 millions
La Rébellion Taiping	20-40 millions
La guerre de Lopez	2 millions
Total des victimes estimés	63-87 millions
Estimation des victimes de la première guerre mondiale	37,5 millions

On peut voir que la mortalité dans ces sept guerres est environ le double du chiffre de 37 500 000 décès liés à la guerre cité précédemment. Et il dépasserait de nombreuses fois le nombre de *victimes* de 10 à 12 millions causés directement par la Première Guerre mondiale. Il convient de noter que ces guerres majeures des trois siècles précédant immédiatement 1914 ne sont que quelques-uns des exemples les plus importants ; la liste des guerres antérieures causant un million de morts ou plus pourrait être considérablement étendue.[74] Ces quelques exemples suffisent toutefois à montrer à quel point l'idée est que seulement 5 millions (ou, pire, 1,5 million) de personnes sont mortes dans les grandes guerres des 2 400 années précédant 1914. La

---

[73] Dupuy & Dupuy, p. 911.

simple vérité est que des centaines de millions de personnes est mort dans les guerres pendant cette période !

En résumé, le conflit de 1914-1918 (Première Guerre mondiale) était avant tout une guerre européenne, à laquelle une quinzaine, soit environ le quart des nations existantes de la planète, participaient activement. Sa portée n'était pas plus étendue que celle de plusieurs guerres antérieures et, en réalité, elle était inférieure à plusieurs d'entre elles, telles que les guerres napoléoniennes qui ont duré 23 ans et dans lesquelles la moitié des nations existantes sur terre participaient activement.

Environ 90 % des 10 à 12 millions de victimes directes de la guerre de 1914-1918 étaient des Européens. D'autres conflits antérieurs, tels que la guerre de Trente ans, avaient des chiffres de décès comparables. La guerre de Mandchou-Chine a doublé ce nombre de morts et la Rébellion de Taiping environ trois fois plus.

La guerre a été principalement menée avec des armes classiques. Les chars, sous-marins et avions (apparemment utilisés pour la première fois dans la première guerre des Balkans, 1912-1913) étaient encore au stade expérimental et ont joué un rôle sans importance dans la guerre. La mitrailleuse – une arme développée au siècle précédent et utilisée dans plusieurs guerres antérieures (par exemple, la guerre civile américaine) – était responsable de 80 à 90 % des victimes. Le transport terrestre se faisait encore essentiellement par des chevaux, comme lors des guerres précédentes.

Le conflit de 1914-1918 n'était pas la première guerre totale de l'histoire, ni la première guerre mondiale. En fait, selon le maréchal Montgomery, parce qu'il s'agissait essentiellement d'une guerre européenne, il est même douteux qu'il mérite d'être qualifié de conflit mondial.

Quelle que soit la manière dont la guerre de 1914-1918 est mesurée – par son ampleur, sa durée, le nombre de nations impliquées, les combattants ou les victimes – l'affirmation selon laquelle elle était sept fois plus grande que toutes les grandes guerres des 2400 années

---

74 De nombreuses autres guerres menées au cours des trois mêmes siècles ont coûté la vie à des centaines de milliers de personnes, par exemple la guerre d'Espagne entre la France et l'Espagne (1635-59), la grande guerre de Turquie (1683-1699), la guerre de la ligue d'Augsbourg (1688-97), la guerre de Succession d'Autriche (1740-1748), la guerre d'indépendance américaine (1775-1783), la guerre de Crimée (1854-1956), la guerre civile américaine (1861-1865), Guerre allemande (1870-1871), guerre russo-turque (1877-1878) et, au début de notre siècle, guerre russo-japonaise (1904-1905) et guerres des Balkans (1912-1913). Selon Hobsbawm, 600 000 personnes ont péri dans la guerre de Crimée et plus de 630 000 personnes ont péri dans la guerre civile américaine. (Hobsbawm, L'âge de la capitale 1848-1875, Londres, 1975, pp. 76, 78)

précédentes combinées, se distingue comme pure fiction.

C'est tellement loin de la vérité qu'il est incroyable que quiconque, s'il a procédé à un examen minutieux des données historiques, ait sérieusement ou honnêtement fait une telle revendication.

Notre siècle est-il le plus belliqueux de l'histoire ?

Il ne fait aucun doute que la Seconde Guerre mondiale a été beaucoup plus grande que la Première Guerre mondiale et qu'elle s'est terminée par l'utilisation de l'arme nucléaire. Cette période a cependant été suivie par une période de quarante ans au cours de laquelle aucune utilisation de ces armes n'a été répétée. D'autres guerres ont eu lieu, mais elles n'ont pas été exceptionnelles par rapport à nombre des guerres majeures des générations passées.

Il est vrai que la menace d'une guerre qui pourrait exterminer la plus grande partie de l'humanité existe manifestement aujourd'hui. Cependant, la simple menace ou possibilité d'une telle guerre ne remplit pas en soi une prétendue prophétie concernant les guerres de notre vingtième siècle ou plus précisément de la génération de 1914. Que s'est-il réellement passé ?

De 1816 à 1965, le nombre de nations indépendantes sur la planète a été multiplié par cinq, passant de 23 en 1816 à 124 en 1965.[75] Cette évolution a bien sûr multiplié les perspectives d'augmentation du nombre de guerres internationales et civiles, d'autant plus que la population mondiale a quadruplé au cours de la même période. Que révèlent les faits ? Avons-nous constaté une augmentation notable du nombre de guerres au cours de ce siècle ?

Ceux qui proclament qu'un « signe » marque clairement notre vingtième siècle expriment l'idée que le monde d'aujourd'hui est immensément plus belliqueux que ne l'était le passé. La fin de la Grande planète Terre affirme (page 147) que « la fréquence et l'intensité de la guerre ont considérablement augmenté au cours de ce siècle ». L'auteur cite le US News and World Report du 25 décembre 1967, dans lequel il a déclaré :

> **Depuis la Seconde Guerre mondiale, il y a eu 12 guerres limitées dans le monde, 39 assassinats politiques, 48 révoltes personnelles, 74 révoltes pour l'indépendance, 162 révolutions sociales, qu'elles soient politiques, économiques, raciales ou religieuses.**

Comme Hal Lindsey, la Société Watch Tower estime que la fréquence des guerres a considérablement augmenté au cours de notre siècle. La

---
75 Singer & Small, pp. 24-28.

Tour de Garde du 1ᵉʳ avril 1983, page 3, cite le chroniqueur de presse James Reston, affirmant que notre siècle a connu 59 guerres entre États et 64 guerres civiles, soit 123 guerres au total.

Plus loin dans le même numéro, cependant, il est affirmé que « Plus de 130 guerres internationales et civiles ont eu lieu depuis la fin de la Seconde Guerre mondiale » (page 7).

Deux ans plus tôt, dans le Réveillez-Vous ! du 8 mai 1981, il a été déclaré que pas moins de 150 guerres avaient eu lieu depuis la fin de la Seconde Guerre mondiale. (Page 8)

Mais ce record fut presque doublé par la publication de 1985, *Raisonner à partir des Écritures*, qui citait l'amiral à la retraite, Gene La Rocque, déclarant que 270 guerres avaient eu lieu depuis la fin de la Seconde Guerre mondiale ! (Page 235)

. *Il est certainement approprié de se demander : Quelle est la vérité ?*

Pour trouver une réponse à cette question, il faut d'abord répondre à une autre : Qu'est-ce que la guerre ? Est-ce que chaque conflit armé entre deux ou plusieurs nations est une guerre, aussi petite soit-elle, et avec peu de victimes ? Toute émeute armée dans un pays est-elle une guerre civile ? De toute évidence, le nombre de guerres pendant une certaine période dépend de la définition de la guerre.

Pour pouvoir faire une comparaison significative entre les guerres d'aujourd'hui et celles d'hier, les chercheurs en guerre ont dû donner une définition à la guerre. Quincy Wright a défini la guerre comme un conflit impliquant au moins 50 000 combattants.[76] Il a découvert qu'au moins 284 guerres de ce type avaient eu lieu de 1480 à 1964, soit environ 60 guerres par siècle en moyenne.[77] Il est toutefois très intéressant de noter que 30 guerres de ce type seulement avaient été menées du vingtième siècle à 1964. Selon la définition citée, le nombre de guerres n'a clairement pas augmenté au cours de notre siècle par rapport aux siècles précédents ; l'indication est pour une diminution.[78]

Wright souligne également que, bien que les guerres soient devenues de plus en plus destructrices au cours de notre siècle, elles ont non seulement diminué en nombre mais aussi en durée.[79]

D'autres historiens spécialistes des guerres confirment cette tendance.

---
76 Beer, p. 22.
77 Quincy Wright, p. 11.
78 Wright, p. 11.
79 ibid. 55, 89.

Singer et Small, qui se limitent aux guerres internationales (c'est-à-dire les guerres opposant des nations aux guerres civiles), définissent une telle guerre comme un conflit dans lequel au moins une des nations participantes doit être une nation indépendante et qui revendique au moins 1 000 morts au combat.[80] Au cours des 150 années écoulées entre 1816 et 1965, Singer et Small ont recensé 93 de ces guerres internationales. Sur ce nombre, 35 ont eu lieu au cours de la première période de 50 ans (1816-1864), 33 au cours de la seconde (1864-1913) et 25 au cours de la troisième période de 50 ans (1914-1965). Encore une fois, une tendance clairement à la baisse ![81] Cette tendance à la baisse de la fréquence des guerres est encore perceptible, même si l'on tient compte des guerres civiles ou domestiques majeures de cette période, comme l'observe Beer.[82]

Cette tendance à la baisse de la fréquence des guerres est particulièrement manifeste en Europe, qui a connu moins de la moitié des guerres aux XIXe et XXe siècles par rapport aux siècles précédents.[83] Depuis la fin de la Seconde Guerre mondiale, l'Europe a connu toute une génération de paix, l'une des plus longues périodes de paix de son histoire !

. *La guerre joue-t-elle aujourd'hui un rôle plus important et plus destructeur dans la vie humaine que par le passé ?*

Sans aucun doute, la plupart des gens d'aujourd'hui répondraient sans hésiter à cette question par l'affirmative. Mais les historiens spécialistes des guerres ne sont pas si sûrs. Certains, comme l'analyste de guerre Wright, affirment que « la guerre est devenue de plus en plus destructrice et perturbatrice » au cours de notre siècle, et l'éditorialiste James Reston décrit notre siècle comme « le siècle le plus sanglant de l'histoire de la race humaine », bien que les chiffres qu'il donne ne le prouvent pas.[84] Il faut toutefois prendre en compte le fait que de telles déclarations font toujours référence aux victimes de guerre en chiffres absolus et non relatifs. C'est-à-dire qu'ils ne tiennent pas compte du

---

80 Singer & Small, pp. 30—37.
81 ibid. p. 38.
82 Beer, pp. 42, 43. Singer & Small (page 201) ont tendance à penser que les guerres civiles sont en augmentation. Mais si les deux types de guerre – civile et internationale – sont considérés en même temps, comme le fait Beer, le nombre total de guerres diminue.
83 Beer, p. 43. Comme l'a souligné l'historien Michael Nordberg (*Den dynamisko medeltiden. Stockholm*, 1984, p. 12), « il y avait des guerres presque constamment en Europe du seizième siècle à 1815, la plupart d'entre elles aussi dévastatrices que la guerre de Cent Ans. » 1337-1453.
84 La Tour de Garde, 1er avril 1983, page 3. Reston mentionne 59 guerres entre nations avec plus de 29 millions de morts au combat et 64 guerres civiles faisant près de 6 millions de victimes. Mais la seule rébellion Taiping au cours du siècle dernier a peut-être coûté près de sept fois plus de vies que toutes ces 64 guerres civiles réunies !

fait que le nombre de personnes et le nombre de nations ont doublé à plusieurs reprises au cours des trois derniers siècles.

Face à cela, la vraie question est la suivante : les guerres et les victimes de guerres ont-elles augmenté au cours de notre siècle proportionnellement au nombre croissant de nations et de peuples sur la terre ? La guerre joue-t-elle un rôle plus important dans la vie de l'humanité en général aujourd'hui ? Le nombre de personnes tuées a-t-il augmenté en pourcentage de la population totale ?

Le rôle joué par les guerres dans l'histoire de l'humanité a été beaucoup plus important que la plupart des gens ne l'imaginent. « Selon les calculs de l'Académie norvégienne des sciences en 1969, le monde n'a connu que 292 ans de paix depuis 3600 av. J.-C., alors que 14 531 guerres ont été menées », a déclaré La Tour de Garde du 1ᵉʳ avril 1983 (page 3).

Pour une raison quelconque, le chiffre le plus effrayant du calcul a été laissé de côté. Selon ce même rapport, plus de 3,6 milliards (3 640 000 000) de personnes ont été tuées au cours de ces 14 531 guerres ! Le calcul auquel il est fait référence n'a toutefois pas été effectué par l'Académie norvégienne des sciences. Il provient de Norman Cousins, président du comité de rédaction de Saturday Review, qui l'a publié dans le *Post-Dispatch* de St. Louis du 13 décembre 1953. Bien qu'il ait explicitement déclaré que son calcul était spéculatif, il a souvent été cité comme un rapport scientifique.[85] Mais il ne devrait pas être loin de la vérité.

Récemment, Francis Beer a tenté de vérifier les chiffres de Cousins. Dans l'ensemble, son étude confirme les estimations de Cousins. Beer conclut qu'« il y a eu plus de 14 000 guerres majeures et mineures et 3 500 guerres majeures dans le monde depuis 3600 av. J.-C. » En ce qui concerne les victimes, il affirme : « Nos preuves suggèrent donc que moins d'un milliard de personnes ont été tuées directement lors des grandes guerres mondiales depuis 3600. AVANT JC »[86] À ce nombre, il faut ajouter les morts civiles, y compris indirectement celles causées par les guerres, qui tripleraient probablement le chiffre pour atteindre env. 3,3 milliards.[87]

Cela témoigne de la vérité selon laquelle l'histoire de la race humaine dans son ensemble, de tous les temps, est marquée par une guerre

---

[85] Brownlee Haydon, La grande statistique des canulars de la guerre (Santa Monica, 1962). (Il s'agit d'un document de seulement 8 pages.) Voir également Singer & Small, pages 10, 11 et Beer, page 20.

[86] Francis Beer, *How Much War in History : Definitions, Estimates. Extrapolations and Trends* (Beverly Hills, 1974), pp. 28, 30. Comparer avec Beer, *Peace Against War* (San Francisco, 1981), pp. 37-40, 48, 49.

quasi constante dans un domaine ou un autre et par un flot généralement continu de sang humain versé lors de tels conflits.

Néanmoins, La Tour de Garde du 1ᵉʳ avril 1983, page 7, affirme que « les historiens ont enregistré des années de paix avant 1914 » mais « il n'y en a plus eu depuis ». L'objet de la déclaration est, bien sûr, de « prouver » que la paix a été *ôté de la terre* en 1914, conformément à Apocalypse chapitre six, verset 4.[88]

Le problème est que cette déclaration n'a pas le soutien des historiens spécialistes des guerres.

Les recherches de Beer montrent qu'il n'y a eu que 52 années de paix de 1480 à 1965, soit un peu plus de 9 ans par cent ans. Huit de ces 52 années de paix sont tombées dans la période d'un demi-siècle après 1914.

Comme le souligne Beer, « La tendance générale à la diffusion de la paix et à la concentration de la guerre implique plus de paix et moins de guerres aujourd'hui, moins de paix et plus de guerres hier. »[89]

Dans un siècle qui a vu deux « guerres mondiales » destructrices, qui a vu le développement technique exploser en une série de nouvelles armes d'extermination, plus meurtrières, et en cette période de terrible guerre des armements, il peut être difficile de croire que la guerre et son effet réel sur le genre humain reste essentiellement le même que dans les siècles passés. Le bilan des guerres de notre siècle est certes terrifiant.[90] Mais c'était aussi le cas dans le passé. La vraie question est la suivante : peut-on vraiment dire qu'un pourcentage plus élevé de la population est mort dans les guerres de notre siècle par rapport aux siècles précédents ?

Les chercheurs en guerre reconnaissent qu'il est impossible de prouver que la guerre ou la mortalité due à la guerre a effectivement augmenté

---

87 Dans la Tour de Garde du 1ᵉʳ avril 1983, Quincy Wright aurait déclaré : « Au moins 10 % des décès dans la civilisation moderne peuvent être directement ou indirectement imputés à la guerre » (page 6). Mais on ne dit pas au lecteur que Wright, dans le même passage, affirme que les trois quarts de ces décès peuvent être imputés à des causes indirectes, telles que des famines et des maladies, et qu'il est probable que « la proportion de ces pertes en dehors de l'Europe et en Europe pendant les siècles précédents ont été plus importants »(Wright, p. 61).

88 Le livre *Raisonner à partir des Écritures* (1985), par exemple, dit : « Comme annoncé dans Apocalypse 6 : 4, « la paix a été ôtée de la terre ». Ainsi, le monde a continué d'être bouleversé depuis 1914."(Page 235)

89 Beer, pp. 34, 48. Depuis que Beer définit les « années de paix » comme des années « sans grandes guerres » – qu'il estime à 600 depuis 3 600 av. J.-C., le nombre réel d'années de paix dans les temps anciens aurait pu être encore plus réduit. « Peut-être même un nombre approchant de zéro. »

90 Le nombre de morts pendant la Seconde Guerre mondiale est difficile à déterminer. Les meilleures sources montrent qu'environ 15 millions de soldats ont été tués. Les chiffres fournis pour les victimes civiles varient de 20 à 35 millions. (Dupuy & Dupuy, p. 1198 ; Singer et Small, p. 52, 48)

au cours de notre siècle. Même les savants qui ont tendance à le croire sont forcés d'admettre qu'une telle conclusion est une hypothèse non prouvée. Francis Beer, qui, malgré ses déclarations précédentes, estime qu'il existe une tendance à la hausse dans notre siècle, écrit :

> **Nous devons faire attention à ne pas oublier que cette hypothèse n'a pas vraiment été confirmée et qu'il pourrait ne pas y avoir de tendance du tout. Aussi improbable que cela puisse paraître, l'incidence de la paix et de la guerre et le nombre de victimes de la violence n'ont peut-être pas beaucoup changé au fil du temps. La paix et la guerre peuvent se produire à peu près aussi souvent et durer aussi longtemps que jamais, les victimes peuvent aussi être très comparables à ce qu'elles ont toujours été.[91]**

L'examen le plus précis et le plus minutieux de cette question est probablement celui publié par Singer et Small. Ils résument leur conclusion de la manière suivante :

> **La guerre est-elle en augmentation, comme le pensent beaucoup d'érudits et de laïques de notre génération ? La réponse semblerait être un veg négatif sans équivoque. Qu'il s'agisse du nombre de guerres, de leur gravité ou de leur ampleur, il n'y a pas eu de tendance significative à la hausse ou à la baisse au cours des 150 dernières années. Même si nous examinons leur intensité, nous constatons que les guerres ultérieures ne diffèrent généralement pas de celles des périodes précédentes.[92]**

Quelles que soient les revendications ou les contre déclarations formulées, il convient de préciser une chose : la déclaration de Jésus sur les guerres a vu son accomplissement, mais pas seulement au XXe siècle, ni depuis 1914, ni depuis 1948. Elle se réalise de génération en génération depuis son commencement et jusqu'à présent.

Il n'a rien dit sur « l'intensité », « l'escalade » ou la « menace » d'un holocauste de dimension mondiale. Sa déclaration simple était qu'il y aurait des guerres et des rumeurs de guerres, avec la nation s'élevant contre la nation et le royaume contre le royaume. Cela s'est produit à plusieurs reprises au cours de l'histoire humaine. Ajouter un autre facteur ou donner un autre sens à ses mots n'est rien de plus que de la spéculation ou de la fabrication humaine.

Toutes les tentatives visant à limiter les propos de Jésus concernant les guerres comme s'appliquant uniquement à ce XXe siècle sont donc vouées à l'échec, car ces affirmations sont contredites par les preuves écrites et accablantes de l'histoire, de son époque à la nôtre.

---

[91] Beer, pp. 46, 47.
[92] Singer & Small, p. 201.

CE QUE LES HISTORIENS DISENT SUR LES GUERRES AUJOURD'HUI ET DANS LE PASSÉ

« Beaucoup pensent que la guerre mondiale de 1914-1918 a atteint un nouveau sommet en apportant désastre et misère dans les régions d'Europe où les combats ont sévi. Mais les guerres de cette période étaient encore plus dévastatrices – probablement rien d'aussi terrible n'a jamais été connu que la guerre de trente ans en Allemagne (1618-1648). » – Leo Huberman, *Man's Worldly Goods* (New York et Londres, 1968), p. 100.

« Même la Seconde Guerre mondiale, en pleine dépopulation, n'a pas été aussi dévastatrice pour l'Allemagne que la guerre de trente ans. » – L'historien R. R. Palmer, Une histoire du monde moderne (New York, 1952), p. 133.

« La guerre de 1914-18 était essentiellement une guerre européenne. Elle fut appelée plus tard une « guerre mondiale » parce que des contingents de nombreuses parties de l'empire britannique servaient en Europe et parce que les États-Unis ont rejoint les puissances alliées en 1917. Mais, en réalité, le rôle de la puissance maritime étant principalement passif, il s'agissait moins d'une « guerre mondiale » que certains conflits précédents, tels que la guerre de Sept ans. » – Le maréchal Montgomery, vicomte d'Alamein, *A History of Warfare* (Londres, 1968), p. 470.

Sur Gengis Khan : « Quand il marchait avec sa horde, c'était au-delà de plusieurs kilomètres de latitude et de longitude : les villes sur son chemin étaient souvent effacées et les rivières détournées de leur cours ; les fuyards et les mourants peuplaient les déserts, et après son passage, loups et corbeaux étaient souvent les seuls êtres vivants dans des terres autrefois peuplées.

Cette destruction de vies humaines dépasse l'imaginaire moderne, enrichi des concepts de la dernière guerre européenne ». – Harold Lamb, Gengis Khan, L'empereur de tous les hommes (Londres, 1929), p. 11, 12.

« Aussi improbable que cela puisse paraître, il n'y a peut-être eu aucun changement significatif supplémentaire sur la paix et la guerre et dans le nombre de victimes de la violence. » – Francis Beer, *Peace Against War* (San Francisco, 1981), p. 46, 47.

« La guerre est-elle en train d'augmenter, comme beaucoup de savants et de laïques de notre génération ont été enclins à le croire ? La réponse semblerait être très clairement par la négative. Qu'il s'agisse du nombre de guerres, de leur gravité ou de leur ampleur, il n'y a pas eu de tendance significative à la hausse ou à la baisse au cours des 150 dernières années." – J. David Singer et Melvin Small, *The Wages of War 1816-1965. A Statistical Handbook* (New York, Londres, Sydney, Toronto, 1972), p. 201

« Même aujourd'hui, au milieu du XXe siècle, malgré tout ce qui s'est passé dans la vie d'hommes pas encore âgés... Il est encore possible de dire que la Révolution française à la fin du XVIIIe siècle fut le grand tournant de la civilisation moderne." – L'historien R. R. Palmer dans la préface de *The Coming of the French Revolution* de George Lefebvre (Princeton, 1947), p, v.

6 Le mépris de la loi observable de nos jours est-il sans précédent ?

JAMAIS AUPARAVANT au cours de l'histoire il n'y a tant circulé de reportages et d'informations que depuis les débuts du 20° siècle. Les divers médias que sont la télévision, la radio, la presse (et depuis le 21° siècle internet) ne semblent être intéressés que par les mauvaises nouvelles. Tous les jours nos esprits sont inondés sous un concentré des dernières misères et des maux dans les différentes parties du monde.

> « Après avoir absorbé les nouvelles d'aujourd'hui », a déclaré l'historienne réputée Barbara Tuchman, « on s'attend à faire face à un monde subissant constamment des attaques, des crimes, des ruptures dans la chaîne de l'alimentation, les conduites principales d'eau brisées, des pannes des transports en commun, des fermetures d'écoles, d'agresseurs, de drogués, des néo-nazis et des violeurs... Cela m'a conduit à formuler la Loi de Tuchman, comme suit : 'l'effet d'annonce multiplie par 5 voire 10 l'apparente augmentation.' »[1]

Sans doute la Loi de « Tuchman » explique au moins partiellement le sentiment ressenti par beaucoup d'un monde, aujourd'hui, plus mauvais qu'auparavant, l'humanité faisant face à une augmentation sans précédent du mépris de la loi dans le monde entier. L'augmentation du crime est encore graphiquement décrite comme la preuve des derniers jours par certains annonceurs de prophétie. Dans *Good-bye, Planet Earth*, l'auteur d'Adventiste Pierson dit :

> ... nous témoignons de la pire épidémie de désordre que la race humaine à jamais connue. Nos villes sont assaillies par le viol, le meurtre, les émeutes, le pillage et l'incendie volontaire. (La page 3)

Plus tard dans la même publication (la page 50) l'auteur cite une déclaration d'une ancienne responsable Adventiste, décédée, Ellen G. White's Testimonies :

> Les conditions actuelles du monde montrent que les temps troubles sont justes sur nous... Les vols audacieux deviennent fréquents. Les attaques sont répandues. Les vols et les meurtres sont monnaie courante. Les hommes possédés par les démons prennent les vies d'hommes, femmes et petits enfants. Les hommes sont devenus amis du vice et le mal prédomine sous

---
1 Barbara W. Tuchman, A Distant Mirror (Londres, 1978), p, xviii.

toutes ses formes. (Vol.9, p. 11)

Le facteur intéressant est ici qu'Ellen White écrivit ces paroles il y a plus de 75 ans et l'image qu'elle dépeint du crime d'alors (1910) est certainement aussi sombre que le tableau décrit par les protagonistes actuels des déclarations du temps de la fin. Le crime est fréquemment traité dans les publications de Société Watch Tower, qui essaie de lui donner les plus grandes dimensions possibles, en se rapportant aux paroles de Jésus d'une « augmentation future du mépris de la loi. » (Matthieu 24 :12, NW) Elle y voit la description du trait du « signe composé présumé », dont l'accomplissement serait visible à partir de 1914 seulement. Ainsi La Tour de Garde du 1er septembre 1983, les pages 5 à 7, déclare qu'après la Première Guerre mondiale « toutes les conditions étaient réunies pour favoriser une intensification du mépris de la loi telle que le monde n'en avait jamais connue », et cette humanité depuis 1914 a vu « le plus grand accroissement du mépris de la loi que l'humanité ait jamais connu. » Évidemment la Société Watch Tower espère que le lecteur n'aura aucune difficulté d'accepter ses déclarations, parce qu'il n'y a pas de statistique en matière du mépris de la loi dans le passé, de plus aucun historien, criminologiste, ou autre autorité n'est citée pour soutenir une telle affirmation. La Société semble tenir pour reconnu que le mépris de la loi dans le passé était quelconque en comparaison d'avec de notre temps. *La Tour de Garde* du 15 octobre 1983, par exemple, indique que les incidents combinant le vol combiné avec le meurtre sont des traits presque uniques de notre siècle :

> **Il fut un temps où les cambrioleurs ne s'en prenaient qu'aux objets de valeur. À présent, par contre, ils sèment également la mort sur leur passage. (La page 5)**

Une telle déclaration, évidemment, n'est que le reflet d'un passé idéalisé dans le but d'accentuer le mépris de la loi régnant de nos jours. En fait le vol accompagné de meurtre a toujours existé et cela a été particulièrement endémique aux temps des famines et des pestes. Quand la syphilis a accablé l'Europe au seizième siècle, le mépris de la loi et l'immoralité ont été en nette augmentation partout. À Rome, par exemple, le meurtre et le vol étaient tout à fait courant.[2] « Pareillement, la génération qui a survécu à la peste noire au quatorzième siècle a connu une réelle recrudescence du mépris de la loi et de la violence :

> **Un trait frappant de la 2e moitié du quatorzième siècle est l'augmentation du mépris de la loi survenant en même temps que**

---

2 Matts Bergmark, *Från pest till polio*, 3e éd. (Stockholm, 1983), p 74.

les mouvements à l'encontre des autorités, tant populaires qu'intellectuels, contre l'autorité[3]

En vérité la violence, aussi bien collective qu'individuelle, a toujours fait intégralement partie de l'histoire humaine. Dans son ouvrage Violence in America le professeur de sociologie américain Charles Tilly démontre que « la violence collective, sous toutes ses formes, a toujours été présente dans la civilisation occidentale,[4] « à propos de la période suivant la Révolution française, par exemple, il dit :

> **L'histoire des nations occidentales depuis 1800 est souvent violente, faite de révolutions, suivi de guerres civiles, et de conflits à plus petite échelle se succédant les uns aux autres. Étrangement nous semblons vite l'oublier.**[5]

Qu'en est-il aujourd'hui ? La plupart des experts semblent convenir que depuis un certain nombre d'années les crimes graves ont augmenté brusquement dans de nombreux pays. Mais cette circonstance représente-t-elle vraiment quelque chose de nouveau et d'unique à notre époque ? Cela ne découlerait-il pas d'une impression trompeuse ou de notre propension à oublier, de notre ignorance des faits du passé ?

L'industrialisation, l'urbanisation et le crime

La révolution industrielle qui survient vers la fin du 18ᵉ siècle a changé profondément la société occidentale. De nouvelles machines et l'utilisation de techniques de fabrication en série ont apporté une prospérité grandissante dans de nombreux pays. Une conséquence de cela a été une croissance rapide de la population urbaine (l'urbanisation). De nombreuses personnes au 19° siècle, qu'il s'agisse de sociologues, d'avocats, de juges, etc, ont craint que ces changements décomposent les usages moraux et sociaux traditionnels du comportement humain, en causant une augmentation du mépris de la loi dans la société. Une opinion répandue au 19° siècle a, donc, considéré que l'industrialisation et l'urbanisation étaient responsables de l'accroissement des crimes.

Pour justifier sa thèse d'une augmentation incomparable du mépris de la loi, la Société Watch Tower joue abondamment sur cette relation présumée entre l'industrialisation, l'urbanisation d'une part et le crime

---

3 A. M. Campbell, *The Black Death and Men of Learning* (NewYork, 1931), p. 129.
4 *Violence in America : Historical and Comparative Perspectives*. Un rapport du personnel de la Commission nationale sur les Causes et la Prévention de Violence, révisée par H. D. Graham & T. R. Gurr, Vol. 1, Washington D.C. 1969, p 5. Cette ouvrage sera appelé comme désormais VIA.
5 VIA, Vol I, p. 7

en augmentation d'autre part. En supposant évidemment que cette idée soit une vérité établie, La Tour de Garde du 1er septembre 1983, à la page 5, déclare que « la Révolution industrielle et les villes grandissantes » ont pavé « la voie pour notre augmentation du 20° siècle du mépris de la loi », et déclare même que « **Ces phénomènes nouveaux, propres à notre temps, ont favorisé le plus grand accroissement du mépris de la loi que l'humanité ait jamais connu.** »

Les faits, toutefois, ne confortent pas cette explication. En dépit de l'impression et de la conviction manifestée, elle est battue en brèche par de récentes études critiques.

Au 19° siècle, les deux pays industriels importants étaient la Grande-Bretagne et la France. Afin d'évaluer la théorie soutenant que l'industrialisation et l'urbanisation sont responsables d'une augmentation du mépris de la loi, les taux de criminalité de ces deux pays au 19° siècle ont été soigneusement étudiés. En 1973 les historiens en criminologie A. Q. Lodhi et env. Tilly ont publié leur étude sur le crime et la violence au 19° siècle en France. Leur enquête a démontré clairement que l'industrialisation grandissante et l'urbanisation de ce pays n'ont pas provoqué une augmentation des crimes. En fait, quelques types de crimes ont même régressés pendant la période ! Les auteurs concluent :

> **La relation pouvant exister entre les crimes, la violence et le mépris de la loi d'une part et la croissance urbaine doivent d'autre part ne repose sur aucun fondement solide vérifié dans les faits. Cela relève plus de la croyance populaire.[6]**

Les études des taux de criminalité au 19e siècle en Grande-Bretagne, société industrielle la plus avancée de cette période, présentent des résultats semblables. « Les données britanniques sont tout à fait claires quant aux diminutions des taux de criminalité officiels au cours de la dernière moitié du dix-neuvième siècle », rapporte la sociologue canadienne Lynn McDonald dans son résumé sur ces études.[7]

Le professeur d'histoire Roger Lane, dans son étude sur la violence criminelle durant le 19° siècle au Massachusetts, a bien démontré que la propagation de la vie urbaine et industrielle n'a pas de corrélation automatique sur le crime. Au contraire tout démontre que le crime a tendance à diminuer avec l'industrialisation grandissante et

---

6 A. Q. Lodhi et env. Tilly « Urbanization, Crime, and Collective Violence in 19th-century France, » American Journal of Sociology, Vol. 79, 1973, p 296.
7 Lynn McDonald, « Theory and evidence of rising crime in the nineteenth century » The British Journal of Sociology, Vol. 33, 1982, p. 406.

l'urbanisation. Lane explique :

> **Tout tend à démontrer une diminution, inscrite dans le long terme, de l'activité criminelle pouvant être associée à l'urbanisation. Mais le processus n'était pas complet sans l'accompagnement d'un développement industriel rapide. C'était cela qui a donné aux immigrants, peu dégrossis, la possibilité de s'immerger dans 'un système' qui les a socialisés et leur a permis de s'adapter à des habitudes de vie plus coopératives.[8]**

Ainsi l'affirmation que l'industrialisation grandissante et l'urbanisation au 19° siècle ont ouvert la voie à une augmentation sans précédent du mépris de la loi au 20° siècle est réfutée par les faits réels. L'affirmation est basée sur une théorie qui, à un examen plus attentif, se révèle n'être rien de plus qu'un mythe du 19° siècle.

. *La présente « vague de crimes »*

L'histoire démontre la nature fluctuante de vagues de crimes, ils augmentent puis diminuent, avant de remonter et de baisser à nouveau. Le graphique représentant les crimes est rarement constant dans tous les pays. Dans un certain nombre de nations, le crime a incontestablement augmenté depuis deux ou trois décennies.[9] En Italie, les crimes sérieux ont augmenté régulièrement depuis 1965 et en France depuis 1970. L'Allemagne de l'Ouest a connu de plus petites augmentations à partir de 1965, pendant qu'aux Pays de Galles et en Angleterre le crime a augmenté depuis la Seconde Guerre mondiale. D'autres pays industrialisés, tels que le Japon, la Suisse et la Norvège, connaissent encore des taux[10] de criminalité relativement bas.

L'accroissement de la criminalité a-t-elle quelque chose de nouveau ? Est-elle aussi exceptionnelle, unique comme certains proclamateurs du temps de la fin la dépeignent ?

Afin de prouver une nette augmentation de la criminalité à notre époque, La Tour de Garde du 1er septembre 1983, à la page 7, cite les paroles du criminologue britannique Sir Leon Radzinowics :

---

8 Roger Lane, « Urbanization, Crime, and Collective Violence in 19th-century : Massachusetts as test case » VIA, Vol 2, p. 366. Ainsi, comme Lane le montre, « une urbanisation à long terme a eu pour effet de civiliser, littéralement, une population impliquée. » (ibid. p. 359.)
9 Gwynn Nettler, le professeur de sociologie à l'université d'Alberta, Canada, donne les images suivant totales : « les crimes sérieux ont augmenté pendant la décennie passée ou deux dans les pays riches et dans les pays pauvres, 'en développement'... Pendant ce temps, le crime a décliné probablement ou est resté stable parmi deux différentes catégories de pays : (1) ceux récemment soumis à des lois totalitaires (2) ceux qui ont été capables de canaliser 'l'influence de L'Occident' d'une telle façon que le contrôle de groupes importants est maintenu. – « Explaining Crime », 2e ed. (New York, 1978), p. 20.
10 Nettler, pages 20, 21.

> **« Ce qui saute aux yeux lorsqu'on se livre à une étude du crime à l'échelle mondiale, écrivait l'éminent criminologue Leon Radzinowicz dans son livre intitulé *L'accroissement de la criminalité* (angl.), c'est qu'il se répand et se développe partout. Les quelques cas qui font encore exception sont de plus en plus isolés, et ils risquent fort d'être submergés d'un jour à l'autre par la marée montante. »**

C'est vrai, cet auteur, écrivant en 1977, soutient que le crime a augmenté effectivement dans de nombreux pays depuis deux ou trois décennies. Il ne dit pas, toutefois, que cette augmentation est sans précédent dans l'histoire. En fait certains criminologues proposent la théorie suivante à savoir qu'il n'y a pas plus de violence qu'auparavant, mais que nous sommes beaucoup plus sensibles à la violence que ne l'étaient nos ancêtres moins civilisés,' les auteurs admettent aussi :

> **La comparaison ne pose pas problème si elle plonge un regard équitable dans le passé... Une meilleure réflexion sur le Moyen Âge, voire sur le 18ᵉ siècle, pourrait bien donner plus de substance à la théorie. Malgré la criminalité actuelle, notre société est intégralement plus sûre, moins violente, que par le passé... Le simple fait que les villes devaient être entourées par des murailles, que les châteaux devaient fournir le refuge aux villageois environnants et à leurs affaires, que les voyageurs devaient s'assurer de leur propre protection, témoigne bien de la menace constante de brigands et des risques de guerre. Les conséquences de ces dangers étaient souvent difficiles à distinguer**[11]

Les proclamateurs du temps de la fin que nous avons cités dans ce livre résident aux États-Unis. Leur opinion sur le monde est, sans doute, influencée par la situation. Les États-Unis, toutefois, ne sont une représentation typique du monde. Peut-être ces proclamations des temps de la fin se réaliseront, ou peut-être pas, mais peu de pays aujourd'hui sont comparables sur le plan de la criminalité violente avec

---

11 Sir Leon Radzinowics et Joan King, The Growth of Crime (Londres, 1977), pages 10, 11. Le criminologue américain J. S. Cockburn, écrivant dans la même année, fait des observations sur la présente « vague de crimes » assez semblable : « le crime est devenu pour notre génération un lieu commun. Conditionné par un bombardement de 'statistiques sur le crime,' nous avons tendance à considérer le taux de criminalité en augmentation et les discussions associées sur le maintien de l'ordre comme une évidence, la peine capitale et une surveillance armée comme une obligation particulière et dans une certaine mesure le prix naturel à payer, pour vivre dans notre société moderne et industrialisée. Considéré dans une plus large perspective historique, toutefois, notre préoccupation de la criminalité semble moins originale. La plupart des Anglais du dix-neuvième siècle étaient convaincus que le crime avait augmenté comme jamais auparavant ; les commentateurs du dix-huitième siècle étaient tout aussi inquiets par de ce qu'ils considéraient comme une marée montante, la criminalité violente ; et les plaintes contre la dépréciation imminente de l'ordre public au Moyen-âge. » A propos de l'augmentation de la criminalité et du mépris de la loi touchant de nombreux pays à la fin du seizième siècle, Cockburn remarque que « les tendances étaient apparemment universelles. » (Crime in England 1500-1800 Princeton, New Jersey, 1977, p. 49.)

les États-Unis :

> Tant à propos du nombre des assassinats politiques, des émeutes, des attaques par des groupes armés pour des raisons politiques, des démonstrations, les États-Unis depuis 1948 ont figuré parmi la demi-douzaine des nations les plus tumultueuses du monde.[12]

Dans un article sur l'homicide, le numéro de décembre 1984 du magazine Science a remarqué que la statistique américaine sur le meurtre est plus élevée que pour la plupart des autres pays. L'homicide par armes à feu aux USA, par exemple, est « 50 fois plus élevé » qu'en Angleterre, en Allemagne, au Danemark et au Japon ![13] Il n'est pas étonnant que ceux qui ont le désir de voir se réaliser leurs attentes religieuses du temps de la fin se concentrent principalement sur la criminalité aux USA

En 1970 Hal Lindsey, par exemple, a vu dans l'augmentation de la criminalité américaine un signe important pour son temps. Dans son livre, *The Late Great Planet Earth*, pages 100, 101, il a écrit :

> Récemment nous avons vu un graphique dans un magazine d'informations qui indiquait la progression des crimes graves aux États-Unis de 1960 à 1968. Si vous aviez été une fourmi marchant sur cette page vous auriez affronté un escalier très raide pour grimper chacune de ces huit années. Alors que le nombre de crimes en Amérique augmentait de 122 pour cent, la population croissait de seulement 11 pour cent. Beaucoup les gens ont arrêté de parler du 'taux de criminalité.' Ils font allusion maintenant à l'épidémie de crime.'

Pareillement, dans les publications de Société Watch Tower, la criminalité aux USA occupe une place centrale. C'est, en fait, le seul pays pour lequel la Société a publié une statistique sur la criminalité couvrant une décennie ou plus.[14]

Peu de proclamateurs, toutefois, disent honnêtement à leurs lecteurs que les chiffres concernant la criminalité – ainsi que pour bien d'autres

---

12 VIA, Vol. II, p. 628.
13 Science, décembre de 1984, pages 43, 46. Deux tiers de tous les homicides (assassinats et massacres) aux États-Unis sont commis avec des armes à feux, « les Américains possédant plus d'armes à feux par habitant que dans le reste du monde. » (Ibid, p. 46)
14 Bien que ceux-ci montrent des augmentations terrifiantes, ils sont aussi un peu déconcertants. Pour la décennie 1960-1970 le Réveillez-vous ! du 8 avril 1970, indique à la page 9 que les crimes sérieux aux États-Unis ont augmenté 88 pour cent. La Tour de Garde du 15 octobre 1972 [anglais NDT], toutefois, a relevé le chiffre pour la période à 148 pour cent (la page 614). Encore plus impressionnant sont les tables présentées dans l'article du 1" septembre 1983 de La Tour de Garde, disant que « Le nombre total des plaintes pour délits graves a augmenté de plus de 1 000 pour cent aux États-Unis entre 1935 et 1980 » (page 6). La majeure partie de cette augmentation énoncée doit s'être produite depuis 1960, puisque les chiffres indiqués par la Société Watch Tower montrent une augmentation de seulement 77 pour cent jusqu'à cette année !

choses – concernant les États-Unis ne sont pas représentatifs du monde en général. Mais même pris isolément, une telle augmentation de la criminalité dans ce pays est-elle bien réelle? Sur quelle preuve avérée une telle affirmation est-elle faite?

Les rapports uniformisés sur la criminalité du FBI

On dit que la plupart des chiffres et les courbes publiées par la Société Watch Tower sont basées sur les rapports **uniformisés sur la criminalité du FBI**. Le magazine *The Late Great Planet Earth* cite à propos de la criminalité (*US News and World Report*) qui a tiré ses chiffres de la même source. (Voir la note en bas de page 3, pour le Chapitre 9, du livre mentionné.) Ces rapports du FBI ont été publiés annuellement depuis 1933 et comprennent la statistique sur les «crimes sérieux», à savoir, le meurtre, le viol forcé, le vol, l'assaut aggravé, le cambriolage, le vol et le vol d'auto, avec l'incendie volontaire ajouté en 1979.

Cela pourrait sembler être une source idéale, irréprochable servant pour la base d'établissement de statistiques sur la criminalité aux USA. Il est donc surprenant d'apprendre que de nombreuses autorités les considèrent, non sans embarras, comme peu fiables les rapports du FBI.

En fait, les rapports du FBI – pour les 3 décennies qui suivirent 1933— sont loin d'être digne de confiance. Jusqu'en 1967 les sociologues et les criminologues les démystifiaient fréquemment, en montrant de nombreux défauts dans les méthodes utilisées pour recueillir les données.

Ainsi Thornstein Sellin, «le doyen des statisticiens américains», a décrit la qualité de la statistique de la criminalité aux États-Unis comme 'la plus mauvaise des pays important du monde occidental,' pendant que l'expert en criminologie, de Harvard, Lloyd E. Ohlin a décrit les données statistiques comme «presque sans valeur—mais il n'y a pas que cela»[15]. Les statistiques sont-elles si mauvaises que cela? Quel résultat le peu de confiance qu'on leur accorde—ou la perte de confiance—produit-il sur les graphiques et les comparaisons avec le crime à des périodes antérieures?

«La plus grande source d'erreur», observe le célèbre sociologue Charles E. Silberman, **«vient du fait que les rapports uniformisés sur la criminalité recouvrent seulement les crimes qui sont**

---

15 VIA, Vol. II p. 372. Sophia M. Robinson de *the Columbia School of Social Work* a même déclaré que «les statistiques du FBI ne valent pas le papier sur lequel elles sont imprimées.» (ibid. p. 372.)

annoncés à la police et que les policiers, à tour de rôle, enregistrent et transfèrent au FBI. »[16] Le problème vient du fait que la majorité de crimes n'est jamais annoncée à la police. De plus, les policiers souvent ne transmettaient pas au FBI tous les crimes qui leur sont connus. Ramsey Clark, ancien Procureur général des États-Unis explique de quelle façon cela peut expliquer la manipulation de preuves et induire en erreur :

> **La plupart des crimes n'est jamais annoncée à la police. Et beaucoup de crimes le sont de façon inexacte. La statistique de la criminalité, erronée, est souvent utilisée pour donner l'impression que le nouveau chef fait un bon travail, ou pour soutenir une demande réclamant de nouveaux policiers. Fréquemment une augmentation apparente dans de la criminalité reflète une meilleure efficacité dans le maintien de l'ordre, ou dans l'établissement des procès-verbaux.**[17]

La modification des rapports sur la criminalité peut laisser l'impression d'une augmentation statistique de la criminalité qui ne correspond pas au fait réel. Comme un exemple, à Portland, Oregon, en 1973 et 1974 deux fois plus de cambriolages ont été annoncés à la police que pour 1971 et 1972. Cela constituerait une augmentation brusque des cambriolages pendant la période. Une enquête, toutefois, a révélé que les cambriolages avaient diminué en fait pendant ces années ![18]' Beaucoup d'autres cas semblables pourraient être cités.[19]

---

16 Charles E. Silberman, *Criminal Violence, Criminal Justice* (New York, 1978), p. 448.
17 Ramsey Clark, Crime in América (Cassell & London, 1971), p. 45

18 Nettler, pages 70, 71. L'augmentation de la volonté de déclarer le crime explique au moins en partie l'augmentation de la statistique des viols ces dernières années. Le mouvement de libération féministe est censé y avoir joué un rôle important. (Nettler, p. 56 ; Silberman, p. 452.) Bien qu'un nombre important de viols ne soient pas encore annoncés, la preuve est faite pour démontrer que sous bien des rapports de nombreuses dénonciations de viols ne sont pas valables. De tous les viols annoncés en 1968, par exemple, 18 pour cent étaient, après enquête, se sont révélés sans fondement ! (Clark, p. 46)
19 L'exemple des rapports de la police de New York est devenu presque classique : « le FBI a pensé que la criminalité était relativement basse. En vérifiant il a constaté qu'en 1950, par exemple, le nombre de crimes sur les biens annoncés par la police représentait la moitié de ceux annoncés, en privé, par les compagnies d'assurance... Suivant une enquête de l'expert de la police Bruce Smith, un nouveau système d'enregistrement central a été installé... Un an après le changement, l'accroissement des agressions a bondi de 200 pour cent, l'accroissement des vols de 400 pour cent et les cambriolages de 1 300 pour cent par rapport aux chiffres de 1948. Bruce Smith conclut : 'de telles augmentations surprenantes... ne représentent pas une augmentation de la criminalité, mais plutôt une amélioration des rapports sur la criminalité. » ' (Daniel Bell, *The End of Ideology*, Glencoe, Illinois, 1960 pp 138, 139.) Les améliorations semblables du système des rapports ont généré un accroissement des procès-verbaux par exemple à Philadelphie entre 1951 et 1953 et à Chicago en 1960. (Bell, p. 138 ; Silberman, p. 449.) Un nouveau type de délit a lui aussi augmenté artificiellement. En effet le vol de biens de valeurs de plus de cinquante dollars a augmenté pendant plusieurs années à cause de l'inflation. Beaucoup d'articles, d'une valeur moindre de 50 dollars ont dépassé cette limite et se sont retrouvés inclus dans la statistique. (Clark, p. 53.) Ce n'est qu'en 1973 que ce type de délit a été redéfini.

En raison de la critique constante concernant ses statistiques, le FBI a procédé à des révisions périodiques et a affiné son système.[20] Il en est ressorti une volonté plus affirmée par les fonctionnaires de police de prendre de meilleures notes des crimes et de tous les dénoncer au FBI – ce qui explique l'augmentation des procès-verbaux figurant dans la statistique.[21] Ainsi les statistiques du FBI sont devenues progressivement plus fiables. D'autant qu'à partir de 1967, le gouvernement américain a commencé à financer un certain nombre d'enquêtes criminelles à l'échelle nationale dans le but de prouver l'indépendance des statistiques du FBI, l'attitude envers les rapports uniformisés sur la criminalité a changé. Les criminologues conviennent maintenant, d'habitude, qu'en dépit de toutes les inexactitudes, les tendances globales présentées dans les rapports uniformisés sur la criminalité pendant les 25 à 30 dernières années sont en principe correctes et que l'augmentation de la criminalité grave depuis les années 1960 est bien réelle.[22] S'il en est bien ainsi, comment interpréter les statistiques précédentes qui semblent sérieusement ne pas être fiables ? L'utilisation des statistiques américaines pour la proclamation des derniers jours ne pose-t-elle pas un problème ?

Le problème réside dans la comparaison des statistiques sur la criminalité des années suivant 1960 avec celles années précédant 1960. Omettre de reconnaître, ou cacher aux lecteurs, que les statistiques concernant ces deux périodes sont inégales dans leur élaboration est une tromperie bien maladroite. Dans les publications de la Watch Tower les rapports criminels nationaux du FBI étaient à plusieurs reprises présentés ou cités sans remarques particulières, sans un mot simple appelant à la prudence. La statistique a été même améliorée ou a été « adaptée » – dans La Tour de Garde du 1ᵉʳ septembre 1983 – pour montrer que « Le nombre total des plaintes pour délits graves a augmenté de plus de *1 000 pour cent* aux États-Unis entre 1935 et 1980 » (page 6). Cette déclaration et la table présentée sur la même page pour le prouver, dissimulent un autre fait d'une extrême importance : avant l'augmentation survenue au cours des années 1960, les taux de criminalité aux États-Unis avaient été constant ou avait même diminué pendant un quart de siècle ! Cette

---

20 En 1958, par exemple, le système de statistique a été entièrement révisé, afin que le Bureau « ne puisse plus considérer les statistiques d'avant et d'après 1958 comme interchangeables ! » (VIA, Vol. II, p. 376.)
21 VIA, Vol. II pp 380, 381 ; Silberman, p. 449.
22 V/A, Vol. II, pages 381385 ; Silberman, p. 449. Pourtant il y a toujours de grandes contradictions entre les rapports du FBI et les enquêtes criminelles nationales, qui sont difficiles à expliquer. (Voir L. E. Cohen & K. env. Land, Discrepancies Between Crime Reports and Crime Surveys, Criminology : Vol. 22 No. 4 novembre 1984 sur 499529.)

période est, en fait, unique dans l'histoire criminelle américaine. Comme l'écrit Silberman, autorité en matière criminelle :

> **Pendant un quart d'un siècle, les États-Unis ont connu, peut-être pour la première fois dans leur histoire, une période au cours de laquelle les taux de criminalité étaient stables voire déclinaient et pendant laquelle la peur du crime était relativement basse. Le taux de mortalité des homicides est tombé de 50 pour cent entre 1933 et le début des années 40 ; en dépit des combats armés menés contre John Dillinger et d'autres criminels par le FBI, le taux d'autres crimes graves (le viol, le vol, les agressions et le cambriolage) a décliné d'un tiers.**[23]

Comme preuve évidente de ce déclin, nous pouvons jeter un coup d'œil plus attentif sur les homicides, le plus grave des crimes graves. » L'homicide est, en fait, le seul crime pour lequel la statistique nationale existe sur le long terme indépendamment des statistiques du FBI. Soigneusement élaborée par le Département de la Santé, de l'Éducation et du Bien-être, cette statistique est considérée « comme raisonnablement exacte », du moins à partir du début des années 1930.[24]

En 1933, comme le démontrent par les statistiques, le taux de meurtre aux États-Unis avait atteint le taux de 97 pour 100 000 habitants. Ensuite il a commencé à diminuer, jusqu'à ce qu'il ait atteint un niveau de seulement 45 pour 100 000 vers la fin 1950.[25] Depuis lors le nombre d'homicides a augmenté et passé à plus de 20 000 annuellement, ou à, pour 100 000 habitants au début des années 1980. Une augmentation importante médiatiquement parlant, mais presque trop belle pour être vrai puisqu'elle représentait presque exactement le même taux qu'en 1933 ! Bien que très élevé, ce présent taux de meurtre, américain, n'est pas unique, mais représente un retour à un précédent niveau.[26]

La faiblesse des statistiques présentées par les proclamateurs de la proximité de la fin est évidente. Pourtant le crime est de toute évidence important dans un grand nombre de pays. Cela rend-il le 20ᵉ siècle si particulier ? Est-il possible que des taux de criminalité si élevés dans la période précédant (ou suivant 1948 selon Hal Lindsey) n'aient aucun

---

23 Silberman, p. 30
24 Silberman, p. 28 ; VIA, Vol. II, p. 375.

25 Ibid

26 Les homicides criminels aux USA ont passé à 20 000 dès 1974. Comme cela représentait deux fois le nombre d'assassinats de 1965, le Réveillez-vous ! Du 8 mars 1976, indique que : « il y aura plus de 40 000 meurtres par an au début des années 80. » (Page 3.) Rien de la sorte n'est survenu. Le taux de meurtre au début des années 1980 était encore grossièrement le même qu'en 1974. Depuis lors il a diminué !

parallèle au cours des siècles précédents ?

Le Crime dans la perspective historique

Alors que le crime, aujourd'hui, occupe beaucoup d'espace dans les publications de la Watch Tower, il n'y a pas de référence à propos des crimes commis dans le passé. Il en est de même pour la plupart des proclamateurs dont les écrits ont tendance à faire naître dans l'esprit des lecteurs un sentiment que la situation de la criminalité actuelle, est de loin, le pire de tous les temps. Le fait que le crime ait atteint des niveaux élevés dans un certain nombre de pays au cours des années 1920—1930 et de nouveau au cours des années 1960—1970, ne prouve pas que le 20° siècle a connu plus de mépris de la loi que durant les premiers siècles. Tout prouve en fait que le crime était plus répandu, très souvent, dans le passé qu'il ne l'est de nos jours.

Comme l'a observé l'auteur populaire Colin Wilson, « l'histoire de l'humanité depuis environ 2500 avant notre ère n'est rien de moins qu'une suite continuelle de meurtres, d'effusion de sang et de violence. » Ainsi il conclut que « l'histoire humaine a été fondamentalement une histoire de crimes.[27] « Cette conclusion est non seulement corroborée par une étude sur les crimes du passé, mais aussi par les travaux des historiens qui ont creusé le sujet concluant qu'il y a probablement moins de crimes aujourd'hui que par le passé. Le Professeur John Bellamy de l'université Carleton à Ottawa, Canada, déclare même :

> **Dans la plupart des pays occidentaux modernes le niveau de criminalité a tellement diminué que le peu de méfaits commis procurent au plus au citoyen ordinaire une distraction qu'un sentiment de peur.**[28]

Les victimes de crime ou les personnes vivant maintenant dans des régions touchées par le crime, ressentent un sentiment de peur face à la criminalité. Mais le fait est que le pourcentage réel de la population affectée n'est plus aussi important qu'à une époque antérieure de

---

[27] Colin Wilson, *A Criminal History of Mankind* (Londres, 1985), pages 4, 6. Il est vrai qu'aussi Wilson déclara, en ce qui concerne le déclenchement de la Seconde Guerre mondiale, que le monde en ce moment-là « a plongé dans une époque incomparable de meurtre, de cruauté et de violence » (la page 5). Cette déclaration ne fait pas allusion au crime social ordinaire, toutefois, mais essentiellement à l'effusion de sang comme une conséquence de la guerre. Comme l'a montré le chapitre sur les guerres, le nombre de morts au cours de la Seconde Guerre mondiale était sans commune mesure, mais n'avait pas la même ampleur en proportion à la population entière.

[28] John Bellamy, *Crime and Public Order in England in the Later Middle Ages* (Londres et Toronto, 1973), p. 1. Ver 21 mai 2012.

l'histoire humaine. Le mépris de la loi représentait, dans le passé, les crimes posant le plus de problème comme l'explique bien l'étude de Bellamy sur la criminalité en Angleterre pour la période de 1290 à 1485 :

> **Dans l'Angleterre du Moyen Âge le maintien de l'ordre public était très souvent le plus grand problème auquel le roi devait faire face... Ni avant cette époque ni après, le respect de l'ordre public a pris tant d'importance dans l'histoire de l'Angleterre.**[29]

Dans le passé, le crime et le mépris de la loi semblent avoir été périodiquement, plus ou moins, hors de tout contrôle dans de nombreux pays. C'est au moment de la croissance de l'industrialisation au 19ᵉ siècle que la situation a commencé à s'améliorer dans les pays occidentaux :

> **Au cours de la première moitié du dix-neuvième siècle, toutes les villes étaient dangereuses aussi bien en Europe qu'aux États-Unis. Dans la deuxième moitié, Londres, Paris et d'autres villes européennes ont commencé à maintenir le mépris de la loi et le crime sous contrôle, tandis que les villes américaines ne semblaient pas y arriver – ou occasionnellement selon le témoignage d'observateurs contemporains.**[30]

Au milieu du vingtième siècle la situation dans les villes américaines s'améliorait. En 1960, le chercheur criminologue Daniel Bell, par exemple, a jugé que : « **un regard sobre sur le problème montre qu'il y a probablement moins de crime aujourd'hui aux États-Unis qu'il y a cent, ou cinquante, ou même il y a vingt-cinq ans et qu'aujourd'hui les États-Unis sont un pays plus sûr et plus respectueux de la loi que l'opinion populaire l'imagine.** »[31] Cette déclaration a été écrite, il est vrai, avant que la vague de crimes la plus récente ait commencé au début des années 1960. Mais en 1978, Silberman déclare encore, que « **le crime, la violence et le désordre ont toujours été des thèmes récurrents dans l'histoire américaine et conclut que 'le pays était plus dangereux par le passé que maintenant'.** »[32] De récentes études à long terme sur les tendances criminelles confirment cette conclusion.

---

29 Ibid, p. 1
30 Silberman, p. 23
31 Bell, pages 137, 155.
32 Silberman, pages 21, 22.

Le témoignage d'études à long terme : les États-Unis

Comme les criminologues le font, souvent remarquer, il y a probablement moins de crimes aujourd'hui qu'au cours du 19° siècle, cependant peu d'études à long terme, consciencieuses, semblent avoir été faites pour connaître les tendances sur de plus longues périodes.[33] Les tendances actuelles, cependant donnent une image très intéressante de l'activité criminelle.

Il semble ne pas y avoir eu d'étude à long terme, sur le plan national aux USA avant les rapports uniformisés sur la criminalité du FBI. Mais un certain nombre d'études locales fiables ont été faites tant sur les villes, sur les individus ainsi que sur les états. Aucun de ceux-ci n'indique que le nombre de crimes a aujourd'hui dépassé le niveau atteint au 19° siècle.

Aucune statistique complète n'a été rassemblée avant 1933, mais des études individuelles pour certaines villes ont été faites et elles montrent que le crime suit un tracé avec typiquement des hauts et des bas, au lieu de suivre de façon rectiligne l'accroissement de la population. James Q. Wilson, un expert de criminologie à Harvard, a dit que les premières études 'ne conviennent que pour la période suivant la Guerre civile lorsque le taux de crimes violents dans les grandes villes a été plus élevé qu'à n'importe quel autre moment dans notre histoire.[34]

Les études les plus récentes indiquent même un déclin brusque dans quelques endroits :

> **Aucune ne présente d'augmentation proportionnelle évidente de crimes graves dans des villes particulières. Les plus récentes suggèrent, au contraire, de remarquables diminutions.**[35]

La statistique criminelle du 19° siècle est, naturellement, souvent très défectueuse, mais il y a des exceptions importantes. On en trouve un exemple au Massachusetts, ou les procès-verbaux judiciaires, dès le 19° siècle « sont probablement mieux tenus qu'ailleurs. »[36] Les conclusions émises à leur propos sont les suivantes :

> **Alors que l'on peut émettre des doutes à propos des statistiques criminelles, il n'en est pas de même de celles du Massachusetts qui**

---

33 La criminologie historique est une nouvelle discipline. La première conférence sur le sujet s'est tenue en février 1972. (*Nordisk Tidskrift for Kriminalvidenskab*, Vol. 61, Hefte 3 4, 1973, p. 285.)
34 L'Avocat Fred P. Graham dans VIA, Vol. II, pages 374, 375.
35 Le Professeur d'Histoire Roger Lane dans VIA, Vol. II, pages 359, 360.
36 Ibid, p. 360.

> peuvent être exposées avec confiance : la criminalité grave, dans la métropole de Boston, a décliné brusquement entre le milieu du 19ᵉ siècle et le milieu du 20ᵉ.³⁷

Il n'est pas dans l'esprit des auteurs de procéder à une analyse détaillée du poids de la criminalité au 19ᵉ siècle aux USA, cependant à titre indicatif voici des remarques concernant certaines villes :

Washington D.C, juste avant la Guerre civile :

> Les émeutes et les effusions de sang sont quotidiennes, des personnes innocentes sont abattues, poignardées et maltraitées de façon ignoble et assez souvent le contrevenant n'est pas même arrêté.³⁸

New York, au cours des années 1850 :

> À un jet de pierre de Broadway, dans les années 1850 à New York se trouvait les « *Five Points* », l'endroit le plus mal famé de la ville. 'Les agents de police n'allaient aux *Five Points* que deux par deux et jamais désarmés. Les New-yorkais, respectables, évitaient le secteur même la journée... C'était l'antre des meurtriers, des voleurs, des prostituées et des receleurs.'³⁹

Chicago, les années 1860 à 1890 :

> Dans les vingt années qui ont suivi la Guerre civile, le taux de meurtre a quadruplé, dépassant de loin la croissance de la population et les agressions étaient communs ; en 1893, un résident de Chicago sur onze était arrêté pour un crime ou un autre.⁴⁰

Los Angeles au cours des années 1850 :

> En 15 mois au cours des années 1850, il a été enregistré un total de 44 meurtres à Los Angeles, pour une petite localité d'environ 8 000 habitants – soit un pourcentage de meurtres environ quarante ou cinquante fois plus élevé que le taux actuel pour cette ville.⁴¹

San Francisco et Barbary Coast, 1860-1880 :

> Les annales de San Francisco, une compilation d'archives contemporaines des années 1860, déclarent que sur les quais du secteur du centre-ville 'aucun homme convenable n'était en sécurité lorsqu'il marchait dans une rue le soir ; sa propriété

---
37 Ibid, p. 360. L'étude la plus complète ; « couvrant les années 1849 à 1951, montre une diminution de presque deux tiers des crimes que le FBI considère comme 'importants.' » (p. 360.)
38 Silberman, p. 22. Extraits d'un rapport d'un comité de Sénat américain enquêtant sur le crime dans la ville.
39 Bell, p. 155.
40 Silberman, p. 23.

pouvant être à toute heure du jour ou de la nuit cambriolée ou brûlée à la suite d'un incendie volontaire.' Entre 1860 et 1880, pas une nuit ne s'est déroulée sans qu'il y ait au moins un meurtre et de nombreux vols à Barbary Coast.[42]

Les études à long terme, ainsi que les exemples cités plus haut montrent clairement que le taux actuel de criminalité aux États-Unis n'est pas unique dans l'histoire de la criminalité américaine. Comme Silberman l'explique, beaucoup d'Américains en sont venus à penser que notre époque était unique sur le plan criminel parce que le rythme actuel a été précédé par des périodes avec des taux anormalement bas, uniques en ce sens, dans le courant des années 1930, 1940 et 1950 :

> **Puisque la tranquillité domestique avait l'air d'être la norme, les Américains qui ont atteint leur majorité au cours des années 1940-1950 ignoraient qu'en fait la violence et le crime avaient toujours régné aux USA. Bien qu'elle ait continué à idéaliser la violence dans les romans policiers et les Westerns, une génération s'est habituée à vivre en paix au quotidien. La montée de la criminalité et de la violence, qui a vu le jour dans les années 1960, a dû représenter aux yeux des Américains une aberration plutôt qu'un retour à une dure réalité.**[43]

Certes, dans la plupart des pays l'augmentation de la criminalité n'a pas été aussi dramatique qu'aux USA au cours des dernières décennies. Une activité criminelle aussi importante aux USA n'est sans doute pas sans précédent, le 19° siècle a probablement surpassé le 20e, nous pourrions nous attendre à trouver, dans de nombreux pays, des taux de criminalité moins élevés qu'au 19° siècle. Des études à long terme corroborent-elles cette idée ?

Le témoignage des études à long terme : le cas de la France

On ne trouve probablement pas de statistiques aussi fiables pour le 19° siècle que celles concernant la France :

---

[41] Silberman, p. 23. Cela représente un taux annuel de meurtres de 440 pour 100 000 habitants ! Aujourd'hui, le taux moyen de meurtres aux États-Unis est d'environ 7,9, Detroit a le taux le plus élevé, soit de 39 pour 100 000. Ce taux, le plus élevé au monde a valu à Detroit le titre de « capitale mondiale du meurtre ». (Nettler, p. 24.) Pourtant c'est bien en dessous du taux de nombreuses villes et endroits dans le passé. De 1680 à 1720, par exemple, il y avait en Corse 900 homicides par pour une population de 120 000 habitants, soit un taux annuel de 750 pour 100 000 habitants ! (P. Arrighi, Histoire de la Corse, Toulouse, 1971, p. 275.) Dans quelques états, au 19° siècle, l'Amérique avait un taux de meurtre qui surpassait celui de Detroit aujourd'hui. Dans son étude sur les meurtres au Texas du milieu 1865 au milieu 1868, Barry A. Crouch montre que le taux annuel de meurtres y était d'au moins 40 pour 100 000 habitants. (*Journal of Social History*, Pittsburgh, Pennsylvanie, Winterr 1984, pages 218, 219, 229.)

[42] Bell, p. 156.

[43] Silberman, p. 31. Comparer aussi la page 19.

Les données disponibles concernant l'urbanisation, le crime et la violence collective en France durant cette période sont exceptionnellement riches et uniformes, comparées aux données disponibles pour n'importe quelle partie du monde aujourd'hui ou par le passé.[44]

Les résultats d'une étude minutieuse – présentée en 1973 par Abdul Qaiyum Lodhi de l'université de Waterloo et Charles Tilly de l'université de Michigan – sur la tendance criminelle en France sur une longue période, de 1826 à 1962, ne peuvent pas être facilement écartés. Et leurs conclusions sur cette période de 136 années sont surprenantes :

Les atteintes à la propriété, les vols et les cambriolages ont décliné de façon significative en termes de fréquence durant cette longue période observable ; les crimes contre la personne (meurtres, agressions et viols) ont fluctués sans tendance très nette, la violence collective quant à elle évoluait brutalement d'une année à l'autre.[45]

---

44 Lodhi et Tilly, «*Urbanization, Crime and Collective Violence in 19th-century France*» American Journal of Sociology, Vol. 79, 1973, p. 297.

45 Lodhi et Tilly p 296.

LE CRIME EN FRANCE, 1862-1962

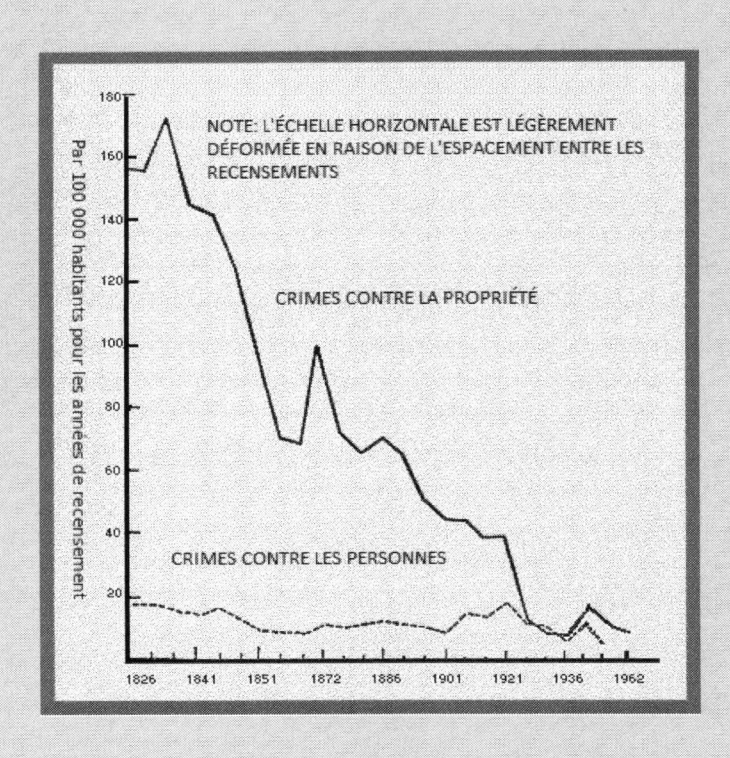

Personnes accusées de crimes contre les personnes et la propriété : France 1826-1962. (A. Q. Lodhi et env. Tilly, « l'Urbanisation, le Crime et la Violence Collective », American Journal of Sociology, Vol. 79, 1973, p. 301. Graphique utilisé avec l'aimable autorisation de The university of Chicago Press.)

Alors que le nombre de crimes violents est resté pratiquement stable pendant une période de 136 ans, les atteintes à la propriété ont diminué de façon très marquée. Comme le montre la courbe du graphique de la page précédente, le nombre de personnes accusées de crimes contre la propriété a considérablement diminué, passant de 174 pour 100 000 habitants en 1836 à moins de 10 pour 100 000 en 1962![46]

Bien que les études à long terme, couvrant aussi bien le 19ᵉ que le 20ᵉ siècle, manquent pour la plupart des pays, cependant il n'est pas interdit de penser que la tendance relevée en France n'est pas unique. Toutefois, les tendances ont varié, non seulement d'un pays à l'autre, mais également d'un type de crime à l'autre. Dans quelques pays de certains types de crime ont augmenté sur le long terme, alors que d'autres ont diminué.[47]

Des pays comme le Japon et la Chine ayant un taux de criminalité peu élevé ont connu plus de mépris de la loi dans le passé, bien que les études à long terme pour l'établir manquent. La Chine, la nation la plus peuplée de la terre, a vu le mépris de la loi diminuer depuis 1949.[48] Au cours du 19ᵉ siècle les désordres dans ce pays se sont aggravés en raison du « pillage des gangs » qui ravageaient souvent certaines des provinces. Leurs activités se sont beaucoup intensifiées pendant la rébellion Taiping (de 1850 à 1864).[49]

---

[46] Lodhi et Tilly, p. 301. Depuis 1970 les crimes graves ont à nouveau augmenté. (Nettler, p. 20)

[47] En Suède les crimes graves ont augmenté brusquement après 1950. L'étude minutieuse der Hans von Hofer, publié en 1984 couvrant la période de 1750 de période 1980, révèle que les vols ont dépassé le niveau de 1850 en 1950 et ont augmenté ensuite brusquement les deux décennies suivantes. Le meurtre et l'homicide involontaire ont, aussi, augmenté en Suède depuis la Seconde Guerre mondiale, mais sont beaucoup plus bas encore que durant quelques années au 19ᵉ siècle. Les agressions ont beaucoup régressé comparativement au 19ᵉ siècle. (Voir Hanns von Hofer, *Brott och straff SCB*, Sverige, SCB, Stockholm, 1984, pages 5:6 et le Diagramme 3:3 et 5:5.) L'augmentation des vols s'explique peut-être par l'augmentation des procès-verbaux. Hofer montre que dès la mise sur le marché d'assurance tout ménage, assurance proposée dans les années 1950, la plupart des ménages suédois y avait souscrit (91 % en 1978). Comme les compagnies d'assurance paient seulement dans les cas de vols annoncés à la police, le nombre de vols annoncés a augmenté certainement brusquement depuis les années 1950. D'autre part, Hofer note qu'il y a beaucoup plus de vols aujourd'hui que par le passé. La moitié des 515 000 vols annoncés en Suède en 1981 concernaient des véhicules à moteur, les bicyclettes et les vols à l'étalage. (von Hofer, pages 3:2, 9f) De récentes études indiquent que les crimes violents diminuent d'habitude avec l'amélioration du niveau économique, alors que les atteintes à la propriété ont tendance à augmenter. (The Development and Change magazine, Vol. 13, No. 3, juillet de 1982, pages 447-462 ; *Sociology and Social Research*, Vol. 70, No. 1, 1985, pages 96, 97.

[48] L'augmentation qui a commencé à la fin des années 1970 a été depuis arrêtée par l'application de mesures plus sévères Voir le Réveillez-vous ! Le 8 novembre 1974, pages 5, 9 et le 8 juin 1984, pages 29, 30.

[49] Encyclopedia Britannica, Macropaedia, 15ᵉ edition, 1980, Vol. 4, p. 360.

L'impact de la Loi de « Tuchman »

Comme il a été clairement démontré, la criminalité connaît des hauts et des bas. « La vague récente de crimes » ne constitue pas une exception. Dans quelques pays la criminalité à tendance à baisser, après avoir atteint un pic au cours des années 1970 voire au début des années 1980. Aux USA le taux de criminalité a décliné notamment les crimes violents, brusquement depuis 1980.[50] Souvent les gens semblent tenir pour évident le fait que le crime augmente régulièrement, même quand ce n'est pas le cas. Comme la criminologue canadienne Lynn Mac-Donald l'a démontré, même des savants reconnus soutenaient cette théorie sur la criminalité montrant qu'ils ne tenaient pas compte des données factuelles. En parlant de sa propre recherche sur les taux de criminalité au Canada, Macdonald déclare :

> **Je ne sais pas, personnellement, combien de temps cela m'a pris pour conclure que les taux de criminalité d'après-guerre au Canada ne montaient pas (à part les infractions mineures) ; j'ai continué à redessiner les graphiques et recalculer les pentes, en pensant j'avais fait une erreur !**[51]

Pourquoi les gens semblent-ils tenir pour évident que le taux de criminalité monte même quand ce n'est pas le cas ? Sans doute la couverture, sensationnelle, par la presse est-elle dans une large mesure responsable de cela. En observant les titres de la presse sur la violence dans la rue, le terrorisme, les viols, etc., en Suède, Johannes Knutsson du Conseil suédois de Prévention du crime a décrit **« l'explosion de violence de l'été dernier** [en 1983] **comme une pure invention des journalistes... Les journaux détournent la réalité et les politiciens, délibérément ou non, les aident dans ce sens. »** En insistant sur le fait qu'un certain nombre de types de crimes ont diminué ces derniers temps, Knutsson a dit que la société autrefois **« avait l'habitude de subir beaucoup plus de violence quotidienne... La violence criminelle était aussi plus répandue, par exemple en Suède à la fin du 19ᵉ siècle, quand l'alcoolisme était plus important.**[52] **»**

Mentionner dans les journaux une escalade de la criminalité, peut s'avérer extrêmement trompeur et peu révélateur du véritable taux de

---

50 Time magazine, du 8 avril 1985, pages 35, 37. En Suède la courbe de crimes graves a commencé à montrer une tendance à la baisse aux environs de 1970. (Von Hofer, la page 5 :6 et le Diagramme 5 :5.)
51 Lynn McDonald, p. 417. Il y a eu une augmentation en 1966. (Nettler, p. 26.)
52 News & Views (un bulletin d'informations pour les immigrants en Suède), n° 28, le 14 septembre 1984, p. 1.

criminalité au 20° siècle. La justesse de la Loi de « Tuchman » – citée au début de ce chapitre – a été récemment été mise en valeur dans une étude des sociologues Jason Ditton et James Duffy. Ils ont constaté que les journaux accentuaient exagérément les crimes violents particulièrement à propos des crimes sexuels.[53] De plus, tout tend à prouver que l'inquiétude croissante des gens à propos des crimes n'est pas proportionnelle aux augmentations des crimes en eux-mêmes », et que « la peur du crime est actuellement irréaliste.[54] » Pour illustrer leurs propos ils ont fait allusion à une autre étude qui a révélé que « **Sur une période où l'incidence du crime violent a décliné de 2,4 pour cent, la couverture de la presse des crimes violents a augmenté de 11,1 pour cent** »![55] Le mépris de la loi n'augmente, souvent, que dans les journaux et, on peut ajouter, particulièrement quelques magazines religieux et publications cherchant à créer un état d'esprit surexcité concernant l'accomplissement prétendu « d'un signe » prophétique.

Il n'existe pas de preuve pour soutenir l'affirmation que le 20° siècle connaît une augmentation du mépris de la loi dans le monde entier « comme jamais auparavant ». Au contraire, les études historiques, couvrant des études à long terme sur les taux de criminalité dans des villes spécifiques, des états et des pays, indiquent qu'il y a eu souvent de plus grands désordres dans le passé qu'aujourd'hui en beaucoup d'endroits. Cela a vraisemblablement eu lieu sur une échelle mondiale puisque le crime augmente d'habitude aux temps de la famine, de la peste et de la guerre.

De plus, il y a de solides raisons pour comprendre que les paroles de Jésus sur le mépris de la loi en augmentation (dans le chapitre 24 de Matthieu) comme son application, ne se rapportent pas au monde en général où la criminalité a toujours été répandue, mais aux conditions régnant parmi les serviteurs déclarés de Dieu, depuis ceux de la première congrégation chrétienne établie. Ses paroles précédentes l'indiquent, car il décrit ce qui arrivera à ses disciples en raison de la persécution et continue à dire que « **beaucoup se détourneront de la foi et trahiront et se détesteront et beaucoup de faux prophètes apparaîtront et tromperont beaucoup de gens.** » C'est dans un tel contexte religieux qu'il dit alors, « **à cause de l'augmentation de la cruauté [le mépris de la loi], l'amour de la plupart se refroidira,**

---

[53] Ditton et Duffy, « *Bias in the newspapers reporting on crime news :* » *The British Journal of Criminology*, Vol. 23, n°2, avril 1983, p. 162.
[54] Ibid, p. 164.
[55] Ibid, p. 164.

mais celui qui tiendra ferme jusqu'à la fin sera sauvé. » (Matthieu 24 :9-13, *Nouvelle Version internationale*) Jésus, en fait, a utilisé l'expression « le mépris de la loi » non à propos des criminels, mais en se référant à la conduite hypocrite, malhonnête de personnes religieuses. (Matthieu 7 :23 ; 23 :28) Dans sa parabole du blé et de la mauvaise herbe il a comparé ceux qui provoquent le mépris de la loi désordre à la mauvaise herbe s'étendant et a dit que dans le jour de jugement ses anges « ... ramasseront hors de son royaume toutes les choses qui font trébucher et ceux qui commettent l'illégalité. » Matthieu 13 :38-41, Traduction du monde nouveau.

Les reportages des journaux à sensation créent une peur des crimes hors de toute proportion. » Les images comme celles de la couverture de Réveillez-vous ! Du 22 octobre 1979, promeut l'idée que le monde entier est infesté par le crime comme dans certaines rues de New York ou d'autre grande ville des États-Unis.

Les écrits des apôtres de Jésus témoignent largement de la croissance

de cruauté et du mépris de la loi qui s'est développé parmi les chrétiens déclarés dans les dernières années de la période apostolique. (1 Timothée 4 : 1 ; 2 Timothée 3 :13 ; 2 Pierre 2 :1-3, 10-14, 17-21) Quand Paul a parlé d'une révélation venant « de l'homme qui méprise la loi » il ne parlait pas d'une source commettant l'activité criminelle de droit commun telle que l'atteinte à la propriété, ou les actes de violence physique tel le meurtre, mais du plus grand mépris de la plupart associé à la tromperie religieuse, l'usurpation de la place et de l'autorité qui appartiennent à juste titre au seul Souverain suprême, Dieu. Paul a averti aussi ses contemporains que « La puissance secrète de la Méchanceté est déjà à l'œuvre » (2 Thessaloniciens 2 :3-11, BFC) les écrits de l'apôtre Jean montre de façon particulière qu'une telle augmentation du mépris de la loi dans la congrégation au premier siècle a vraiment eu lieu l'amour d'entre beaucoup se refroidissant ; Jean montrant avec ardeur la nécessité d'aimer son frère. – 1 Jean 2 :9-11 ; 3 :4, 10-18.

La compréhension des paroles précédentes de Jésus est au moins en harmonie avec les faits connus, confirmés par les récits bibliques eux-mêmes. On ne peut pas en dire de même des affirmations faites par ceux qui affirment que nous voyons de nos jours une augmentation bibliquement prédite de crimes sans précédent. Les faits connus prouvent le contraire.

Ce que les autorités déclarent à propos du mépris de la loi de nos jours et par le passé.

ÉTATS-UNIS :

« **Le crime, la violence et le mépris de la loi ont été des thèmes récurrents tout au long de l'histoire américaine... le pays était plus dangereux dans le passé qu'il ne l'est aujourd'hui**. « - Charles E. Silberman, *Criminal Violence, Criminal Justice*, New York, 1978, pages 21, 22.

« **Toutes les preuves considérées démontrent une diminution sur le long terme de l'activité criminelle naturellement associée à l'urbanisation**. « Roger Lane in *Violence in America* (ed. Par H. D. Graham & T. R. Gurr), Washington, D. C., 1969 p. 366.

FRANCE :

« **Sur le long terme [de 1826 à 1962], les atteintes au bien d'autrui ont l'air d'avoir décliné de façon significative en fréquence, les homicides ont fluctué doucement sans tendance remarquable et violence collective variant brusquement d'année en année**. « A. Q. Lodhi & env. Tilly *American Journal of Sociology* Vol. 79, 1973, p. 296.

FINLANDE :

« **Connaissons-nous, de nos jours, une augmentation importante des crimes ? La réponse, à cette question réside dans l'avenir. Mais il convient de noter qu'en Finlande la population a connu des périodes plus difficiles.** »- Vaino Rantio, Commissaire au Département d'Enquête Criminel dans Helsingfors ; in *Nordisk Kriminalkrönika* 1982 (Scandinavian Crime Chronicle 1982), Göteborg, 1982, p. 21.

SUÈDE :

« **Ce que nous oublions très souvent c'est que la société avait l'habitude de la violence au quotidien... La violence criminelle était plus généralisée à la fin du 19° siècle, lorsque l'alcoolisme était plus répandu.** » – Le criminologue Johannes Knutsson dans *News & Views* (un bulletin d'informations pour les immigrants en Suède) No. 28, le 14 septembre 1984, p. 1.

OCCIDENT :

« **Dans la plupart des pays occidentaux le niveau de crime a tant diminué que les méfaits mineurs sont considérés par le citoyen ordinaire comme des divertissements et ne lui inculque pas un sentiment de peur.**" – John Bellamy, *Crime and Public Order in England in the Later Middle Ages*, Londres et Toronto, 1973, p. 1.

MONDE :

En comparant notre société moderne avec celles du Moyen Âge et du 18° siècle, les criminologues britanniques Sir Leon Radzinowics et Joan King déclarent : « malgré tous les crimes qu'elle connaît, **notre société est plus sûre et moins violente que celle du Moyen Âge et celle du 18° siècle**. *The Growth of Crime*. Londres, 1977, p. 11.

CHAPITRE 7

7 Le Mythe du « Signe Composite »

JUSQU'ICI nous avons considéré sur une base individuelle ces aspects de la vie humaine et des conditions que les proclamations d'époques de fin accentuent régulièrement : les guerres, les famines, la peste et le tremblement de terre. Pris un à un, il est évident qu'aucun d'eux ne distingue sincèrement notre siècle des siècles passés, si nous considérons ces aspects depuis 1914, 1948 ou tout autre date de ce siècle.

Les tremblements de terre ne sont pas plus fréquents, ni plus importants en taille que dans les siècles précédents. Même la guerre, en dépit de son potentiel très destructeur, n'affecte apparemment pas une part plus importante de la population que par le passé. En dépit de toutes les affirmations au contraire, le nombre de guerres réelles de guerres – a en fait diminué à notre siècle. Et la famine et la peste ont pas seulement diminué, mais ont diminué brusquement depuis la deuxième décennie de ce siècle. La diminution est encore plus dramatique par rapport aux siècles passés.

Nous ne pouvons pas manquer de noter que la clé légitime au jugement de l'augmentation particulièrement dans les trois derniers aspects – est-ce du pourcentage de population affectée. Dans un village de 1000 habitants, si 600 d'entre eux étaient dans un état d'inanition nous décririons le village comme frappé par la famine, gravement ainsi. Cela signifierait que six de toutes dix personnes mouraient de faim. Mais dans une ville de 100 000 habitants même si 10 000 personnes étaient dans un état d'inanition, ce chiffre, pendant que tellement plus grand que les 600 auparavant mentionnés, signifierait que seulement *un* de toutes dix personnes mourait ainsi de l'inanition. La grande ville aurait, en moyenne, une incidence beaucoup plus basse d'inanition que le village. Il serait, de ce point de vue, le meilleur lieu pour vivre.

C'est que nous trouvons dans la considération de la scène mondiale. La population du monde est devenue énormément bien pendant ce siècle et ainsi, quelle que soit la condition désastreuse peut être considérée, il est seulement raisonnable qu'un plus grand nombre de personnes serait impliqué que plusieurs siècles, ou même juste un siècle. Dans une époque où les vols commerciaux étaient rares et limités à quelques-uns par jour, cinq accidents pourraient d'ici un an à juste titre indiquer un degré bas de sécurité, pourrait excuser la conclusion que le vol était une façon assez la hasardeuse de se déplacer. Aujourd'hui, quand des milliers de vols surviennent chaque jour dans juste un seul pays, comme aux USA, triple même ce nombre d'accidents ne changerait toujours pas d'ici un an le fait que le voyage d'aéroplane est devenu un des modes plus raisonnables de transport à nos époques modernes. De même le principe s'applique correctement dans l'estimant de l'effet mondial des aspects plus tôt mentionnés de guerre, famine et peste, aussi bien que le nombre de personnes affectées par le tremblement de terre. Ignorer ce facteur, délibérément ou simplement en raison de la pensée superficielle, c'est dénaturer la réalité et déformer la vérité.

Ceux-là qui nous feraient croire que nous avons la preuve visible avant nous identifiant notre génération comme remarquablement marqué par la prophétie – à cause d'être affligé par supposition par de tels malheurs d'une certaine façon le mai spécial disent que leur affirmation n'est pas fondée sur ces aspects pris un à un. Ils peuvent dire qu'il est fondé sur la combinaison d'entre eux, tous apparaissent ensemble pendant une période seule.

Ainsi, l'auteur religieux Hal Lindsey a comparé ces aspects désastreux aux morceaux multiples d'un puzzle qui sont maintenant dits 'tomber rapidement dans le lieu' depuis 1948. L'évangéliste Billy Graham entend dans les événements d'aujourd'hui que le battement menaçant du sabot combiné bat des quatre cavaliers de l'Apocalypse. La Société Watch Tower présente ces aspects comme les éléments individuels d'un « signe composite. » « Le signe », ils disent, n'est pas n'importe qui des aspects isolément mais la combinaison d'entre eux apparaît dans le monde entier dans une génération, un signe composite par supposition unique à la génération vivant d'et après 1914.

Ainsi pendant qu'obligé par les faits pour reconnaître qu'aucun de ces aspects n'a individuellement vu l'incidence sans précédent à ce siècle, l'affirmation pourrait être faite, « c'est juste, peut-être quelque siècle dans le passé a vu plus de famine que le nôtre, un autre siècle peut avoir vu plus ou le plus grand tremblement de terre, encore un autre siècle la peste plus désastreuse, toujours un autre a été tout aussi ou plus ravagé par la guerre que notre propre. Mais ce n'est aucune de ces choses individuellement, mais plutôt le total de total d'entre tous se produisant ensemble à ce siècle, le nôtre vingtième siècle, qui distingue cette fois comme étant, indiscutablement, les derniers jours que le jugement avant mondial apparaît. »

Là une justesse est à ce raisonnement ?

Le syndrome des fléaux

La plupart des proclamateurs de la fin des temps ne font que laisser de côté la discussion du passé et la majorité de leurs lecteurs ont peu de chances de savoir ce que montre cet enregistrement afin de pouvoir comparer les conditions. La Société Watch Tower cherche cependant parfois à contrecarrer les preuves du passé et à en nier l'importance. Cela indique qu'ils reconnaissent qu'il existe des problèmes avec au moins certaines des caractéristiques de leur « signe composite » et qu'aucune des afflictions n'est nouvelle pour l'humanité. « Aucune de ces choses n'est unique à notre siècle », a déclaré la Tour de Garde du 15 avril 1984 à la page 5. Comment, alors, de telles choses pourraient-elles être utilisées pour identifier la fin de la période commençant en 1914 ? Dans le même numéro de la Tour de Garde, il est indiqué qu' « ils auraient dû, d'une certaine manière, différer des conditions semblables des temps précédents », expliquant :

> **Tout d'abord, chaque caractéristique du signe devrait être observée par une génération...**
>
> **Deuxièmement, les effets du signe devraient être ressentis dans le monde entier... Troisièmement, les conditions ou les symptômes combinés devraient s'aggraver progressivement au cours de cette période...**
>
> **Quatrièmement, la survenue de toutes ces choses s'accompagnerait d'un changement d'attitude et d'action des gens. Jésus a mis en garde : « L'amour du plus grand nombre se refroidira. »**[1]

Ainsi, ils imposent des normes pour juger de l'accomplissement des paroles de Jésus qui sont au moins en partie des normes qu'ils ont eux-mêmes établies. Pourtant, cette tentative quadruple de sauver le « signe composite » de l'effondrement est remarquablement faible. Les famines et les pestes, par exemple, se sont-elles aggravées progressivement depuis 1914 ? Sont-elles « mondialement » plus importantes aujourd'hui que jamais auparavant ? La vérité est que la portée et la mortalité de ces deux fléaux ont été progressivement réduites au cours de notre siècle ! Les tremblements de terre n'ont pas non plus empiré progressivement depuis 1914 ni été ressentis plus au niveau mondial qu'avant cette date. En ce qui concerne les guerres, il est vrai que leur danger potentiel a progressivement augmenté au cours de notre siècle. Pourtant, le fait remarquable est que les guerres

---

[1] Le même raisonnement est répété dans le livre *La Vie – Comment est-elle apparue ?* publié par la Société Watch Tower en 1985, page 226.

ont fait plus de victimes au cours des trois premières décennies après 1914 que durant les quarante années écoulées depuis 1945 ! Et bien qu'il soit parfois souligné que les guerres au cours de ces quatre décennies d'après 1945 ont coûté la vie à 30 millions de personnes, ce chiffre est inférieur au nombre de victimes des guerres de la période correspondante du siècle dernier (1845-1885).

Une génération unique ?

Qu'en est-il de l'argument voulant que "chaque génération du signe devrait être observée par une génération"? Cela distingue-t-il la génération de 1914 – ou une génération de ce siècle – comme unique à cet égard ? En aucun cas. Quiconque entreprendra une enquête honnête et minutieuse sur le sujet découvrira bientôt qu'il est pratiquement impossible de trouver une génération au cours des 2 000 dernières années qui n'ait pas observé les différentes caractéristiques combinées du supposé « signe composite » ! Et cela ne devrait pas nous surprendre vraiment, car la plupart des fléaux mentionnés par Jésus sont interdépendants et vont donc généralement de pair. Cela est particulièrement vrai pour les guerres, les famines et les pestes. Dans Hunger and History, E. P. Prentice note :

> **Famine, guerre et peste – le monde les connaît bien, ces trois-là, et sait qu'ils ne viennent pas seuls, un par un. Là où il y a la misère, la Pestilence s'en empare et la guerre n'est pas loin.**[2]

Soulignant davantage ce point commun et cette simultanéité, Ralph A. Graves explique :

> **Une étude du passé montre que la guerre, la peste et la famine ont toujours été liées, l'un et parfois l'autre étant la cause et les deux autres l'effet. Où l'un des membres du trio s'est produit, les autres, parfois seuls, mais généralement ensemble, ont suivi.**

Véritable trinité du mal, les trois sont un seul fléau, égaux par leur pouvoir dévastateur et leur universalité sinistre.[3]

Cette « trinité du mal » était encore plus intimement liée qu'aujourd'hui, alors que l'amélioration des communications et les mesures médicales modernes ont considérablement réduit le rôle de la famine et des épidémies en temps de guerre.

---

2 E. Parmalee Prentice, *Hunger and History* (Caldwell, Idaho, 1951), p. 137.
3 Ralph A. Graves, "*Fearful Famines of the Past,*" Le magazine *National Geographic*, juillet 1917, p. 69. Walford s'exprime de la même manière : « Ainsi, l'épée, la peste et la famine sont désormais, comme ils l'ont toujours été, les trois ennemis mortels associés à la race humaine. » C. Walford, « The Famines of the World : Past and Present, » *Journal of the Statistical Society*, Vol. XLII. (London, 1879) pp. 79, 80.

En période de guerre, de famine et de peste, il est également tout à fait normal de voir le crime et la violence augmenter. L'histoire regorge d'exemples des effets démoralisants de ces fléaux sur l'esprit et le comportement humains. Dans son exposé sur les famines, le professeur Sergius Morgulis a déclaré :

> **La famine ne détruit pas seulement la santé et le physique, elle perturbe encore plus la moralité et le caractère. Dans la lutte acharnée pour maintenir la vie, tous les scrupules sont vaincus, le voisin est contre le prochain et le fort est impitoyable envers le faible.**[4]

L'histoire des famines est donc aussi une histoire de démoralisation, de violence, de brigandisme, de meurtre et de cannibalisme, une histoire de périodes où l'anarchie grandit et où l'amour se refroidit. Et exactement le même genre de dégénérescence se produit pendant les pestes. « Les époques de peste sont toujours celles où le côté bestial et diabolique de la nature humaine prend le dessus », a noté B. G. Niebuhr.[5] Cette interrelation entre périodes de guerres, famines, pestes ou autres catastrophes et une augmentation de la criminalité a également été constatée. Le criminologue suédois Hanns von Hofer, par exemple, dans son étude approfondie de la criminalité en Suède de 1750 à 1982, note que l'évolution historique de la violence et des vols « se caractérise par une série de très fortes augmentations et diminutions cela coïncide avec des événements historiques particuliers, tels que des années de famine, des restrictions d'alcool et des guerres. »[6]

L'adage selon lequel « les malheurs ne viennent jamais seuls » s'applique clairement à la plupart des misères auxquelles Jésus fait référence dans son étude prophétique du cours futur de l'histoire du monde. Les guerres, les famines, les épidémies et les crimes sont tous liés et vont généralement de pair. Leur apparence « composite » est donc tout à fait naturelle et compréhensible et n'a rien de nouveau pour notre siècle. Au contraire, ce syndrome des fléaux fait partie de l'histoire de l'homme depuis des siècles et est vécu par toutes les générations depuis l'époque du Christ.

. *Le quatorzième siècle, un « miroir lointain »*

L'histoire de l'humanité est à un degré remarquable une histoire de

---

4 Cité par Prentice, p. 139. Quelques exemples horribles sont donnés par Graves, p. 75-79.
5 Cité par Philip Ziegler dans *The Black Death* (Londres, 1969). p. 259. Voir également les pages 83, 108, 109, 160, 192, 271 et 272 du même ouvrage.
6 Hanns von Hofer. *Brott och strajf i Sverige. Historisk kriminalstatistik 1750-1982*, Statisteka centralbyran (Stockholm, 1984), p. 3 :4 et le diagramme 1 :3.

crises et de catastrophes. Bien que la Société Watch Tower l'admette, contrairement à d'autres proclamateurs de la fin des temps, elle tente de minimiser ces calamités passées, affirmant que notre siècle les a connus à une échelle beaucoup plus grande.

Ainsi, dans *La Tour de Garde du* 15 juillet 1983 (page 7), cette déclaration apparaît :

> **Certes, il est vrai que les générations précédentes ont connu la calamité. Le XIVᵉ siècle était l'époque de la peste noire lorsque les habitants de toute l'Europe craignaient la peste, les famines et les guerres. Mais comparons simplement l'ampleur des choses de notre siècle.**[7]

Selon cela, la Société Watch Tower estime que les crises du XIVᵉ siècle ne peuvent en aucun cas être comparées à celles de notre siècle.

Est-ce vrai ? Votre vie ou celle des gens en général est-elle plus difficile que ce ne fut le cas au XIVᵉ siècle ? Si nous avions le choix, choisirions-nous alors des conditions – en ce qui concerne les guerres, les famines, les pestes et les tremblements de terre – comme préférables à celles de ce siècle ? C'est l'historienne Barbara Tuchman qui a comparé le XIVᵉ siècle à un « miroir lointain ». Un regard plus attentif sur les différentes caractéristiques de cette période révélera à quel point la prétention de la Société Watch Tower est peu ou pas véridique.

. *Le temps de la guerre*

L'histoire révèle que le monde médiéval est un « monde de guerre constante ».[8] Au cours du XIVᵉ siècle, de nombreuses et longues guerres sanglantes ont eu lieu dans différentes parties du monde. En 1337, l'Europe occidentale a marqué le début de la plus longue guerre de l'histoire, la prétendue guerre de cent ans entre l'Angleterre et la France, une guerre qui a duré 116 ans et qui, selon l'historien Tuchman, a anéanti l'unité médiévale.[9]

D'autres guerres et guerres civiles sans fin ont sévi en Europe, par exemple les guerres entre les principautés d'Allemagne et les guerres entre les villes marchandes et les principautés d'Italie.

L'Europe occidentale n'est pas la seule à être impliquée dans la guerre.

---

7 La Tour de Garde, 15 juillet 1983, p. 7. La Tour de Garde du 1ᵉʳ février 1985 déclara encore plus énergiquement : « Certes, il y avait eu des guerres, des pénuries de nourriture, des tremblements de terre et des pestes au cours des siècles de notre ère commune jusqu'en 1914 (Luc 21 : 11). Néanmoins, il n'y avait rien de comparable avec ce qui a eu lieu depuis que les temps des Gentils prirent fin en cette année mémorable. »(p. 15)
8 *Collier's Encyclopedia*, Vol. 4, 1974, p. 234.
9 Voir « Epilogue » de Un lointain miroir de B. W. Tuchman.

L'Europe de l'Est et pratiquement tout le continent asiatique étaient dominés par les féroces Mongols, qui avaient conquis ces régions au cours du siècle précédent.[10]

De 1200 à 1400 après JC, les historiens R. Ernest Dupuy et Trevor N. Dupuy disent :

> **Pendant la majeure partie de ces deux siècles (les 13° et 14°), l'histoire politique et militaire de l'humanité était dominée par un seul pouvoir. Les Mongols ou leurs vassaux tartares ont conquis ou ravagé toutes les grandes régions du monde connu, à l'exception de l'Europe occidentale.**[11]

Au XIVe siècle, ce vaste empire s'est progressivement effondré.

Des guerres civiles sanglantes ont fait rage pendant des décennies dans les parties occidentale et orientale de l'immense empire mongol. En Chine, les dirigeants étrangers ont finalement été renversés dans les années 1360 après une longue guerre civile qui a coûté des millions de vies.[12] Au cours du même siècle, l'empire turc est apparu sur la scène, après avoir conquis l'Asie Mineure puis la majeure partie de la péninsule des Balkans.

Puis, vers 1370, l'un des conquérants mondiaux les plus impitoyables a fait son apparition. Il était Tamerlan (ou Timur Lenk), l'impressionnant « Fuhrer » du XIVe siècle. Après avoir fait de Samarkand au Turkestan occidental le centre de son empire en 1370, il partit de là pour conquérir le reste de l'Asie. Les pays du Khwarazm, de l'Afghanistan, du Baloutchistan, du Mongolestan, de la Russie, de la Sibérie occidentale, de la Perse, de l'Irak, de l'Inde, de la Syrie et de l'Anatolie ont tous été conquis au cours des trois décennies suivantes par une vague de triomphes incroyablement cruels et sanglants ayant coûté des millions de vies.

---

10 Sur les conquêtes mongoles sous Gengis Khan et ses partisans, voir par exemple E. D. Phillips, The Mongols (1969), R. Grousset, le conquérant du monde (1967), et J. A. Boyle, The Mongol World Empire 1206-1370 (1977). Les guerres de Gengis Khan et de ses partisans coûtent des millions de vies, bien plus que les guerres napoléoniennes et la Première Guerre mondiale, en raison des vastes massacres perpétrés par les populations civiles de villes et de pays. Ainsi, comme indiqué précédemment au chapitre cinq, note de bas de page 62, la conquête du nord de la Chine en 1211-1218 aurait coûté la vie à 18 millions de Chinois. Et pendant la campagne dans l'ouest 1218-1224, de nombreuses villes de Perse ont été complètement détruites et la population souvent totalement assassinée. Des pays entiers ont été ravagés et dépeuplés. L'Afghanistan, par exemple, a été transformé en désert.
11 R. Ernest Dupuy and Trevor N. Dupuy, *The Encyclopedia of Military History* (New York and Evanston, 1970), p. 330.
12 Comme il a été souligné précédemment, les historiens attribuent généralement la diminution de la population chinoise de 123 millions en environ 1200 après JC. à 65 millions en 1393 aux guerres avec les Mongols. Cependant, comme suggéré par McNeill (Les plaies et les peuples, New York, 1976, p. 163), la peste noire « a assurément joué un rôle important dans la réduction de moitié des chiffres chinois. »

Comme Gengis Khan du siècle précédent, Tamerlan a massacré sans pitié des populations entières – hommes, femmes et enfants – dans toutes les villes ou zones qui lui résistaient. Tout le pays de Khwarazm avec sa capitale Urgentsj en Asie centrale a donc été complètement effacé de la carte. De nombreuses villes populeuses, parmi lesquelles Tiflis, capitale de la Géorgie, Ispahan en Perse, Bagdad en Irak et Damas en Syrie, ont été dévastées et pillées et leurs populations anéanties. Lors des conquêtes en Inde en 1398, on estime qu'un million de personnes ont perdu la vie en l'espace de quelques semaines. Tamerlan meurt finalement lors de sa campagne contre la Chine en 1405, après avoir ensuite conquis presque toute l'Asie, de l'Europe à l'ouest à la frontière chinoise à l'est.[13]

La caractéristique de la guerre – dans toutes les parties du monde connu – n'était certainement pas manquante au XIVe siècle.

Le temps de la famine

Le XIVe siècle s'est ouvert avec un changement de climat, provoquant un temps froid pendant un certain nombre d'années : tempêtes, pluies, inondations puis sécheresses et mauvaises récoltes. Le résultat a été un certain nombre de famines très graves. Apparemment, le pire d'entre eux a été la famine universelle de 1315-1317 (dans certaines régions, elle a duré jusqu'en 1319), une famine « qui a frappé toutes les terres des Pyrénées aux plaines de la Russie et de l'Écosse à l'Italie ».[14] Les conséquences étaient très graves. Les pauvres mangeaient presque tout, « des chiens, des chats, des excréments de colombes et même leurs propres enfants ».[15] Les rapports de Livonie et d'Estonie soulignent que « les mères affamées mangeaient leurs enfants » et que « des hommes affamés mouraient souvent sur les tombes en déterrant des corps pour se nourrir ».[16] Les chroniqueurs présentent des conditions similaires dans d'autres pays. En Irlande, « l'agonie a duré jusqu'en 1318 et s'est révélée particulièrement sévère, car les gens ont déterré les corps dans les cimetières et les ont utilisés pour se nourrir, et les parents ont même mangé leurs enfants."[17] Dans les pays slaves, tels que la Pologne et la Silésie, la

---

13 *Timur, Verhangnis eines Erdteils*, de Herbert Melzig (Zurich & New York, 1940) constitue un excellent travail sur Tamerlan et ses conquêtes. Pour faire peur aux régions conquises, Tamerlane avait l'habitude de construire d'énormes pyramides et minarets, en utilisant des têtes de la population massacrée comme matériau de construction, ainsi que du mortier. De nombreuses pyramides et minarets de ce type ont été construits dans toute l'Asie.

14 Henry S. Lucas, « *The Great European Famine of 1315, 1316, and 1317*," Speculum, Octobre 1930, p. 343. (Publié par la Medieval Academy of America)

15 Lucas, p. 355.

16 Ibid., p. 364.

17 Ibid., p. 376.

famine était encore courante en 1319 et les rapports disent que les parents « ont tué leurs enfants et les enfants ont tué leurs parents, et les corps des criminels exécutés étaient prestement arrachés de leur potence. »[18] Avec la famine est venue une peste qui a emporté un grand nombre de personnes.[19]

D'autres grandes famines ont suivi dans les années 1330 et 1340. La peste noire a été précédée d'une très grave famine qui aurait touché un cinquième de l'humanité. En Italie, par exemple, il a « emporté par la famine absolue un grand nombre d'habitants ».[20] Pendant le reste du siècle, des famines répétées ont frappé les pays d'Europe et d'autres parties du monde, et entre les deux, la « misère universelle » a prévalu, comme indiqué plus haut au chapitre deux. Tout porte à croire que le quatorzième siècle a été en proie à la famine et à la malnutrition bien plus que notre vingtième siècle.

Le temps de pestilence

Il n'est pas nécessaire de répéter une description de la peste noire du XIVe siècle. Nous avons vu au chapitre quatre que ce fléau dans tous les sens dépassait de loin la grippe espagnole de notre siècle. En outre, il a visité l'Europe plusieurs fois avant la fin du siècle, ainsi que dans de nombreuses autres régions du monde. La dysenterie et la fièvre charbonneuse constituaient d'autres pestes qui ont décimé l'humanité pendant la même période ; plusieurs grandes épidémies de la maladie connue sous le nom de danse Saint-Guy ont éclaté vers la fin du siècle.[21] (Bien qu'elle n'ait pas été contagieuse ni mortelle, la lèpre a atteint son apogée en Europe au cours des décennies qui ont précédé la peste noire.)

Les fléaux du XIVe siècle ont eu un impact sur la race humaine bien plus désastreux que les épidémies de notre temps, et de nombreux historiens ont indiqué que 1348, année initiale de la peste noire, constituait l'un des tournants les plus importants de l'histoire. A. L. Maycock affirme même que « l'année 1348 marque l'approche d'une

---

18 Ibid., p. 376.
19 Les chroniqueurs contemporains rapportent souvent qu'un tiers de la population est mort dans certaines régions. Même des estimations conservatrices montrent que la famine a eu des conséquences énormes. Ainsi, le Dr Henry Lucas estime qu'une personne sur dix en Europe au nord des Alpes et des Pyrénées a péri. (Lucas, pp. 369, 377)
20 Walford, p. 439. Comparez Ziegler, p. 44. L'historien suédois Michael Nordberg, après avoir évoqué la grande famine de 1315-18 et d'autres années de famine dans les années 1320, affirme que « les années 1335-52 ont signifié une période presque continue de mauvaises récoltes dans presque toute l'Europe en raison de la malchance combinaison d'étés secs et d'automnes très pluvieux. »(Den dynamiska medeltiden, Stockholm, 1984, p. 35)
21 Janken Myrdal, Digerdoden (Stockholm, 1975), pp. 19, 22. St. Vitus's dance attacked the nervous system, causing either death or disability

Le temps des tremblements de terre

Dans les temps anciens, on croyait généralement que les tremblements de terre, ainsi que les phénomènes célestes tels que les éclipses, les météores et surtout les comètes, étaient des présages de grandes calamités, en particulier de guerres, de famines et de pestes.[23] Ces sinistres rapports ont donc généralement causé une grande crainte. C'est probablement la raison pour laquelle, en discutant de ce qu'il a dit, pourrait tromper ses disciples en leur faisant croire que la fin était proche, Jésus a ajouté les tremblements de terre et, selon le chapitre 21 de Luc, au verset 11 (La Bible de Jérusalem), Thucydides, Diodorus Siculus, Tite-Live et de nombreux autres écrivains anciens ont affirmé que les tremblements de terre étaient un présage de peste, et le philosophe romain Sénèque, contemporain des apôtres, a déclaré explicitement qu'« après les grands tremblements de terre, il est courant que la peste se produise. »[24] Pas étonnant, alors, que les grands tremblements de terre qui précède et accompagne la peste noire du XIVe siècle ont été interprétées comme des présages de la peste par les chroniqueurs contemporains.

En Chine, les années qui ont précédé le déclenchement de la peste ont été marquées par une série imposante de catastrophes : sécheresses, inondations, essaims de criquets, des famines et des tremblements de terre. Même avant le déclenchement de la peste en 1337, le nombre de morts devait être énorme :

> **En 1334, Houdouang et Honan connurent une sécheresse suivie par des essaims de sauterelles, de famines et de pestes. Un tremblement de terre dans les montagnes de Ki-Ming-Chan a formé un lac de plus de cent lieues de circonférence. À Tché, on estima à plus de cinq millions le nombre de morts. Les tremblements de terre et les inondations ont continué de 1337 à 1345 ; les criquets n'avaient jamais été aussi destructeurs. Il y avait un « tonnerre souterrain » à Canton.**[25]

L'Europe semble également avoir été frappée par une série de

---

[22] A. L. Maycock, "A Note on the Black Death," in the Nineteenth Century, Vol. XCVII, London, January-June 1925, pp. 456-464. (Quoted by Campbell, p. 5.)
[23] Fritz Curschmann, *Hungersnote im Mittelalter* (*Leipziger Studien aus dem Gebiet der Geschichte*) (Leipzig, 1900), pp. 12-17.
[24] Raymond Crawfurd, *Plague and Pestilence in Literature and Art* (Oxford, 1914), p. 65.
[25] Ziegler, p. 13. Graves (p. 89) ajoute que « selon les rapports chinois, 4 000 000 personnes ont péri de faim dans le seul quartier de Kiang », et le climatologue HH Lamb affirme que la famine chinoise provoquée par les énormes pluies et les crues des rivières de 1332 « aurait coûté 7 millions de vies. » (*Climate, Present, Past and Future*, Vol. 2, Londres et New York, 1977, p. 456)

calamités inhabituelles, notamment des tremblements de terre désastreux, dans les années qui ont précédé et pendant la peste, accompagnées de terribles manifestations dans le ciel et sur la terre :

Pendant des années et des années, il y avait des signes dans le ciel, sur la terre, dans les airs, qui indiquaient tous, pensaient les hommes, un événement terrible à venir. En 1337, une grande comète est apparue dans les cieux, sa queue très longue semant une terreur profonde dans l'esprit des masses ignorantes... En 1348, un tremblement de terre d'une violence si effroyable que beaucoup d'hommes ont pensé à un présage de fin du monde. Ses dévastations ont été largement répandues. Chypre, la Grèce et l'Italie ont été terriblement frappées et [le tremblement sismique] s'est étendu à travers les vallées alpines.[26]

« L'Europe a été secouée du sud de l'Italie à la Bosnie et de la Hongrie à l'Alsace », déclare le géologue Haroun Tazieff. Le tremblement de terre a détruit de nombreuses villes et villages, y compris la ville de Villach en Carinthie en Autriche. Citant l'auteur Elie Bertrand du dix-huitième siècle, Tazieff dit que :

> **Le tremblement de terre a détruit trente-six villes ou châteaux en Hongrie, en Styrie, en Carinthie, en Bavière et en Souabe. Le sol s'est ouvert à divers endroits. On a pensé que les exhalaisons puantes que ce tremblement de terre produisait étaient la cause ou la peste qui se propagea dans le monde entier, qui dura trois ans et qui, selon les calculs, tuèrent un tiers de la race humaine.[27]**

Tazieff, affirmant que « les tremblements de terre destructeurs avaient frappé le XIVe siècle », donne un autre exemple du grand tremblement de terre qui a dévasté la ville suisse de Bâle en 1356 :

> **Le 18 Octobre 1356 à dix heures du soir la ville de Bâle et les villes et villages sur 17 miles (environ 27 km) autour d'elle ont été détruits par un terrible tremblement de terre dont les répliquess durèrent pendant plus d'un an...**

Quatre-vingts châteaux, ainsi que les villes et villages qui en dépendaient, ont été ruinés.[28]

Comme le note Tazieff, le quatorzième siècle semble avoir été visité par

---

26 Charles Morris, Historical Tales : The Romance of Reality. Lippincott 1893, p. 162 f. The famous 14th-century writer Petrarch, dwelling in Verona, Italy, at the time of the shock, wrote of it as follows : « Our Alps, scarcely accustomed to moving, as Virgil says, began to tremble on the evening of 25 January. At this same moment a great part of Italy and of Germany was so violently shaken that people who were not forewarned and for whom the thing was entirely new and unheard-of thought that the end of the world had come. » (Haroun Tazieff, When the Earth Trembles, London, 1964, p. 155)
27 Tazieff, pp. 154. 155.
28 Ibid., pp. 155, 156.

un nombre exceptionnellement élevé de tremblements de terre destructeurs. Le catalogue de Milne, bien que très incomplet pour cette période et « pratiquement confiné aux occurrences de l'Europe du Sud, de la Chine et du Japon », énumère néanmoins 143 tremblements de terre destructeurs pour le XIVe siècle.[29] Généralement, le nombre des victimes manquent bien sûr, mais il n'y a aucune raison de penser que les tremblements de terre majeurs ont été moins fréquents ou moins destructeurs de vie humaine au XIVe siècle qu'aujourd'hui. Au mieux, les preuves disponibles vont dans la direction opposée.

Le temps de la criminalité et le temps de la peur

Comme cela a été démontré précédemment, de grandes calamités telles que la guerre, la famine et la peste entraînent généralement une augmentation sensible du crime et de l'immoralité. A. Campbell a souligné que la criminalité endémique était « un trait frappant de la seconde moitié du XIVe siècle ».[30] L'historienne Tuchman, dans sa célèbre étude (*A Distant Mirror,* page 119), affirme même que le brigandage a atteint des proportions telles qu'il a contribué au déclin continu de la population mondiale à la fin du XIVe siècle ! Le crime et le meurtre se sont également répandus pendant la grande famine de 1315-1317 :

> **Because of these conditions there was a great increase in crime. Les personnes qui menaient normalement une vie décente et respectable étaient forcées de se livrer à des irrégularités de comportement qui en faisaient des criminels. Les brigands et les vagabonds semblent avoir infesté la campagne anglaise et se sont rendus coupables de toutes sortes de violences. Les meurtres sont devenus très fréquents en Irlande. Le vol avec agression était courant ; en fait, toutes sortes d'objets pouvant servir à l'alimentation ont été volés...... en fait, toutes les choses de valeur ont été facilement prises.**[31]

La piraterie ou le vol en haute mer, qui a sévi au cours des siècles précédents et qui a souvent été organisé et accompagné de nombreux homicides involontaires, a également augmenté au XIVe siècle.[32] Il est

---

29 Voir les informations présentées au chapitre trois de cet ouvrage.
30 A. M. Campbell, *The Black Death and Men of Learning* (New York, 1931), p. 129.
31 Lucas, pp. 359, 360.
32 L'étendue de cette forme de criminalité dans le passé est aujourd'hui méconnue, alors qu'elle a pratiquement disparu. Les pirates sarrasins, par exemple, ont pendant de longues périodes plus ou moins dominé l'ensemble de la région méditerranéenne ; ils ont mené une guerre maritime qui a duré plus de mille ans (du VIII e au XIX e siècle), ont saccagé et dévasté non seulement les villes côtières, mais jusqu'aux cités d'Europe centrale. Un nombre incalculable de personnes ont été tuées au cours de ces expéditions dévastatrices. (Erik-Dahlberg, Sjorovare, Stockholm 1980, pp. 49-63.)

clair que cette époque avait sa part de crime florissant – et de peur – de même que d'autres périodes, y compris la nôtre.

Le matérialisme, le pessimisme, l'angoisse et la peur de la fin du monde ont caractérisé le XIVe siècle autant que notre siècle, sinon plus. Les problèmes d'aujourd'hui sont, dans une bien plus grande mesure qu'on ne le pense généralement, essentiellement une répétition du passé. Ziegler cite l'historien James Westfall Thompson, qui compara les séquelles de la peste noire et de la Première Guerre mondiale et découvrit que, dans les deux cas, les plaintes des contemporains étaient les mêmes : « chaos économique, troubles sociaux, prix élevés, profiteurs, dépravation des mœurs, manque de production, indolence industrielle, gaieté frénétique, dépense sauvage, luxe, débauche, hystérie sociale et religieuse, cupidité, avarice, mauvaise administration, dégradation des mœurs. »[33]

Peut-on dire que les calamités vécues par l'homme moderne sont pires que celles subies par l'homme médiéval ? Ziegler, commentant la comparaison de Thompson, conclut :

> **Les deux expériences sont bien comparables, mais la comparaison ne peut que montrer à quel point la peste noire a été plus dévastatrice pour ses victimes que la Grande Guerre [de 1914-1918] pour leurs descendants.**[34]

Barbara Tuchman, qui cite également la comparaison de Thompson, est du même avis. Elle décrit le quatorzième siècle comme « un âge violent, tourmenté, égaré, souffrant et en train de se désintégrer, une époque, comme beaucoup le pensaient, d'un Satan triomphant » et ajoute :

> **Si nos suppositions qui se sont succédées au cours des deux dernières décennies ont été une période de gêne inhabituelle, il est rassurant de savoir que l'espèce humaine a déjà connu pire auparavant.**[35]

En conséquence, toute affirmation selon laquelle notre siècle aurait vu les calamités des guerres, des famines, des pestes, des tremblements de terre, etc., à une échelle beaucoup plus grande que celle du XIVe siècle n'est pas étayée par les preuves historiques. Cela montre le contraire pour être vrai. Pris dans son ensemble, le supposé « signe composite » était certainement plus palpable au XIVe siècle qu'aujourd'hui. Les bruits de sabots des cavaliers de l'Apocalypse

---
33 Ziegler, p. 277.
34 Ziegler, p. 278.
35 Tuchman, page xiii.

sonnaient aussi fort que de nos jours.[36]

Le témoignage de la « bombe démographique »

Peut-être qu'aucun autre facteur ne témoigne du caractère fictif des revendications calamiteuses concernant notre siècle, tout comme celui de la croissance démographique mondiale. Bien que les proclamateurs de la fin des temps l'utilisent souvent pour soutenir de telles affirmations, il les réfute de manière remarquable.

Il n'est donc pas surprenant que les publications de la Watch Tower aient hésité à dire toute la vérité sur ce facteur.

Réveillez-vous! magazine du 8 août 1983, a expliqué la croissance démographique actuelle de la manière suivante :

> **La racine du problème réside dans la façon dont la population augmente. Il n'augmente pas par simple addition consécutive (1, 2, 3, 4, 5, 6, etc.), mais par croissance ou multiplication exponentielle (1, 2, 4, 8, 16, 32, etc.),**[37]

Cette règle explique-t-elle la croissance démographique depuis jadis jusqu'à maintenant ? Cela explique-t-il pourquoi il a fallu des millénaires à l'humanité pour atteindre un milliard en 1850 environ, puis doubler à deux milliards dans les années 30, puis à nouveau à quatre milliards en 1975 ? Voyons cela.

Actuellement, la population double en 35 ans, ce qui correspond à une croissance annuelle de 2 %.[38] Si la population avait effectivement augmenté de façon exponentielle à des intervalles de doublement constants de 35 ans, il aurait fallu moins de 100 ans pour que sa population passe de deux individus à 4,8 milliards![39] Même si nous ne permettions un taux de croissance annuel que de 1 %, ce qui correspond à un doublement en 69,7 ans, une croissance exponentielle conduirait à des chiffres astronomiques en quelques milliers d'années seulement. Comme l'a expliqué le professeur Alfred Sauvy, grand

---

36 Des comparaisons similaires pourraient être faites avec d'autres périodes du passé, au VIe siècle, par exemple, lorsque la «peste de Justinien» a ravagé le monde. Comme indiqué au chapitre quatre, les historiens estiment que les invasions des troisième et sixième siècles ont contribué au déclin de l'empire romain, à ses parties occidentale et orientale. La famine a joué un rôle similaire.

37 La croissance exponentielle, également décrite en termes de croissance géométrique, signifie un doublement du nombre à certains intervalles. Mais il est essentiel que ces intervalles soient constants, sinon la croissance n'est pas exponentielle. Voir la discussion du professeur Erland Hofsten dans *Demography and Development* (Stockholm, 1977), pp. 15-19.

38 C'est la croissance annuelle moyenne des 35 dernières années. Mais le taux de croissance est en baisse. Au cours des dernières années, il était de 1,8 % et, selon le dernier rapport, il est maintenant tombé à 1,7 %. Les Nations Unies estiment que si cette tendance se maintient, la population se stabilisera autour de 10 milliards environ à la fin du siècle prochain.- *New Scientist*, August 9, 1984, p. 12.

39 H. Hyrenius, *Sa mycket folk* « So many People ») (Stockholm, 1970), pp. 9-11.

démographe européen :

> **Si, par exemple, la population de la Chine, estimée à 70 000 000 à l'époque de Jésus-Christ, avait augmenté de 1 % par an depuis lors, elle aurait aujourd'hui atteint et non plus les 680 000 000 récemment estimés [plus d'un milliard 1984], mais 21 millions de milliards ! Réparties dans le monde entier, cette population donnerait environ 120 Chinois par mètre carré.**[40]

Il est clair que la croissance exponentielle n'est pas l'explication correcte du développement de la population sur la planète. Pour une raison quelconque, les intervalles de doublement dans le passé étaient beaucoup plus longs. Combien de temps a-t-il été donné page 4 de Awake ! du 8 septembre 1967 :

> **Il a fallu attendre du premier siècle au dix-septième siècle pour que la population mondiale double de 250 millions à 500 millions. Puis, dans un peu plus de deux cents ans, au XIXe siècle, la population a encore doublé, atteignant environ un milliard (1 000 000 000). Mais au bout de cent ans, il a encore doublé au XXe siècle. Et maintenant ? Au taux de croissance actuel, la population doublerait en seulement trente-cinq ans !**

Ce schéma d'intervalles de doublement énormément réduits, passant de 1 600 ans à 35 ans à l'heure actuelle, montre que quelque chose dans le passé a empêché une croissance exponentielle, ce qui a été progressivement éliminé au cours des deux dernières années. Cent ans. Comme l'économiste anglais Thomas Malthus, qui aurait souvent (à tort) été à l'origine de la théorie de la croissance exponentielle (ou géométrique), écrivait en 1798 : « La population, lorsqu'elle n'est pas contrôlée, augmente dans un rapport géométrique.»[41]

Nous pourrions alors nous demander : pourquoi la population mondiale n'a-t-elle pas augmenté de manière exponentielle au cours des siècles passés ? Quel facteur ou quels facteurs ont contrôlé la croissance de la population dans le passé ? La réponse est complètement dévastatrice pour la théorie du « signe composite » depuis 1914 ou 1948 ou pour toute affirmation selon laquelle notre siècle est « le pire du monde » en ce qui concerne les conditions calamiteuses.

L'augmentation très lente de la population au cours des siècles passés est précisément due au fait que l'humanité a alors beaucoup plus souffert qu'aujourd'hui des guerres, des famines et des pestes. Tous les experts en démographie (démographes) sont aujourd'hui d'accord. Ces

---

[40] Jan Lenica et Alfred Sauvy, *Population Explosion, Abundance of Famine* (New York. 1962). Citations de l'édition suédoise, *Befolkningsproblem* (Stockholm, 1965), p. 17.
[41] Thomas Malthus, *Essay on the Principle of Population*, d'abord publié anonymement en 1798. Cité par Hofsten (1977)., p. 114.

facteurs ont entraîné une mortalité si élevée que la croissance de la population a été efficacement contrôlée.

Often the high mortality even resulted in a population decline, for example through pestilence, as was shown earlier. "Until modem times epidemics and famines regularly reduced any population increase," says historian Fernand Brandel.[42] Demographer Alfred Sauvy, talking of the high « mortality factor » in the past, expounds the causes as follows :

> **This mortality factor was active in the past through three extraordinarily deadly fatal sisters : Famine, Disease and War. Due to its immediate effects Famine certainly occupied the first place in this terrifying trinity, closely followed by its near relative Disease.**[43]

This mortality factor has been substantially reduced in recent times :

Of the three demographic fatal sisters only war has continued working unabatedly. We refer here to war in the strict sense of the word, because other forms of violence resulting from it have been considerably reduced... Diseases still exist, but epidemics of the kind that earlier would decimate whole nations do not rage any longer. Famine and malnutrition still exist but acute and hopeless starvation has been eliminated, mainly owing to better means of transport.[44]

These are facts firmly established today, known not only among experts but found even within school textbooks. As an example, the following statement concludes a discussion of the population explosion in a civics textbook widely used in Swedish senior high schools :

> **In conclusion it can be said that we have arrived at a development that is unique to mankind. For thousands of years famine, disease and war have effectively put a check on all tendencies towards an accelerated population growth. But after the breakthrough of technics and medicine the earlier balance between the constructive and destructive forces of life has been upset, resulting in the population explosion.**[45]

Par conséquent, les guerres et surtout les pestes et les famines dévastatrices ont joué un rôle décisif dans le contrôle de la population de la Terre dans le passé. Les progrès médicaux et techniques se sont conjugués pour enrayer les ravages causés par les pestes, augmenter les ressources alimentaires et améliorer les moyens de transport. Il en

---

42 Fernand Braudel, *Civilization & Capitalism 15th-18th Century : The Structures of Everyday Life* (Londres, 1981), p. 35.
43 Lenica & Sauvy (1965), p. 12.
44 Lenica & Sauvy, pp. 20, 26.
45 Bjork, Altersten, Hanselid & Liljequist, Varlden, Sverige och vi (Uppsala, 1975), p. 31.

a résulté une forte baisse de la mortalité, notamment de la mortalité infantile. C'est la véritable cause de l'explosion démographique.[46]

La courbe de population commune

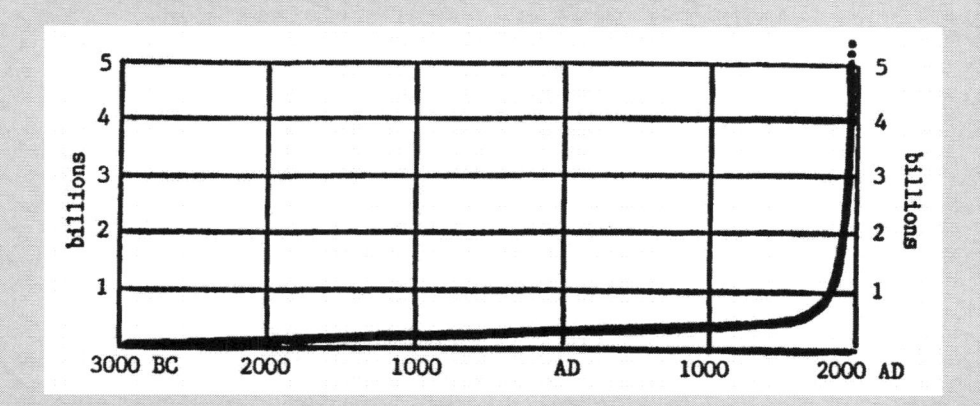

Examinons de plus près la courbe de population, telle qu'elle est couramment représentée dans diverses publications (voir l'illustration ci-dessus).

Comme nous le verrons tout à l'heure, cette courbe idéalisée ne présente pas l'ensemble du tableau. Pour obtenir une image plus précise, nous devons d'abord prendre en compte les causes réelles de l'explosion démographique de notre siècle. La longue ligne presque horizontale sur la carte témoigne des longs siècles où famines, pestes et guerres dévastatrices ont entraîné une croissance très lente de la population. La forte courbe à droite indique une réduction considérable de l'effet des deux premiers de ces fléaux ces derniers temps.[47] La courbe du graphique est simplement schématisée et ne dit pas toute la vérité sur cette croissance phénoménale.

Comme le souligne le professeur Erland Hofsten :

---

[46] la Société Watch Tower n'est pas totalement inconsciente de ces liens. Réveillez-vous ! du 8 août 1983, par exemple, a commencé un article sur le sujet en déclarant que l'explosion démographique actuelle « est due en partie à une baisse mondiale du taux de mortalité résultant de l'amélioration des soins médicaux et des conditions économiques et sociales », mais puis il a rapidement procédé à une élaboration sur la croissance exponentielle en tant que cause. Un article beaucoup plus ancien publié dans Awake ! du 8 septembre 1967 était plus simple : « les progrès de la lutte contre la maladie ont considérablement réduit le taux de mortalité dans la plupart des pays » et que « le contrôle massif des maladies infectieuses a entraîné une réduction spectaculaire du taux de mortalité des nourrissons et les enfants. » (Pages 4 et 5) Les conséquences désastreuses de ce « contrôle de masse des maladies infectieuses » pour l'idée de « signe composite » n'ont bien sûr pas été soulignées par la Société Watch Tower.

[47] E. P. Prentic, se concentrant sur l'impact de la famine sur le genre humain, déclare que « l'horizon plat représente le long niveau de misères que l'homme a si bien connu pendant de nombreuses époques ». « Vers 1850, l'abondance est venue, et c'est l'abondance qui fait que la courbe se soulève si brusquement d'un horizon qui, jusque-là, n'avait laissé entrevoir aucune possibilité d'un tel changement. *Progress : An Episode in the History of Hunger?* (New York. 1950), pp. Xx, Xxi.

> **... L'image habituelle de l'évolution de la population est fausse. Selon elle, la population de la Terre a augmenté à un rythme régulier, d'abord lentement puis à un rythme toujours croissant, jusqu'à ce que nous ayons ce que l'on appelle communément « l'explosion démographique ». Mais les choses ne sont pas arrivées aussi simplement. De toute évidence, il y a eu de nombreuses périodes pendant lesquelles la population était stationnaire ou même en déclin, alternant avec des périodes de croissance rapide.**[48]

Ainsi, la population de la Chine était à peu près la même en l'an 1500 comme à l'époque du Christ. La population de la péninsule indienne était passée de 46 millions à l'époque de Christ à 40 millions en l'an 1000. Et la population de l'Asie du Sud-Ouest était passée de 47 millions à l'époque de Christ à 38 millions en 1900.[49]

Selon le démographe français Jean-Noël Biraben, la population totale sur la terre était environ la même en l'an 1000 qu'au temps du Christ, ayant connu des hauts et des bas durant ces siècles à cause de famines dévastatrices, de pestes et de guerres.[50] Cette non-augmentation témoigne de la mort de milliers de millions de personnes, y compris des enfants et des nourrissons, dans ces calamités au cours de ces siècles. Du quinzième au dix-neuvième siècle, famines, guerres civiles, épidémies et infanticides ont permis à la population japonaise de rester pratiquement immobile pendant quatre siècles.[51] De nombreux autres exemples pourraient être donnés. Le démographe britannique T. H. Hollingsworth a déclaré que « la population a dû baisser aussi souvent (ou presque autant), et autant qu'elle a augmenté. »[52]

Les démographes modernes présentent donc des courbes de population qui reflètent ces fluctuations. L'exemple présenté dans l'illustration est basé sur une courbe établie par Biraben, qui montre l'évolution de la

---

48 Erland Hofsten, *Befolkningslära* (Lund, 1982), p. 14
49 Ces chiffres sont du démographe français Jean-Noël Biraben cité par Hofsten. (*Befolkningslära*, p. 17.)
50 Hofsten, *Befolkningslära*, p. 15.
51 Josue de Castro, *Geography of Hunger* (Londres, 1952), pp. 162, 163. L'infanticide, « la destruction volontaire de nouveau-nés par l'abandon, la famine, l'étranglement, l'étouffement, l'empoisonnement ou l'utilisation d'une arme mortelle », était le principal moyen de contrôle des naissances avant que l'utilisation de contraceptifs et l'avortement légalisé ne se généralisent. L'infanticide du XXe siècle était pratiqué à grande échelle, non seulement au Japon et en Chine, mais également dans le monde entier, y compris en Europe, faisant plusieurs millions de victimes chaque année. Cette méthode a été remplacée par un avortement qui, bien que jugé inacceptable par beaucoup, y compris les auteurs, d'un point de vue chrétien, représentent pourtant clairement un développement dans une direction plus humaine. Voir William L. Langer, « *Infanticide : A Historical Survey,* », *History of Childhood Quarterly*, hiver 1974, vol. 1, n° 3, p. 353-365 ; également Ping-ti Ho, (Cambridge, Massachusetts, 1959), p. 58-61. (L'infanticide est toujours présent dans certaines régions d'Afrique et d'Amérique du Sud. Voir Barbara Burke, « Infanticide », magazine Science, mai 1984, p. 26-31.)
52 T. H. Hollingsworth, *Historical Demography* (Londres et Southampton, 1969), p. 331.

population mondiale d'environ 400 ans avant notre ère à 1985.[53] Cela montre que la population était la même en 1000 après JC que celle du temps du Christ, ainsi que l'impact de la peste noire sur la population mondiale de 1348 jusqu'à environ 1550 après JC.

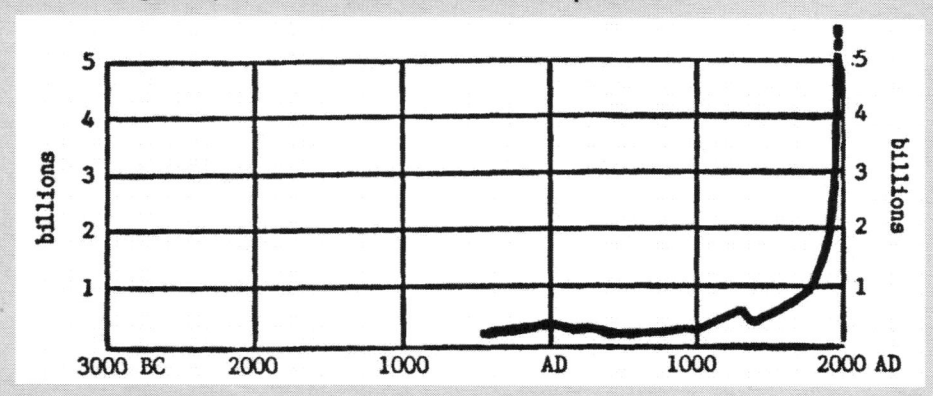

Courbe de population révisée

Lorsque nous nous tournons vers les courbes établies pour chaque pays, l'impression est encore plus révélatrice. La courbe illustrée dans l'illustration suivante, par exemple, concerne l'Égypte et est basée sur les chiffres et la courbe établis par Hollingsworth.[54] Les changements spectaculaires entre augmentations et diminutions ne sont en aucun cas uniques. Les courbes de nombreux autres pays montrent des oscillations similaires. La courbe pour l'Égypte montre de très fortes diminutions de population dues aux guerres et aux pestes, mais il convient de rappeler que les guerres et les pestes étaient généralement accompagnées de famines sévères qui ont grandement contribué à ces diminutions.

L'explosion moderne de la population révèle alors, par contraste, une histoire terrible sur le passé de l'homme, une histoire de famines, de fléaux et d'autres calamités d'une ampleur inégalée, si elle est considérée comme un tout. Son témoignage est à la portée de tous et il est impossible de le réfuter. Et, de manière très significative, cela porte un coup fatal à l'idée que nous ayons vu un « signe composite » qui pourrait servir d'indicateur infaillible de la parousie du Christ depuis 1914, ou du début d'une période exceptionnelle de 40 ans depuis 1948, ou de tout autre événement ou autres revendications similaires.

---

53 Hofsten, *Befolkningslära*, p. 15.
54 Hollingsworth, p. 311. La courbe a été redessinée et mise à jour par un de nos amis érudits. Fred Serensen, qui a également beaucoup contribué à d'autres parties de ce travail.

POPULATION DE L'EGYPTE, de 664 avant J-C. à 1985 apr. J-C.

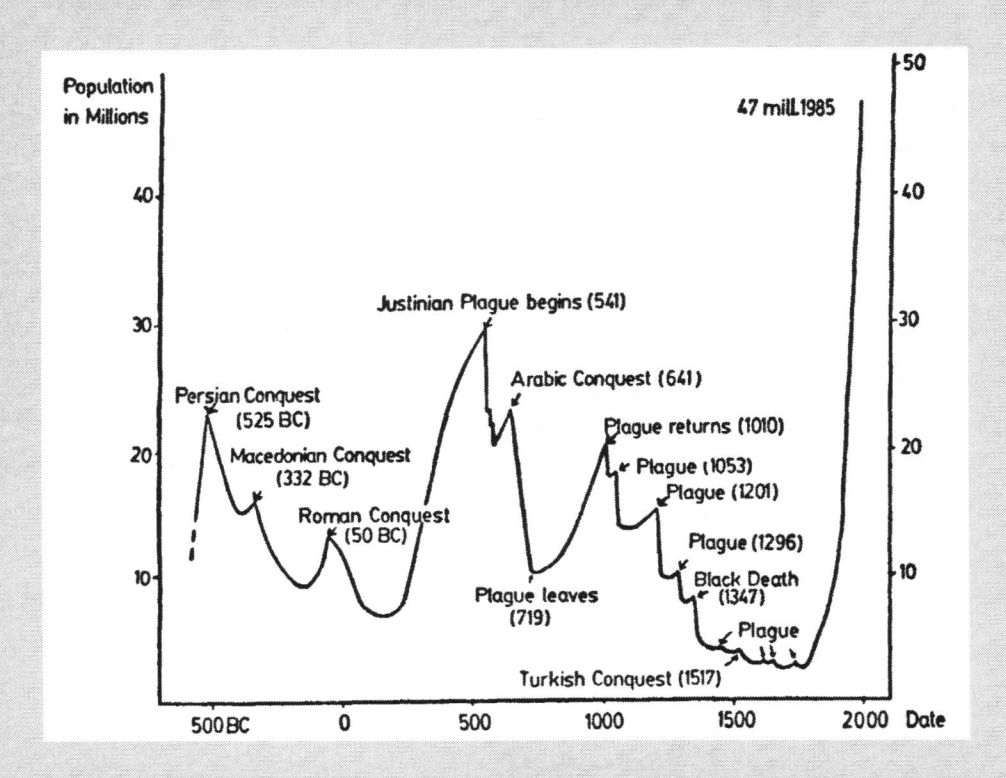

Courbe de population pour l'Egypte, de 664 av. J.-C. à 1985 (d'après les informations et la courbe établies par T. H. Hollingsworth dans Demography Historical, Londres et Southampton, 1969, page 331.)

. Les possibilités face aux réalités

Il va sans dire que la situation mondiale est toujours sujette à changement, parfois très soudainement. On peut facilement élaborer un scénario imaginaire de ce qui pourrait se passer pendant les dernières années de ce vingtième siècle en déclin. Il n'est pas difficile de trouver les facteurs sur lesquels construire une telle situation supposée. La population mondiale croissante pourrait entraîner des famines d'une taille et d'une mortalité sans précédent. Les sismologues ayant prédit pendant un certain temps que le Japon et la Californie devaient faire face à d'importants séismes, on pourrait envisager de tels séismes et, s'ils frappent des zones très densément peuplées telles que Tokyo, San Francisco et Los Angeles, entraînant la mort de dizaines de milliers de personnes. En période de famine et d'autres grandes catastrophes, les épidémies peuvent se propager beaucoup plus rapidement. Donc, on pourrait ajouter de telles proportions incontrôlables à la vision inquiétante.⁵⁵Enfin et surtout, le spectre de la guerre nucléaire pourrait être intégré au scénario car, si cela devait se produire, il pourrait indéniablement causer la mort à des millions, voire des centaines de millions de personnes.

Le problème de l'utilisation d'un tel scénario d'horribles catastrophes comme base des affirmations concernant notre siècle et des périodes spécifiques depuis 1914 et 1948 est que toutes ces choses ne sont toujours que des possibilités. Ce ne sont pas des réalités. Elles pourraient arriver, mais Elles ne sont pas arrivées. Elles ne peuvent donc servir de preuve en ce qui concerne 1914, 1948 ou toute autre période de notre siècle. Même si un tel scénario imaginaire devait en fait se développer, par exemple, dans les années 90, cela prouverait-il pour 1914 ou 1948 ? la Société Watch Tower, par exemple, devrait encore expliquer pourquoi les soixante-dix premières années qui se sont écoulées depuis 1914 – la période au cours de laquelle le « signe composite » était censé apparaître comme une preuve de la « présence invisible » du Christ – ne vit aucune augmentation des caractéristiques respectives de ce supposé « signe ». Les prédictions de Hal Lindsey concernant une période de quarante ans commençant en 1948 avec l'établissement de l'État juif en Israël seraient toujours un casse-tête sans autre élément antérieur à un développement aussi possible, aussi conjecturé que possible. Les déclarations du Dr. Billy Graham sur les fracas des sabots des quatre cavaliers « s'approchant, sonnant de plus en plus fort », devraient alors être considérées comme une preuve d'audience prophétique, une audition de sons amplifiés encore à venir, depuis aujourd'hui les faits montrent qu'aucun des symboliques « quatre cavaliers » n'est plus en évidence à notre époque qu'il ne l'était au cours des siècles précédents.

Le simple fait que quelque chose puisse arriver ne signifie pas nécessairement que cela arrivera. Même avant le développement de la bombe atomique, les pays avaient développé des gaz toxiques et une guerre bactériologique au potentiel effrayant. Néanmoins, bien que le gaz toxique ait été utilisé avec d'horribles conséquences pendant la Première Guerre mondiale, depuis lors, même pendant la seconde guerre mondiale, les nations se sont abstenues de toute utilisation connue du gaz toxique et n'ont jamais eu recours au déploiement de leurs redoutables armes. guerre bactériologique mortelle. Rappelons également que la dernière fois qu'une arme atomique a été utilisée

---

55 Dans le but de mettre l'accent sur la peste ou la maladie en tant que caractéristique notable aujourd'hui, *La Tour de Garde du* 15 avril 1984, a cité le Dr William Foege de Centers for Disease Control d'Atlanta : « J'anticipe avec certitude que nous verrons peut-être une autre grippe souche qui est aussi mortelle que 1918. »(P. 6)

contre des humains remonte à 1945, il y a maintenant quarante ans. Les prédictions sur l'avenir fondées sur des raisonnements et des hypothèses humains restent un jeu de devinettes, sans rapport avec le travail accompli par la prophétie divine.

En termes simples, et en laissant de côté les conjectures et les circonstances imaginaires, la réalité est que notre génération n'est pas plus en proie à la famine, à la peste, aux tremblements de terre, à la guerre, au crime ou à la peur que d'autres générations du passé et, à certains égards, elle l'est moins.

CHAPITRE 8

8 « Quel Sera le Signe de Ton Avènement ? »

EN PARLANT du « signe des derniers jours » les gens pensent communément à un terme désignant la période qui précède immédiatement la venue de Jésus-Christ pour accomplir le jugement divin. Leur conviction est que cette période distinctive sera un indicateur annonçant la proximité de cet avènement et de l'exécution de jugement qu'il implique. Les Écritures parlent bien évidemment, des « derniers jours. » Mais soutiennent-elles ce concept ? Doit-il y avoir un pareil indicateur, un moyen par lequel les gens pourront savoir que ce jour est sur le point de s'abattre sur eux ?

A toutes les époques, une génération après l'autre a trouvée une raison d'identifier leur temps comme étant ceux des « derniers jours. » Leurs prédictions et attentes se sont à chaque fois soldées par un échec avec pour résultat le désenchantement. Il y a de toute évidence une erreur majeure rattachées à toutes ces attentes déçues et proclamations erronées.

La preuve en est qu'elles ont compris et ont appliqué les paroles de Jésus concernant les guerres, les famines, les pestes, les séismes et autres événements semblables, d'une façon exactement opposée à celle qui avait été donnée.

Dans le premier chapitre du présent ouvrage, il a été montré que les commentateurs Bibliques judicieux ne considèrent pas les « malheurs » énumérés par Jésus au début de son discours comme correspondant au signe demandé par les disciples. Tout au contraire, Jésus a averti ses disciples de ne pas se laisser induire en erreur par de tels désastres. Les chapitres suivants ont présenté la preuve confirmant complètement cette conclusion. Puisque chaque siècle a eu sa part de guerres, de famines, de pestes, de séismes – souvent à une plus grande ampleur que notre siècle propre – il serait très déconcertant de présenter ces choses comme le signe de la *parousía* du Christ. Comme le remarque pertinemment le chercheur catholique Brunec :

> « "Mettre en place des signes de ce type équivaut simplement à créer un état psychologique de délire eschatologique perpétuel." »[1]

Avant de répondre aux questions qui lui ont été posées, Jésus a commencé

---

[1] Tiré d'une traduction de l'article de Brunec de Matthieu 24, Marc 13, Luc 17 et Luc 21, publié en latin dans les fascicules successifs des Volumes 30 (1952) et 31 (de 1953) du périodique *Verbum Domini* publié à Rome.

par énumérer des choses qui, à son avis, pouvaient *induire ses disciples en erreur*. Les tout premiers mots de sa réponse l'indiquent. Il a commencé par cet avertissement :

Faites attention que personne ne vous trompe – Matthieu 24 :4, BFC.

Par quels moyens pourraient-ils être égarés quant aux revendications concernant sa venue ? Il a énuméré un certain nombre de choses, en commençant par de faux leaders, de faux Messies :

Car beaucoup d'hommes viendront en usant de mon nom et diront : « Je suis le Messie ! » Et ils tromperont quantité de gens. – Matthieu 24 :5, BFC.

La *parousía* de Christ ou avènement, « avec puissance et grande gloire » accompagné par « tous les anges » ne ressemblera pas à celle d'un être humain qui apparaît en proclamant être l'oint de Dieu, gagnant peut-être certains disciples. Bien qu'il n'y ait aucune trace de personnes qui auraient pris *directement* le titre de Christ ou de Messie (les deux termes signifiant l'Oint) depuis l'époque de la mort de Jésus et de la destruction de Jérusalem, il y eut néanmoins ceux qui, comme Theudas et Judas le Galiléen, se sont présentés comme chefs et implicitement, comme oint par Dieu pour une mission. (Actes 5 :35, 37 ; comparer Actes 21 :38.) L'histoire postérieure reconnaît plus de 50 faux Messies rien que chez les Juifs, depuis Bar Kochba au deuxième siècle jusqu'à Sabbatai Zebhi au dix-septième siècle, ainsi que de nombreux faux Christs également apparus parmi les Chrétiens.[2]

En plus de faux Christs, selon le texte parallèle dans le chapitre de Luc vingt et un, le verset 8, Jésus met en garde à propos de tous ceux qui viendraient et proclameraient que « le temps est proche. » Cela indique de nouveau que Jésus a considéré son avènement comme quelque chose *de lointain* dans le temps, étant précédé par de *nombreuses fausses déclarations sur sa proximité*.

Cela ne signifie évidemment pas, qu'un chrétien aurait tort de vivre dans l'attente de l'avènement du Christ, en l'espérant proche et se conduisant en conséquence. Au contraire, de vrais Chrétiens doivent avec passion attendre le retour du Christ depuis le ciel même « attendant et se hâtant [la note en bas de page : sérieusement en

---

2 Le Professeur J. A. Alexander, *The Gospel according to Mark*, 1858, page 348. (Réimprimé en 1980 par Baker Book House, Grand Rapids, Michigan.) Un certain nombre de faux prophètes, faux enseignants et imposteurs fanatiques étaient connus à partir de 70 après J.-C., comme Simon Magus, Elymas, Theudas, Judas le Gaudonite, Dositheus, Menander et Cerinthus. L'historien juif Josèphe *(Ant.* XX, viii, 5,6) dit aussi que la Judée, pendant le règne de l'empereur Néron, « était remplie de brigands et d'imposteurs, qui trompèrent la multitude. »

désirant] la venue du jour de Dieu. » (Philippiens 3 :20 ; 2 Pierre 3 : 12, RSV) Mais il n'en est pas de même de compter sur des calculs chronologiques ou des annonces de date, ou sur des interprétations des signes du temps et prétendre *savoir* et annoncer à d'autres que « le temps est proche. » Plus tard pendant son discours, Jésus plusieurs fois et énergiquement exclu la possibilité d'une telle connaissance d'avance en exposant que « l'heure », le « jour » et « le temps » de son avènement serait complètement inconnue, *même de ses propres disciples :*

> **C'est pourquoi, vous aussi, tenez-vous prêts, car le Fils de l'homme viendra à l'heure où vous n'y penserez pas. – Matthieu 24 :44, LSG.**
>
> **Veillez donc, puisque vous ne savez pas quel jour votre Seigneur viendra. – Matthieu 24 :42, LSG.**
>
> **Soyez vigilants, restez sur vos gardes, puisque vous ne savez pas quand viendra le moment. – Marc 13 :33, BDS.**
>
> **Tenez-vous donc vous aussi en éveil ! Car vous ne savez pas quand le maître de la maison doit revenir : sera-ce tard ? à minuit ? au chant du coq ? ou le matin ? – Marc 13 :35, BDS.**

En fait, le thème central de toute la section du chapitre de Matthieu vingt-quatre, le verset 35, au chapitre vingt-cinq, le verset 13, est la nécessité de préparation à cause de la soudaineté et de l'imprévisibilité de l'avènement de Christ et de l'impossibilité de connaître quoi que ce soit à l'avance de l'époque![3]

Plus loin au cours de sa réponse à ses disciples Jésus a en réalité, fait allusion à un « signe » de son avènement. Était-ce pour autant, un signe qui dirait aux Chrétiens attentifs que « le temps est proche » en offrant quelque période d'opportunité pour s'y préparer ? Non, évidemment non. Dans sa seule et unique référence spécifique à un « signe », Jésus a décrit certains phénomènes célestes et a ensuite dit :

> **C'est alors que le signe du Fils de l'homme apparaîtra dans le ciel. Alors tous les peuples [littéralement, « les tribus »] la terre se lamenteront, et ils verront le Fils de l'homme venir sur les nuées du ciel avec beaucoup de puissance et de gloire. Matthieu 24 :30, BDS.**

Par ces paroles il indique que ce signe sera suivi de si près par l'avènement lui-même que ce sera alors trop tard pour commencer de nouvelles préparations. C'est aussi la leçon de la parabole des dix vierges. (Matthieu 25 :1-13) Un chrétien attentif, donc, est celui qui est

---

[3] Dans un souci d'adoucir cet enseignement simple de Jésus, la Société Watch Tower se sert de la déclaration contenue en Amos 3 :7 : « Car le Souverain Seigneur Jéhovah ne fera rien qu'il n'ait révélé son affaire confidentielle à ses serviteurs les prophètes » (NW) Voir les commentaires de ce texte dans La Tour de Garde du 1er juillet 1984, la page 7 et surtout celle du 1" juillet 1974 page 387. Pourtant, Amos 3 :7 ne laisse pas entendre que Jéhovah révélera à ses serviteurs « les temps ou les époques » du royaume et de la *parousie*. Actes 1 :7 indique qu'une telle connaissance « ne leur appartient pas ». Mais il leur a révélé son « affaire confidentielle » c'est-à-dire son « projet » (Amos 3 :7) ou « dessein » (LIENART). Il leur dit *ce* qu'il va faire, mais pas nécessairement *quand*. Un autre texte, Matthieu 24 :34, a fait conclure à certains que Jésus voulait donner une indication concernant l'époque de sa *parousie* : « En vérité je vous le dit, cette génération (en grec, *geneá*) ne passera pas jusqu'à ce que toutes ces choses ne surviennent. » Pourtant, il semble étrange d'abord de déclarer que l'avènement surviendrait dans une certaine génération et d'ajouter immédiatement après que l'époque de l'avènement est complètement inconnue, même pour le Fils de l'homme. (Comparer avec Marc 13 :32) Comme *geneá* signifie non seulement « génération », mais aussi « race », et même « époque » (voir « geneá » dans TDNT, Vol I), le sujet devient clair si l'on considère que Jésus parlait de la race juive, ou peut-être de la *présente époque* : « Cette race Juive (ou, cette époque) ne passera pas jusqu'à ce que toutes ces choses ne surviennent. » D'autre part, nombre de chercheurs montrent la similarité de la déclaration de Matthieu 23 :36, où la *génération* juive contemporaine qui verrait la destruction du temple est clairement visée. Ils ont alors pris la déclaration de Jésus en Matthieu 24 :34 comme une référence en antérieure à Matthieu 24 :3, répondant à la question des disciples, « Quand arriveront ces choses (la destruction du temple dont il venait de parler) ? » Voir l'excellente discussion sur ces lignes par Dr F. F. Bruce dans *The Hard Sayings of Jesus*, 1983, pp 225-230 de Downers Groves de l'Illinois. Un autre point à noter est que le mot « cette » *(haútē)* de « cette génération » nous montre que Jésus parlait de la *geneá qui lui était contemporaine*, car *haútē* fait toujours allusion à quelque chose de proche ou de présent. Il ne peut pas avoir voulu parler d'une génération qui ferait son apparition environ 1900 ans plus tard, comme la Société le prétend. Il a parlé de la *geneá contemporaine*, donc il s'adressait à la « génération » (ou, peut-être, la « race » ou « l'époque ») *alors existante*.

toujours préparé, chaque fois que son Seigneur peut venir. Dans aucune des paroles de Jésus ou de ses apôtres nous ne nous sommes encouragés à être attentifs à des moyens de la spéculation chronologique ou à essayer de produire des interprétations particulières sur les événements mondiaux. Plutôt, c'est en menant une vie de telle façon que nous serons approuvés par notre Maître lors de son arrivée. Car ce jour arrive subitement, à l'improviste, comme un piège se refermant brusquement. – Luc 21 :34-36 ; Romains 13 :12, 13 ; 1 Thessaloniciens 3 :12, 13.

On pourrait aussi noter, que le véritable signe décrit par Jésus lui-même fait immédiatement et clairement comprendre que l'avènement est directement sur eux. Il n'y aura pas besoin « d'experts » des « signes du temps » pour expliquer aux autres ce que ce signe signifie. Comme Jésus l'a dit en le comparant aux feuilles du figuier et d'autres arbres : « **Aussitôt qu'ils poussent des feuilles, vous le voyez et le savez vous-même que l'été est maintenant proche**. » (Luc 21 :30, NASB) Personne n'a besoin d'experts pour lui dire que les feuilles bourgeonnantes indiquent la proximité de la saison chaude.[4] De même, le sens du signe qui vraiment et sincèrement précède l'avènement du Christ sera évident pour tous, sans besoin d'explications supplémentaires.

Ceci nous aide à comprendre pourquoi Jésus a donné cet avertissement au sujet des gens qui viendraient, en prétendant *savoir* – peut-être sur la base d'une formule chronologique ou parce qu'ils se croient eux-mêmes capables d'interpréter les « signes des temps » actuels – et qui annoncent avec assurance et excitation que « le moment est proche ! » (Luc 21 :8) Malgré les avertissements de Jésus et en accomplissement avec sa prédiction, il n'y a eu que rarement une période dans l'histoire chrétienne qui n'ait vu l'apparition de groupes ou d'individus qui ont prétendu *savoir,* au moyen de leurs calculs chronologiques ou de leurs interprétations des « signes des temps » que « l'époque est proche » prédisant souvent l'année exacte de l'avènement de Christ, l'expiration des « temps des Gentils », le début du millénium ou d'autres événements du temps de la fin. L'échec total des prédictions de *tous* ces « prophètes » sans nombre et mouvements prophétiques tout au long des siècles prouve que le conseil Jésus ajouté à son avertissement

---

4 On pourrait croire que Jésus faisait allusion au « printemps » plutôt qu'à « l'été » dans ce texte. Pourtant, les Juifs en Palestine ont parlé seulement de deux saisons, l'été et l'hiver, une saison essentiellement une chaude et sèche, et une saison froide et pluvieuse. Les références aux « pluies printanières » et aux « pluies d'automne » dans des textes tels que Deutéronome 11 : 14 en hébreu on y lit littéralement, « premières pluies » et les « dernières pluies. » Donc l'apparence des feuilles sur les arbres était un signe sûr et facile à lire que la saison chaude était sur le point de remplacer la saison froide et pluvieuse.

était approprié : « N'ALLEZ PAS A LEUR SUITE ! » (Luc 21 :8) Ils se sont tous avérés des guides induisant en erreur et les suivre se terminait toujours par une déception.[5]

L'effet ultime de leurs prédictions pleines de redites, sans fondement, est préjudiciable. Bien trop souvent il a amené les gens à douter de l'intégrité de la Parole de Dieu. Or la proclamation d'être dans « le secret » peut donner naissance à un faux sentiment de sécurité, même de la confiance suffisante, à partir de celui qui estime qu'il ou elle est bien informé quant à ce l'on doit s'attendre. Cela peut contribuer à avoir une attitude excessive envers les autres, ceux qui sont « dans les ténèbres » ; et servir de ferment au fanatisme. Les personnes mettant leur confiance dans ces prédictions sans fondement peuvent prendre des décisions imprudentes dans leur vie, des décisions qui affecteront leur santé, leur mariage, leur décision ou non d'avoir des enfants, leur maison, l'éducation, l'emploi et leur sécurité. Ils peuvent ou non se rétablir à temps et permettre à ces décisions imprudentes de guérir – ou se retrouver à vivre le reste de leur vie inutilement encombrés par les conséquences maintenant irrévocables des décisions imprudentes fondées sur de fausses proclamations. L'avertissement de Jésus, « N'allez pas à leur suite » est vraiment un conseil sensé.[6]

Dans certains cas, ne pas reconnaître l'imprédictibilité et l'instantanéité de l'époque du retour du Maître produit une perspective qui permet aux personnes, les personnes religieuses non exceptées, de se conduire de façon implacable envers les autres, montrant qu'elles estiment posséder un certain sentiment d'impunité concernant le jour proche du jugement divin. Ainsi, elles ne sont pas différentes de l'esclave dont le maître n'est pas venu selon l'horaire qu'il avait estimé. Dans cette parabole il est notable, que seul le méchant esclave semble avoir quelques idées quant à l'époque du retour de son maître. En parlant

---

[5] Le *Réveillez-vous !* du 8 octobre 1968, admettait à la page 23 que les groupes « annonçant une date spécifique » dans les temps passés « étaient coupables de fausse prophétie » puisque la conclusion prédite « n'était pas venue. »

[6] La Tour de Garde du 1er avril 1985, a expliqué que la vigilance Chrétienne signifiait faire attention à deux choses, à savoir, 1) « le facteur temps » et, 2) « le signe complexe. » Mais le bilan de ce mouvement avec plus de 100 ans de dates ratées et de prédictions erronées, montre qu'il ne peut s'agir de cette sorte de vigilance recommandée par Jésus. Pourtant, au lieu de déplorer et de désapprouver cette sorte de prévision et d'annonce de date, la Société Watch Tower, dans ce même article, essaie de l'élever à une vertu chrétienne en disant : « Il est vrai que certaines des espérances qui semblaient s'appuyer sur la chronologie de la Bible ne se sont pas concrétisées au moment prévu. Mais n'est-il pas de loin préférable de faire quelques erreurs par excès d'empressement, parce qu'on attend avec trop d'impatience la réalisation des desseins de Dieu, plutôt que de s'assoupir spirituellement au point de ne plus être conscient de l'accomplissement des prophéties bibliques ? » (pages 27, 30) Pourtant, Jésus nous a mis en garde TANT de « l'assoupissement spirituel » que des prévisions audacieuses. *Les deux choses sont mauvaises.* A la place Jésus a préconisé une vigilance qui gouverne son mode de vie *à tous moments,* puisque l'époque de sa *parousie* ne pourrait être identifiée à l'avance.

aux autres il se peut qu'il disait autrement, mais en « lui » dans son cœur, il a considéré le retour de son maître comme « retardé ». Au contraire, on ne dit pas que l'esclave fidèle cherchait un prétexte pour connaître ou essayait de trouver si cette arrivée était proche ou éloignée – il a simplement continué fidèlement en faisant la volonté de son maître en s'occupant équitablement de ses compagnons esclaves, croyant que son Seigneur reviendrait à temps. (Matthieu 24 :48-50 ; comparer avec 1 Pierre 4 :7-10.) Il ne 'dominait pas sur les autres,' mais pourvoyait à leurs besoins comme collaborateur, tout comme l'apôtre l'a exprimé par sa propre attitude :

> **Ce n'est pas que nous entendions régenter votre foi. Non, nous contribuons à votre joie ; car, pour la foi, vous tenez bon. – 2 Corinthiens 1 :24, JB.**

. D'autres « non-signes » dont il faut être conscient

Il n'y a aucune raison de limiter l'avertissement introductif de Jésus à ne pas se laisser induire en erreur uniquement par de faux Christs et de faux prophètes. Dans le chapitre de Matthieu vingt-quatre, le verset 6, il a poursuivi par d'autres choses qui pourraient facilement conduire ses disciples à tenir des conclusions erronées. Il dit :

> **Vous aurez aussi à entendre parler de guerres et de rumeurs de guerres ; voyez, ne vous alarmez pas : car il faut que cela arrive, mais ce n'est pas encore la fin [*télos*]. – La Bible de Jérusalem.**

Les disciples avaient demandé le signe de la *conclusion* (grec, *suntéleia) de l'époque.* Jésus dit que les « guerres et les rumeurs de guerres » ne seraient pas une indication de la conclusion. Certains, en essayant d'éviter cette déclaration simple, prétendent que « la conclusion » *(télos)* de l'époque n'est pas le même que la « conclusion » *(suntéleia)* de l'époque. Ainsi, en convenant que *télos* fait ici allusion à l'intervention du Christ lors du jugement final, la Société Watch Tower retient que *suntéleia* se rapporte à une période plus longue, une période qui s'étend actuellement sur plus de soixante-dix ans et qui commença en 1914.

Cette distinction, cependant est entièrement artificielle. *Suntéleia* et *télos* sont souvent utilisés de façon interchangeable. Dans les LXX (la Version de la Septante), qui était contemporaine de l'époque de Jésus, les deux mots traduisent quelquefois le même mot hébreu *qets* pour «conclusion».⁷ Il doit être aussi souligné, que dans sa réponse Jésus n'utilise pas du tout *suntéleia*, mais apparemment, *télos* comme synonyme plutôt. Comme le Dr Brunec l'explique dans l'article cité auparavant (voir la note 1 en bas de page), «le mot *télos* avec ici un article ne peut avoir d'autre sens que *hē suntéleia tou aiōnos* ['la conclusion de l'époque'] ou de la *parousía*. Le mot *télos* est en fait un synonyme du mot *suntéleia*.»⁸

Les disciples de Jésus ne devaient pas 's'inquiéter' en entendant parler de guerres. 'L'inquiétude' ici ne fait pas apparemment allusion à une inquiétude naturelle au sujet des dangers lors de batailles militaires. Le mot utilisé dans le récit de Matthieu est le même mot grec employé par Paul quand écrivant aux Thessaloniciens, il les exhorta :

> **Ne vous laissez pas ébranler ou inquiéter facilement [excité, RSV; provoqué, AT] par une prophétie, un rapport ou une lettre supposée provenir de nous, disant que le jour du Seigneur est déjà venu. Ne permettez à personne de vous tromper en aucune façon.**
> **– 2 Thessaloniciens 2 :2, 3, NIV.**

Au lieu d'émaner d'une peur naturelle que la guerre inspire, l'inquiétude contre laquelle Jésus nous met en garde est une excitation et une agitation provenant de la fausse conclusion qu'une guerre constitue «un signe» de la conclusion.

En expliquant pourquoi les «guerres et rumeurs de guerres» ne devraient pas être prises comme signes de la conclusion, Jésus poursuit en disant :

> **Car nation se dressera contre nation et royaume contre royaume ; et il y aura des famines et des séismes en différents endroits.-**
> **Matthieu 24 :7, RSV.**

En lisant en rapport avec le verset précédent (le verset 6), le sens de cette explication peut seulement être : «Alors que les guerres, les

---

7 Sont comparables, par exemple, 2 Samuel 15 :7 et 2 Rois 8 :3 *(qets=tilos)* avec Daniel 12 :4, 13 *(qits=suntéleia)*. Dans ce dernier verset LXX (la Version de la Septante) traduit deux fois *qets* par *suntéleia* : «mais va ton chemin jusqu'à la conclusion *(suntileia)*; car tu te reposeras et tu te tiendras dans ton lot, à la conclusion *(sunte'leia)* des jours.

8 Le fait que *sunte'leia* ne dénote pas une longue période pour les «derniers jours» comme la Société Watch Tower le prétend, est aussi prouvé par la façon dont le mot est utilisé en Matthieu 28 :20. Jésus a ici promis d'aider ses disciples «jusqu'à la conclusion *(sunte'leia)* du système de choses.» (NW) Si la «conclusion» a commencé en 1914, alors l'aide du Christ dans la prédication du Royaume aurait été jusqu'à cette date et aurait alors atteint son terminus, pour finir à ce moment-là. Que cette «conclusion» fasse plutôt allusion à la conclusion finale et non à une période de vie commençant en 1914 et se poursuivant pendant des décennies est si évident que La Tour de Garde du 1ᵉʳ août 1977, a dû l'admettre : «Or, la fin du présent système annoncée par Jésus n'a pas encore eu lieu. Le commandement ordonnant de faire des disciples est donc toujours valable.» (page 464) En ce sens la «conclusion du système de choses» en Matthieu 28 :20 trouve un équivalent très proche de la «conclusion» *(télos)* de Matthieu 24 :14 !

famines, les séismes et autres catastrophes caractériseront régulièrement l'histoire de l'humanité dans l'avenir (comme ils l'ont été par le passé), de telles choses ne devraient pas être comprises comme étant les signes de mon avènement et de la conclusion de l'époque. »
Comme il a été montré plus tôt, voici comment les commentateurs Bibliques autorisés comprennent d'habitude les paroles de Jésus :

Professeur Carl F. Keil :

> **La réponse de Jésus commence à la deuxième question, concernant les signes qui pourraient concerner la parousía, <u>avertissant les disciples de ne pas se laisser induire en erreur par de tels événements.</u>** *(Commentar über das Evangelium des Matthaus, Leipzig 1877, page 458.)*

Dr B. env. Butler :

> **Matthieu xxiv, 5-14 donne une anticipation directe de toute l'histoire future (en référence à la question à propos de la conclusion de l'âge), avertissant les disciples que les catastrophes profanes ne doivent pas être comprises comme étant les signes de la conclusion imminente de l'histoire.** *(The Originality of St. Matthew, 1951, page 80.)*

Il est d'un grand intérêt de noter que c'est exactement cette façon que le premier président de la Société Watch Tower, Charles Taze Russell, a compris Matthieu 24 :6-8. Dans ses *Études des Écritures* (Vol. 4, édition de 1916, page 566) Russell dit :

> **Ainsi brièvement notre Seigneur résume l'histoire profane et apprend aux disciples à ne pas s'attendre très bientôt à sa seconde venue et à celle de son royaume glorieux. Et comment justement : sûrement l'histoire du monde est juste cela, un récit de guerres, Intrigues, famines et peste – rien d'autre.**

On regrettera que la Société Watch Tower n'ait pas appliqué cette explication donnée par son premier président, mais apparemment sous l'influence de l'agitation de la Première Guerre mondiale et de la grippe espagnole – elle fut abandonnée en 1920, se laissant précisément tromper en dépit de l'avertissement de Jésus dans l'introduction de son discours.[9]

D'après des sources Adventistes du septième jour, on obtient deux opinions tout à fait différentes. Comme nous l'avons vu dans les citations de son livre *Good-bye, Planet Earth,* l'adventiste Robert Pierson présente les déclarations de Jésus concernant les guerres, les famines et les séismes comme des signes destinés à indiquer la

---

9 Voir le livre *Des Millions d'hommes vivant actuellement ne mourront jamais,* 1920, pages 17-19.

proximité de son avènement, signes si clairement évidents aujourd'hui que ceux qui en douteraient devraient être catalogués parmi les moqueurs décrits par l'apôtre Pierre. À l'appui de sa présentation, il cite Ellen G. White (dont la position chez les Adventistes est comparable à celle de Charles Taze Russell parmi les adhérents de la Watch Tower), parlant d'elle comme d'un « auteur que des milliers de personnes pensent inspirée. » En partie, il la cite :

> **Nous vivons dans le temps de la fin. Les signes des temps s'accomplissant rapidement démontrent que la venue du Christ est proche... Les désastres sur terre et sur mer, l'état incertain de la société et les inquiétudes au sujet des guerres sont sinistres. Ils prévoient des événements proches de la plus grande importance...**
>
> **La condition des choses dans le monde montre que des époques troublées sont justes sur nous. Les quotidiens sont remplis d'indications d'un conflit terrible dans un avenir proche. Des vols audacieux sont fréquents. Les attaques sont monnaies courantes. Des vols et les meurtres sont commis de toutes parts.**[10]

En contraste intense à l'opinion avancée dans *Good-bye, Planet Earth*, l'auteur adventiste célèbre env. Mervyn Maxwell cite les paroles de Jésus au chapitre de Matthieu vingt-quatre, les versets 6 à 8 et déclare que Christ conseillait ici à ses disciples de ne pas être « désorientés par un embrouillamini de non-signes. » Dans le sous-titre *« Des Signes qui n'en sont pas »* il écrit :

> **Le message du Christ était que les désastres, les défaites, les guerres et les famines ne sont pas des 'signes' de la fin prochaine, de Jérusalem ou du monde. Pour notre planète remplie de péché, il est triste de le dire, ces afflictions sont affaires courantes.**[11]

Puisque Maxwell a écrit ces paroles en 1985, elles peuvent représenter une position adventiste plus actuelle que celle écrite par Pierson en 1976. Autrement les Adventistes se retrouvent face deux présentations diamétralement opposées.

Il peut y avoir une raison particulière pour laquelle Jésus a averti ses disciples de la prise en considération des guerres, famines, séismes, pestes, etc. comme des signes de l'imminence de sa *parousie*. Dans les écritures apocalyptiques juives de cette époque des choses identiques étaient souvent mentionnées comme des présages de l'avènement du Messie et de la fin proche de cette époque.[12] Ils disaient que précédant

---
10 Ellen G. White, *Testimonies*, Vol. 9, page 11. Cité dans *Good-bye. Planet Earth*, page 50.
11 C. Mervyn Maxwell, *God Care*, s985, Vol. 2, pages 20, 21.
12 Voici quelques exemples : 1 Enoch 80 :2-8 ; 99 : Jubilés 23 :13-25 ; l'Assomption de Moïse 8 :1 et 10 :5. Voir en plus, D. S. Russell, *The Method & Message of Jewish Apocalyptic*, Londres, 1964, pages 271-276.

l'apparition glorieuse du Messie emmenant Israël vers la liberté, il y aurait de grands désastres, qu'ils appelèrent les « malheurs du Messie. »

Illustrant ces opinions apocalyptiques juives suivent les passages de ce que l'on appelle « l'Apocalypse Syriaque de Baruch. » Considérée comme une compilation d'écritures révisées et combinées par les Juifs orthodoxes de la dernière moitié du premier siècle, ses contenus « fournissent des archives sur les doctrines juives et des convictions de cette période. » Considérons leurs prédictions au sujet des tribulations qui constitueraient le « signe » de l'apparition du règne du Messie sur terre :

> **Tu seras préservé jusqu'à ce temps jusqu'à ce signe que le Très Haut œuvrera pour les habitants de la terre à la fin des jours. Ce sera donc le signe. Quand une stupeur saisira les habitants de la terre et ils tomberont dans beaucoup de tribulations et de nouveau quand ils tomberont dans de grands tourments.**
>
> **Dans la première partie il y aura le début de commotions. Et dans la deuxième partie (il y aura) les assassinats des grands. Et dans la troisième partie la chute de beaucoup par la mort. Et dans la quatrième partie la venue de l'épée. Et dans la cinquième partie il y aura la famine le retard des pluies. Et dans la sixième partie, il y aura des séismes et des terreurs...**
>
> **Et Il a répondu et m'a dit : 'ce qui doit advenir alors (adviendra) sur toute la terre ; ainsi tous ceux qui vivent les connaîtront. Car en ce temps-là je protégerai seulement ceux qui trouveront en ces jours dans ce pays [la Palestine]. Et il viendra à passer quand tout sera accompli ce qui devait advenir dans ces parties que le Messie commencera alors seront révélées.[13]**

Les disciples ont donc peut-être eu en tête ces points de vue traditionnels et ces calamités prédites quand ils se sont enquis d'un « signe ». Évidemment, Jésus n'a pas partagé les vues de ces auteurs apocalyptiques juifs. Au lieu d'être des signes de la fin ou la conclusion de l'âge, il a expliqué que ces malheurs n'étaient que le début des troubles qui devaient venir :

> **Mais toutes ces choses ne sont que le début des douleurs de l'enfantement. – Matthieu 24 :8, NASB.**

« Les douleurs de l'enfantement » (le grec, *ōdínes*) étaient quelquefois prises comme une autre référence aux opinions de rabbins juifs contemporains et d'écrivains apocalyptiques, qui ont parfois parlé des

---
[13] 2 Baruch 25 :1-4 ; 27 :2-8 ; 29 :1-4.

malheurs qu'ils pensaient précéder la venue du Messie comme « les douleurs de l'enfantement du Messie », d'où devait naître le nouvel âge messianique. Le mot grec *odin,* cependant, ne se réfère pas exclusivement *aux douleurs de l'enfantement.* Il était souvent utilisé métaphoriquement pour désigner « toutes sortes de douleurs et d'angoisses » (Liddell et Scott), sans avoir lien à la naissance d'une sorte de façon implicite. Ainsi Actes chapitre 2, le verset 24 parle de l' « angoisse *(ōdínes)* de la mort » que Christ connu.[14]

L'utilisation par Jésus de la forme plurielle (« les douleurs de l'enfantement ») montre qu'il connaissait la période jusqu'à son avènement et que la fin de fin de cette période serait remplie de nombreux troubles, dont ceux qui viennent d'être mentionnés – guerres, famines, pestes et tremblements de terre n'étant que le commencement.[15] En disant cela, il indiquait que l'avenir apporterait beaucoup d'autres maux, et même de pires, en réserve. Ainsi, le Dr Brunec conclut :

> **Ici, les guerres, les séditions, la peste, les famines et les séismes ne sont pas présentés comme les signes de la fin ou de la parousie, mais comme le début et un avant-goût d'une longue série de certaines peines particulières.**[16]

En corroborant cette compréhension, Jésus a continué à décrire des fléaux supplémentaires qui viendraient et auraient un effet immédiat et unique sur les disciples eux-mêmes.

---

14 Dans l'Ancien testament, aussi, « les douleurs de l'enfantement » sont souvent utilisées métaphoriquement pour toutes sortes d'angoisses et de tribulations, par exemple en Exode 15 :14 ; Psaume 48 :6 ; 73 :4 ; Isaïe 26 :17 ; Jeremiah 13 :21 ; 22 :23 ; 49 :24 ; Hosea 13 :13 et Micah 4 :9,10.

15 Il est tout à fait possible que l'utilisation par Jésus du terme « les douleurs de l'enfantement » n'ait pas reflété l'usage Rabbinique du tout. La première utilisation Rabbinique connue de l'expression est celle du Rabbin Elieser (vers 90 après J.-C.). En plus les rabbins juifs parlaient toujours « des douleurs de l'enfantement » de Messie dans le singulier, alors que Jésus a utilisé le pluriel. Voir le commentaire de Matthieu 24 :8 dans Le commentaire de H. L. Strack et page Billerbeck. Kommentar zum Neuen le Testament aus le Talmud und Midrasch, Vol. 1. Munich 1922-28.

16 Dr David Hill de Matthieu 24 :6-8 résume admirablement la discussion ci-dessus : « les guerres, les rumeurs de guerres et de désastres assortis ont été considérées comme les signes de la fin proche dans juive apocalyptique. Pour réduire des anticipations excitées, Matthieu II lilkes deux points importants : d'abord, ces événements d'inquiétude doivent arriver selon le dessein de Dieu (cf. Dan. 2) et, comme l'histoire est sous le contrôle de Dieu, les croyants peuvent et devoir rester calmes ; et, deuxièmement, ces événements seront seulement *le début des souffrances,* allumé. « les douleurs de l'enfantement », presque un terme technique pour les tribulations menant jusqu'à la fin de l'âge, qui doivent être endurés par la communauté de l'élu. Les désastres connus ne sont pas qu'un prélude et la pensée apocalyptique fébrile est l'hors de propos. « *(L'Évangile de Matthieu.* Eerdmans, 1981). Quant à l'expression « les douleurs de l'enfantement », l'apôtre Paul, aussi, l'utilisent comme un symbole dans sa référence « au jour du Seigneur » à 1 Thessaloniciens 5 :3. Mais il devrait être remarqué qu'il assimile ces « douleurs de l'enfantement » (singulier !) avec *la destruction soudaine elle-même,* pas avec n'importe quels « signes » le précédant.

Tribulations des Disciples

Ayant donné une vue d'ensemble des désastres qui ne devraient pas être compris comme les signes de la conclusion de l'âge, mais qui devaient marquer l'histoire future entière du monde en général, Jésus tourne ensuite aux agitations que ses propres disciples devraient en particulier rencontrer et endurer dans l'avenir :

> **Alors ils vous livreront à la tribulation et vous tueront et vous serez détestés par toutes les nations à cause de Mon nom. Et en ce temps-là beaucoup se détacheront et se livreront l'un l'autre et se détesteront. Et beaucoup de faux prophètes se lèveront et induiront en erreur un grand nombre. Et parce que le mépris de la loi augmentera, l'amour de la plupart des gens deviendra froid. Mais celui qui endure jusqu'à la fin, celui-là sera sauvé.-Matthieu 24 :9-13, NASB.**

Le mot « tribulation » dans cette section traduit le mot grec *thlipsis*. C'est le même mot utilisé pour la « grande tribulation » du verset 21, où il désigne la douleur apportée sur la nation juive en 66-70 après J.-C. Le terme grec a le sens de « détresse », « agitation », même de « persécution » et est souvent utilisé dans le NT pour dénoter les souffrances endurées par les Chrétiens. L'apôtre jean, par exemple, écrit de lui comme « le participant dans la tribulation [thlipsis] et le royaume et persévérance qui sont dans Jésus. » (La révélation 1 :9) l'apôtre Paul, dans le chapitre 2 de 1 Thessaloniciens, les versets 4 à 10, montre que les Chrétiens devraient endurer de telles tribulations ou des souffrances directement jusqu'à la révélation de leur Seigneur Jésus. En ce temps-là Dieu « rétribuera par la douleur [thlipsis] ceux qui vous affligent et... vous donnent le secours qui êtes affligés et à nous aussi quand le Seigneur sera révélé du ciel avec Ses anges puissants dans flambant le feu. » Ainsi le mot thlipsis pourrait être utilisé 1) de la « grande tribulation » qui a été apportée sur La nation juive dans les années 66-70 après J.C, 2) les souffrances et des persécutions que les disciples du Christ doivent endurer dans ce monde jusqu'à la venue du Christ et 3) de la destruction infligée aux ennemis du peuple de Dieu à la venue du Christ. —2 Thessaloniciens 1 : 7–9.[17]

Les disciples du Christ devaient être détestés, a dit Jésus, non seulement par « toutes les nations », mais aussi par certains qui prétendaient être leurs propres croyants. Cela s'est avéré

---

17 Comme le montrent des textes tels que Jean 16 :33, Actes 14 :22 et 1 Thessaloniciens 3 :23, ces souffrances sont inévitables pour les chrétiens de ce monde. Le livre de l'Apocalypse, écrit à une époque de grande tribulation pour l'église chrétienne, se concentre à plusieurs reprises sur ces souffrances (1 : 9 ; 2 : 9, 10 ; 3 :10 ; 6 : 9-11 ; 12 :17 ; 13 : 7).), et pointe vers l'époque où les chrétiens victorieusement « sortent » de cette « grande tribulation » et profitent de la récompense pour leur endurance. (Apoc. 7 : 9-17)

particulièrement vrai au cours des siècles qui ont suivi l'organisation de l'Église en un système hiérarchisé régi par un organe religieux central qui revendiquait une autorité divinement désignée. Au cours des siècles ultérieurs, des chrétiens dissidents, tels que les Vaudois et les Wycliffites, ont été persécutés en tant qu'apostats, diffamés, excommuniés ou bannis et même tués par leurs propres frères chrétiens présumés. Pourquoi ? Parce qu'ils croyaient que « la Bible est la seule source de vérité religieuse » et que, par conséquent, « les ministères ou les hiérarchies ecclésiastiques devaient être testés contre la parole de Dieu. »[18] Bien que l'Église catholique romaine ait depuis longtemps modifié sa politique à l'égard de ces dissidents, de nombreuses autres organisations religieuses sont apparues et ont suivi de près le même modèle en ce qui concerne les dissidents au sein de leurs propres rangs.

« La bonne nouvelle doit d'abord être proclamée à toutes les nations »

En plus de la haine et de la persécution de ce genre, Jésus a désigné les faux prophètes, les enseignements trompeurs et l'iniquité et le manque d'amour sans cesse croissants comme étant d'autres preuves de la décadence spirituelle qu'il prévoyait se produire parmi le nombre croissant d'adeptes pratiquants à l'avenir. Cependant, aucune de ces choses ne devait être comprise comme des signes de l'imminence de sa parousie et de la fin de l'âge. Tout d'abord, un autre travail d'envergure mondiale devait être accompli :

> **Et cet évangile du royaume sera prêché dans le monde entier, comme un témoignage pour toutes les nations et alors la fin viendra. – Matthieu 24 :14, RSV.**

Certes, déjà à l'époque des apôtres, on pouvait dire que l'évangile ou la

---

18 La Tour de Garde, 1ᵉʳ août 1981, p. 14 ; Réveillez-vous ! 8 mars 1982, p. 8. Il est remarquable de constater combien de fois les organisations religieuses adoptent la même attitude envers les dissidents au sein de leurs propres rangs, qu'elles condamnent constamment dans d'autres dénominations. Ainsi, la Société Watch Tower, tout en condamnant fermement la manière dont l'Église catholique romaine a traité ses dissidents au cours des siècles passés et en vantant régulièrement ces dissidents en tant que héros chrétiens, traite ses propres dissidents avec la plus grande cruauté religieuse :, les excommunie et les coupe de tous contacts avec d'anciens frères chrétiens, amis et parents, la seule raison étant souvent que ces dissidents comme les Vaudois, les Wycliffites et les premiers réformateurs, croient que la Bible est la « seule source de religion la vérité ? contre laquelle toutes les idées, interprétations et revendications de l'autorité religieuse doivent être testées. Il est également vrai que la Société Watch Tower, à l'instar de l'Église catholique romaine, considère sa propre organisation comme une autorité divine distincte avec la Bible. Ainsi, « si nous ne sommes pas en contact avec ce canal de communication que Dieu utilise, nous ne progresserons pas sur la voie de la vie, peu importe combien de lectures bibliques nous faisons. » (La Tour de Garde, 1ᵉʳ décembre 1981), p. 27.)

bonne nouvelle avaient porté leurs fruits « dans le monde entier » et avaient été prêchés « dans toute la création sous les cieux » (Colossiens 1 : 6, 23)., a sans doute été dit d'une manière générale, comme l'évangile à cette époque (c. AD 60) avait été amené dans de nombreuses parties du monde romain, et sans doute aussi à certains endroits en dehors des frontières romaines. Au fil des siècles, la bonne nouvelle a été transmise à de nombreuses autres régions du monde et a touché des centaines de millions de personnes. Selon la World Christian Encyclopedia, publiée en 1982, le nombre de chrétiens pratiquant aujourd'hui atteint près de 1,5 milliard dans le monde, soit 32,8 % de la population mondiale, et l'augmentation actuelle est d'environ 25 millions par an. (Bien sûr, cette augmentation est due en partie aux naissances parmi les chrétiens.) Bien que ces figures soient impressionnantes, la chrétienté se caractérise aussi dans une très large mesure par la décadence spirituelle prédite par Jésus : haine, injustice et effusion de sang ; iniquité et sans amour. Ceci est également indiqué par le fait que, selon l'Encyclopédie susmentionnée, le nombre de sectes et de dénominations au sein de la chrétienté s'élève à 20 800 ![19]

Le grand nombre de chrétiens pratiquant dans le monde aujourd'hui ne nous permet donc pas nécessairement de dire de manière concluante que la bonne nouvelle a maintenant été prêchée « dans le monde entier » et qu'un témoignage approfondi a maintenant été donné à « toutes les nations, » Afin que nous puissions annoncer que "la fin doit venir" à n'importe quel jour maintenant. Personne ne peut dire dans quelle mesure on proclamera davantage la bonne nouvelle. Tout ce que nous savons, c'est que l'allongement du temps montre qu'il y a encore, du point de vue de Dieu, du travail à faire et que ce temps prolongé nous offre plus de possibilités de partager notre espérance chrétienne

---

19 L'organisation de la Watch Tower semble rejeter la quasi-totalité de la prédication de l'Évangile fait pendant tous ces siècles depuis la mort des apôtres et prétend être la seule parmi ces 20 800 dénominations qui prêche le véritable évangile aujourd'hui ! Quelle est donc la différence la plus importante entre l'évangile des Témoins et celui des autres chrétiens ? La Tour de Garde du 1ᵉʳ août 1981, explique aux pages 17-18 : « Que le lecteur honnête compare la façon dont les systèmes religieux de la chrétienté ont prêché l'Évangile au fil des siècles et celle dont les Témoins de Jéhovah le prêchent depuis 1918. Ce sont deux façons très différentes. Ce que les Témoins de Jéhovah prêchent est vraiment un "évangile", c'est-à-dire une "bonne nouvelle", comme lorsqu'ils annoncent que le Royaume de Dieu a été établi dans les cieux lors de l'intronisation de Jésus Christ à la fin des temps des Gentils en 1914 » Cependant, si cette intronisation en 1914 – démontrée dans cet ouvrage comme une illusion – est la caractéristique la plus distinctive de leur évangile, la prédication mondiale de celle-ci peut difficilement avoir quelque chose à voir avec la prédiction de Jésus. De plus, quand Jésus a parlé de « cet » évangile du royaume, il ne pouvait que se référer à l'évangile que lui et ses apôtres prêchaient alors. Comparez Matthieu 26 :13, où se produit également l'expression « cet évangile ». En prétendant que Matthieu 24 :14 a été accompli à petite échelle avant 70, la Société Watch Tower admet cela. Ainsi, Jésus n'avait pas en tête un nouvel évangile surprenant à introduire dans ce 20ᵉ siècle. Galates 1 : 6–8 condamne en fait les « nouveaux » évangiles qui obscurcissent ou enfreignent les véritables « bonnes nouvelles » prêchées au premier siècle.

avec les autres – 2 Pierre 3 : 9.

La destruction de Jérusalem

Dans son étude des calamités et des troubles qui marqueraient l'histoire future du monde et de l'église, Jésus a clairement fait comprendre que de telles choses ne devaient pas être interprétées comme des signes visibles de la fin. Ayant d'abord montré les vues erronées contre lesquelles il se méfiait, Jésus a maintenant répondu aux questions des disciples.

Ils avaient demandé deux choses : 1) le temps et (selon les versions de Marc et de Luc) le signe de la destruction du temple de Jérusalem et 2) le signe de la parousie de Jésus et la fin de l'âge.

Jésus a maintenant commencé à répondre à la première de ces deux questions, décrivant des événements qui conduiraient à la destruction de Jérusalem et de son temple, ajoutant en même temps des instructions et des avertissements appropriés à observer par ses disciples pendant cette période. Il n'est pas nécessaire que nous discutions en détail de cette section, la destruction de Jérusalem, qui se trouve aux versets 15 à 22.

Tout a été accompli à la lettre au premier siècle, les guerres des Juifs de Josèphe étant en fait le meilleur commentaire et la confirmation de la prédiction de Jésus. Il n'y a donc pas de raison valable d'assumer le double accomplissement de cette prophétie, comme certains l'ont fait, l'un au premier siècle et l'autre à la fin des temps. Cette théorie n'a aucun support dans le contexte de la prophétie et n'est pas nécessaire non plus par d'autres circonstances. Quelques commentaires sur certains passages suffiront à notre propos actuel.

Jérusalem, la capitale de la Judée, était « la ville du grand roi » (Matthieu 5 :35). La croyance juive commune était que le Messie, en commençant son règne, le ferait à Jérusalem, en Judée. Ils ont anticipé que l'avènement du Messie apporterait une délivrance littérale et physique de la ville. (Comparez avec Luc 2 :38.) Comme Jérusalem était en réalité confrontée à la destruction, c'était une autre idée fausse dangereuse contre laquelle Jésus avait averti ses disciples. En soulignant ce qui serait la preuve de la destruction imminente du temple, Jésus a fait référence à Daniel le prophète : Alors, quand vous voyez debout dans le lieu saint « l'abomination qui cause la désolation », le prophète Daniel a dit : que le lecteur fasse preuve de discernement – alors que ceux qui sont en Judée fuient vers les montagnes. – Matthieu 24 :15, 16, NIV.[20]

Luc, qui paraphrase souvent pour expliquer à ses lecteurs non-juifs les termes juifs et les allusions de l'Ancien Testament utilisées par Jésus et rapportées par les autres synoptiques, montre clairement ce que serait « cette abomination de la désolation » en disant :

> **Mais quand vous voyez Jérusalem entourée d'armées, alors sachez que sa désolation est proche. Alors, que ceux qui sont en Judée fuient vers les montagnes, et que ceux qui sont à l'intérieur de la ville s'en aillent et que ceux qui sont dans le pays n'y entrent pas.**
> **– Luc 21 :20, 21, RSV.**

En mai 66, des révoltes juives éclatèrent à Césarée et à Jérusalem. Cela a amené les armées romaines sous Cestius Gallus à assiéger Jérusalem en novembre de la même année. Quand, soudain, Gallus se retira, les chrétiens de Jérusalem et de Judée eurent l'occasion de « s'enfuir dans les montagnes », ce qu'ils firent manifestement.[21] Ce retrait soudain et inattendu des troupes romaines de Jérusalem et de Judée pourrait être considéré comme l'accomplissement de Jésus « La prédiction que ces jours avaient été raccourcis... pour le bien des élus », leur donnant l'occasion de fuir et de sauver ainsi leur vie. (Matthieu 24 :22, NASB)

Par cette fuite, ils ont échappé à la « grande détresse sur la terre » qui a commencé lorsque les forces romaines du général Vespasien sont revenues quelques mois plus tard pour soumettre les Juifs rebelles. (Luc 21 :23) Du printemps à l'automne de 67, la Galilée a été conquise et, au printemps de 68, Peraea et la Judée occidentale ont été soumises. En 69, Vespasien, proclamé empereur par ses troupes, confia le commandement à son fils Titus. En avril 70, Titus assiège Jérusalem et, en septembre, les Romains prennent la ville et la détruisent avec son temple. Selon Josèphe, témoin oculaire de la destruction et qui en a publié la description détaillée environ cinq ans plus tard, 1 100 000 Juifs ont été tués dans cette catastrophe, et environ 97 000 y ont survécu. (On peut dire, cependant, que la plupart des érudits considèrent ces figures comme très exagérées.) En harmonie avec la déclaration de Jésus selon laquelle cette tribulation sur les Juifs devait être pire que tout autre « depuis le début du monde jusqu'à

---

20 La référence est probablement à Daniel 9 :27, où LXX a la même expression que Matthieu 24 :15 : à *bdélygma tés ereméseo 's* (« l'abomination de la désolation »).
21 Eusebius (Histoire ecclésiastique III, v, 3), qui a peut-être obtenu des informations de l'écrivain Hegesippus du deuxième siècle, dit que les chrétiens de Jérusalem ont fui à Pella à Peraea, le moderne Tabaka 't Fahil. Bien que cet endroit se trouve dans la vallée du Jourdain (en fait au-dessous du niveau de la mer), le chemin menait à travers des collines de montagne. L'histoire d'Eusebius ne concerne que les chrétiens de Jérusalem. D'autres chrétiens en Judée ont pu fuir vers d'autres endroits dans les montagnes.

maintenant », Josèphe dit qu'« aucune autre ville n'a jamais souffert de telles misères, et aucun âge n'a jamais engendré une génération plus féconde en méchanceté au monde ». – Matthieu 24 : 21.[22]

Ceux qui s'efforcent de faire une double application de cette prophétie se sont souvent livrés aux spéculations les plus fantaisistes, afin de pouvoir désigner un soi-disant « plus grand accomplissement » dans les événements d'aujourd'hui. Ainsi, certains croient que le temple d'Hérode sera bientôt restauré à Jérusalem et qu'une idole ou une image de l'Antichrist y sera placée pour répondre à la prédiction concernant « l'abomination de la désolation ».[23]

La Société Watch Tower identifie « l'abomination de la désolation » avec les Nations Unies, qui, prévoient-ils, vont bientôt désoler la chrétienté, la contrepartie revendiquée de l'ancienne Jérusalem. Toutes ces applications sont totalement injustifiées et n'ont aucun support dans le texte même. Le récit de Luc montre que cette « abomination de désolation » faisait référence aux armées qui entoureraient Jérusalem afin de la détruire, et que Josèphe, probablement totalement inconscient de la prophétie de Jésus, montre comment tous les détails de la prédiction se sont réalisés entre 66 et 70 après J.-C. L'idée d'un accomplissement supplémentaire à notre époque n'est donc pas seulement étrangère au contexte biblique ; il s'avère complètement superflu à la lumière de la réalisation complète et détaillée du premier siècle.

. *La visibilité de la parousie*

Les partisans de ce que l'on pourrait appeler une « venue en deux étapes », une première venue invisible et une présence suivie plus tard d'une révélation avec des effets visibles, tentent de trouver un soutien pour croire au mot trouvé dans le récit de Matthieu, à savoir le terme grec parousía. Ils se concentrent sur le fait accepté que le sens premier du terme est « présence ». Cependant, il est également établi que, dans les temps bibliques, ce terme était devenu l'équivalent de « venir » ou

---

22 Josèphe, Guerres des Juifs, V, x, 5. Certains suggèrent que l'expression « tel qu'il n'a pas été et ne sera jamais » pourrait avoir été utilisée pour mettre l'accent, et ne devrait peut-être pas être prise à la lettre. (Matt. 24 :21 ; Dan. 12 : 1 ; comparer, par exemple, Ex. 10 :14 et Joël 2 : 2.) Il est également possible que l'expression « tel qu'il ne s'est pas produit » (Matthieu 24 :21) ne se réfère pas au degré de sévérité de la « grande tribulation », mais à son caractère unique : sa signification et ses conséquences ne sont rien d'autre dans les rapports de Dieu avec son peuple (comparez Jérémie 30 : 7 : « Hélas ?! le jour est magnifique, il n'y en a pas de pareil ? et c'est le moment de la détresse de Jacob, mais il en sera sauvé. "[NASBD]). D'un autre côté, il est possible qu'aucune ville de l'histoire n'ait souffert intensément comme Jérusalem dans AD 66-70.

23 Oral Roberts, Comment se préparer personnellement à la seconde venue du Christ, page 38.

« arriver », en particulier en relation avec une visite royale ou impériale, une visite souvent accompagnée d'actes de jugement. Une simple comparaison des comptes-rendus relatifs à la venue de Christ démontrera que le terme parousía. est utilisé de manière pratiquement interchangeable avec les mots grecs pour « révélation » (apoklypsie), « manifestation » (epiphdneia) et « futur ». (Comparez Matthieu 24 :39 [parousie] avec Luc 17 :30 [apoklypsis] 1 Thessaloniciens 4 :15, 16 et 2 Thessaloniciens 2 : 1 [parousía.] avec 2 Timothée 4 : 8 [epiphneia] ; Matthieu 24 : 3 [parousía.] avec Luc 21 : 7 [eusleusis, dans Codex Bezae Cantabrigensis (D)].) Tous ces termes concernent des facettes du même événement, la visite royale d'un souverain, le roi Christ Jésus. Pour une discussion complète de ce sujet, le lecteur peut considérer le matériel détaillé présenté à l'annexe B. Comme le montre la preuve, la théorie du « Christ en deux étapes » a été développée pour la première fois par un banquier anglais dans les années 1820. Plus tard au cours de ce siècle, de nombreux millénaristes l'ont adopté, dont certains, y compris le pasteur Russell et ses associés, l'ont utilisé comme moyen commode de sauver des prédictions ratées basées sur des conjectures chronologiques, cherchant ainsi à expliquer leur échec.

Que révèlent alors les Écritures quant à la visibilité ou à l'invisibilité de la parousie promise par Jésus ?

En période de grandes crises, l'intérêt pour la seconde venue du Christ et la fin du monde augmente toujours. La grande crise juive de 66-74 ne serait logiquement pas une exception. Évidemment, à cause de cela, après sa prédiction de la catastrophe juive, Jésus a jugé bon de répéter son avertissement précédent contre le fait d'être induit en erreur par de faux Christs et de faux prophètes :

> **Alors si quelqu'un vous dit : Voici, le Christ est ici ?! ou Il est là ! Ne le croyez pas. Car de faux christs et de faux prophètes se lèveront et montreront de grands signes et merveilles, de manière à égarer, si possible, même les élus.**
>
> **Voici, je vous ai dit au préalable. Donc, si on vous dit : Voici, il est dans le désert, n'y allez pas ; s'ils disent : « Il est dans les pièces intérieures, ne le crois pas. Car, comme l'éclair vient de l'est et brille jusqu'à l'ouest, il en sera de même pour le Fils de l'homme. Matthew 24 : 23-27, RSV.**

Le mot alors (grec, *tóte*) au verset 23 relie l'avertissement que Jésus procède pour donner avec sa discussion précédente de la grande tribulation sur Jérusalem. Josèphe, en décrivant l'incendie du temple par les Romains, dit qu'il y avait alors un grand nombre de faux prophètes subornés par les tyrans pour imposer au peuple qui le leur dénonçait qu'ils devraient attendre la délivrance de Dieu et que les personnes misérables ont été persuadées par ces trompeurs. (Guerres des Juifs, VI, v, 2,3) Quelles que soient les circonstances, les disciples de Jésus ne devaient être induits en erreur par aucune prédiction de l'apparition du Messie à ce moment-là ; ils ne devaient pas être amenés à aller à Jérusalem ou même en Judée, et s'ils étaient déjà là, ils devaient partir, fuyant vers les montagnes. L'avertissement contre ces faux prophètes ainsi que les faux Messies s'appliquerait également à tous les temps futurs.

Les faux prophètes à venir « montreraient de grands signes et de grandes merveilles ». Cela pourrait bien sûr se rapporter à des miracles. Mais c'est plus probablement une référence à une fausse prophétie. Le mot grec traduit par « montrer » signifie vraiment « donner » et n'implique pas nécessairement l'exécution de quelque chose. Comme l'a souligné Henry Barclay Swete, commentateur de la Bible et d'autres, les mots sont basés sur Deutéronome chapitre treize, versets 1 à 3, où donner des signes et des prodiges se réfère à donner des prédictions et non à faire des miracles.[24] par conséquent, incluez tous ceux qui, au cours des siècles, se sont consacrés à la fausse prophétie en ce qui concerne la seconde venue du Christ, en accordant une attention indue à « l'élément temps », en fixant des dates pour les événements interpréter avec autorité ce qu'ils désignent les « signes des temps ».

Il y a une autre leçon à tirer de ce passage, une leçon liée à la manière dont le Christ est venu. Un être humain qui prétend faussement être le Christ ne serait pas facilement accepté ou reconnu comme tel. Ses adeptes devraient dire aux autres où il se trouve et qui il est, en disant : « Voici le Christ » ou « Le voilà ». « Il est dans le désert » ou « Il est dans les chambres intérieures. « Mais Jésus a mis en garde contre les prétendants qui devaient être signalés de cette façon :" Ne le croyez pas. "

Sa venue ne sera pas comme ça. Lorsqu'il viendra, son identité ou son lieu de résidence ne constitueront aucun problème. Au contraire, sa parousie sera instantanément évidente pour tous. Pour souligner ceci, Jésus a comparé son arrivée à la foudre, qui « vient de l'est et brille jusqu'à l'ouest ». Un éclair qui illumine les cieux est immédiatement vu par tous de l'horizon oriental à l'horizon occidental. Il n'est pas nécessaire pour quiconque de dire aux autres où et de quoi il s'agit, et

---

[24] HB Swete, Commentaire sur Marc, réimpression de 1977 de l'édition de 1913, publiée par Kregel Publications, Grand Rapids, Michigan, page 310. Le professeur Alexander Jones commente également : « Montrer : cad annoncer, prophétiser (cf Dt 13,1-3)), non pas « réaliser ». »(The Gospel of St. Mark, Londres-Dublin 1963, 1965, p. 197.)

personne n'a besoin de « courir » à sa poursuite ». (Luc 17 :23, NEB) De même, la parousie du Christ se manifestera instantanément et directement à chaque individu sur la terre. Ceci exclut bien entendu toutes les idées sur un secret, la venue inaperçue, et toutes les explications voulant qu'une certaine « chronologie biblique » et / ou certains « signes » montrent qu'il est venu et a été « présent de manière invisible » certaine année. Une telle conception de la parousie est tout à fait opposée à la description faite par Jésus lui-même, qui la présente comme un événement très notable.[25]

Pour insister davantage auprès de ses disciples sur le fait que sa venue ne serait pas trouvée ou limitée à un lieu géographique particulier sur la terre, Jésus, parlant proverbialement, a ajouté :

> **Où que soit le corps, les aigles seront rassemblés. – Matthieu 24 :28, RSV.**

Du fait que les Romains arboraient des aigles sur leurs étendards beaucoup de commentateurs concluent que Jésus par cette déclaration fait allusion à sa précédente discussion concernant la destruction de Jérusalem. L'idée serait alors que la nation juive devenue comme un cadavre inanimé prêt pour le jugement, attirant à lui les « aigles charognards » de Rome. Mais introduire brusquement une telle idée en ce qui concerne la parousie semble non seulement injustifié ; le texte parallèle au chapitre de Luc dix-sept, les versets 34 à 37 montrent qu'elle est erronée. Selon le récit de Luc, la déclaration de Jésus des aigles et du cadavre a été précédé par une description du jugement qui surviendrait lors de la parousie ; « En cette nuit-là il y aura deux dans un même lit ; l'un sera pris et l'autre abandonné. Il y aura deux femmes qui moudront ensemble ; l'une sera prise et l'autre abandonnée. » Ce qui poussa les disciples à demander : « Où Seigneur ? » Jésus répondit : « Là où se trouve le corps, là les aigles seront rassemblés. »

---

[25] Les présents auteurs ne prétendent pas que Christ, à son arrivée, sera observé comme une figure littérale assise ou debout sur un nuage littéral dans le ciel, comme certains semblent le croire, prenant littéralement un texte tel que Apocalypse 1 : 7. Nous mettons l'accent sur le fait que la Bible présente la parousie du Christ, son apparence glorieuse, comme un événement qui sera à la fois considéré et compris par toute l'humanité comme une intervention divine et surnaturelle dans les affaires inhumaines. Il n'est donc pas nécessaire de décider si cet événement inclura ou non la vision d'une figure littérale sur un nuage littéral. À l'appui de l'idée que la parousie du Christ est invisible pour l'humanité, la Société Watch Tower fait référence à la déclaration de Jésus dans Jean 14 :19 : « Encore un peu de temps et le monde ne me verra plus ». Paradise on Earth, 1982, p. 142.) Donnant à l'expression « plus » (grec, oukéti) un sens absolu, « plus jamais », ils affirment que le Christ sera invisible même lors de sa future « apparition » est insoutenable au vu de ce que Jésus a dit à Jean 16 : 16 : « Un peu de temps, et vous ne me verrez plus (oukéti) ? ; encore un peu de temps, et vous me verrez. » Ici, voir « plus rien » signifie ne plus voir que pendant un petit moment, mais pas au sens absolu de « plus jamais ». Le « plus » en Jean 14 :19 aurait donc pu être utilisé dans un sens similaire, limité, se référant à la période de l'absence du Christ jusqu'à sa parousie.

Ce qui a provoqué en fait la déclaration proverbiale des aigles et du cadavre, c'était la question des disciples quant au jugement, c'est-à-dire la séparation des justes des injustes qui devait survenir. Selon l'opinion commune des Juifs contemporains, le Messie lors de son avènement aurait son siège à Jérusalem, certains disant même sur le pinacle du temple et que de là il exercerait ses fonctions de juge.[26] Mais si, comme Jésus venait simplement de l'expliquer, ce temple devait être détruit alors le jugement ne pouvait pas venir de là. Les disciples avaient peut-être cela à l'esprit quand ils ont demandé, « Où Seigneur ? » De toute façon, Jésus par sa déclaration proverbiale a souligné clairement que le jugement ne surviendrait pas d'un endroit géographique particulier, mais « où que soient » situés les pécheurs sur terre lors de son avènement, ils seraient trouvés par ses forces vengeresses, de même que des aigles volant autour d'un corps où qu'il puisse être. En disant cela, Jésus a rejeté de nouveau l'idée que lors de son avènement il apparaîtrait dans un lieu particulier sur terre, par exemple dans le désert, à Jérusalem ou comme beaucoup aujourd'hui le croient, sur le Mont des Oliviers. Contrairement à ces idées Jésus décrit sa parousie comme une manifestation de la puissance et de la gloire divine qui sera immédiatement vue et ressentie par tous partout sur la terre.

Ayant répondu à la question du signe de la destruction du temple, sa discussion relative à la manière de son avènement forme une transition naturelle à la question suivante de ses disciples, dans laquelle ils se renseignent sur quel signe il y aurait lors de son avènement et de la conclusion de l'âge.

« Le signe du Fils de l'homme »

Dans des termes reprenant les textes de l'Ancien testament au sujet des jugements divins dans le passé, Jésus présente son futur avènement comme étant accompagné par des bouleversements cosmiques terrifiants :

> **Et aussitôt après la tribulation de ces jours-là le soleil sera obscurci, et la lune ne donnera plus sa lumière, et les étoiles tomberont du ciel, et les puissances des cieux seront ébranlées. Et alors paraîtra le signe du Fils de l'homme dans le ciel : et alors toutes les tribus de la terre se lamenteront et verront le Fils de l'homme venant sur les nuées du ciel avec puissance et une grande gloire. – Matthieu 24 :39, 30, Darby.**

Le premier problème auquel nous sommes confrontés dans ce texte est

---

26 Brunec, *ad loc*. Brunec à son tour, renvoie à l'étude du chercheur français J.page Bonsirven.

l'expression « Et aussitôt » (en grec, Εὐθέως *euthéōs*). Si « la tribulation de ces jours » fait allusion à la « grande tribulation » du verset 21, ce serait à première vue comme si Jésus plaçait (du moins selon la version de Matthieu ; Marc et Luc omettent tous les deux l'adverbe *euthéōs*) sa parousie immédiatement après la destruction de Jérusalem en 70 après J.-C. Si c'est le cas, nous serions obligés de conclure qu'il se trompait ou que sa parousie est vraiment survenue en 70 après J.-C. Dans ce dernier cas nous devrions supposer à un avènement invisible et essentiellement inaperçu, semblable à ce que prétend la Société Watch Tower au sujet de 1914.[27]

Que la destruction de Jérusalem en 70 après J.-C, soit un « châtiment » de Dieu est vrai certainement. Dans la parabole du banquet nuptial, Christ décrit le désintérêt manifesté par les invités que le roi dans la parabole avait conviés ainsi que les mauvais traitements et même le meurtre de certains des messagers qu'il leur avait envoyés. Il déclare que, par conséquent, « le roi était furieux et envoya ses troupes, fit périr ces meurtriers et brûla leur ville. » Par la suite il envoya ses serviteurs pour convier d'autres personnes « des coins de la rue » au banquet du mariage de son fils. (Matthieu 22 :1-10) Puisque le roi ici représente Dieu, le Père de Jésus-Christ, ce qui se passait à Jérusalem pouvait, à certains égards, être appelé une visite royale par Dieu, donc, en ce sens, une parousie. Mais même si ce qui s'est passé à Jérusalem en 70 après J.-C. doit être considéré comme une parousie, il y a de nombreux problèmes à la considérer comme la parousie, la promesse de Jésus-Christ, la parousie mentionnée dans le chapitre vingt-quatre de Matthieu et les textes parallèles.

Une telle conclusion est difficile à harmoniser avec un certain nombre de points du discours précédent de Jésus. Une difficulté majeure est que si la parousie a réellement eu lieu en 70 après J.-C., la première résurrection et le changement des chrétiens vivants pour s'unir à Christ doivent également avoir eu lieu à cette époque. (1 Thessaloniciens 4 : 15-17 ; 1 Corinthiens 15 : 50-52). La disparition soudaine de milliers de chrétiens de centaines de congrégations réparties dans tout l'empire romain aurait certainement laissé des traces dans les écrits chrétiens extra-bibliques conservés depuis les deux ou trois premiers siècles chrétiens. Toute preuve de ce genre est cependant totalement absente.

---

[27] En fait, il y a un certain nombre de commentateurs qui soutiennent que la parousie eue lieu en 70 après J.-C. Une présentation plus complète de cette idée est celle de J. Stuart Russell dans The *parousie* d'abord publié en 1878. Voir aussi Max R. King, *Spirit of Prophecy*, Warren, Ohio, 1971 (2ᵉ édition 1981). Dans cette optique la parousie est identique à la tribulation juive qui a culminé avec la destruction de Jérusalem en 70 après J.-C. Bien que ce fut certainement un « châtiment divin » et un jugement, Christ lui-même a dit que son avènement surviendrait « après la tribulation de ces jours. »(Mat. 24 :29)

Au contraire, nous trouvons qu'après 70 après J-C., même dans les écrits chrétiens proches de l'événement, tels que les lettres de Clément et Barnabas et les écrits du martyre Justin, la venue du Christ et la résurrection sont toujours attendues.

On croit généralement que l'écriture du livre de l'Apocalypse par Jean, de même que l'écriture de ses trois épîtres, a été faite vers la fin du premier siècle, vers la fin du règne de Domitien. On pense que la mort de Jean s'est produite vers la fin du siècle sous le règne du successeur de Domitien, Trajan. Il semble difficile de croire que, si la parousie de Christ s'était produite après les événements de 70 après JC, Jean n'aurait pas au moins fait référence à cela dans ses écrits. Bien sûr, si cela avait eu lieu à ce moment-là (70 après JC), on serait obligé de supposer que Jean a alors cessé sa vie terrestre, partageant ensuite la vie céleste avec le Fils de Dieu. Cela signifierait que Jean a écrit l'Apocalypse et ses trois lettres quelque trente ans plus tôt (c'est-à-dire plus tôt que ne le prouve la preuve existante), donc avant 70 ans, comme le soutiennent certains chercheurs. (Voir John A. T. Robinson, *Redating the New Testament*, Londres 1976, p. 221-311.)

Enfin, la présentation par Christ de sa parousie comme un événement aussi visible que la foudre, contrairement à la venue de certains des faux Christ (qui devraient parfois être représentés comme étant dans des endroits cachés, « dans le désert » ou « chambres ») semble également peser contre cette théorie. Quelle autre explication y a-t-il donc à utiliser le terme « Et aussitôt » dans le passage considéré ?

Certains commentateurs font remarquer que Matthieu a peut-être utilisé le mot traduit « Et aussitôt » (euthéōs) dans un sens différent de celui habituel. Il est largement reconnu que, dans son évangile, Marc utilise très souvent l'adverbe presque identique euthús, non pas au sens ordinaire du terme « directement, immédiatement », mais dans un sens « affaibli ».[28] Comme le souligne le Dr David Tabachovitz dans son étude attentive de l'usage d'euthús par Marc, son but était souvent d'attirer l'attention du lecteur sur quelque chose de nouveau, et la meilleure traduction en pareil cas serait donc : « Voici,... ».[29] dans son commentaire sur Matthieu, chapitre vingt-quatre, le verset 29 suggère que « Et aussitôt » (grec – euthéōs) pourrait avoir un sens affaibli

---

[28] Les deux adverbes sont pratiquement identiques, tous deux étant formés de l'adjectif *euthús* et utilisés exactement de la même manière. (Voir Liddell & Scott)

[29] David Tabachovitz, *Die Septuaginta und das Neue Testament*, Lund 1956, pp. 29—35. Comme le montre Tabachovitz, les anciennes traductions grecques de l'Ancien Testament, telles que la traduction de LXX et de Symmaque, rendent parfois le mot hébreu « voir » par *euthús* au lieu de *idou* (« voir »). *Euthús* et *idou* sont parfois utilisés indifféremment par les synoptiques. (Comparez Marc 7 :25 avec Matthieu 15 :22 et Marc 14 :43 avec Matthieu 26 : 47 et Luc 22 :47.)

(euthys), comme cela a souvent été le cas dans Marc.[30]

De même, le Dr Brunec fait remarquer que ce terme grec a l'un de ses sens celui de « en séquence » et que, bien qu'il soit généralement employé pour souligner la brièveté de l'intervalle de temps entre un événement et le suivant, il peut aussi être utilisé pour indiquer l'absence de tout événement intermédiaire. Ainsi, déclare-t-il, affirmer que « après l'événement x » vient immédiatement « vient de l'événement y », peut signifier l'une des deux choses suivantes : ou, deuxièmement, cet événement y a lieu après l'événement x sans événement intervenant ou intermédiaire – sans mettre l'accent sur le temps qui peut s'écouler.[31] Dans ce dernier cas, Jésus dirait que, au cours d'événements prédits (les événements sur lesquels les disciples se sont penchés), après la destruction de Jérusalem, il n'y aurait eu aucun autre événement prophétisé de ce type avant le déclenchement des phénomènes célestes qu'il a décrits. Après cette catastrophe juive, la prochaine chose dans l'ordre, ensuite, serait le « signe du Fils de l'homme » prédit. Cela signifierait que, quelles que soient les choses qui pourraient se passer au cours des siècles entre cet événement et sa venue, ils ne devaient pas être considérés comme faisant partie des événements divinement prédits d'importation messianique ou interprétés comme constituant un signe donné par Dieu. En réalité, l'histoire a démontré l'absence de tels événements intermédiaires.

Bien que cette compréhension soit entièrement en harmonie avec l'usage grammatical et biblique de ce terme grec traduit « immédiatement », il n'est certes pas le seul sens possible de la déclaration de Jésus. Une autre solution possible et relativement simple du problème mérite d'être examinée.

En disant : « Immédiatement après la tribulation de ces jours-là », Jésus avait-il à l'esprit la tribulation des Juifs dans les années 66-70 seulement ? Il faut se rappeler que ce n'était pas la seule tribulation dont il avait parlé dans sa prophétie. En fait, tout le discours avant la mention de la détresse sur les Juifs n'avait été qu'une énumération de tribulations de différentes sortes, à savoir les guerres, les famines, les pestilences, etc., qu'il appelait « le commencement du travail » (verset 8), et la haine, la persécution et d'autres troubles – appelés « tribulations » (thlipsis) au verset 9 – qui toucheraient ses disciples à l'avenir. En outre, la « grande tribulation » prévue sur les Juifs n'a peut-être pas pris fin avec la destruction de Jérusalem en 70. Cela est

---

30 *The New Bible Commentary Revised*, edité par D. Guthrie et J. A. Motyer, Grand Rapids, Michigan, 1971, p. 845.
31 Brunec, ad loc.

indiqué par le récit parallèle de Luc. Alors que Matthieu et Marc citent tous deux la déclaration à propos de la « grande tribulation » de Daniel chapitre douze, verset 1, Luc donne à ses lecteurs non-juifs une explication plus détaillée de la prédiction : jugement sur ce peuple. Ils tomberont à la pointe de l'épée ; ils seront transportés en captivité dans tous les pays ; et Jérusalem sera piétinée par les étrangers jusqu'à ce que leur jour s'achève. – Luc 21 :23, 24, NEB.

Ainsi, le récit parallèle de Luc semble montrer que les tribulations sur les Juifs ne prendraient pas fin immédiatement après la destruction de Jérusalem en 70 après JC. La captivité dans les pays étrangers suivrait (comme cela a été le cas pour les Juifs qui ont survécu à la destruction) et la ville de Jérusalem serait piétinée ou contrôlée par des étrangers pour une durée indéterminée, « jusqu'à ce que leur jour s'achève ».[32]

Il est donc possible que Jésus, en disant que sa venue se produirait « immédiatement après la tribulation de ces jours », n'a pas pensé à la tribulation se terminant par la destruction de Jérusalem seulement, mais pensait à toute la période de tribulation., qui devait suivre non seulement les Juifs, mais aussi ses propres disciples.[33] La venue du Christ mettra tout naturellement fin à cette période de tribulation ou d'affliction ou la « coupera ».[34] (Matthieu 24 :22) On dit que la tribulation est faite « en vue des élus ». Si la tribulation est comprise comme quelque chose qui continuerait jusqu'à la parousie, la déclaration « en vue des élus, qu'il a choisi, il a raccourci les jours » est tout à fait compréhensible, car un objet important de la venue de Christ est répété pour la délivrance de ses élus hors de leur détresse. – Marc 13 :20, 2 Thessaloniciens 1 : 4-10, 1 Thessaloniciens 4 :17, 18, 1 Pierre 4 : 12, 13.

Selon ce point de vue, alors, Christ viendrait littéralement « immédiatement après » la tribulation, car sa venue sera effectivement courte ou mettra fin à la tribulation.

---

32 Ceux qui soutiennent que la parousie a eu lieu en l'an 70 de notre ère sont forcés d'identifier cette période de piétinement de Jérusalem jusqu'à la fin des temps des Gentils avec les cinq mois que les Romains ont assiégé à Jérusalem ou avec la destruction réelle de la ville et du temple. Mais il semble étrange de dire que les Romains ont « piétiné » Jérusalem à l'époque où ils étaient en dehors de la ville. En outre, il semble clair que Luc dit que la captivité juive dans les pays étrangers serait parallèle à l'époque où les Gentils piétineraient Jérusalem, indiquant ainsi que ces « temps des Gentils » seraient une période de longue durée.

33 Dr. Basil F. C. Atkinson, par exemple, dit dans le *New Bible Commentary* (2ᵉ éd., Londres 1954, page 800) : « La « tribulation » n'a pas pris fin avec la destruction de Jérusalem. Selon l'auteur actuel, cela inclut l'âge chrétien suivant.

34 C'est une erreur de conclure que le « raccourcissement » de la tribulation implique que ce serait nécessairement de courte durée. Le mot grec *koloboō* signifie « amarrer, réduire, amputer », et ainsi de suite et n'indique rien de la durée de la période jusqu'à la couper, mais seulement que cela aurait été plus long sans la raccourcir.

Quoi qu'il en soit, le signe de l'imminence de cette volonté à venir, malgré ses aspects terrifiants, inspire de l'espoir aux chrétiens fidèles, car ils se souviendront des paroles de Jésus : « Quand tout cela se produira, tenez votre tête haute, car ta libération est proche. »(Luc 21 :28, NEB) Que signifiera cette délivrance pour les fidèles disciples du Christ ? Comme le montrent de nombreux passages du Nouveau Testament, cela ne peut signifier que leur rassemblement en Christ, pour être avec lui pour toujours après ce moment. (1 Thessaloniciens 4 : 15-17 ; 2 : 1 ; Jean 14 : 3 ; Philippiens 3 :20) C'était évidemment cet événement que Jésus avait en tête lorsqu'il a dit que, à son arrivée, « immédiatement après les tribulations de ces jours, « Il enverra ses anges avec un grand son de trompette, et ils rassembleront ses élus des quatre vents, d'un bout du ciel à l'autre. »[35] Plus loin dans son discours, Jésus fit remarquer qu'à ce moment « deux hommes (doivent) être dans le champ ; l'un est pris et l'autre est laissé ; deux femmes moudront au moulin ; on en prend une et il en reste une. »(Verset 40, 41) C'est aussi à ce moment-là que Jésus bénira ses serviteurs« fidèles et discrets » en les nommant « sur tous ses biens », mais assignera aux mauvais serviteurs leurs part avec les hypocrites.[36] (Matthieu 24 : 45-51) Ainsi, alors que la venue signifie la libération et l'exaltation pour les fidèles serviteurs du Christ, cela signifiera aussi le jugement et la punition pour ses serviteurs infidèles.

Les « derniers jours » – quels sont-ils ?

Comme nous l'avons souligné plus haut, l'idée populaire des « derniers jours » est qu'ils se réfèrent à une période de temps qui précède la

---

[35] Bien que la Société Watch Tower depuis 1973 considère que la venue « sur les nuages des cieux » en Matthieu 24 :30 est encore à venir, elle prétend que le « rassemblement » des élus mentionnés dans le verset suivant (v. 31) se déroulait depuis 1919 par le travail de prédication effectué par le mouvement ! (Le Royaume de Dieu des mille ans s'est approché, 1973, pp. 327-329) Mais ce renversement de l'ordre des événements énoncé par Jésus est rendu impossible par le texte parallèle de Marc qui, par le mot « alors »), fixe définitivement le rassemblement des élus au moment de la venue sur les nuées, et non au temps qui les précède. (Marc 13 :27) La Société Watch Tower estime que son travail de prédication depuis 1919 est la « récolte » mentionnée dans la parabole des mauvaises herbes et que le blé (Matt. 13 : 24-30, 36-43) tombe au sol lorsque on se rend compte que la séparation des « mauvaises herbes » du « blé », ainsi que la séparation des bons « poissons » du mauvais dans la parabole du filet (Matt. 13 : 47—52) est liée au jugement qui aura lieu de la future venue de Christ « sur les nuées » avec tous ses anges. Dans la parabole du registre, la prédication pratiquée par les adeptes du Christ est illustrée par un filet posé dans la mer, rassemblant des poissons « de toutes sortes ». Le fait est que la séparation des bons poissons du mauvais ne se fait pas aussi longtemps, comme le filet recueille encore des poissons dans la mer (même si la séparation du blé et des mauvaises herbes n'a pas lieu pendant leur croissance mais au moment de la récolte). De plus, la collecte des bons poissons dans les vaisseaux et le rejet des mauvais poissons est effectué par « les anges », pas par les humains (comme c'est également le cas pour le blé et les mauvaises herbes). Les chrétiens ne peuvent logiquement pas participer à ce travail de séparation, car ce sont eux qui sont séparés.

venue du Christ pour le jugement et qui sert d'indicateur que cet événement est imminent, sur le point de se produire. Bien que populaire, est-ce réellement ce qui est enseigné dans les Écritures ?

Jésus lui-même n'a jamais utilisé l'expression « les derniers jours » dans aucune de ses discussions sur ce que l'avenir apporterait. Il se référait au « dernier jour » (au singulier) mais c'était en décrivant ce qu'il ferait après son arrivée et le début du jugement final. (Comparez Jean 6 :39, 40, 44, 54 ; 7 :37 ; 11 :24 ; 12 :48.) En outre, tous ses conseils à ses disciples déclarent explicitement qu'il n'y aura rien dans le cours des événements humains qui soit si remarquable, si différent et unique, ce qui leur permettrait de savoir à partir de telles conditions que sa venue était sur le point de se produire. En réalité, la nature très ordinaire, la similitude et la répétition des événements et des conditions humaines présenteraient le danger de devenir somnolent sur le plan spirituel, complaisant – à l'opposé d'une période de conditions très inhabituelles et d'événements étonnants, produisant une agitation nerveuse de l'attente. – Matthieu 24 :43, 44 ; 25 : 1-6, 13 ; Luc 12 : 35-40 ; 17 : 26-30 ; 21 : 34-36.

En ce qui concerne les écrits de ses apôtres et de ses disciples, que trouvons-nous ? Pierre, Paul, Jacques et Jude ont tous fait référence aux « derniers jours ». Nous trouvons d'abord Pierre parlant des « derniers jours » le jour de la Pentecôte, cinquante jours après la mort et la résurrection de Jésus. S'adressant à la foule réunie, il leur a dit que ce dont ils avaient été témoins – les disciples remplis d'esprit saint et parlant différentes langues – était une réalisation de la prophétie de Joël, et il dit ensuite :

> **Dieu dit : « Cela arrivera dans les derniers jours : je répandrai sur chacun une partie de mon esprit ; et tes fils et tes filles**

---

36 Sur la base de l'opinion selon laquelle la parousie du Christ a commencé en 1914, la Société Watch Tower considère que le Christ (le « Seigneur » dans la parabole) lors de son inspection des chrétiens professant à ce moment-là n'a trouvé que les membres oints du être « fidèle et discret », ayant donné aux membres de la « maisonnée » leur nourriture spirituelle « au moment opportun ». Ainsi, en 1919, on pense qu'il les a nommés « sur tous ses biens ». Mille ans s'est approché, 1973, pp. 349-357) Cette opinion est utilisée pour justifier la revendication de ce mouvement sur l'autorité divine de ses membres : depuis 1973, la Société a involontairement porté atteinte à la base théologique de sa propre autorité. Cette année-là, on a considéré que la parabole (vv. 45-51) était une extension des versets 42-44 et se rapportait au même événement, à savoir « l'arrivée au temple » du Christ en 1918 (Vindication, Vol. 3, p. 121, 122) Puis, en 1973, la Société diffère la « venue » mentionnée aux versets 42-44 dans la future « grande tribulation » (Royaume de Dieu…, pp. 336, 337). Cependant, dans le contexte, il n'y a aucun moyen de séparer la « venue » des versets 42 à 44 des versets suivants (45-51). Par conséquent, si la « venue » des versets 42 à 44 est future, la « venue » du maître dans les versets 45 à 51 est aussi future, de même que sa nomination de « l'esclave fidèle et discret sur toutes ses affaires ». Par conséquent, les publications de la Watch Tower depuis 1973 ont indiqué que l'élévation de l'esclave est encore à venir et peut même avoir une application individuelle. (Notre gouvernement mondial à venir – Royaume de Dieu, 1977, p. 158f.

prophétiseront ; vos jeunes gens verront des visions et vos vieillards rêveront. Oui, je soutiendrai même mes esclaves, hommes et femmes, avec une partie de mon esprit, et ils prophétiseront. Et je montrerai des signes dans le ciel au-dessus et des signes sur la terre ci-dessous : du sang, du feu et de la fumée dérivée. Le soleil sera tourné vers les ténèbres, et la lune au sang, avant que le grand jour resplendissant, le jour du Seigneur, vienne. Et alors, tous ceux qui invoquent le nom du Seigneur seront sauvés. » Actes 2 : 17-21, NEB.

Pierre a donc appliqué les « derniers jours » comme étant en vigueur à ce moment-là. Dans un effort pour contourner ce fait, certains affirment qu'il a utilisé l'expression uniquement en référence aux derniers jours de la nation d'Israël, menant à la destruction de Jérusalem en 70 ap. J.-C.[37] Mais Pierre ne dit pas cela et qui sommes nous pour mettre des mots dans sa bouche ou assumer un sens qui n'est nulle part indiqué. Le fait est que Pierre utilise clairement le terme dans un contexte qui comprend la venue du « jour du Seigneur » et le salut que ce jour apporte. Il ne limite pas les « derniers jours » dont il a parlé qu'à partir de 70 ap. J.-C., mais les étend apparemment jusqu'au jour du jugement de Dieu au travers du Christ.

Dans la seconde lettre de Paul à Timothée, après l'avoir conseillé concernant les circonstances difficiles et les problèmes auxquels il aurait à faire face pour servir ses frères chrétiens, Paul alors déclara :

> **Mais comprenez cela, dans les derniers jours, il y aura des moments de stress. Car les hommes seront égoïstes, amis de l'argent, fier, arrogant, violent, désobéissants à leurs parents, ingrats, irréligieux, inhumaines, implacables, calomniateurs, débauchés, féroces, ceux qui haïssent bien, traîtres, emportés, enflés d'orgueil, amis de plaisirs plutôt qu'amis de Dieu, ayant une forme de religion mais en en niant son pouvoir. Évitez ces gens-là.
> – 2 Timothée 3 : 1-5, RSV.**

Paul parlait-il de conditions qui ne devaient prévaloir que dans une période lointaine, peut-être ici dans notre vingtième siècle ? Ses propres écrits indiquent le contraire. Dans sa lettre aux Romains, il décrit la manière dont les gens avaient raison de se conduire eux-mêmes et décrit ces personnes en termes identiques, à savoir :

> **... Rempli de toutes sortes de méchanceté, de mal, de convoitise, de malice. Remplis de jalousie, de meurtre, de conflit, de tromperie, de malignité, ils sont des commères, des calomniateurs, des haïsseurs de Dieu, des insolents, des hautains, des inventeurs du mal, des désobéissants envers les parents, Bien qu'ils**

---
[37] C'est l'explication standard offerte dans les publications modernes de la Watch Tower.

connaissent le décret de Dieu selon lequel ceux qui font de telles choses méritent de mourir, non seulement ils les font, mais ils approuvent ceux qui les pratiquent. – Romains 1 : 29-32, RSV.

Quelle différence y a-t-il entre les deux descriptions ? Elles sont évidemment égales en termes de degré d'extrémités et de démesure. Cela étant, nous pouvons comprendre pourquoi Paul, en écrivant à Timothée au sujet des conditions des « derniers jours » (ou, comme le dit la Nouvelle Bible anglaise, « l'âge final de ce monde »), pourrait dire – au présent – que Timothée devrait « éviter ces gens-là ». En harmonie avec cela, les paroles suivantes de Paul concernent des personnes parmi « ces gens-là » qui étaient même en train d'infecter la fraternité chrétienne, et le font encore *au présent*. (2 Timothée 3 : 6–9) Selon les propres expressions de Paul ailleurs et selon le contexte de sa lettre à Timothée, sa référence aux « derniers jours » correspondait déjà à une période en cours, dans laquelle Timothée vivait et était liée avec les conditions, les attitudes et les types de personnes auxquels Timothée faisait déjà face dans son ministère et devrait affronter. Les efforts pour trouver un moyen de contourner cette évidence se traduisent à nouveau par un sens qui ne figure pas dans les mots de Paul, inséré dans un effort pour soutenir une idée préconçue et une signification qui ne correspond pas au contexte.

James, dans sa lettre, s'adresse à ces riches qui ont « déposé des trésors pour les derniers jours ». (Jacques 5 : 1-3, RSV) Cette expression permet des rendus différents. Ainsi, certaines traductions parlent de leur richesse de thésaurisation « dans les derniers jours » (NIV ; NW), « dans ces derniers jours » (Phillips ; TEV), « à un âge proche » (NEB). La préposition grecque utilisée (*en*) signifie littéralement « dans ». Quel que soit le choix que l'on puisse faire, cette affirmation ne fournit certainement pas de base solide sur laquelle construire un concept des « derniers jours », c'est-à-dire une période identifiable précédant immédiatement la venue du Christ. La portée et le contenu de son contexte sont très proches de ceux que l'on trouve dans les déclarations antérieures de Pierre et Paul.

Pierre et Jean avertissent tous deux des moqueurs qui « viendront dans les derniers jours », mettant en doute la certitude du jour du jugement de Dieu. (2 Pierre 3 : 4 ; Jude 17, 18) Encore une fois, cependant, ces deux écrivains indiquent qu'un tel mépris se produirait pendant la vie de ceux à qui ils écrivent ; ils présentent leur moquerie comme une attitude à laquelle ils doivent déjà faire face et, comme le dit Jude, de telles personnes non spirituelles et égoïstes devaient, à ce moment-là, se préserver « des hommes qui vous divisent ». Jude 19, NIV.

Peter montre que c'est le fait même que la structure globale de la vie humaine et des conditions humaines reste essentiellement la même, ce qui permet à ces personnes d'exprimer une telle incrédulité. il ne dit pas qu'ils voient des conditions extraordinaires, jamais vues auparavant, puis refusent de les reconnaître comme un « signe ». Il compare plutôt leur attitude infidèle à celle qui a provoqué la destruction des personnes dans le déluge. Comme Jésus l'avait dit, les gens de cette époque n'étaient pas prévenus par certaines conditions inhabituelles ; ils vivaient dans ce qui était pour eux un moment de normalité, « manger, boire, se marier et donner en mariage », sans rien pour faire croire à la destruction qui les atteignit rapidement, sans prévenir. (Matthieu 24 :38, 39) Une telle incrédulité et le point de vue railleur qu'elle engendre ont existé à travers les siècles jusqu'à nos jours. Ce n'est pas unique à notre époque.

Il y a donc des raisons de croire que les apôtres et les disciples du Christ Jésus ont appliqué l'expression « les derniers jours » à cette période de l'histoire humaine depuis l'apparition, la mort et la résurrection du Messie jusqu'au jugement final. Ainsi, la lettre aux Hébreux commence par la déclaration suivante :

> **Dans de nombreux et de diverses manières, Dieu a parlé à nos pères par les prophètes ; mais en ces derniers jours [NEB, dernier âge], il nous a parlé par un Fils, qu'il a nommé héritier de toutes choses, par lequel il a créé le monde. – Hébreux 1 : 1, 2, RSV.**

Le long panorama de l'histoire humaine, dès ses débuts, pourrait donc être comparé à un drame en trois actes. Dans un tel drame, le premier et le deuxième acte mènent au finale, et quand le rideau se lève pour le troisième acte, on sait que le drame est entré dans sa dernière partie et que lorsque le rideau tombera, le drame se terminera. D'après les preuves bibliques, le drame de l'histoire humaine est entré dans sa phase finale, son « troisième acte », avec la venue du Messie et sa mort et sa résurrection. Ces événements ultimes ont ouvert la voie et ont marqué le début de l'âge final de ce monde, ses derniers jours.

Le vrai signe et sa signification

Jésus déclara que l'humanité, toute l'humanité, verrait un signe en rapport avec sa venue. Quel est ce signe qui annonce son jugement à venir et la libération ardemment attendue des chrétiens fidèles ? (1 Corinthiens 1 : 7 ; 1 Thessaloniciens 1 :10) C'est évidemment la commotion cosmique décrite dans Matthieu, chapitre vingt-quatre, versets 29 et 30. À l'approche du Fils de l'homme, revêtu de puissance et de gloire divines, la nature tremble et le ciel s'assombrit. Le texte parallèle de Luc a des détails supplémentaires intéressant de noter :

> **Et il y aura des signes [grecs, *Semeia*, le pluriel de *sémet'on*] dans le soleil et la lune et les étoiles, et sur la grande consternation de la terre entre les nations, en perplexités au bruit de la mer et les vagues, les hommes s'évanouiront à cause de la peur et de l'attente des choses qui arrivent sur le monde ; car les pouvoirs des cieux seront ébranlés. Et puis on verra le Fils de l'homme venant sur une nuée avec puissance et une grande gloire.-Luc 21 : 25-27, NASB.**

Quand ces choses commencent à arriver, Jésus a dit : « Votre libération est proche, aux portes. Cette agitation cosmique est donc le signe que les disciples ont demandé. Il est intéressant de noter que Luc mentionne directement les signes du soleil, de la lune et des étoiles, tandis que Matthieu parle de l'obscurcissement de ces corps célestes et ajoute que « alors apparaîtra le signe (*sémeion*) du Fils de l'homme dans le ciel... » Il ressort clairement de cette comparaison que le « signe du Fils de l'homme » est ce bouleversement cosmique, les « signes du soleil et de la lune et des étoiles », le tremblement des « puissances du ciel » accompagné du « rugissement du la mer et les vagues et ainsi de suite.[38]

Comme indiqué précédemment, le langage utilisé ici reflète le langage utilisé dans de nombreuses prophéties de l'Ancien Testament traitant des jugements divins du passé. Il est clair que le langage de ces anciens prophètes était hautement symbolique et qu'ils utilisaient des phénomènes physiques pour décrire des changements catastrophiques dans le monde social et spirituel, tels que le bouleversement des dynasties et la destruction des nations hostiles à Israël. Par exemple, la prophétie d'Ésaïe sur la chute de l'ancienne Babylone comprend la prédiction selon laquelle « les étoiles du ciel et les constellations de celle-ci ne donneront pas leur lumière ; le soleil s'obscurcira dans sa sortie, et la lune ne fera pas briller sa lumière. (Isaïe 13 :10) Les anciens prophètes ont prédit la destruction d'Idumée et d'Égypte en termes similaires. (Isaïe 34 : 4 ; Ézéchiel 32 : 7,8) Le « rugissement de la mer et des vagues » est également une caractéristique commune des textes de l'Ancien Testament concernant les interventions divines dans

---

[38] Que Matthieu 24 :29, 30 contienne la réponse à la question des disciples sur le signe de la venue du Christ est la conclusion de nombreux commentateurs de la Bible. Dr. JC Fenton, par exemple, observe : « alors apparaîtra le signe du Fils de l'homme dans le ciel est un ajout matthéen, et répond à la question en v 3, quel sera le signe de ton avènement.? – *The Gospel of St. Matthew* (Penguin Books).

le monde des hommes. (Isaïe 51 :15 ; Habacuc 3 : 8 ; Haggaï 2 : 6 ; Psaume 77 : 17-19)[39] En considérant les bouleversements cosmiques liés à la venue de Christ, on fait souvent allusion à de tels parallèles – et à juste titre – comme des avertissements à ne pas prendre la description trop littéralement.[40]

D'autre part, il y a aussi le danger de spiritualiser la parousie pour ne signifier que de grands changements dans le monde religieux ou politique. D'autres textes, tels que 2 Pierre chapitre trois, versets 4 à 13, ne sont pas facilement expliqués comme de simples symboles de tels bouleversements.[41] Il ne fait aucun doute que notre siècle a connu de grandes émotions sociales et politiques, y compris deux guerres mondiales. Mais ces choses ont-elles amené les hommes à « s'évanouir de peur et à attendre des choses qui arrivent sur le monde ? (Luc 21 :26) Les auteurs ne nient pas qu'il y a beaucoup de peur dans le monde aujourd'hui. La Société Watch Tower en particulier affirme que cette peur est quelque chose de nouveau et qu'elle remplit de manière unique la prophétie de Jésus.[42] Comme cela a été bien démontré dans ce livre, cependant, il y a eu d'autres périodes dans le passé également caractérisées par une peur largement répandue, comme l'époque de la peste noire au XIVe siècle. En fait, le pasteur Russell, le fondateur de la Société Watch Tower, a estimé que la « peur » prédite était clairement évidente à la fin du XIXe siècle ![43]

Aujourd'hui, il suffit de regarder autour de soi, de ses voisins, des gens

---

39 Cette façon de décrire la nature comme un tremblement à la « vue » des forces divines ou des puissants conquérants est également courante dans la littérature extra-biblique de l'Orient ancien. Les rois assyriens, par exemple, se vantaient que le monde « tremblait » lors de leurs attaques. Shalmaneser III (858-824 av. J.-C.) affirma que « à son assaut puissant au combat, les extrémités du monde sont mal à l'aise, les montagnes frémissent » et Sargon II (721-705 av. les montagnes et la mer se tordent. (Samuel E. Loew-enstamm, « Le tremblement de la nature pendant la théophanie », dans Études comparatives sur la littérature biblique et orientale ancienne, Neukirchen-Vluyn 1980, p. 183)

40 La venue du Christ « sur les nuées » (ou "dans" ou "avec" les nuées, Luc 21 : 27 et Apocalypse 1 : 7) ne dénote pas l'invisibilité, comme soutient la société Watch Tower (La Tour de Garde du 15 décembre 1974), p. 751), mais la présence du pouvoir et de la gloire divins. Dans l'Ancien Testament, seul Dieu lui-même, mis à part le « Fils de l'homme » dans Daniel 7 :13, est décrit comme venant sur ou dans les nuées. (Jér. 19 : 1 ; Ps. 104 : 3) (Voir la discussion de Gustaf Dalmanin, *The Words of Jesus*, Édimbourg 1902, p. 241-243.)

41 L'apôtre Pierre oppose clairement « le ciel et la terre actuels » à ceux qui existaient avant le déluge et qui avait été formé par Dieu les deuxième et troisième jours de création « » (2 Pierre 3 : 5, 7 ; Gen. 1 : 8, 10) Ceux qui datent de la parousie jusqu'en 70 ap. J.-C. concluent même que « les cieux et la terre actuels » mentionnés par Pierre se rapportent à la nation d'Israël qui ont été détruits et dissous en l'an 70. (J.S. Russell, The Parousia, p. 320) Mais Pierre indique clairement que « les cieux et la terre » ont remplacé ceux existant avant le déluge. Il est raisonnable de se demander comment ce monde antique pourrait être remplacé par la nation d'Israël en Palestine seulement ? Il semble évident que le jugement et la destruction décrits par Pierre auront une portée universelle et engloberont toute l'humanité.

42 La Tour de Garde, 15 octobre 1983, pp. 4-7.

43 Réveillez-Vous ! Reprints, pp. 26, 253.

dans la rue, des gens au travail, dans leurs affaires quotidiennes et à loisir, et de demander combien d'entre eux témoignent d'une agitation effrayante ? En fait, malgré les bombes atomiques et les bombes à hydrogène, malgré les spectaculaires activités spatiales et les voyages sur la lune, malgré les bouleversements politiques ou économiques, la grande majorité des gens continuent comme par le passé, préoccupés par leurs préoccupations quotidiennes et leurs plans pour l'avenir.[44] La peur du crime, de la guerre, de la maladie ou de toute autre calamité produit rarement plus qu'un vague sentiment de malaise, et non l'extrême agitation décrite dans la prophétie, et ces craintes sont en général étouffées par les intérêts quotidiens. Et Jésus a prédit que cela ne serait pas différent de cela au moment où, avec la rapidité de l'éclair, le « piège » se referme lorsque le jugement divin arrive, apportant des circonstances véritablement terrifiantes. – Matthieu 24 : 36-39 ; Luc 17 : 26-30 ; 21 : 34—36.

Quelle que soit la peur ressentie dans le passé et le présent, elle sera éclipsée par la panique universelle qui remplira réellement la prophétie. Jésus n'a pas parlé de la peur de ce qui pourrait arriver, mais de ce que les hommes comprennent se produira à cause de la secousse des « pouvoirs du ciel ». (Luc 21 :26) Cela se réfère clairement à l'époque où « le signe du Fils de l'homme » est vu, lorsque, selon le texte parallèle de Matthieu chapitre vingt-quatre, verset 30, « tous les peuples de la terre se frapperont la poitrine [en se lamentant]. (NEB) Cette situation n'est pas présentée comme ayant quelque chose à voir avec les affaires internes de l'humanité, telles que la peur périodique des gens. Il sera plutôt causé par des bouleversements cosmiques d'une telle ampleur que les hommes mourront d'effroi de ce qui arrive sur la terre. (NAB)[45] Quels que soient les phénomènes cosmiques introduisant la parousie, une chose semble claire dans le contexte. En tant que signe indubitable de la parousie, ils se rapporteront certainement à des actes que tout le monde constatera clairement et indéniablement d'origine divine, et donc totalement distincte des expériences humaines anciennes et communes avec la guerre, la famine, la peste et les tremblements de terre.

---

44 Dr. Peter Bourne, président de Global Water, Incorporated, passant en revue un ouvrage sur les maladies dans le passé, note que la menace constante de ces catastrophes incontrôlables et souvent généralisées a créé beaucoup plus de peur que la menace d'une guerre nucléaire. Il dit : « Le livre nous rappelle quelque chose que nous oublions trop facilement, à savoir la menace terrifiante que les maladies épidémiques ont constamment posée aux gens tout au long de l'histoire jusqu'à ces dernières années. En pesant sur tout le monde, indépendamment du niveau social, du revenu ou du pouvoir, était la peur constante d'une mort soudaine et irrationnelle. À notre époque, <u>seule la menace d'une guerre nucléaire se rapproche à peu près de ce que cette crainte devait être</u>. » – A Shift in the Wind, n° 18, mai 1984, p. 8 (un article publié par The Hunger Project, P.O. Box 789, San Francisco, Californie 94101, USA).

Étant de cette nature, les disciples du Christ reconnaîtront les bouleversements cosmiques comme le signe d'un tournant décisif dans l'histoire de l'humanité : la venue du Christ pour mettre fin à jamais au méchant âge actuel avec ses guerres, ses famines, ses pestes et bien d'autres troubles, et amener une nouvelle ère, « l'âge à venir », dont il sera le Seigneur. (Marc 10 :30) Puissions-nous être considérés comme dignes d'atteindre cet âge d'être bénis par son Seigneur avec la vie, la paix, le bonheur et la liberté pour toujours ! (Luc 20 :35) Jusqu'à la venue de cet âge, nous devons vivre chaque jour de notre vie d'une manière qui démontre que nous gardons toujours à l'esprit l'appel urgent avec lequel, selon la version de Marc, Jésus a conclu son discours :

> **Prenez garde, soyez vigilants ; car vous ne savez pas quand l'heure est fixée.**
>
> **C'est comme un homme, en voyage, qui en quittant sa maison et en chargeant ses esclaves, assignant à chacun sa tâche, a également commandé au gardien de rester vigilant.**
>
> **Soyez donc vigilants, car vous ne savez pas quand le maître de maison arrive, que ce soit le soir, à minuit, au chant du coq ou le matin, de peur qu'il ne vienne soudainement et vous trouve endormis.**
>
> **Et ce que je vous dis, je dis à tous « Soyez vigilants ! » – Marc 13 : 33-37, NASB.**

---

45 Sur la terreur provoquée par les signes cosmiques alarmants, voir plus loin Norval Geldenhuys, Commentaire sur l'Évangile de Luc (12e édition, Grand Rapids, Michigan, 1979), pp. 537-540. En utilisant le mot oikouméné, « la terre habitée, le monde », Luc a inclus la terre entière dans le jugement à venir. Parfois, par exemple dans Luc 2 : 1, on utilisait l'oikouméné pour désigner l'empire romain « qui, par abus de langage était couramment utilisé en référence aux empereurs, était égal au monde entier ». (Lexique grec-anglais de Bauer du Nouveau Testament, p. 561) Certains érudits antérieurs, se concentrant sur Luc 2 : 1 et sur Actes 11 :28, 29, soutenaient que l'oikouméné était parfois utilisée uniquement en Palestine. Ce point de vue n'est actuellement pas favorisé par l'érudition moderne. Ainsi, la « grande famine » mentionné dans Actes 11 :28, 29, est maintenant documenté ainsi que d'autres parties de l'empire romain en dehors de la Palestine. (K. S. Gapp, « *The Universal Famine under Claudius* », Harvard Theological Review, Vol. 28, 1935, pp. 258-265). De même, le recensement mentionné dans Luc 2 : 1 n'était pas unique en Palestine, car on sait que des recensements similaires ont été effectués dans de nombreuses autres provinces à l'époque d'Auguste. (Voir la discussion dans I. Howard Marshall, *The Gospel of Luke*, Grand Rapids, Michigan, 1978. pp. 98-104.)

9 ANNEXE A

Correspondance avec des Sismologues

Y a-t-il au moins un sismologue spécialiste de la sismicité historique qui soit d'accord avec les prédicateurs de la fin des temps d'aujourd'hui, et notamment la Société Watch Tower, selon laquelle notre siècle a connu un grand nombre de séismes destructeurs ?

Les auteurs ont écrit à un certain nombre de sismologues réputés du monde entier pour le savoir. Les réponses reçues ont été remarquablement unanimes. En fait, nous n'avons pas trouvé de sismologue qui affirme que le nombre de tremblements de terre a considérablement augmenté au cours de ce siècle.

Plus de cent ans de recherches sur la sismicité historique semblent avoir établi un consensus général parmi les autorités sur le fait que la sismicité de la terre n'est pas très différente de ce qu'elle a toujours été depuis des milliers d'années.

Par manque de place, nous ne pouvons publier qu'une sélection des lettres reçues, mais celles qui ne sont pas publiées transmettent le même message. En général, nous avons expliqué la nature de notre enquête et posé quelques questions. Les éléments suivants sont les plus typiques :

1) Pensez-vous qu'il y a eu une augmentation considérable des tremblements de terre majeurs au cours de ce siècle par rapport aux siècles précédents ?

2) Pensez-vous que l'activité sismique de ce siècle est unique en son genre ?

3) Connaissez-vous un autre sismologue qui croit que notre époque a connu un nombre anormalement élevé de tremblements de terre ?

La première lettre publiée ici par le professeur Båth fait référence à un article de Howard D. Burbank intitulé « Il y aura des tremblements de terre ». Cet article a été publié dans le périodique *Adventist Review* de décembre 1977. Il contenait un graphique destiné à montrer que le nombre de tremblements de terre avait explosé, en particulier en notre vingtième siècle. Nous avons demandé au professeur Båth de commenter les déclarations de Burbank, ce qu'il fait dans sa réponse :

SECTION SISMOLOGIQUE
BOX 12019
S-750 12 UPPSALA
SUÈDE

Uppsala, le 17 juin 1983

M. Carl Olof Jonsson
Box 281
433 25 Partille

Merci pour votre lettre du 6 juin, qui termine l'article ci-joint intitulé « Il y aura des tremblements de terre » de Howard D. Burbank. – Il est très clair que vous avez tout à fait raison dans votre objection à cet article, l'auteur commettant l'erreur catastrophique de ne compter que le <u>nombre</u> de tremblements de terre. Au lieu de cela, il aurait dû essayer de suivre la magnitude de Richter et donc l'énergie libérée. Le résultat aurait été assez différent.

Comme vous l'avez très justement fait remarquer, ce n'est que récemment que nous avons pu disposer d'un meilleur réseau de stations sismographiques et donc d'une meilleure observation. En réalité, les données instrumentales fiables ne remontent qu'à 1900 environ. Cependant, nous pouvons faire une estimation statistique de la période écoulée depuis.

Pour cela, je joins un document – <u>Tectonophysics</u>, 54 (1979) T1-T5 – dans lequel la Fig. 2 montre le dégagement d'énergie et le nombre de tremblements de terre d'une magnitude de 7,0 ou plus. Les 20 premières années (jusqu'à environ 1920) ont eu environ deux fois plus d'énergie libérée par an au cours de la période suivante. Le nombre de tremblements de magnitude 7,0 ou plus ne permet pas non plus d'augmentation sensible vers les années suivantes,

Au cours des siècles précédents, nous n'avons pas les mêmes statistiques fiables, mais rien n'indique une augmentation de l'activité au cours du temps. – sans la moindre hésitation, l'article (de Burbank) doit être rejeté.

Cordialement,

**SEISMOLOGICAL SECTION
BOX 12019
S-750 12 UPPSALA
SWEDEN**

Uppsala, 17th June 1983

Mr. Carl Olof Jonsson
Box 281
433 25 Partille

Hearty thanks for your letter of June 6 and the attached article "There shall be earthquakes" by Howard D. Burbank. — It is very clear that you are completely right in your objections to this article. The author makes the catastrophic mistake of counting only the <u>number</u> of quakes. Instead he should have tried to go by Richter magnitudes and thus by the released energy. The result would then have been quite different.

As you very correctly point out, it is only in recent times that we have got a better network of seismograph stations and thereby a better observation. Actually, reliable instrumental data extend back only to about 1900. But we can make a statistical examination of the period since then.

For this I enclose a paper — <u>Tectonophysics</u>, 54 (1979) T1-T8 — in which Fig. 2 shows energy release and the number of quakes with magnitudes of 7.0 or more. The first 20 years (until about 1920) had about twice as great an energy release per year as the whole period thereafter. The number of quakes with magnitudes of 7.0 or more does not show any marked increase toward later years either.

For earlier centuries we do not have the same reliable statistics, but there are no indications at all of any increase in the activity in the course of time. — Without the slightest hesitation the article (by Burbank) must be rejected.

With kind regards,

Markus Båth

La lettre suivante, assez détaillée, a été reçue de Wilbur A. Rinehart du *World Data Center A* à Boulder, Colorado :

WORLD DATA CENTER A

CENTRES DE BOULDER

Centre national de données géophysiques

Administration nationale océanique et atmosphérique

325 Broadway

Boulder, Colorado 80803 U.S.A.

TELEX : 45897 SOLTERWARN-BDR

Le 8 août 1985

Messieurs Wolfgang Herbst &
Carl O. Jonsson
Box 14037
S-14037
S-400 20 Göteborg, Suède

Chers Messieurs Herbst et Jonsson :

M. Ganse a quitté le centre de données il y a environ trois ans et on m'a demandé de répondre aux questions que vous avez posées dans votre lettre du 7 juillet 1985.

La sismologie instrumentale a commencé vers le début du siècle. Auparavant, les grands et les petits tremblements de terre avaient été rapportés par une population générale, une petite communauté scientifique et les médias. Les grands séismes survenant dans des zones à faible densité de population sont passés inaperçus et ont rarement été catalogués.

Les localisations systématiques des tremblements de terre ont été établies par Herben Hall Turner, en 1913, par l'International Seismological Survey en Angleterre, à l'instar de John Milne, considéré comme le père de la sismologie anglaise. Leurs travaux ont été poursuivis par de nombreux autres, dont Melle Ethel Bellamy et Sir

Harold Jefferys, qui ont continué à publier des résumés annuels et quinquennaux des séismes localisés par ISS depuis 1918. Ils ont utilisé des données instrumentales pour déterminer l'emplacement de ces séismes. À l'époque, il y avait moins de deux cents observatoires sismologiques dans le monde et les instruments présentaient tous un gain faible, de l'ordre de 100 à 200. Même avec cette contribution majeure à la sismologie d'observation, les instruments étaient trop insensibles pour tremblements de terre importants dans des régions reculées du monde.

La sismologie n'a véritablement connu de percée décisive qu'au début des années 1960, lorsque le *Coast and Geodetic Survey* des États-Unis a installé un réseau de 111 ensembles d'instruments exactement identiques dans le monde « libre », principalement dans le but de détecter l'explosion souterraine de bombes nucléaires. La réponse de tous ces instruments était la même ; leur gain variait en fonction du bruit de fond sur le site. À cette époque, le seuil de détection de tous les séismes importants et significatifs était atteint et probablement tous étaient détectés dans le monde.

L'utilisation abusive des statistiques que vous citez dans votre lettre est commune à quiconque souhaite prouver un point. On sait que l'occurrence de tremblements de terre n'est pas uniforme dans le temps, mais personne ne sait avec certitude quelle est la distribution temporelle. Notre période statistique pour les grands séismes est tout simplement trop courte pour connaître les taux de récurrence ou suggérer qu'une période donnée entraîne plus de chocs qu'une autre période. En regardant une zone spécifique, il semble y avoir des groupes de grands tremblements de terre dans le temps et aucune autre dans la zone n'apparaît dans l'enregistrement. Un exemple parfait est le groupe de 1811-1812 de tremblements de terre de magnitude 8+ ou plus dans la région de New Madrid au centre des États-Unis. Même notre fameuse faille de San Andreas est verrouillée depuis 1906, mais il y a eu des chocs plus importants en 1838, 1857 et 1866.

En réponse à vos questions, je ne serais pas d'accord avec l'utilisation des nombres de séismes mentionnés dans le « Catalogue des tremblements de terre importants de 2000 av. J.-C. à 1979 » pour prouver tout taux d'occurrence ou de réapparition de séismes. Les auteurs conviendraient sûrement que la complétude des catalogues varie avec le temps, étant plus pauvre les années précédant la sismologie instrumentale. Je ne connais aucun sismologue ou statisticien compétent qui utiliserait le chiffre cité de la manière dont la Société Watchtower les utilisait. Je suis certainement d'accord avec les professeurs Båth et Richter pour dire qu'il n'ya pas eu d'augmentation significative du nombre de tremblements de terre au cours de ce siècle ou de tout autre siècle. Et je conclurais avec la célèbre citation de Mark Twain :

« Il existe trois types de mensonges : les mensonges, les maudits mensonges et les statistiques. »

Cordialement,
Wilbur A. Rinehart Sismologue

WORLD DATA CENTER A
BOULDER CENTERS

National Geophysical Data Center
National Oceanic and Atmospheric Administration
325 Broadway
Boulder, Colorado 80303 U.S.A.
TELEX: 45897 SOLTERWARN—BDR

August 8, 1985

Drs. Wolfgang Herbst &
   Carl O. Jonsson
Box 14037
S-14037
S-400 20 Goteborg, Sweden

Dear Drs. Herbst and Jonsson:

   Dr. Ganse left the Data Center about three years ago and I have been asked to respond to the questions you posed in your letter of July 7, 1985.

   Instrumental seismology began around the turn of the century. Prior to that, the reporting of both large and small earthquakes fell on a general populace, a small scientific community and the media. Large earthquakes occurring in sparsely populated areas went unnoticed and were seldom cataloged.

   Systematic locations of earthquakes began by the International Seismological Survey in England in 1913 by Herbert Hall Turner, following the lead set by John Milne who was regarded as the father of English seismology. Their work was continued by many others, including Miss Ethel Bellamy, and Sir Harold Jefferys who continued publishing annual and five year summaries of earthquakes located by ISS since 1918. They used instrumental data to determine the locations of these earthquakes. At the time, there were less than two hundred seismological observatories in the world and the instruments were all of low gain, in the order of 100 to 200. Even with this major contribution to observational seismology, the instruments were too insensitive to determine even some large earthquakes in remote areas of the world.

   Seismology did not really receive an instrumental break-through until the early 1960's when the United States Coast and Geodetic Survey installed a network of 111 exact duplicate sets of instruments throughout the 'free' world, primarily for the purpose of detecting the detonation of underground nuclear bombs. The response of all these instruments were the same; their gain varied depending on the ground noise at the site. At that time, the threshold for detecting all large and significant earthquakes was achieved and probably none go undetected in the world.

The misuse of the statistics which you quote in your letter is common for anyone wishing to prove a point. The occurrence of earthquakes is known not to be uniform in time, but no one knows for sure what is the temporal distribution. Our statistical time period for large earthquakes is just too small to know reoccurrence rates or to suggest that for any one time period, there are more shocks than in another time period. Looking at specific areas, there seems to be clusters of large earthquakes in time and then no others in the area appear in the record. A perfect example of this is the 1811-1812 group of possibly magnitude 8+ earthquakes in the New Madrid area in central United States. Even our famous San Andreas fault has been locked since 1906, yet there were large shocks in 1838, 1857, and 1866.

In answer to your questions, I would not agree with the use of the numbers of earthquakes as reported in the 'Catalog of Significant Earthquakes 2000 BC - 1979' to prove any occurrence or reoccurrence rates of earthquakes. The authors would surely agree that the catalogs completeness varies with time, being poorer in the years before instrumental seismology. I know of no competent seismologists or statisticians who would use the numbers quoted in the way the Watchtower Society used them. I certainly would agree with both Professors Båth and Richter in their assessment that there has been no significant increase in the numbers of earthquakes during this or any other century. And I would conclude with Mark Twain's famous quote:

"There are three kinds of lies - lies, damned lies, and statistics."

Sincerely yours,

Wilbur A. Rinehart
Seismologist

Depuis la Société Watch Tower, dans sa publication La Tour de Garde du 15 mai 1983, page 6, expressément fait appel à l'avis du professeur Keiiti Aki du Département des sciences géologiques à l'Université de Californie du Sud, la correspondance suivante est doublement importante. Après avoir reçu une lettre du professeur Aki, nous avons reçu une aimable lettre datée du 22 septembre 1985 adressée à la Société Watch Tower pour lui demander une copie de la déclaration complète d'Aki. Sans surprise, ils n'étaient pas disposés à fournir une telle copie. Nous sommes donc obligés de conclure qu'ils ne souhaitent pas que les autres connaissent le contenu précis de la déclaration à laquelle ils se sont référés dans leur magazine.

Néanmoins, nous présentons ici une copie de la lettre du professeur Aki à la Société Watch Tower, aimablement transmise par le professeur Aki lui-même. Cette lettre est suivie d'une autre correspondance entre le professeur Aki et les auteurs du présent ouvrage. (Pour plus de détails sur la manière dont l'opinion du professeur Aki a été déformée dans des publications de la Societé Watch Tower, voir le chapitre 3, 37)

30 septembre 1982

Société Watchtower
25 Columbia Heights
Brooklyn, NY 11201

Cher Monsieur :

Cette lettre fait suite à votre demande concernant les tremblements de terre [EC : ESH du 24 septembre 1982]. L'intensification apparente de l'intensité et de la fréquence des séismes majeurs au cours des cent dernières années est probablement due à l'amélioration de l'enregistrement des séismes et à la vulnérabilité accrue de la société humaine aux dégâts causés par les séismes. La raison principale est la tectonique des plaques bien établie, qui indique une notion de faille très constante au cours des derniers millions d'années.

L'échelle de Richter est une mesure de la force sismique plus objective que le sinistre. En général, il est difficile d'attribuer l'échelle de Richter aux tremblements de terre il y a plus de 100 ans. Une tentative a toutefois été faite en Chine, où les archives historiques sont mieux conservées que dans d'autres régions. La figure ci-jointe montre l'échelle de Richter (M) des tremblements de terre en Chine pendant une période d'environ 2000 ans. Les 100 dernières années sont certes actives, mais il y a eu des périodes aussi actives, par exemple de 1500 à 1700.

Cordialement,

Keiiti, Aki

54-526

30 September 1982

Watchtower Society
25 Columbia Heights
Brooklyn, NY 11201

Dear Sir:

This is in response to your inquiry about earthquakes [EC:ESH September 24, 1982]. The apparent surge in intensity and frequency of major earthquakes during the last one hundred years is, in all probability, due to the improved recording of earthquakes and the increased vulnerability of human society to earthquake damage. The main reason is the well established plate tectonics which indicates a very steady fault motion over the past many millions of years.

A measure of earthquake strength more objective than casualty is the Richter scale. It is in general difficult to assign the Richter scale to earthquakes more than 100 years ago. An attempt, however, has been made in China, where historical records are kept in better shape than in other regions. Enclosed figure shows the Richter scale (M) of earthquakes in China during the period of about 2000 years. The past 100 years are certainly active, but there have been periods as active as that, for example, from 1500 to 1700.

Sincerely yours,

Keiiti Aki

KA:jnb
encl.

L'utilisation par la Société Watchtower d'une partie choisie de la lettre ci-dessus dans son magazine La Tour de Garde a donné lieu à un échange de correspondance entre les auteurs de ce travail actuel et le professeur Aki. Nous présentons ici cette correspondance suivante :

DÉPARTEMENT DES SCIENCES GÉOLOGIQUES

TÉLÉPHONE (213) 743-2717
5 septembre 1985

MM. W. Herbst & C. O. Jonsson
Box 14037
S-400 20 Göteborg
SUÈDE

Chers Messieurs Herbst et Jonsson,

Merci pour votre demande concernant ma déclaration des Témoins de Jéhovah. Je suis convaincu que l'activité est stationnaire depuis des milliers d'années. J'essayais de convaincre les Témoins de Jéhovah de la stationnarité de la sismicité en utilisant les données obtenues en Chine pour la période allant de 1500 à 1700, mais ils ne mettent que faiblement l'accent sur la déclaration publiée. Le professeur Kerry Sieh de Caltech, pour la faille de San Andrea, a obtenu d'excellentes preuves géologiques de la stationnarité.

Cordialement,
Keiiti Aki

19 avril 1986

Chers Messieurs,

Merci beaucoup pour votre précieuse lettre du 5 septembre, en réponse à notre demande d'information concernant la déclaration sur la fréquence des tremblements de terre majeurs, citée par la Société Watchtower.
Nous voulions savoir dans quelle mesure la Société Watchtower avait

déformé votre opinion professionnelle. C'est pourquoi moi, Wolfgang Herbst, j'ai écrit au siège de la Watchtower à Brooklyn pour demander une photocopie de votre déclaration complète.

Étrangement, au lieu de nous envoyer les informations souhaitées, ils les ont envoyées à leur succursale en Suède, qui les a transmises à leur tour à un ancien témoin de Göteborg, Börje Silfverberg. Ce représentant local m'a écrit et voulait me rencontrer dans l'une de leurs salles du Royaume, où l'on me montrerait les informations que j'avais demandées. Comme cela était possible à l'époque, j'ai suggéré qu'il envoie simplement une copie de leur correspondance avec vous, soulignant que « lorsque j'ai écrit au professeur Aki, il ne proposait pas de réunion gênante », mais envoyait rapidement les informations que je lui demandais.

Cependant, M. Silfverberg, agissant en consultation avec le bureau de la Watchtower, n'envoyait toujours pas les informations. Il a écrit que, puisque j'avais des informations de votre part, il n'était plus nécessaire de « montrer la correspondance en question » et qu'il les renvoyait donc à la succursale.

Naturellement, nous considérons cet étrange mode de procédure comme indiquant qu'ils se rendent compte qu'ils ont mal utilisé votre déclaration et qu'ils tentent maintenant de dissimuler toute la question. La Watchtower Society affirme, même dans ses dernières publications, que la fréquence des tremblements de terre graves a été multipliée par vingt depuis 1914 !

Alors que nous essayons de présenter les faits réels dans notre prochain livre sur les calamités de l'histoire humaine, nous aimerions savoir si vous possédez toujours des copies de la correspondance que vous avez eue avec la Société Watchtower et si nous pourrions obtenir des photocopies de votre part ? Comme vous le savez peut-être, la Société Watchtower ne veut pas apporter son aide. Entre autres choses, nous voudrions savoir ce que vous vouliez dire lorsque vous leur avez écrit à propos de « la montée apparente de l'intensité et de la fréquence des principaux tremblements de terre au cours des cent dernières années » – si vous avez écrit quelque chose du genre. Si vous l'avez fait, avez-vous utilisé le mot "apparent" dans le sens de "sembler" (pas réel) ; ou au sens de « évident, palpable », comme l'indique la Société Watchtower, et encore plus sans ambiguïté dans les traductions dans ses autres langues. La Watchtower suédoise, par exemple, utilise un mot signifiant « perceptible ».

Nous avons déjà des déclarations de vos collègues, des médecins Bath,

Ambraseys, Person, Kanamori et d'autres, qui concordent avec ce que vous nous avez déjà écrit. Mais l'utilisation abusive de vos déclarations par la Watchtower Society donne à votre opinion une signification particulière. Si vous pouvez nous aider une fois de plus, nous serons heureux de vous envoyer une copie de notre livre lors de sa publication à Atlanta, en Géorgie, plus tard cette année.

Sincèrement votre,

Wolfgang Herbst

Carl Olof Jonsson

DÉPARTEMENT DES SCIENCES GÉOLOGIQUES

TÉLÉPHONE (213) 743-2717
16 juin 1986
Wolfgang. Herbst
Carl Olof Jonsson
Box 14037
S-400 20 Göteborg
SUÈDE

Chers Messieurs :

Vous trouverez ci-joint une copie de ma lettre à la Société Watchtower. Bien que le premier paragraphe soit quelque peu incomplet (la principale raison pour laquelle j'estime que l'activité sismique est constante est abrégée en « La raison principale »), il est clair qu'ils ont cité la partie qu'ils voulaient, éliminant ainsi mon message principal.

Cordialement,

Keiiti Aki

DEPARTMENT OF GEOLOGICAL SCIENCES
TELEPHONE: (213) 743-2717

5 September 1985

Messrs. W. Herbst & C. O. Jonsson
Box 14037
S-400 20 Goteborg
SWEDEN

Dear Messrs. Herbst and Jonsson:

Thank you for your inquiry re my statement in Jehovah's Witnesses. I feel strongly that the seismicity has been stationary for thousands of years. I was trying to convince Jehovah's Witnesses about the stationarity of seismicity using the data obtained in China for the period 1500 through 1700, but they put only weak emphasis in the published statement. Excellent geological evidence for the stationarity has been obtained by Prof. Kerry Sieh of Caltech, for the San Andreas fault.

Sincerely yours,

Keiiti Aki

:jl

Professor Keiiti Aki
Department of Geological Sciences
University of Southern California
University Park
LOS ANGELES
California 90089-0741
U.S.A.

Wolfgang Herbst and
Carl Olof Jonsson
Box 14037
S-400 20 Göteborg
Sweden

April 19, 1986

Dear Sir,

Many thanks for your valuable letter of September 5, in answer to our inquiry about the statement on the frequency of major earthquakes as quoted by the Watchtower Society.

We wanted to find out to what extent the Watchtower Society had misrepresented your professional opinion, so I, Wolfgang Herbst, wrote to the Watchtower headquarters in Brooklyn asking for a photocopy of your full statement to them.

Strangely, instead of sending the desired information to us they sent it to their branch office in Sweden, which in turn sent it to a local Witness elder in Göteborg named Börje Silfverberg. This local representative wrote to me and wanted to meet with me in one of their Kingdom Halls, where I would be shown the information I had asked for. As this was not possible at the time I suggested that he just send a copy of their correspondence with you, pointing out that "when I wrote to Professor Aki he did not propose an inconvenient meeting" but "promptly sent the information I asked him for."

However, Mr Silfverberg, acting in consultation with the Watchtower office, still would not send the information. Twisting matters he wrote that since I had information from you there was no longer any need "to show the correspondence in question" and that he therefore was sending the information back to the branch office.

Naturally we take this strange mode of procedure on their part as indicating that they realize they have misused your statement and that they now are trying to conceal the whole matter. The Watchtower Society claims, even in its latest publications, that the frequency of severe earthquakes has increased twentyfold since 1914!

As we attempt to present the true facts on the matter in our coming book on calamities in human history, we would like to know if you still possess copies of the correspondence you had with the Watchtower Society and if it would be possible for us to get xerox copies of it from you? As you may appreciate the Watchtower Society does not want to give any help. Among other things we would like to determine what you meant when you wrote to them about "the apparent surge in intensity and frequency of major earthquakes during the last one hundred years" – if you wrote anything like that at all. If you did, did you use the word "apparent" in the sense of "seeming" (not real), or in the sense of "evident, palpable", as the Watchtower Society indicates, and even more unambiguously in translations into other languages. The Swedish Watchtower, for instance, uses a word meaning "noticeable".

We already have statements from your colleagues, doctors Båth, Ambraseys, Person, Kanamori and others concurring with what you already have written to us. But the Watchtower Society's misuse of your statements to them makes your opinion significant in a special way. If you can help us once more we will be happy to send you a copy of our book when published in Atlanta, Georgia, later this year.

Yours sincerely,
Wolfgang Herbst
Carl Olof Jonsson

DEPARTMENT OF GEOLOGICAL SCIENCES
TELEPHONE: (213) 743-2717

16 June 1986

Wolgang Herbst
Carl Olof Jonason
Box 14037
S-40020 Goteborn
SWEDEN

Dear Sirs:

Enclosed please find a copy of my letter to Watchtower Society. Although the first paragraph is somewhat incomplete (the main reason why I believe that the earthquake activity is constant is shortened to "The main reason"), it is clear that they quoted the part they wanted, eliminating my main message.

Sincerely yours,

Keiiti Aki

Étant donné que la région méditerranéenne est l'une des principales régions sismiques du monde, la lettre suivante du professeur N. N. Ambraseys, du Collège impérial des sciences et de la technologie de Londres, en Angleterre, discutant sur la sismicité dans cette région, présente un intérêt particulier :

COLLÈGE IMPÉRIAL DE SCIENCE ET DE TECHNOLOGIE

9 août 1985

Chers Messieurs Herbst et Jonsson,

Merci pour votre lettre du 5 août. Ma réponse générale à vos questions est que la plupart des réponses se trouvent en détail dans mon livre avec C. Melville ; intitulé « Une histoire des tremblements de terre persans », Cambridge University Press, 1982.

Très certainement, l'activité sismique de la Méditerranée n'a pas augmenté au cours de ce siècle. Bien au contraire, en Méditerranée orientale, l'activité de ce siècle a été anormalement faible comparée à celle des 10e, 12e et 18e siècles. Je ne pense pas que nous ayons manqué aucun événement important dans cette région au cours des 24 derniers siècles.

Je joins quelques publications susceptibles de vous aider à préparer votre livre.

Cordialement

N. N. Ambraseys

IMPERIAL COLLEGE OF SCIENCE AND TECHNOLOGY

N.N. Ambraseys
DSc(Eng) FGS FRGS FICE
Professor of Engineering Seismology

Department of Civil Engineering
Imperial College Road
London SW7 2BU
Telephone 01-589 5111 Ext.4718
Telex 261503

9th August 1985

Dear Messrs Herbst and Jonsson,

Thank you for your letter of 5th August. My general response to your queries is that much of the answers are to be found in some detail in my book with C. Melville, entitled "A history of Persian earthquakes", Cambridge University Press, 1982.

Most certainly, there has been no increase in the seismic activity of the Mediterranean during this century. Quite the contrary, in the Eastern Mediterranean the activity of this century has been abnormally low when compared with that of the 10th-12th and 18th centuries. I do not think that we have missed out any large event in that region during the last 24 centuries.

I enclose some publications that you may find of some help in the preparation of your book.

Yours sincerely

N. N. Ambraseys

cve/NNA

Dans son numéro du 8 juin 1984, page 29, sous le titre *Séismes « significatifs » en hausse*, le magazine Réveillez-vous ! de la Societé Watch Tower se réfère au géophysicien Waverly Person du United States Geological Survey. Voici la réponse à notre enquête du Dr. Person, responsable du service national d'information sur les tremblements de terre à Denver, dans le Colorado :

Département de l'intérieur des États-Unis
COMMISSION GÉOLOGIQUE
BOX 25046 M.S. 967
CENTRE FÉDÉRAL DE DENVER
DENVER, COLORADO 80225

Centre mondial d'information sur les tremblements de terre, de séismologie et de géomagnétisme

8 octobre 1985

Dr. Carl Olof Jonsson

Box 14037

S-400 20

Göteborg, Suède

Cher Dr. Jonsson,

Votre lettre au Dr Frank Press, concernant une augmentation significative des grands tremblements de terre au cours de ce siècle, m'a été adressée pour réponse.

Je ne suis pas sûr de votre classification des grands tremblements de terre, mais pour nous, les plus importants sont ceux qui ont une magnitude de 8,0 ou plus.

Nos enregistrements ne montrent aucune augmentation significative des grands tremblements de terre. Vous trouverez ci-joint une liste de tous les tremblements de terre de magnitude 8,0 ou supérieure enregistrés.

Si nous pouvons vous être utile, veuillez nous contacter à nouveau.

Cordialement,

Waverly J. Person

Chef du Service national d'information sismique

lettre ci-incluse

United States Department of the Interior

GEOLOGICAL SURVEY
BOX 25046 M.S. 967
DENVER FEDERAL CENTER
DENVER, COLORADO 80225
Branch of Global Seismology & Geomagnetism
National Earthquake Information Center

October 8, 1985

Dr. Carl Olof Jonsson
Box 14037
S-400 20
Goteborg, Sweden

Dear Dr. Jonsson:

Your letter to Dr. Frank Press, concerning a significant increase in great earthquakes during this century has been referred to me for an answer.

I am not sure of your classification of great earthquakes, but to us great earthquakes are ones having magnitudes of 8.0 or greater.

Our records do not show any significant increase in great earthquakes. Enclosed is a list of all magnitude 8.0 or greater earthquakes we have on file.

If we may be of further service to you, please contact us again.

Sincerely yours,

Waverly J. Person
Chief, National Earthquake
Information Service

Enclosures

En même temps que sa lettre, le Dr Person envoyait une liste complète des « grands tremblements de terre, « c'est-à-dire « tous les tremblements de terre de magnitude 8,0 ou plus », figurant dans son dossier. Cette liste couvre tous les « grands tremblements de terre » à partir de 1897, ainsi que sept séismes dispersés antérieurs à cette date.¹ En fait, la liste indique un nombre de plus en plus important de grands tremblements de terre au cours de ce siècle, le nombre le plus élevé étant proportionnellement plus important au cours de la période antérieure à 1914. Cela correspond aux conclusions d'autres sismologues de premier plan, comme le montre notre chapitre sur les séismes.²

La liste fournie par le Dr Person est résumée ci-dessous par intervalles de 17 ans :

Période de 17 ans	Nombre de grands tremblements de terre	Moyenne annuelle
1897-1913	49	2,9
1914-1930	28	1,6
1931-1947	28	1,6
1948-1964	14	0,8
1965-1981	10	0,6

De 1982 à 1985 inclus, il n'y eut qu'un seul « grand » séisme, celui du 19 septembre 1985 à Mexico. Naturellement, cette diminution progressive du nombre de grands séismes au cours de ce siècle représente tout simplement une variation normale à long terme.. La tendance peut donc rapidement basculer à tout moment vers une tendance opposée, conformément au caractère cyclique des tremblements.

Parce que la publication de l'Église mondiale de Dieu, *La bonne nouvelle du monde de demain*, a déclaré de façon surprenante que de

---

1 Le choix de 1897 comme point de départ n'est pas accidentel. C'est dans les années 1890 que des sismographes capables d'enregistrer des tremblements de terre lointains ont été utilisés. Ainsi, un enregistrement assez complet des grands tremblements de terre de toutes les parties de la terre n'est disponible qu'à partir de 1897.

2 Le sismologue Seweryn J. Duda, dans son étude approfondie de la période 1897-1964, conclut : « Ainsi, le dégagement annuel d'énergie sismique dans le monde indique clairement une diminution de l'intervalle 1897-1964... Le dégagement d'énergie sismique par an a considérablement diminué au cours des 68 années écoulées depuis 1897, tant dans les régions circum-pacifiques que non pacifiques. »(*Tectonophysics*, Vol. 2, 1965, p. 424) Parmi ces 68 années, celles de 1905-1907 ont connu le plus grand nombre de tremblements de terre. Le géologue Haroun Tazieff 'explique : « La période 1905-1907 a été la plus perturbée des temps modernes, une période marquée par onze chocs de magnitude 8 ou plus ; et au cours de la seule année 1906, le monde subit ces tremblements de terre successifs : Honshu, Japon, magnitude 8... ; frontière de la Colombie et de l'Équateur, magnitude 8,6 ; San Francisco, 8,2 ; Aléoutiennes, 8 ; Valparaiso au Chili, 8,4 ; Nouvelle Guinée, 8,1 ; Sinkiang, Chine, magnitude 8. Selon Gutenberg et Richter, l'énergie libérée par les tremblements de terre de 1906 était bien supérieure à la moyenne du XXe siècle, basée sur les années 1904-1952. »(*When the Earth Trembles*, Londres 1964, p. 134)

1901 à 1944 « seuls trois tremblements de terre avaient une magnitude supérieure ou égale à 7 », une lettre a été écrite au Dr Seweryn J. Duda, professeur de géophysique à l'université de Hambourg lui demandant ses commentaires. La réponse du professeur Duda est présentée ici :

UNIVERSITÉ DE HAMBOURG
INSTITUT DE GÉOPHYSIQUE

M. Wolfgang Herbst
Carl Olof Jonnson
Box 14037
s-400 20 Göteborg Suède

7 juillet 1986

Cher M. Wolfgang Herbst,
cher M. Carl Olof Jonsson,

Ceci fait référence à la lettre de M. Wolfgang Herbst du 7 juin 1986. Vous pouvez répondre à vos questions comme suit :

1) Entre 1901 et 1944, environ 1 000 (un millier) séismes de magnitude 7 ou plus ont eu lieu dans le monde entier.

2) Il n'est pas justifié d'affirmer que les grands séismes ont considérablement augmenté du milieu des années 50 à nos jours. Il semblerait que l'activité sismique mondiale – si elle est exprimée en séismes de magnitude 7 ou plus – a régulièrement diminué depuis le début du 20e siècle jusqu'à maintenant. Il serait toutefois spéculatif d'extrapoler ce schéma de quelque manière que ce soit dans l'avenir.

3) Rien n'indique que le XXe siècle soit radicalement différent des siècles précédents en ce qui concerne l'activité sismique globale.

Ce qui diffère cependant, c'est la densité de population plus élevée (dans les zones sujettes aux tremblements de terre) et, partant, le risque de perte de vies humaines en cas de tremblement de terre, compensé toutefois en général par un meilleur niveau de construction des habitations. En outre, la meilleure communication augmente la conscience des calamités encourus en cas de catastrophe naturelle.

En vous remerciant d'avoir demandé mon avis sur les problèmes ci-dessus.

Cordialement.

Seweryn J. Duda
Professeur de géophysique

UNIVERSITAT HAMBURG

INSTITUT FÜR GEOPHYSIK

Mr. Wolfgang Herbst
Carl Olof Jonsson
Box 14037
S-400 20 Göteborg
Sweden

SJD/ro   7 July 1986

Dear Mr. Wolfgang Herbst,
dear Mr. Carl Olof Jonsson,

this is with reference to the letter of Mr. Wolfgang Herbst dated 7 June 1986. Your questions can be answered as follows:

ad 1) In the time 1901-1944 about 1000 (one thousand) earthquakes with magnitude 7 or over have taken place worldwide.

ad 2) It is not justified to claim that large earthquakes have increased dramatically from the mid-fifties to the present. There are indications that worldwide seismic activity - if expressed in terms of earthquakes with magnitude 7 or over - has decreased steadily in the time from the beginning of the 20-th century until now. It would be however speculative to extrapolate the pattern in any way into the future.

ad 3) There are no indications that the twentieth century is radically different from earlier centuries, as far as the global seismic activity is concerned.

What is different though is the higher density of population (in earthquake-prone areas, and thus the higher potential loss of human life in case of an earthquake, compensated however in general by a better standard of house-construction. Also, the better communication increases the awarness of the calamities incurred in case of a natural desaster.

Thanking you for having asked my opinion on the above problems, I am

Sincerely yours,

Seweryn J. Duda
Professor of Geophysics

Toutes ces lettres d'autorités réputées en matière de tremblement de terre contrastent donc avec les affirmations extrêmes, souvent irresponsables, de nos jours par divers commentateurs.

10 ANNEXE B

"Venue" ou "Présence" – Que révèlent les faits ?

DANS LA question posée en Matthieu, chapitre 24, verset 3 : « Quel sera le signe de ta venue », le mot « venue » traduit le mot grec « *parousia* », « *parousia* signifiant avant tout « présence », mais il est bien établi aujourd'hui qu'au temps de Jésus, il était également utilisé dans un sens différent. Malgré cela, la Société Watch Tower insiste sur la « présence » en tant que seule signification biblique correcte du terme. En cela, ils y ont clairement un « intérêt ».

Leur affirmation que la parousie du Christ a commencé en 1914 et que, depuis cette année, nous en avons vu le signe dans les événements mondiaux implique que les disciples de Jésus auraient demandé un signe indiquant que le Christ était venu de façon invisible, et non d'un signe qui précéderait le sien, indiquant ainsi son imminence. En conséquence, la traduction du monde nouveau des Saintes Écritures de la Société traduit la question de Matthieu chapitre 24, verset 3, ainsi :

> **Dis-nous, quand ces choses auront-elles lieu et quel sera le signe de ta présence et de la conclusion du système de choses ?**

L'idée sous-jacente à cette traduction est que la seconde venue du Christ se compose de deux étapes, la première étant une présence invisible jusqu'à la seconde étape, celle de la révélation finale de cette présence au monde lors de la bataille d'Armageddon. Cette idée ne provient pas de la Société Watch Tower. Cela remonte aux années 1820, quand elle fut suggérée pour la première fois par le banquier et commentateur biblique londonien Henry Drummond, qui devint plus tard l'un des fondateurs de l'Église Apostolique Catholique d'Edward Irving. La théorie de la « présence visible » ou « à deux étapes », mieux connue aujourd'hui sous le nom de théorie de « l'enlèvement secret », a rapidement été reprise par d'autres auteurs des prophéties. Elle a été adoptée non seulement par les irvingiens, mais également par les disciples de John Nelson Darby, les frères de Plymouth, par l'intermédiaire desquels elle s'est largement répandu en Angleterre, aux États-Unis et dans d'autres pays. Elle est devenue très populaire, en particulier parmi les millénaristes, des chrétiens qui croient en un millénaire littéral et futur sur terre.¹

Pour de nombreux défenseurs du concept d'une « venue en deux étapes », le mot grec « *parousia* » est devenu un point crucial de la discussion. Il était communément admis que ce mot faisait référence à la première étape de la venue du Christ, sa présence invisible « dans les cieux ». Les mots grecs « *epiphania* », « apparition », et *apokalypsis*, « révélation », par contre, étaient généralement réputés s'appliquer à la deuxième étape de la venue, l'intervention du Christ dans les événements mondiaux de la bataille d'Armageddon. Changer la traduction de *parousia* de « venue » en « présence » modifie radicalement le sens, non seulement de la question des disciples, mais également de la réponse de Jésus. Ceci est illustré par les arguments avancés en 1866 par le révérend Robert Govett, le plus important champion britannique de l'idée d'enlèvement secret au siècle dernier :

> **Si nous disons : 'Qu'est-ce que le signe ou Ta *venue*?' (Matt, xxivv. 3) alors... nous recherchons un signe ou le futur déplacement du Sauveur depuis le plus haut des cieux. Si nous disons : 'Qu'est-ce que le signe ou Ta *présence*?' nous cherchons une preuve ou *l'existence secrète de Jésus dans les cieux*, après que son mouvement vers la terre se soit temporairement interrompu.**

Les disciples se demandent : « Quel sera le signe ou ta présence ? » (verset 3). Cela nous assure donc qu'ils imaginaient que Jésus serait présent en secret. Nous n'avons besoin d'aucun signe de ce qui est ouvertement exposé.²

Ces arguments de 1866 ont été repris par de nombreux autres commentateurs, dont Charles Taze Russell. En 1876, sous l'influence de l'adventiste Nelson H. Barbour et de ses associés, Russell avait adopté la « présence » comme seule signification acceptable de la parousie pour expliquer comment le Christ aurait pu venir en 1874 (comme l'avait prédit Barbour) sans être remarqué par quiconque. L'adoption de ce point de vue résultait donc de l'échec de leur prédiction concernant 1874. Cette explication a été retenue par les partisans de Russell jusqu'au début des années 1930, lorsqu'il fut soudainement "découvert" que la « présence invisible » du Christ avait commencé en

---

1 Pour une étude détaillée de l'origine et du développement de l'idée de « présence invisible » et de son adoption par Russell et ses disciples, voir C. O. Jonsson, « *The Theory of Christ's Parousia As An 'Invisible Presence'*," *The Bible Examiner*, vol. 2, n° 9, 1982 et vol. 3, n° 1, 1983, case 81, Lethbridge, Alberta, Canada TIJ-3Y3.

2 Le journal millénariste britannique *The Rainbow*, juin 1866, p. 265 et juillet 1866, p. 302. The *Rainbow*, plus que tout autre journal millénariste en Angleterre, a laissé la place aux auteurs de l'idée de l'enlèvement secret et Goven a publié de nombreux articles. Le travail principal de Govett sur le sujet était son ouvrage de 357 pages, *The Saints' Rapture to the Presence of the Lord Jesus*, publié en 1852. Toute la discussion au long du livre repose sur le fait que Govett a changé le mot "venue" par "présence"!

1914 au lieu de 1874 !

Cependant, une telle insistance sur la « présence » en tant que seule signification biblique correcte de la parousie semble trouver très peu de soutien parmi les traducteurs de la Bible. En fait, presque tous les traducteurs de la Bible préfèrent les interprétations « venue », « avènement », « arrivée » ou des termes similaires, au lieu de « présence ». William J. Chamberlin de Clawson, chercheur et témoin biblique du Michigan aux États-Unis, a soigneusement vérifié la manière dont *parousia* est rendue dans Matthieu chapitre vingt-quatre, versets 3, 27, 37 et 39, dans des centaines de traductions de la Bible différentes allant du Nouveau Testament de William Tyndale de 1534 aux traductions publiées depuis 1980, et il a préparé des listes exhaustives de rendus de 137 traductions de cette période, qui ont donné des résultats très intéressants.

"Parousia" dans les traductions de la Bible

Avant le milieu du XIXᵉ siècle, apparemment, peu de traducteurs de la Bible étaient enclins à rendre la parousie par « présence ». Parmi les traductions anglaises du Nouveau Testament de Tyndale au XVIᵉ siècle à Robert Young en 1862, Chamberlin ne trouva qu'un seul traducteur, Wakefield, qui dans son Nouveau Testament (1795) utilisa « présence » comme traduction de *parousia* au chapitre 24 de Matthieu, verset 39. Mais Wakefield préféra quand même le rendre par « venue » aux versets 3, 27 et 37 du même chapitre. En outre, Daniel Scott, dans sa traduction de Matthieu publiée en 1741 (Nouvelle version de l'Évangile de saint Matthieu), utilise « présence » dans les notes, tout en conservant le terme « venue » dans le texte en cours.

Le premier traducteur au XIXᵉ siècle à traduire *parousia* par « présence » dans Matthieu chapitre vingt-quatre fut probablement le Dr. Robert Young dans sa *Literal Translation of the Holy Bible* (1862), la raison étant, comme son titre l'indique, qu'il tenta présenter les significations strictement littérales des mots grecs au lieu des significations de l'idiome moderne. Deux ans plus tard, Benjamin Wilson, l'un des premiers dirigeants d'un petit groupe religieux connu aujourd'hui sous le nom de *Church of God General Conference*, publia son livre intitulé *The Emphatic Diaglott* (1864), qui rend également parousia par « présence » au cours des 24 occurrences du Nouveau Testament.[3]

---

3 Voir le livre *Historical Waymarks of Church of God*, publié par le siège du mouvement en Oregon, Illinois 61061, en 1976. Le groupe défend des points de vue similaires à ceux des Christadelphiens et des Témoins de Jéhovah sur des doctrines telles que la trinité, l'âme et l'enfer. Feu.

Puis, en 1868-1872, Joseph B. Rotherham publia *The Emphasized New Testament*. Mais ce n'est que dans la troisième édition révisée, publiée en 1897, que Rotherham modifia sa traduction de *parousia* « arrivée » en « présence ». Pourquoi ? La raison qu'il cite en annexe à la troisième édition indique qu'il en était venu, au moins en partie, à l'idée de « venue en deux étapes ». Il explique que la parousie du Christ peut ne pas être seulement un événement, mais aussi « une période plus ou moins étendue au cours de laquelle certaines choses doivent se passer. » Sans aucun doute, Rotherham avait été influencé dans sa réflexion sur ce sujet par son étroite amitié avec certains des contributeurs du magazine *The Rainbow*, dont Rotherham lui-même est devenu l'éditeur au cours de ses trois dernières années d'existence.[4]

D'autres traducteurs du siècle dernier qui utilisèrent la « présence » pour *parousia* au chapitre vingt-quatre de Matthieu étaient W. B. Crickener (*The Greek Testament Englished*, 1881), J. W. Hanson (*The New Covenant*, 1884) et Ferrar Fenton, qui commença à publier les premières parties de sa traduction, *The Bible in Modern English*, dans les années 1880.

Dans notre siècle, les traductions qui font de la parousie « présence » dans Matthieu chapitre vingt-quatre sont *A Concordant Version* (1926) d'AE Knoch, *Bible Numerics* (2ᵉ édition, 1935) d'Ivan Panin, La Traduction du monde nouveau par la Société Watch Tower (1950), la *New Testament* de James L. Tomanek (1958), La *Restoration of Original Holy Name Bible* (1968), Le *Today's English New Testament* de Donald Klingensmith aujourd'hui (1972) et le *New Testament* du Dr. Dymond (1972 ; sous forme de manuscrit uniquement).[5] D'autres traductions donnent « présence » de temps en temps comme sens littéral de *parousia* dans les notes, mais préfèrent « venue », « arrivée » (ou similaire) dans le texte principal.

Ainsi, à quelques exceptions près, les traducteurs, aussi bien anciens que modernes, ont préféré rendre *parousia* en « venue », « avènement », « arrivée » ou un terme similaire au lieu de « présence » dans les textes traitant de la seconde venue du Christ. Ils le font en dépit du fait qu'ils sont tous d'accord pour dire que « présence » est le sens premier du mot. Pourquoi ? Est-il logique de croire que tant d'experts sur la langue d'origine du Nouveau Testament n'ont pas

---

4 Voir la note de bas de page 2 précédente. Rotherham était rédacteur en chef de *The Rainbow* de 1885 à 1887. Voir aussi *Reminiscences* de Rotherham, rédigé par son fils J. George Rotherham (Londres, peu après 1906), p. 76-79.
5 La traduction de Dymond dans Matthieu 24 :3 illustre bien le fait que certains de ces traducteurs ont été influencés par leur adhésion à la doctrine de la « présence invisible » : « Mais entre-temps, dites-nous quels autres événements indiqueront que vous êtes revenu sur terre pour être invisiblement présent. »

réussi à saisir le vrai sens de ce terme grec ?

Qu'en est-il des premières versions du Nouveau Testament, les versions latine, syriaque, copte et gothique, qui ont été produites alors que le koine grec d'origine du Nouveau Testament était encore une langue vivante ? Que révèlent-elles sur la manière dont ces anciens traducteurs ont compris le mot parousia ?

« Parousia » dans les premières versions du Nouveau Testament

Comme on le sait, la version latine Vulgate a été produite par le grand érudit Hiéronymus du IVe siècle, mieux connu aujourd'hui sous le nom de saint Jérôme. Il effectua son travail de traduction vers la fin du quatrième siècle, en commençant par les Évangiles en 383 de notre ère. Fait intéressant, dans 20 des 24 occurrences de *parousia* du Nouveau Testament, Jérôme choisit le mot latin « *aventus* » pour « avènement ». Les quatres exceptions se trouvent en Corinthiens 16 : 17 ; 2 Corinthiens 10 : 10 ; Philippiens 2 : 12 et 2 Pierre 1 : 16. Dans ces cas, la Vulgate utilise le mot latin *praesentia* "présence". Il est à noter que seul le dernier de ces quatre textes traite de la parousie du Christ. Dans les seize autres cas où la parousie fait référence à la venue du Christ, Jérôme a préféré le mot latin *adventus*. Pourquoi ? De toute évidence, il estimait que dans les textes traitant de la parousie de Jésus-Christ, le mot signifiait « venue » plutôt que « présence ». A-t-il eu tort dans cette compréhension ?

En réalité, la Vulgate latine n'était pas la première version latine de la Bible. Elle a été précédée de nombreuses autres traductions en latin, dont certaines ont été produites dès le IIe siècle. La Vulgate de Jérôme n'était en réalité pas une traduction mais une révision de ces versions latines antérieures (bien que comparée aux textes originaux en hébreu, araméen et grec), une révision produite dans le but de créer une version latine faisant autorité, à partir de la diversité d'anciennes versions. Celles-ci plus anciennes portent un nom commun appelé Ancienne Bible latine ou *Vetus Latina* (en latin). Comme la *Vulgate*, ils rendent aussi parousie par *adventus*. Les cinq exceptions (2 Corinthiens 10 : 10 ; Philippiens 2 : 12 ; 2 Thessaloniciens 2 : 9 ; 2 Pierre 3 : 4, 12) ne comprennent que deux passages traitant de la parousie du Christ. Ainsi, à l'instar de la Vulgate, les versions en latin ancien préfèrent rendre *parousia* avec le mot *adventus*, ce qui est le cas dans 15 des 17 textes traitant de la parousia de Christ.[6] (voir le tableau ci-dessous).

---

6 Voir D. Petri Sabatier, *Bibliorum Sacrorum Latinae Versiones Antiquae*, publié à l'origine en 1743. Le fac-similé imprimé à Munich en 1974 a été consulté pour cette discussion.

Le mot latin *adventus* signifie littéralement « une venue à », bien qu'il puisse aussi parfois être utilisé dans le sens de « présence ». Dans les versions latines susmentionnées, cependant, *adventus* est clairement utilisé dans le sens de « venir ». « contrairement à *praesentia*, le mot latin pour » présence. »

La version syriaque *Peshitta* a été produite au cinquième siècle, mais comme la Vulgate latine, elle a été précédée par des versions plus anciennes, par exemple, les manuscrits Curetonian et sinaïtique syriaques.[7] Si, comme on le dit souvent, la langue maternelle de Jésus et de ses apôtres était l'araméen, ces versions syriaques peuvent en réalité refléter les mots utilisés par Jésus et les apôtres eux-mêmes, y compris le mot syriaque pour parousia dans Matthieu chapitre vingt-quatre, *me'thithá* ![8] Comme le mot latin *adventus*, *me'thithá* signifie littéralement « venir », dérivant d'un verbe qui signifie « viens ».

La version gothique a été produite par Wulfila au milieu du IVe siècle, soit donc un peu plus tôt que la traduction latine Vulgate. Cette version traduit parousia par le nom gothique *cums*, mot lié à l'anglais « come ». Cela signifie, tout naturellement, « venir ».[9]

La conclusion remarquable est donc que les premières versions du Nouveau Testament produites quand le grec koine était encore une langue vivante et par des traducteurs dont certains connaissaient parfaitement cette langue depuis leur enfance préféraient rendre le mot grec parousia par des mots signifiant « venir « plutôt que de » présence « dans des passages relatifs à la seconde venue du Christ. Ils l'ont fait malgré le fait que parousia signifie avant tout « présence » et a été traduit de la sorte à d'autres endroits. La question qui se pose est la suivante : pourquoi ont-ils rendu le mot « venant » s'agissant de la parousie de Jésus-Christ, mais de « présence » s'appelant à la parousie de, par exemple, l'apôtre Paul (2 Corinthiens 10 : 10 ; Philippiens 2 : 12) ?

---

7 Voir les discussions approfondies de Bruce M. Metzger dans Les premières versions du Nouveau Testament, Oxford 1977, p. 3-82, et de Matthew Black dans *Die alten Ubersetzungen des Neuen Testaments*, K. Aland, rédacteur en chef, Berlin, New York, 1972, p. 120-159.

8 Pieter Leendert Schoonheim, *Een Semasiologisch onderzoek van Parousie tot het betrekking gebruik in Mattheus 24* (« Une recherche sismologique en parousie avec une référence particulière à son utilisation dans Matthieu 24 »), Aalten, Pays-Bas, 1953, pp 20-22., 259. On pense généralement que le manuscrit curetonien est une version antérieure du texte syriaque du Sinaï, qui fut à son tour rédigé à Antioche dans le nord de la Syrie. Le syriaque de ces manuscrits étant donc un dialecte araméen, il est probablement très proche du dialecte araméen palestinien utilisé par Jésus et ses apôtres.

9 Les premières versions copte, éthiopienne et arménienne n'ont pas été étudiés.

PAROUSIA DANS LES PLUS ANCIENNES TRADUCTIONS LATINES DU NOUVEAU TESTAMENT

Textes utilisant *parousia* :		*Vulgate* (1er siècle)	*Ancien latin* (2e siècle)	Pères de l'Église (1er – 5e siècles) Adventus	Praesentia
Matthieu	24 :3	adventus	adventus	plusieurs	aucun
	24 :27	adventus	adventus	plusieurs	aucun
	24 :37	adventus	adventus	plusieurs	**aucun**
	24 :39	adventus	adventus	**plusieurs**	Victorinus, d. 303
I Cor.	15 :23	adventus	adventus	plusieurs	**Augustinus, d. 430**
	16 :17	praesentia	adventus	**aucun ?**	Ambrosiaster, 5e siècle, et *al*
2 Cor.	7 :6	adventus	adventus	Ambrosiaster	aucun
	7 :7	adventus	adventus	Ambrosiaster	**aucun**
	10 :10	praesentia	*praesentia*	aucun ?	Ambrosiaster
Phil.	1 :26	adventus	adventus	Ambrosiaster	**aucun**
	2 :12	praesentia	*praesentia*	aucun ?	Ambrosiaster
I Thess.	2 :19	adventus	adventus	Tertullien d. après 220 Ambrosiaster	aucun
	3 :13	adventus	adventus	Tertullien Ambrosius, d. 397 Ambrosiaster	**aucun**
	4 :15	adventus	adventus	plusieurs	**aucun**
	5 :23	adventus	adventus	Irénée, d. after 190 Tertullien, à plusieurs endroit et *al*	Tertullien, à un endroit
2 Thess.	2 :1	adventus	adventus	Tertullien	aucun
	2 :8	adventus	adventus	Tertullien Ambrosiaster et *al*	Irénée Hilarius, d. 367 et *al*
	2 :9	adventus	*praesentia*	plusieurs	Augustinus
Jacques	5 :7	adventus	adventus	aucun	aucun
	5 :8	adventus	adventus	aucun	aucun
2 Pierre	1 :16	praesentia	(manquant)	aucun	aucun
	3 :4	adventus	*praesentia*	aucun	aucun
	3 :12	adventus	*praesentia*	(Pelagius)	(Auctor)
I Jean	2 :28	adventus	adventus	aucun	aucun

(Les variantes des pères de l'Église sont extraites des notes de Sabatier.)

Pendant des siècles, cela resta un peu mystérieux jusqu'à ce que, à l'aube de nos propres découvertes du XXe siècle, les experts modernes du grec du Nouveau Testament trouvent la réponse à cette énigme.

. *L'utilisation technique de la parousie*

Au cours du siècle dernier, des fouilles sur les sites d'anciennes colonies du monde gréco-romain ont permis de mettre au jour des centaines de milliers d'inscriptions sur pierre et métal ainsi que des textes sur papyrus, parchemin et tessons.

Ces nouvelles découvertes ont révolutionné l'étude de la langue grecque originale du Nouveau Testament. Il a été découvert que le grec du Nouveau Testament n'était ni un « grec biblique » comme certains le croyaient, ni le grec archaïsant littéraire utilisé par les auteurs contemporains, mais était en grande partie coloré par le vernaculaire grec utilisé chez les gens ordinaires chez eux et ailleurs, la langue commune de la vie quotidienne, la forme parlée du grec koine.

Les conséquences de cette découverte sur la compréhension de la langue grecque originale de la Bible ont été explorées pour la première fois en détail par Adolf Deissmann, futur professeur à l'Université de Heidelberg (encore plus tard à l'université de Berlin), qui commença à publier ses découvertes en 1895. D'autres érudits, qui ont compris l'importance de la découverte, se sont rapidement joints à l'examen des textes récemment découverts. Un nouvel éclairage a été jeté sur la manière dont de nombreux mots grecs ont été utilisés et compris à l'époque de la rédaction du Nouveau Testament.

L'un des mots, dont le sens a été éclairé par les nouveaux textes, était le mot parousie. Le professeur Deissmann a résumé ses nouvelles idées en 1908 dans son ouvrage désormais classique, *Licht vom Osten* (La lumière de l'Est). Sa discussion du mot *parousia*, couvrant plusieurs pages, commence par l'explication suivante :

> **Encore une autre des idées centrales du plus ancien culte chrétien reçoit de la lumière des nouveaux textes, à savoir παρουσία [parousia], « avènement, venue », mot exprimant les plus ardents espoirs d'un Saint-Paul. Nous pouvons maintenant dire que la meilleure interprétation de l'espoir chrétien primitif de la parousie est l'ancien texte de l'Avent : « Voici, ton roi vient à toi ». [Matthieu 21 : 5) À partir de la période ptolémaïque jusqu'au IIe siècle, nous sommes en mesure de retracer le mot En Orient comme expression technique de l'arrivée ou de la visite du roi ou de l'empereur.[10]**

Le professeur Deissmann donne ensuite de nombreux exemples de cette utilisation du terme. À l'occasion d'une telle visite officielle et royale, comme lorsque l'empereur romain fit une parousie dans les provinces de l'est, « les routes étaient réparées, des foules affluaient pour faire hommage, il y avait des processions de ses sujets à la robe blanche, coups de trompette, acclamations, discours, pétitions,

---

10 Cité de la traduction anglaise par L. R. M. Strachan de la 4e édition, *Light from the Ancient East*, reproduit par Baker Book House, Grand Rapids, Michigan, 1978, p. 368.

cadeaux et fêtes. »[11] La parousie du roi ou de l'empereur était souvent considérée comme une nouvelle ère et des pièces de monnaie étaient frappées pour la commémorer. Lors de la visite ou de la parousie de l'empereur Néron, par exemple, sous son règne, Paul écrivit ses lettres à Corinthe, les villes de Corinthe et de Patras frappèrent « les monnaies de l'avent ». Ces pièces portaient l'inscription *Adventus Aug* (usti) *Cor* (inthi), démontrant que le latin *adventus* était utilisé comme équivalent du mot grec *parousia* à ces occasions.[12]

Depuis lors, des recherches supplémentaires effectuées par de nombreux chercheurs, tels que les professeurs George Milligan, James Hope Moulton et d'autres, ont confirmé les conclusions de Deissmann, qui a pour la première fois démontré cette utilisation technique de *parousia*.[13] Cet usage du terme expliquait clairement pourquoi les premières versions du Nouveau Testament le traduisaient par des mots signifiant « venant » dans des textes traitant de la parousie de Jésus-Christ. Les lexiques et les dictionnaires grecs soulignent tous aujourd'hui ce sens du mot en plus de son sens premier (« présence »), et il existe un consensus général parmi les érudits modernes selon lequel la parousie dans le Nouveau Testament, lorsqu'elle est utilisée depuis la seconde venue du Christ, est utilisé dans son sens technique de visite royale.[14]

Sa venue sera-t-elle « la visite d'un roi ? » Certainement ce sera le cas. À plusieurs reprises, la Bible présente la parousie du Christ comme une venue « avec puissance et grande gloire », lorsqu'il sera assis « sur le trône de sa gloire » et accompagné de « tous ses anges ». (Matthieu 24 : 30 ; 25 : 31) Une puissante "voix" d'archange, « un grand son de trompette » et d'autres signes évidents contribuent également à la description de la parousie du Christ en tant que visite officielle et royale, remarquée par tous et entraînant « toutes les tribus de la terre » à « Se frapper en se lamentant » à sa vue. Sa venue n'est en aucun cas présentée comme une présence invisible et secrète ignorée par la grande majorité de l'humanité. – Matthieu 24 : 27, 29-31 ; 1

---

11 B. M. Nolan, « Quelques observations sur la parousie », *The Irish Theological Quarterly*, vol. XXXVI, Maynooth 1969, p. 288.

12 Deissmann, p. 371. Notamment. le mot grec *epiphaneia*, "apparaissant", généralement utilisé pour la seconde étape de la venue du Christ par les adeptes de la notion d'enlèvement secret, était aussi parfois utilisé sur les « monnaies de l'avent » grecques comme équivalents de *adventus* en latin ! (Deissmann, p. 373.)

13 L'étude linguistique la plus complète du terme parousie est celle de Pieter Leenden Schooheim, né en 1953, à Aalten, Pays-Bas, 1953. L'ouvrage compte environ 300 pages, comprenant un résumé de 33 pages en anglais.

14 Voir, par exemple, Kittel / Friedrich, *Theological Dictionary of the New Testament*, vol. V, p. 858-871, et le long article du Dictionnaire français de la Bible, supplément, éd. par L. Pirot, A. Robert et H. Cazelles, Paris-VI, 1960, pages 1332-1420. Une autre étude intéressante est celle de J. T. Néliis dans *Bibel-Lexikon*, Tubingen 1968, p. 1304-1312.

Thessaloniciens 4 : 15, 16 ; Apocalypse 1 : 7.

Le prétendu soutien des spécialistes

À l'appui de son insistance sur la « présence » en tant que seule signification acceptable de la parousie dans la Bible, la Société Watch Tower cite parfois quelques traductions de la Bible et un érudit grec occasionnel. Il est toutefois significatif que la plupart de ces références soient obsolètes et remontent à une époque où l'utilisation technique du terme était encore inconnue.

Ainsi, la discussion la plus récente sur le mot parousia, publiée en 1984 dans la traduction du Monde Nouveau révisée des Saintes Écritures avec références, pages 1576 et 1577 (Annexe 5b), commence par citer quatre traductions de la Bible qui font de *parousia* une présence en Matthieu chapitre vingt-quatre, verset 3, dont trois (*The Emphatic Diaglott* de Wilson, *The Emphasized Bible* de Rotherham et La Sainte Bible en anglais moderne de Fenton) ont été produites avant la découverte de Deissmann et de ses collègues. La quatrième est la *Traduction du Monde Nouveau des Écritures grecques chrétiennes* de 1950 par la Société WatchTower. L'article qui suit est entièrement dominé par une citation de l'ouvrage *The Parousia* du Dr. Israel P. Warren, qui défend la "présence" en tant que signification biblique correcte de la parousie. Malheureusement, le travail du Dr Warren date de 1879 ![15]

Cependant, l'article fait également référence à trois lexiques grecs modernes. Il est à noter que le *Lexicon grec-anglais* de Scott et Liddell et le TDNT (*Theological Dictionary of the New Testament*) de Kittel / Friedrich, rendent tous deux *parousia* par « présence ». Mais pourquoi ne dit-on pas aux lecteurs que ces deux lexiques expliquent ensuite que *parousia* était également utilisée dans le sens technique de « la visite d'un roi » ? Pourquoi ne leur dit-on pas que ces mêmes lexiques soulignent qu'il s'agit du mot utilisé dans le Nouveau Testament lorsqu'il fait référence à la parousie de Jésus-Christ ? Le dernier des deux lexiques, le TDNT, ne consacre en réalité que quelques phrases à la signification première de « présence ». » Le reste de l'article, qui couvre 14 pages au total, est une discussion de l'utilisation technique du terme, démontrant que c'est ainsi que le mot est utilisé dans les textes du Nouveau Testament traitant de la parousie de Jésus-Christ ! Le lecteur de la publication de la Watch Tower ne le saura jamais et n'aurait probablement pas les moyens de le découvrir. L'argumentation qui juge nécessaire de recourir à une utilisation aussi manifestement

---

[15] Israel P. Warren, D. D., *The Parousia*, Portland, Maine, 1879, pp. 12-15.

biaisée de la preuve n'a certainement pas grand-chose à recommander.

Enfin, le lexique de Bauer aurait déclaré que « *parousia"* est devenu le terme officiel pour désigner une personne de haut rang, en particulier des rois et des empereurs visitant une province. Curieusement, cette déclaration est citée comme si elle apportait un soutien supplémentaire à l'affirmation selon laquelle la Bible utilise la parousie uniquement dans le sens de « présence », alors que le lexique de Bauer en donne l'usage technique, la visite officielle roi ou empereur (ou une personne de haut rang).

Cependant, il existe un dictionnaire grec-anglais moderne qui semble apporter un soutien à la compréhension de la parousie du Christ par la Société Watch Tower comme une période de « présence invisible », qui sera suivie d'une « révélation » finale de cette présence à la bataille d'Armageddon. C'est le dictionnaire des mots du Nouveau Testament de W. E. Vine, qui définit le terme parousie de la manière suivante :

> **PAROUSIE... désigne à la fois une arrivée et une présence conséquente avec... Lorsqu'il est utilisé pour le retour du Christ, cela signifie non seulement sa venue momentanée pour Ses saints, mais sa présence avec eux à partir de ce moment jusqu'à sa révélation et sa manifestation au monde.**

Cette description de *parousia* ressemble beaucoup à celle de la Société Watch Tower. Il est donc pas surprenant, de constater que la définition de la vigne du mot est cité longuement à la page 1335 du dictionnaire d'Aide à la compréhension de la Bible de la Société. Cela peut être une surprise pour certains, cependant, d'apprendre que la vigne a été l'un des avocats les plus assidus de la doctrine de l'« enlèvement secret » à notre siècle. Cela l'a apparemment amené à définir le mot « *parousia* » d'une manière qui étaye ses vues théologiques. Cependant, cela ne fit que le mettre en conflit avec les résultats de la recherche moderne.

Comme indiqué précédemment, l'idée du « ravissement secret » a trouvé ses champions les plus zélés parmi les disciples de John Nelson Darby, appelés les Frères. En 1847, un schisme entre Darby et George Müller, chef d'un groupe de frères à Bristol, en Angleterre, divisa le mouvement en deux : les frères "exclusifs", dirigés par Darby, et les frères "ouverts", qui se rangèrent aux côtés de Müller. Bien que Müller ait lui-même rejeté le concept d'« enlèvement secret », le mouvement des frères "ouvert" est resté fidèle à l'idée et a continué à la prêcher. W. E. Vine, né en 1873, a été associé aux frères "ouvert" et semble l'avoir été dès sa jeunesse. C'était un grand érudit et son dictionnaire est un manuel précieux pour l'étude du Nouveau Testament.

Cependant, sa définition du mot *parousia* était clairement influencée par son adhésion à la doctrine de « l'enlèvement secret », une doctrine qui lui était peut-être chère depuis ses débuts. Il la défendit dans plusieurs ouvrages écrits en collaboration avec un camarade croyant, MFC Hogg, tels que *The Epistles of Paul and the Apostle to the Thessalonians* (1914), *Touching the Coming of the Lord* (1919) et *The Church and the Tribulation* (1938). Ce dernier livre a été publié en tant que réponse à l'opinion du révérend Alexander Reese contre l'idée de « l'enlèvement secret », *The Approaching Advent of Christ*, publiée l'année précédente (1937). Le professeur F. F. Bruce, exégète bien connu et commentateur de la Bible, bien que appartenant au même contexte religieux que M. Vine, formule les commentaires critiques suivants sur l'utilisation par Vine et Hogg du mot *parousia* dans leur système eschatologique :

> **Peut-être que le trait le plus distinctif de *Touching the Coming* était leur traitement du mot parousia. Ils ont insisté sur le sens primordial de « présence » et ont compris que le mot au sens "eschatologique" désignait la présence ou le Christ avec le Ravissement de son Église dans l'intervalle précédant sa manifestation dans la gloire...**

On peut se demander si cette interprétation ou cette *parousia* ne rend pas justice au sens que donne le mot en grec hellénistique. Les écrivains ont effectivement fait appel à l'appui de leur point de vue au lexique de Cremer ; mais Cremer a écrit un bon bout de temps avant que l'étude des papyrus vernaculaires ne révolutionne notre connaissance du discours hellénistique ordinaire.[16]

La référence de la Société Watch Tower à la définition donnée par le Dr Vine à la parousie n'a donc pas beaucoup de poids. A y regarder de plus près, il s'avère essentiellement aussi obsolète que leurs autres références.

. *Que montre le contexte biblique ?*

Lorsqu'un mot a plus d'un sens, le contexte doit toujours être pris en compte pour déterminer comment il doit être compris. Le contexte du chapitre 24 de Matthieu, verset 3, indique-t-il que Matthieu utilisait *parousia* dans son sens technique ou dans son sens premier ? La Société Watch Tower affirme que le dernier sens, « présence », est indiqué par le contexte. La Tour de Garde du 1er juillet 1949, à la page 197 :

> **Le fait que l'arrivée ou la visite d'un roi ou d'un empereur fût l'un**

---
16 F. F. Bruce in Percy O. Ruoff, W. E. Vine, *His Life and Ministry*, Londres 1951, pp. 75, 76.

> des sens techniques de la parousie ne nie ni ne contredit le fait que, dans les Saintes Écritures, cela ait le sens de présence par rapport à Jésus-Christ. Pour montrer la signification du mot, le contexte scripturaire est plus puissant que n'importe quel usage extérieur du papyrus du mot dans un sens technique.

D'accord, le contexte biblique est plus puissant dans de telles circonstances. La question qui se pose est la suivante : le contexte du chapitre 24 de Matthieu, verset 3, montre-t-il réellement que les disciples ont demandé un signe qui indiquerait la présence de Christ et non un signe qui indiquerait qu'il venait ? Y a-t-il une raison de croire qu'ils pensaient réellement à la venue du Christ comme une « présence invisible », qui ne pourrait être reconnue qu'au moyen d'un signe visible ?

Lorsque cette question a été posée à la Société Watch Tower, ils ont dû admettre que les disciples « ne savaient pas qu'il [le Christ] gouvernerait comme un esprit glorieux venant du ciel et ne savaient donc pas que sa deuxième présence serait invisible."[17] Si les disciples ne savaient pas que le Christ, à l'avenir, viendrait de manière invisible, comment auraient-ils pu demander un signe d'une présence tout autant invisible ? Cela seul montre que Matthieu n'a pas pu utiliser *parousia* dans le sens de « présence ». Évidemment, ils ont demandé à Jésus de leur donner un signe annonçant que la venue ou l'arrivée promise du Christ était imminente. Ils voulaient un signe, non pour leur annoncer quelque chose qui serait déjà en vigueur, mais un signe qui informerait à l'avance que l'événement souhaité était sur le point de se produire était bel et bien imminent. Leur langue, les mots qu'ils utilisaient pour exprimer leur question, seraient en harmonie avec ce désir.

La manière dont Marc a enregistré sa question confirme clairement que cette interprétation est correcte. Dans la version de Marc, la question d'un « signe » fait référence à la destruction du temple uniquement. Il est certainement impossible de penser qu'ils avaient besoin d'un « signe » pour les convaincre que le temple avait été détruit ou que sa destruction avait lieu. Ils voulaient une indication à l'avance de cet événement ![18]

La façon dont Jésus a répondu à leur question le confirme pleinement. Après avoir passé en revue les événements futurs qui comprenaient

---

17 La Tour de Garde, 15 septembre 1964, p. 576. La même conclusion a été tirée dans La Tour de Garde du 15 janvier 1974, page 50 : « Lorsqu'ils ont demandé à Jésus : 'Quel sera le signe de votre présence ?' ils ne savaient pas que sa future présence serait invisible.
18 Cela réfute l'argument parfois employé par la Société Watch Tower selon lequel « il ne serait pas nécessaire de faire un signe si la parousia était visible et tangible ». Voir Réveillez-vous ! 8 décembre 1967, p. 27

également la destruction de Jérusalem, Jésus, aux versets 29 et 30, décrit le signe qui accompagnera sa future venue « sur les nuées » et ajoute :

> **Maintenant, apprenez du figuier ceci à titre d'illustration : dès que sa jeune branche devient tendre et qu'elle produit des feuilles, vous savez que l'été est proche. De même, quand vous verrez toutes ces choses, sachez qu'il est proche, aux portes. – Matthieu 24 : 32, 33, NW.**

Il convient de noter que Jésus n'a pas dit que, lorsqu'ils verraient la jeune branche du figuier pousser et sortir des feuilles, ils sauraient que « l'été est présent ». Ces signes précèdent l'été et prouvent qu'il est proche. De même, le signe de la venue du Fils de l'homme prouverait qu'« il est aux portes », mais pas invisible. La comparaison est entre l'été comme étant proche et le Christ comme étant proche. Il est clair que Jésus a dit à ses disciples de rechercher un signe qui précéderait son arrivée ou « visite royale », et non un signe qui suivrait sa venue et lui montrerait sa présence invisible. Du contexte de Matthieu chapitre vingt-quatre, verset 3, il est donc très clair que les disciples ont demandé le signe de la venue imminente du Christ, et non un signe de sa présence, ce qui conforte fortement la conclusion selon laquelle Matthieu a utilisé le mot *parousia* dans son sens technique, pour signifier l'arrivée ou la visite d'un roi ou d'un haut dignitaire.[19]

Il est également remarquable que, parmi les quatre auteurs de l'Évangile, Matthieu utilise seul le mot *parousia*, et cela uniquement au chapitre vingt-quatre. Les quatre versets contenant le terme (3, 27, 37 et 39) ont des parallèles dans Luc, mais au lieu de *parousia*, Luc utilise habituellement « jour » ou « jours ». »Quand Jésus compare sa venue à la foudre, il éclaire immédiatement en un flash lumineux tout le ciel visible d'est en ouest et ajoute, selon Matthieu chapitre vingt-quatre, verset 27,« ainsi sera la venue (*parousia*) du Fils de l'homme ", Luc a plutôt, au chapitre dix-sept, verset 24," ainsi sera le Fils de l'homme en son temps. " Ainsi, la parousie du Christ et le jour du Christ (*hemera*) sont utilisés indifféremment pour l'époque de l'apparition ou de la révélation du Christ. Cela apparaît encore plus clairement dans la

---

[19] Dans le livre Le Royaume de Dieu des mille ans s'est approché (1973), la Société Watch Tower tente, à la page 169, d'adapter l'utilisation technique de la parousie à sa doctrine de la « présence invisible » en déclarant que « Une "visite" comprend plus qu'une "arrivée" Cela inclut une « présence ». C'est certainement vrai. Mais ils essaient de masquer la différence évidente entre les deux utilisations de *parousia*. Lors d'une visite royale, l'arrivée du roi ou de l'empereur a été la phase la plus spectaculaire de la visite et a attiré l'attention de tous. Si les disciples, comme le prouvent les témoignages, demandaient le signe de la visite officielle, royale et visible du Christ, ils devaient avoir en tête quelque chose qui précéderait une telle visite. Il serait inutile de demander un signe montrant que le roi était déjà arrivé.

comparaison faite par Christ entre sa venue et la venue du déluge du temps de Noé, lorsque les hommes « ne savaient pas que le déluge arrivait ; ainsi sera la parousie du Fils de l'homme. »(Matthieu 24 : 37, 39) La version de Luc ajoute la destruction de Sodome du temps de Lot et dit : « De la même manière, sera le jour où le Fils de l'homme sera révélé. " – Luc 17 : 26- 30

Il est évident que Jésus ne compare pas ici la parousie avec les périodes précédant le Déluge et la destruction de Sodome. C'est ainsi que la Société Watch Tower l'explique, en faisant référence à l'expression « les jours du Fils de l'homme » dans Luc chapitre dix-sept, verset 26. Au contraire, Jésus compare clairement son avenir avec celui du Déluge, et avec la destruction soudaine de Sodome. Comme ces deux événements, sa parousie sera un événement révolutionnaire, une intervention divine qui modifiera immédiatement la situation de toute l'humanité de la manière la plus perceptible. La comparaison entre Matthieu chapitre vingt-quatre, verset 39, et Luc chapitre dix-sept, verset 30, montre que *parousia* indique « le jour où le Fils de l'homme est révélé. »Le lien entre« les jours de Noé »et« les jours du Fils de l'homme »dans Luc chapitre 17, verset 26, signifie donc simplement que, comme les hommes du temps de Noé ont été brusquement pris au dépourvu au milieu de leurs occupations quotidiennes, il en sera de même à l'époque où le Fils de l'homme doit être révélé. Son intervention soudaine viendra sans rien pour alerter les gens à l'avance, les choquant de la réalité de la situation.

À première vue, on pourrait conclure que la phrae « Quel sera le signe de ta venue (*parousia*)», dans Matthieu chapitre vingt-quatre, verset 3, n'a pas de parallèle clair dans l'évangile de Luc. La question des disciples telle que reproduite dans Luc chapitre 21, verset 7, semble être lié à la destruction du temple uniquement : « Quel sera le signe lorsque ces choses [la destruction du temple, versets 5 et 6] sont sur le point d'arriver.»Cependant, l'un des manuscrits témoins les plus importants du premier texte des Évangiles, le Codex D (*Bezae Cantabrigensis*), formule la question différemment, la mettant ainsi en accord avec la lecture de Matthieu 24 : 3, avec un exception.[20]

---

[20] Bien que le manuscrit ne date que du Ve ou du VIe siècle après J.-C., ses variantes textuelles sont souvent appuyées par les versions des Pères du IIe siècle et de l'Ancien latin et du syriaque. Certains spécialistes le considèrent même comme un représentant plus fidèle du texte original que *Vaticanus* et *Sinaiticus*. Comme l'a démontré A. J. Wensinck, il est coloré, plus souvent que *Vaticanus* et *Sinaiticus*, par des constructions et des idiomes araméens, selon le Dr Matthew Black, il représente donc plus fidèlement le fond araméen de la tradition synoptique que les manuscrits non occidentaux. "-Manhew Black, *An Aramaic Approach to the Gospels and Acts*, 2e éd., 1954, p. 26-34, 212, 213. Matthieu 24 : 3 :" Quel sera le signe de ta *parousia* ? «Luc 21 : 7 : « Quel sera le signe de ta venue [*eleuseos*] ? »

Comme indiqué, la seule différence est que Luc selon ce manuscrit n'utilise pas parousia mais eleusis, le mot grec courant pour « venue ». » Le Dr Schoonheim, après un examen minutieux de ces parallèles, conclut même que « Luc 21 : 7, selon D, présente une tradition plus originale, « étant une traduction du syriaque ou même de l'araméen me "thitha"" »).[21]

Le contexte biblique ne donne donc aucun appui à l'affirmation selon laquelle parousia doit être traduite par « présence » dans le chapitre de Matthieu 24. Le fait que les disciples n'aient pas imaginé la venue du Christ comme une « présence invisible », la manière dont Jésus a répondu à leur question, ainsi que les textes parallèles de l'Évangile de Luc, montrent que cette traduction est intenable. Dans Luc, on parle de la parousie du Christ comme du « jour du Christ » ou même « le jour où le Fils de l'homme est révélé. » Et, comme le montre le Codex D, le mot parousia pourrait également être échangé avec le nom grec commun signifiant « venue », eleusis. Des parallèles similaires peuvent être trouvés dans d'autres textes traitant de la parousie du Christ, dans lesquels les termes relatifs à la manifestation de Jésus Ainsi, l'apôtre Jean, en 1 Jean 2 : 28, exhorte les chrétiens à « demeurer en lui, afin que, s'il est manifesté [grec phanerdo], nous puissions avoir de l'audace et ne pas avoir honte devant lui lors de sa venue [parousia]. Des parallèles similaires peuvent être trouvés dans d'autres textes traitant de la parousie du Christ, dans lesquels sont employés des termes relatifs à la manifestation ou à la révélation de Jésus. Ainsi, l'apôtre Jean, dans 1 Jean 2 : 28, exhorte les chrétiens à « demeurer en lui ; que, s'il se manifeste [phanerdo grec], nous pouvons avoir de l'audace et ne pas avoir honte devant lui lors de sa venue [parousia]. » Ici, Jean met clairement en parallèle la parousie du Christ avec le jour de son apparition ou de sa manifestation. De même, l'apôtre Paul prie pour que les chrétiens de Thessalonique puissent voir leur cœur établi « irréprochable en sainteté devant notre Dieu et notre Père, lors de la venue [de la parousie] de notre Seigneur Jésus avec tous ses saints. » (I Thessaloniciens 3 : 13) Cette venue du Seigneur avec tous ses saints ou anges est également évoquée dans le verset 14 de Jude et dans Matthieu chapitre seize, versets 27, 28, mais au lieu de parousie, Jude et Matthieu utilisent tous deux des formes de erchomai, verbe le plus courant pour « venue », et apparenté au nom eleusis. Les trois textes font référence à une seule et même occasion, la venue du Seigneur avec tous ses saints pour exécuter le jugement et traduire

---

[21] Schoonheim, p. 16-28, 259, 260. Cela réfuterait l'affirmation de la Nouvelle traduction du monde révisée de 1984, page 1577, selon laquelle « les mots *parousia* et *eleusis* ne sont pas utilisés de manière interchangeable ».

parousia par « présence » en 1 Thessaloniciens chapitre trois, verset 13, comme le fait la Société WatchTower, ignore cette interrelation avec d'autres passages parallèles.

Dans ces paraboles dans lesquelles Jésus a souligné la nécessité pour ses serviteurs d'être vigilants et vigilants, nous pouvons noter qu'il présente son jugement de la même manière que celui qui suit le retour d'un maître dans sa maison. Le maître vient, ou arrive, c'est ce qu'il décrit et non une « présence invisible ». Ce n'est pas comme si le maître se faufillait furtivement dans les lieux et commençait de manière invisible à juger ce que ses serviteurs faisaient, se révélant seulement plus tard à eux. Au contraire, le retour du maître, bien que peut-être inattendu, est rapidement évident pour tous ses serviteurs, fidèles et infidèles, manifeste dès le début, et son jugement ne repose pas sur une cachette invisible, mais de la manière la plus ouverte qui soit. – Comparez Matthieu 24 : 45-51 ; 25 : 14-30 ; Marc 13 : 32 à 37 ; Luc 12 : 35-48 ; 19 : 12-27.

L'évidence, depuis les premières traductions, ainsi que les traductions modernes et des lexiques de la langue grecque, et en particulier du contexte et des passages connexes, témoigne que l'utilisation de parousia dans Matthieu, chapitre 24, verset 3, ne peut se référer à une « présence invisible » d'une « venue en deux étapes », mais se réfèrent à l'arrivée future du Christ et à son jugement en tant que roi, « avec puissance et grande gloire » et accompagné de ses saints anges.

11 ANNEXE C

Les Quatre Cavaliers de l'Apocalypse

LA GUERRE, LA FAMINE et la peste font aussi leur apparition dans le livre de Révélation sous l'apparence de trois cavaliers chevauchant respectivement un cheval rouge, un cheval noir et un cheval pâle (littéralement, vert-jaunâtre), mené par un quatrième cavalier, un archer, assis sur un cheval blanc. – Révélation 6 : 1-8.

La principale question ici est de savoir si la vision impliquant ces quatre cavaliers représente une description de la fin des temps qui s'applique à une période antérieure au dernier jour du jugement et qui constitue donc un signe de proximité de ce jour.

Une lecture du récit lui-même ne révèle rien qui attribue la conduite de ces cavaliers à une période donnée. Il est vrai que la vision de ces cavaliers fait partie d'une série de "sceaux" qui ont été ouverts, sept en tout, et qu'après l'ouverture du sixième sceau, en affrontant un grand tremblement de terre, les hommes cherchent à se cacher, reconnaissant que 'le grand jour de la colère de Dieu est venu.' (Révélation 6 : 12-17) Mais cela seul ne donne aucune base solide pour dire que « les sceaux » précédents tous correspondent à une période particulière précédant ce jour de jugement. Rien n'indique que ces sceaux font partie d'un "signe" conçu pour alerter les personnes de la proximité du jugement divin. La guerre, la famine, la pestilence ont, comme on l'a déjà vu, font partie de la scène de l'humanité à toutes les époques. Ils ne le sont pas plus à notre époque que dans les générations précédentes.

En essayant d'attribuer la course de ces cavaliers à une période spécifique, la Société Watch Tower concentre l'attention sur le cavalier assis sur le cheval blanc. Elle affirme qu'il représente le Christ Jésus et sa description « recevant une couronne » fixe le temps de la prophétie à la période débutant en 1914, selon la doctrine de la Watch Tower, Jésus-Christ a été intronisé au ciel et a commencé à exercer le pouvoir royal sur toute la terre. Quelle validité cet enseignement a-t-il ?

Qui est le cavalier sur le cheval blanc ?

Les cavaliers ne représentent pas des personnes littérales, évidemment. Ils sont des symboles, comme le sont leurs chevaux et la couleur de leur robe.¹ Trois d'entre eux sont facilement identifiés. Il y a un consensus général parmi les commentateurs que le deuxième cavalier, brandissant une grande épée, est un symbole de guerre, le plus souvent de guerre civile, de façon appropriée illustrée par la couleur rouge de son cheval rappelant le sang versé.² Le troisième cavalier est un symbole de famine, et cette affliction est également bien représentée par la couleur de son cheval, le noir étant la couleur des cultures dans les champs noircis par la rouille. Le quatrième cavalier symbolise la mort par la peste et la couleur pâle ou vert jaunâtre de son cheval dénote la couleur d'une personne malade et atteinte de la peste. Ces identifications sont toutes confirmées également par les missions confiées à chacun d'eux. Mais qui est l'archer sur le cheval blanc ?

Ici, les problèmes commencent et diverses suggestions ont été faites par différents commentateurs. Certains pensent que ce cavalier est un symbole du christianisme ou du progrès triomphal de l'évangile chrétien. D'autres pensent qu'il représente la conquête militaire, contrairement au second qui, selon cette interprétation, symbolise une guerre civile ou intérieure. Le Dr. Graham présente son argument donnant à penser que le cavalier symbolise la tromperie, n'ayant que l'apparence d'un vernis mensonger, recherchant avidement la conquête.³ D'autres encore, y compris la Société Watch Tower,

---

1 Comme noté par la plupart des commentateurs, ces symboles sont parallèles à ceux trouvés dans Zacharie 6 : 1-8, bien que certains détails diffèrent. Les couleurs ont évidemment des significations différentes dans les deux visions. Dans la vision de Zacharie, les quatre groupes de chevaux aux couleurs différentes sont interprétés par l'ange comme étant «les quatre vents du ciel qui sortent du Seigneur de toute la terre». (Verset 5, ASV) Ces vents à leur tour représentaient apparemment la colère de Dieu envoyée contre les ennemis du peuple de Dieu à l'époque de Zacharie. – Comparer Ésaïe 66 :15 ; Jérémie 4 :13 ; 23 :19 ; 30 :23 ; 49 :36.

2 Au cavalier du cheval rouge, il «a été donné de prendre [littéralement] la paix de la terre et de s'entre-tuer.» (ASV) Y a-t-il déjà eu la paix universelle sur terre ? Comme on l'a vu au chapitre cinq, il n'y a pratiquement pas eu d'année de paix totale sur terre à travers l'histoire. Pourtant, au moment où Jean écrivit ses visions, il y avait en fait une sorte de "paix". C'était la fameuse *Pax Romana*, la «paix romaine», une période de paix et de stabilité à l'intérieur des frontières romaines de 29 av. J.-C. à environ 162. ap. J.-C. Il y avait des guerres constantes aux frontières du vaste empire, avec les Teutons (Allemands) au nord, et en particulier avec les Parthes à l'est, le royaume parthe étant la seule grande puissance qui resta en dehors de Rome. Il est vrai qu'il y avait des guerres constantes aux frontières du vaste empire, avec les Teutons (les germains) au nord et surtout avec les Parthes à l'est, le royaume Parthe étant la seule grande puissance en dehors de Rome. Mais ces guerres aux frontières ne sont pas considérées comme une menace pour la paix qui règne à l'intérieur des frontières romaines. Ainsi, lorsque les destinataires des lettres de Jean lisent que le cavalier sur le cheval rouge a été désigné pour «prendre la paix de la terre», cette *Pax Romana* pourrait naturellement venir à l'esprit. En outre, le commentaire de J. M. Ford sur l'Apocalypse (The Anchor Bible, vol. 38, New York, 1975, p. 106) 11 indiquait que «la phrase *allelous sphaxousin*, «s'entre-tuer», indique un conflit civil. Les guerres civiles à l'intérieur des frontières romaines, bien sûr, «prendraient la paix de la terre», la «terre» étant comprise comme une référence à l'empire romain. Quelle que soit l'application précise, il va sans dire que, dans le monde entier, les troubles civils et les conflits, souvent accompagnés d'effusion de sang, ont détruit la paix tout au long des siècles de l'ère chrétienne.

3 *Approaching Hoofbeats*, pp. 78-81.

l'identifient à Jésus-Christ lui-même. Puisque la Société Watch Tower considère la vision dans son ensemble comme un parallèle aux punitions divines décrites par Jésus dans Matthieu, chapitre vingt-quatre, versets 6 à 8, et puisqu'elles proclament que ces versets s'appliquent dès 1914, ils prétendent que les quatre cavaliers ont commencé leur galop dévastateur sur terre cette année-là. Une preuve particulièrement forte de cela se trouverait dans la couronne donnée au premier cavalier :

> **Le cavalier de ce moyen de transport rapide signifiait un roi nouvellement installé, car une couronne royale lui avait été donnée... Inévitablement, le cavalier du cheval blanc qui monte victorieusement doit être Jésus-Christ lors de son couronnement au ciel à la fin du temps des Gentils en 1914.[4]**

Cette interprétation ne peut cependant être correcte, car elle est fondée sur une grave erreur linguistique. La langue grecque avait deux mots différents pour "couronne". L'un est *stephanos*, l'autre est *diadema*. C'est diadema qui signifie « couronne royale ». On l'utilise, par exemple, parmi les nombreuses couronnes que Jésus a portées à Apocalypse chapitre dix-neuf, verset 12 :

> **Et ses yeux sont une flamme de feu, et sur sa tête se trouvent de nombreux diadèmes [*diademata*].**

Ces nombreux diadèmes symbolisent évidemment l'autorité royale du Christ sur tous les autres rois, soulignée également par le nom écrit sur son vêtement et sur sa cuisse, conformément au verset 16, « ROI DES ROIS ET SEIGNEUR DES SEIGNEURS ».

Ce sens du mot *diadema* est révélé dans tous les dictionnaires grecs. Ainsi, par exemple, le *Vine's Expository Dictionary* dit à la page 260 :

> **DIADEMA... n'est jamais utilisé comme *stephanos* : il est toujours le symbole de la dignité royale ou impériale et est traduit par "diadème" au lieu de "couronne" dans le R.V., des revendications du Dragon. Apoc 12 : 3 ; 13 : 1 ; 19 :12.**

Mais « la couronne » donnée au cavalier du cheval blanc dans Révélation chapitre six, le verset 2, n'était pas un *diadema*. C'était un *stephanos*. Que, alors, ce mot signifie-t-il, comme il n'a pas été utilisé de la même façon comme *diadema* ? *Vine's* explique davantage sur la même page :

> ***stephanos*... désigne (a) la couronne du vainqueur, le symbole du triomphe dans les jeux ou lutte; ici, par métonymie, une récompense ou un prix; (b) un jeton d'honneur public pour le**

---

[4] La Tour de Garde, 15 mai 1983, pages 18,19.

service distingué, les prouesses militaires, etc., ou de la joie nuptiale, ou de la joie festive, surtout lors de la parousie des rois.

Un *stephanos*, alors, d'habitude dénotait la couronne de victoire et c'est vrai dans le Nouveau Testament, où il est utilisé dans la relation avec le chiffre de luttes athlétiques. (Comparez 1 Corinthiens 9 :25 ; 2 Timothée 2 :5.) c'est cette sorte de couronne que les Chrétiens reçoivent comme leur récompense divine de Dieu par son roi Christ Jésus, même lorsque des individus étaient honorés par l'attribution d'un *stephanos* lors de la visite royale ou de la parousie d'un roi ou d'un empereur. – 2 Timothée 4 :8 ; Jacques 1 :12.

Fait intéressant, le *stephanos* n'était pas seulement attribué comme prix après une victoire. Comme dans le cas de l'archer au cheval blanc, il était également donné aux guerriers avant la bataille comme une promesse de victoire. C'est ainsi que les Spartiates se sont couronnés d'un stephanos lorsqu'ils se sont rendus au combat en signe de victoire promise. Il en a été de même pour les généraux romains. La couronne ou la guirlande était censée influencer l'issue de la bataille. Chez les Grecs comme chez les Romains, le *stephanos* était le symbole de la victoire, et Nike, la déesse de la victoire, était décrite comme venant avec une couronne de victoire à la main.[5]

Lorsque le cavalier du cheval blanc reçoit un *stephanos*, il ne reçoit pas, comme le prétend la Société Watch Tower, une « couronne royale ». La scène ne décrit aucune cérémonie de couronnement dans le ciel, et il n'y a certainement aucune raison de rapprocher la couronne de l'archer à cheval de l'année 1914. La vision dépeint un guerrier armé partant au combat, et comme une promesse de victoire dans cette bataille, il se voit attribuer une couronne, non une couronne royale, mais une couronne de vainqueur. Les paroles suivantes « et il est sorti conquérant et vainqueur » expliquent immédiatement le but de la couronne qui lui a été donnée. Comme le deuxième cavalier qui reçu une grande épée comme symbole de sa mission – ôte la paix de la terre –, ce premier cavalier a reçu une couronne de vainqueur pour symbolyser sa mission : conquérir. L'archer peut donc symboliser ou représenter une conquête victorieuse. Et cela serait en harmonie avec la couleur de son cheval. Comment ?

Il est certain que blanc est souvent considéré comme un symbole de

---

5 Kittel/Friedrich. Dictionnaire Théologique du Nouveau Testament. Vol. VII, pages 620, 621. La Société Watch Tower sait, évidemment, que *stephanos* signifie une couronne de victoire et l'admet lorsqu'elle traite de textes autre que Révélation 6 :2. En commentant Jacques 1 : 12, *La Tour de Garde* du 1er juillet 1979, page 30, déclare que le vocable *stephanos* « vient d'une racine signifiant "encercler" et s'emploie donc pour désigner une couronne, un prix ou une récompense qu'on accorde au vainqueur d'une course. »

pureté et de vertu, comme au chapitre de Révélation dix-neuf, le verset 8. Mais ce n'est pas automatiquement le cas. Dans le chapitre Zacharie six, les versets 1-8, où nous trouvons des chars tirés par quatre groupes de chevaux, trois d'entre eux ayant des couleurs identiques avec leurs contreparties dans la Révélation, il n'y a aucune vertu particulière assignée au char tiré par les chevaux blancs. Bien au contraire, c'est du char tiré par les chevaux noirs que l'on dit que ceux-ci « ont donné à mon Esprit le repos dans le pays du nord ». » – Zacharie 6 :6, 8.

Le blanc était aussi un ancien symbole de triomphe et de victoire. « Quand un général romain célébrait son triomphe », déclare William Barclay commentateur de la Bible, « lorsqu'il défilait dans les rues de Rome avec ses armées, ses captifs et son butin après une grande victoire. Son char était tiré par des chevaux blancs, car ils étaient le symbole de la victoire. »[6] Au chapitre six du verset 2 de l'Apocalypse, la couleur blanche du cheval peut bien symboliser la victoire et le triomphe militaire, conformément à la mission confiée à son cavalier.

On pourrait soutenir que, même si le cavalier est un symbole de conquête victorieuse, il pourrait tout de même être un symbole de Jésus-Christ, en particulier du fait que le Christ est également représenté en cavalier sur un cheval blanc dans le chapitre de l'Apocalypse dix-neuf, versets 11 et suivants. Il convient toutefois de noter que les deux visions sont totalement différentes et que les deux coureurs diffèrent également. Au chapitre dix-neuf, le cavalier manie une épée plutôt qu'un arc ; il porte de nombreux diadèmes ou couronnes royales (*diademata*), pas un *stephanos* ou une couronne de victoire. Comme on l'a parfois souligné, « les deux cavaliers n'ont rien de commun en dehors du cheval blanc ».[7]

Encore plus significatif, les trois autres cavaliers dans le chapitre six de Révélation sont tous des symboles de *calamités* ou de *fléaux* (la guerre, la famine, la peste), et non d'individus réels. Il serait donc logique et cohérent de considérer le premier cavalier de la même manière, comme suggéré, en imaginant peut-être le concept de conquête militaire. C'est en fait aussi la conclusion de la majorité des commentateurs connus. Le Dr Otto Michel, par exemple, explique les deux premiers cavaliers comme suit :

Le cheval blanc représente le conquérant qui vient de l'extérieur

---

6 Guillaume Barclay, *The Revelation of John* Vol. 2, 2ᵉ édition, Philadelphie 1960, page 4. H. B. Swete, aussi, dans son *Commentary on Revelation* (1977, réimpression de 1911, 3ᵉ édition, Grand Rapids, Michigan, page 86) confirme que « blanc était la couleur de la victoire, » donnant plusieurs exemples d'anciennes sources romaines.
7 Swete, page 86.

avec un hôte étranger et opprime le royaume. Il est suivi par le cheval rouge ardent qui enlève la paix et déchaîne les conflits civils.[8]

L'espace nous manque pour examiner plus en détail de cette vision.

Les informations présentées ci-dessus, cependant, montrent clairement que la tentative de la Societé Watch Tower de lier cette vision à sa date de 1914 ne trouve aucun appui dans le texte lui-même. Fondant son interprétation sur une traduction erronée du mot *stephanos*, elle tente de transformer la remise d'une guirlande à l'archer en une cérémonie de couronnement, une idée totalement étrangère au contexte. Si on l'appliquait à Jésus, le plus raisonnable serait qu'il reçoive un *stephanos* ou couronne de victoire et de conquête au moment de sa résurrection, le moment où il aurait réalisé ses plus grandes victoires, après avoir vaincu le monde, le péché, la mort et le diable lors de son parcours fidèle et non quelque temps dix-neuf siècles plus tard (Comparez Jean 16:33 ; Apocalypse 3:21 ; 5 : 5.) Le langage symbolique de la vision des cavaliers est tiré de différents textes de l'Ancien Testament, tels que Zacharie 6 : 1-8 ; Ézéchiel 5 : 12-17 ; 14:21 et Jérémie 49:36, 37, des textes traitant des jugements divins sur les ennemis d'Israël dans les temps anciens. Pour notre propos, il n'est pas nécessaire d'expliquer quand et comment les jugements décrits symboliquement dans le chapitre six de l'Apocalypse tomberaient sur les puissances oppressantes qui figurent dans les visions de Jean. Il nous suffit de réaliser que l'on ne peut démontrer que les quatre cavaliers ont davantage à voir avec 1914, ou d'ailleurs avec ce vingtième siècle, que toute autre période de l'histoire.

---

8 Otto Michel dans TDNT, Vol. III, page 338. Dans une note en bas de page il ajoute : « Nous comprenons mal l'activité destructrice des cavaliers si nous identifions le premier avec le Messie vengeur ou en guerre de 19 : U-16, ou avec l'Évangile lors de son incursion dans le monde (Marc 13:10). »

12 REMERCIEMENTS

Au cours de la réalisation de ce livre, de nombreux amis et collègues spécialistes ont apporté leur aide sous forme de critiques constructives, d'améliorations suggérées, de résultats et d'informations supplémentaires. L'un d'eux a également aidé à élaborer certaines illustrations. Nous aimerions profiter de cette occasion pour remercier avec gratitude leur aide.

Lors de la production du chapitre sur les séismes, un certain nombre de sismologues de premier plan ont été consultés. Nous remercions tout particulièrement le professeur N. N. Ambraseys à Londres et le professeur Markus Bath d'Uppsala, en Suède, deux des sismologues les plus renommés au monde. Tous deux ont généreusement partagé leurs connaissances et leurs recherches et ont fourni d'importantes sources d'information. Le professeur Bath a également examiné attentivement tout le chapitre sur les séismes et a ajouté des observations et des améliorations importantes.

En écrivant le chapitre sur les famines, nous avons beaucoup profité de nos contacts avec le **Hunger Project** (bureau mondial : One Madison Avenue, New York, New York, 10010, États-Unis). Soutenu par des millions de personnes à travers le monde, ce mouvement a pour objectif l'élimination effective de la faim sur la planète d'ici la fin du siècle. Les responsables du mouvement ont généreusement partagé leurs informations et leur matériel.

Enfin et surtout, nous souhaitons remercier Celui dont l'orientation a été constamment recherchée et sur laquelle on s'appuie : le Dieu de la vérité. Nous sommes tous deux convaincus qu'il a béni notre recherche de la vérité et des faits.

Les auteurs

Pour plus d'informations sur les publications supplémentaires ou futures de Commentary Press, envoyez votre nom et votre adresse complète à :

QUE DISENT CERTAINES VOIX À PROPOS DE NOTRE ÉPOQUE :

Le Docteur Billy Graham dans *Approaching Hoofbeats – The Four Horsemen of the Apocalypse* :

> « La Bible nous apprend qu'il y aura plusieurs signes facilement perceptibles que nous nous approchons de la fin de l'âge. Tous ces signes semblent actuellement entrer en scène. Jésus a dit dans Matthieu 24 qu'il y aurait des famines, des pestes et des tremblements de terre dans des parties différentes... Un des signes principaux qu'Il a indiqué était une augmentation de l'intensité des guerres. »

Hal Lindsey dans *The Late Great Planet Earth* :

> « Jésus-Christ a aussi défini exactement le temps général de son retour quand ses disciples lui ont demandé... `Quel sera le signe de la fin de l'âge ?' Dans sa réponse Jésus a donné beaucoup de signes généraux impliquant les conditions du monde... Il a dit que ces signes, comme l'apostasie religieuse, les guerres, les famines, etc, augmenteraient en fréquence et en intensité comme les tourments de la naissance avant qu'un enfant ne naisse. »

Les témoins de Jéhovah dans *La Tour de Garde* du 1ᵉʳ février 1985 :

> « Il y avait eu des guerres, des famines, des tremblements de terre et des pestes entre le début de notre ère et 1914 (Luc 21 :11). Toutefois, ces phénomènes ne sauraient être comparés à ceux qui se sont succédés depuis cette année mémorable »

L'auteur adventiste du septième Jour Robert H. Pierson dans un sous-titre de son livre *Good-Bye, Planet Earth* :

> « L'Augmentation Phénoménale des Guerres, du Crime, de la Violence et la Crainte Sont Tous les Signes de la Deuxième venue de Jésus ! »

L'Église Mondiale de Dieu dans une lettre aux abonnés du magazine *Plain Truth* :

> « TOUS les signes indiquent que nous vivons aux TEMPS DE LA FIN de cette présente civilisation ! »

CES SOURCES ONT-ELLES RAISON ?

JÉSUS A-T-IL DIT À SES DISCIPLES DE SCRUTER UNE AUGMENTATION DE CES SIGNES ?

NOTRE VINGTIÈME SIÈCLE A-T-IL ÉTÉ TÉMOIN DE CES CATASTROPHES AVEC UNE INTENSITÉ PLUS GRANDE QUE JAMAIS AUPARAVANT ?

DES PREUVES SOLIDEMENT DOCUMENTÉES DANS CE LIVRE UNIQUE APPORTENT DES RÉPONSES SURPRENANTES À CES QUESTIONS IMPORTANTES. CES RÉPONSES PEUVENT FAIRE UNE DIFFÉRENCE CRUCIALE DANS LA FAÇON DE VOIR NOTRE ÉPOQUE, DANS LES CHOIX QUE NOUS FAISONS POUR DÉCIDER DE NOTRE AVENIR.

Printed in France by Amazon
Brétigny-sur-Orge, FR